수리 계산, 통계 분석, 딥러닝, 데이터 시각화를 위한

줄리아
프로그래밍

수리 계산, 통계 분석, 딥러닝, 데이터 시각화를 위한

줄리아
프로그래밍

류대식, 전기현 지음

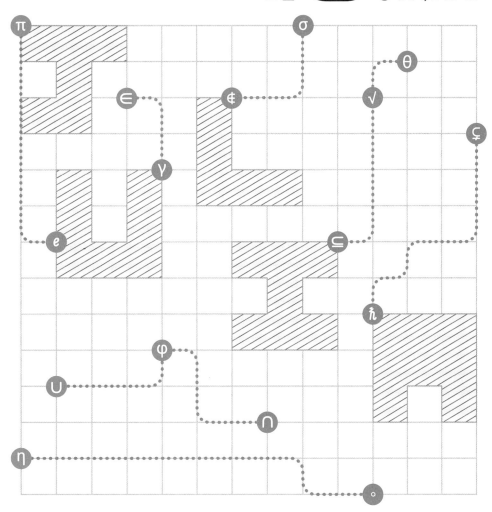

류대식

경북대학교 이학사(통계학), 경북대학교 공학사(빅데이터), 경북대학교 이학석사(수학)

경북대학교 수학부에서 비선형 동역학nonlinear dynamics 전공으로 박사 과정을 밟고 있습니다. 연구 주제는 데이터 기반 모형data-driven model 및 인구 동역학population dynamics이고 의료 데이터의 시계열 분석에 관한 논문과 유체에서의 열 확산 예측을 위한 인공신경망 관련 논문을 출간했습니다. 기업 과제에서는 유전 알고리즘을 응용해 협업한 바 있습니다.

전기현

경북대학교 이학사(물리학), 경북대학교 이학석사(수학)

경북대학교 수학부에서 박사 과정을 밟고 있으며 관심 분야는 컴퓨터 단층 촬영computerized tomography, CT, 역문제inverse problem, 편미분 방정식, 딥러닝입니다. 단층 촬영과 관련된 다양한 모델에서 이미지를 재구성하는 알고리즘에 대해 논문을 출간하였고, 류대식 공저자와 함께 국내 최대의 수학, 물리학, 통계학 블로그인 생새우초밥집을 운영하고 있습니다.

 생새우초밥집 freshrimpsushi.github.io/ko

『줄리아 프로그래밍: 수리 계산, 통계 분석, 딥러닝, 데이터 시각화를 위한』은 줄리아라는 언어를 소개하는 입문자용 기술 서적인 동시에 과학 계산 전반에 대한 이론을 다루는 수학 전공 서적이기도 합니다. 현상을 기술함에 있어서 수식을 아낌없이 사용하면서도 너무 깊게는 들어가지 않게, 실제로 줄리아로 연구 활동을 해본 입장에서 후발 주자에게 꼭 알려주고 싶은 내용만 눌러 담았습니다. 실전에서 자주 쓰지 않는 모듈, 메타 프로그래밍, 스코프에 관련된 내용은 과감하게 생략했습니다.

저자들이 운영하는 블로그인 생새우초밥집*에 있는 내용과는 꽤 많이 달라졌습니다. 출판 제의가 들어왔을 때만 해도 적당히 블로그 내용을 옮겨 적으며 맥락에 맞게 깔끔하게 정리하는 정도로 계획했는데, 집필을 진행하다 보니 욕심이 생겨 숙원 사업으로 미뤄두던 여러 이야기를 모두 이 책에 담게 되었습니다.

Part 1 튜토리얼은 줄리아를 설치하고 사용하는 가장 기본적인 내용을 다룹니다. Part 2 문법은 과학 계산에서 많이 사용하는 벡터, 행렬, 텐서의 개념과 문자열을 다룹니다. 프로그래밍을 시작하기에 앞서 줄리아의 문법과 그 수리적인 배경에 관한 고찰이 수록되어 있습니다. Part 3 데이터 처리에서는 컴퓨터 공학의 기초적인 내용인 자료형과 자료구조에 대해 다루되, 알고리즘까지 들어가지는 않고 실전적인 구현에서 알아야 할 기초 위주로 소개합니다. Part 4 함수형 프로그래밍에서는 함수형 프로그래밍이라는 패러다임과 그것이 줄리아에서 얼마나 중요한지, 그리고 인공지능 시대에 줄리아가 어떻게 하나의 대안이 되는지에 대해 설명합니다.

---

* freshrimpsushi.github.io/ko/categories/줄리아

여기까지가 주로 줄리아의 철학에 관한 내용이라면, 이제부터는 구체적이고 전문적인 내용이 시작됩니다. Part 5 수리 계산은 각종 연산과 초월 함수처럼 수리적인 계산에 있어서 필수적인 기능들을 살펴봅니다. Part 6 데이터 과학은 신호 처리, 딥러닝 등의 실제 연구 분야에서 결과를 낼 수 있을 내용을 다룹니다. 마지막으로 Part 7과 Part 8은 어쩌면 가장 중요한, 줄리아의 시각화에 관한 내용 전반을 다룹니다.

단락 앞에 홈터레스팅 이모지👻가 있으면 해당 단락이 다소 어려울 수 있다는 의미입니다. 원리나 이유를 이해하기 위해서 알아두면 좋지만, 해당 내용을 읽지 않아도 프로그래밍적으로 코드를 읽고 쓰는 데에는 전혀 문제가 없습니다.

줄리아를 그저 도구로만 쓰던 저희에게 출판이라는 좋은 기회를 주신 비제이퍼블릭, 그리고 언제나 아낌없이 믿음과 격려를 보내주시는 우리의 지도 교수님 두 분, 경북대학교 수학부 비선형 동역학 연구실의 도영해 교수님과 수리영상의학 연구실의 문성환 교수님께 특별한 감사의 말을 전합니다.

2024년 04월
류대식, 전기현

차례

Part 1 튜토리얼

Part2 문법

Part 7 시각화(1) - 그래프와 레이아웃

Part 8 시각화(2) - 각종 그래프 및 시각화 양식

Part **1**

튜토리얼

이 파트에서는 줄리아를 처음 접한다면 반드시 알아야 하는 기초 가이드를 제공합니다. 줄리아는 성능이나 아름다움과는 별개로, 국내 사용자가 많지 않아 첫 걸음을 떼기가 쉽지 않을 수 있습니다. 이를 돕기 위해 운영체제별 설치 및 프로그램 작성 방법을 친절하고 세밀하게 안내합니다.

특히 비주얼 스튜디오 코드에 관한 기능과 자체 대화형 REPL에 대해서는 검색만으로는 찾기 어려운 유용한 팁을 많이 포함하고 있으니, 이미 프로그래밍이 익숙하더라도 한 번 정도는 제대로 정독해보기 바랍니다.

줄리아Julia는 MIT에서 개발하여 2012년에 공개한 동적 프로그래밍 언어로 주로 과학, 공학 분야에서 빠른 계산 성능을 내기 위해 개발되었습니다. 개발팀은 2012년 2월 줄리아를 공개하면서 줄리아의 개발 이유와 목표에 대해서 다음과 같이 설명했습니다.[1]

- ✓ C에 견줄만한 빠른 속도
- ✓ 매트랩Matlab과 같이 명확하고 수학 친화적인 표기법, 그리고 강력한 선형대수 능력
- ✓ 파이썬Python처럼 쉬운 일반 프로그래밍
- ✓ R 프로그래밍 언어만큼이나 쉬운 통계
- ✓ 펄Perl의 자연스러운 문자열 처리

여기에 개발팀은 '우리는 욕심이 많고, 더 많은 것을 원한다We are greedy: we want more'라고 덧붙였습니다. 줄리아는 선형대수를 할 땐 매트랩, 통계 분석을 할 땐 R, 빠른 속도를 원할 땐 C를 찾는 것이 아닌 그 모두를 갖춘 언어를 지향합니다. 실제로도 2022년 줄리아 사용자&개발자 설문조사에서 해당 언어들과 강한 연관성이 드러났고,[2] 일반 개발용 언어와는 다른 양상을 보입니다.

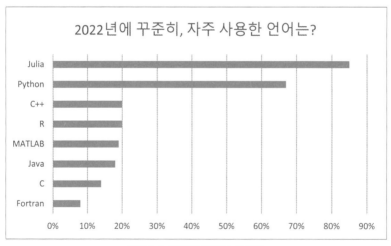

[그림 1-1] 줄리아와 관련이 높은 언어

---

1 줄리아 공식 블로그, julialang.org/blog/2012/02/why-we-created-julia
2 2022년 줄리아 사용자&개발자 설문조사, julialang.org/assets/2022-julia-user-developer-survey.pdf

줄리아의 장점을 딱 하나만 강조해야 한다면 단연 속도입니다. 줄리아는 빠르고, 수학 친화적이며, 벡터와 행렬 계산을 잘합니다.

2022년 줄리아 사용자들이 꼽은 줄리아의 장점으로는 속도와 편의성이 84%로 공동 1위를 기록했습니다. 2021년엔 속도 85%, 편의성 69%로 둘 사이에 큰 격차가 있었다는 걸 감안해보면 줄리아의 편의성 역시 하루가 다르게 개선되고 있다는 걸 알 수 있기도 합니다.

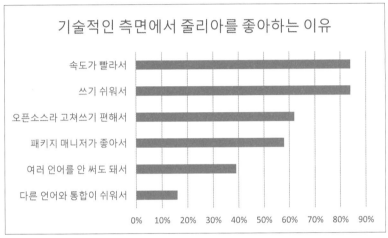

[그림 1-2] 사용자가 꼽은 줄리아의 장점

벤치마크에서 여러 계산에 대하여 언어별 실행 시간을 보면 줄리아가 성능적으로 얼마나 뛰어난지 체감할 수 있습니다.[3] 기준은 가장 대표적인 프로그래밍 언어인 C 언어고, y축실행 시간은 C에서의 실행 시간을 1로 두었을 때 상대적인 값으로, 낮을수록 좋습니다. 줄리아는 C, 고Go, 포트란Fortran과 같이 속도 면에서 최상위권의 언어들과 경쟁하고 있으며, 과학계에서 많이 사용되는 언어 중에서는 포트란을 제외한 매트랩, 파이썬, R과 비교했을 때 압도적으로 빠릅니다.

---

3 줄리아 공식 홈페이지의 벤치마크, julialang.org/benchmarks

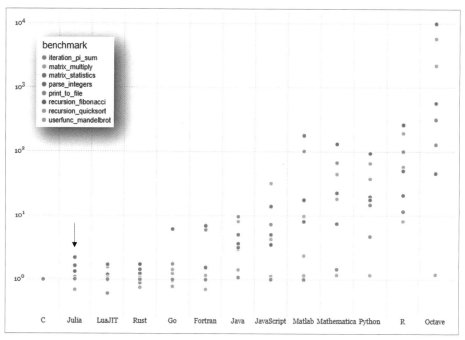

[그림 1-3] 벤치마크

실제로 사용자들의 사용 목적을 보면 줄리아의 개발 목표가 잘 달성되고 있다는 것을 알 수 있습니다. 줄리아를 사용하는 주요한 목적은 데이터 과학, 모델링 및 시뮬레이션, 통계 분석, 머신러닝, 시각화, 최적화 등입니다. 줄리아는 철저하게 과학 계산에 특화되어 있습니다. 줄리아로 프런트엔드, 백엔드를 한다는 사람은 양자컴퓨팅(3%)보다 적습니다.

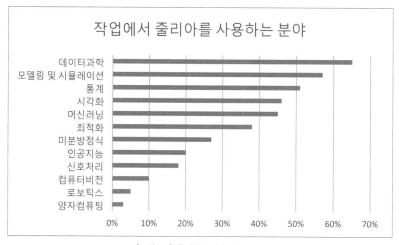

[그림 1-4] 줄리아가 사용되는 분야

기존에도 이러한 작업을 잘하는 과학 계산 언어나 도구가 있었지만, 줄리아만큼이나 '동시에' 잘하는 프레임워크는 없었습니다. 모든 사용자가 만족할 만큼 '모두 잘하기'가 결코 쉬운 일은 아니지만, 줄리아는 매년 조금씩 그 목표에 가까워지고 있습니다.

줄리아의 또 다른 장점은 일반 개발을 완전히 포기한 대신, 과학이라고 할만한 거의 모든 것에 대해서는 역사에 비해 매우 성숙한 생태계를 구축했다는 점입니다. 줄리아로 게임 개발이나 안드로이드 앱을 만드는 건 상상하기 어렵지만, 과학 및 공학 분야에서 쓰이는 어지간한 알고리즘이나 메서드는 아주 쉽게 찾아볼 수 있습니다.

그 때문인지 사용자들의 전공을 조사해보면 컴퓨터과학 바로 다음으로 자연과학인 수학, 물리학, 생물학이 이어질 정도로 학계의 최첨단에서 파이를 키워가고 있습니다. 또 줄리아를 연구 목적으로 사용한다는 사용자는 무려 64%에 이릅니다. 특히 프로그래밍 언어를 사용하는 집단 중 컴퓨터과학 전공자의 비율(29%)이 가장 높은 건 당연하지만, 그 차이가 2위인 수학(28%)과 1%p밖에 안 난다는 것은 아주 독특한 현상입니다.

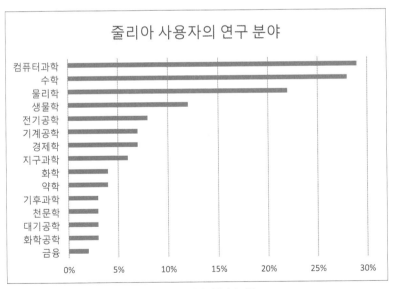

[그림 1-5] 줄리아 사용자의 전공

줄리아의 마지막 장점은 수학적인 근거가 튼튼한 철학과 합리적인 문법입니다. 줄리아의 문법 설계는 아름다울 정도로 타당하고 합리적이며, 이는 프로그래밍 언어 기술서인 동시에 그 이론적 배경에 대해서도 깊이 있게 설명하려는, 이 책 전체를 관통하는 주제기도 합니다. 줄리아의 우아한 문법과 패러다임에 대해서는 파트 2, 3, 4에서 더욱 자세하게 다루도록 하겠습니다.

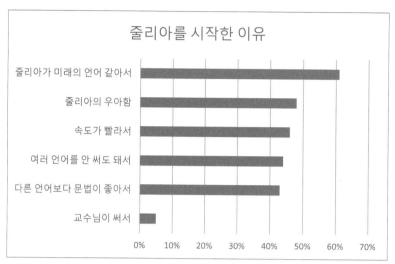

[그림 1-6] 줄리아를 사용한 동기

1.1.2 줄리아의 단점

안타깝게도 줄리아는 단점도 명확합니다. 파이썬이나 매트랩에 비해서 커뮤니티의 크기가 작은데, 국내에서는 특히 더 그렇습니다.

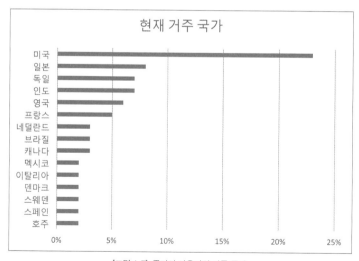

[그림 1-7] 줄리아 사용자의 거주 국가

2021년 스웨덴의 인구수는 1,042만 명, 대한민국은 5,174만 명인데 한국은 순위권 근처에도 들지 못했습니다. 절대적인 인구수의 차이를 차치하더라도 한국이 줄리아가 열어가는 시대에 뒤떨어진 것은 사실입니다.

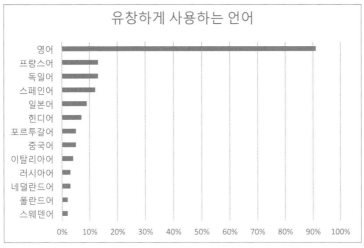

[그림 1-8] 줄리아 사용자의 모국어

이런 부분은 장점이자 단점이기도 한데, 지금처럼 경쟁자가 없을 때 국내에서 줄리아에 관심을 두고 실력을 키우면 독보적으로 시대를 앞서가는 선구자가 될 수 있을 것입니다.

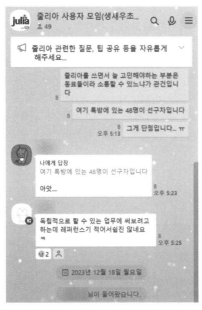

[그림 1-9] 줄리아 사용자 모임 카카오톡 오픈채팅 대화(2023. 12. 8.)

전 세계적으로 줄리아의 사용자는 꾸준히 증가하고 있고, 줄리아 생태계 역시 순조롭게 성장하고 있습니다. 줄리아가 등장한 지 10년이 넘도록 이런 성장세를 보여주고 있으므로 앞으로의 발전 가능성도 충분히 기대해볼 만합니다.

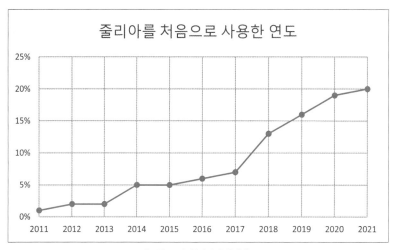

[그림 1-10] 줄리아의 성장세

줄리아를 설치하는 방법을 배워봅시다. 가장 최신 버전인 1.10.0을 기준으로 합니다(2023. 12.).

구글에 'julia language'를 검색하거나 주소창에 'julialang.org'를 입력하여 줄리아 공식 홈페이지에 접속합니다. 참고로 줄리아는 사람 이름으로도 흔히 쓰여서 단순히 'julia'라고만 검색하면 줄리아 공식 홈페이지가 검색 결과에 나타나지 않을 수 있습니다. 공식 홈페이지에 접속한 후 좌측 상단의 녹색 [Download] 버튼을 클릭합니다.

[그림 1-11] 줄리아 공식 홈페이지

컴퓨터에 설치된 운영체제가 몇 비트 기반인지 확인하고, 그에 해당하는 설치 파일을 다운로드하기 위해 〈installer〉를 클릭합니다.

Current stable release: v1.10.0 (December 25, 2023)

Checksums for this release are available in both SHA256 and MD5 formats.

Platform	64-bit
Windows [help]	installer, portable
macOS x86 (Intel or Rosetta) [help]	.dmg, .tar.gz
macOS (Apple Silicon) [help]	.dmg, .tar.gz
Generic Linux on x86 [help]	glibc (GPG), musl[1] (GPG)
Generic Linux on ARM [help]	AArch64 (GPG)
Generic Linux on PowerPC [help]	little endian (GPG)
Generic FreeBSD on x86 [help]	.tar.gz (GPG)

[그림 1-12] 설치 파일 다운로드

참고로, 시스템 종류는 [설정]-[시스템]-[정보]에서 64비트인지 32비트인지 확인할 수 있습니다.

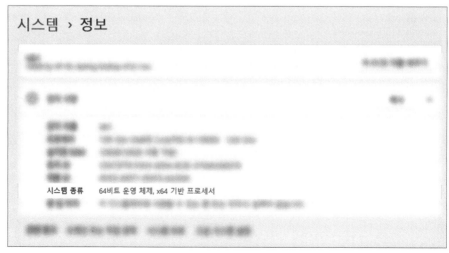

시스템 › 정보

시스템 종류   64비트 운영 체제, x64 기반 프로세서

[그림 1-13] 윈도우 환경

설치 파일 다운로드가 완료되면 실행합니다. 설치 위치를 확인한 후 〈Next〉 버튼을 클릭합니다. 그리고 그다음 화면에서 [Add Julia to PATH]를 선택한 뒤 〈Next〉 버튼을 클릭하면 설치가 완료됩니다.

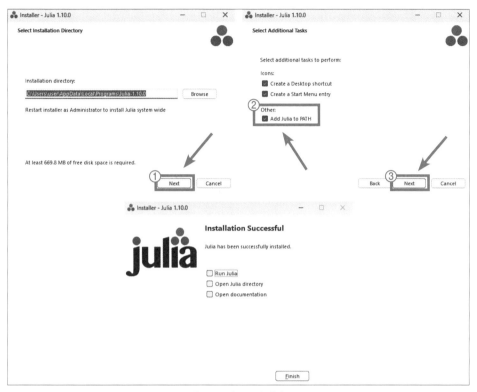

[그림 1-14] 줄리아 설치

🤔 고급 사용자를 위한 팁입니다. 줄리아 1.10 버전부터는 winget 명령을 통해서 CLI^{Command Line Interface}로 간편하게 설치할 수 있습니다. 〈윈도우〉 + 〈R〉을 통해 실행에 wt를 입력해서 윈도우 터미널^{window terminal}을 열거나 cmd를 입력해서 명령 프롬프트를 엽니다.

그리고 다음 명령을 실행하면 자동으로 설치가 시작됩니다.

```
winget install julia -s msstore
```

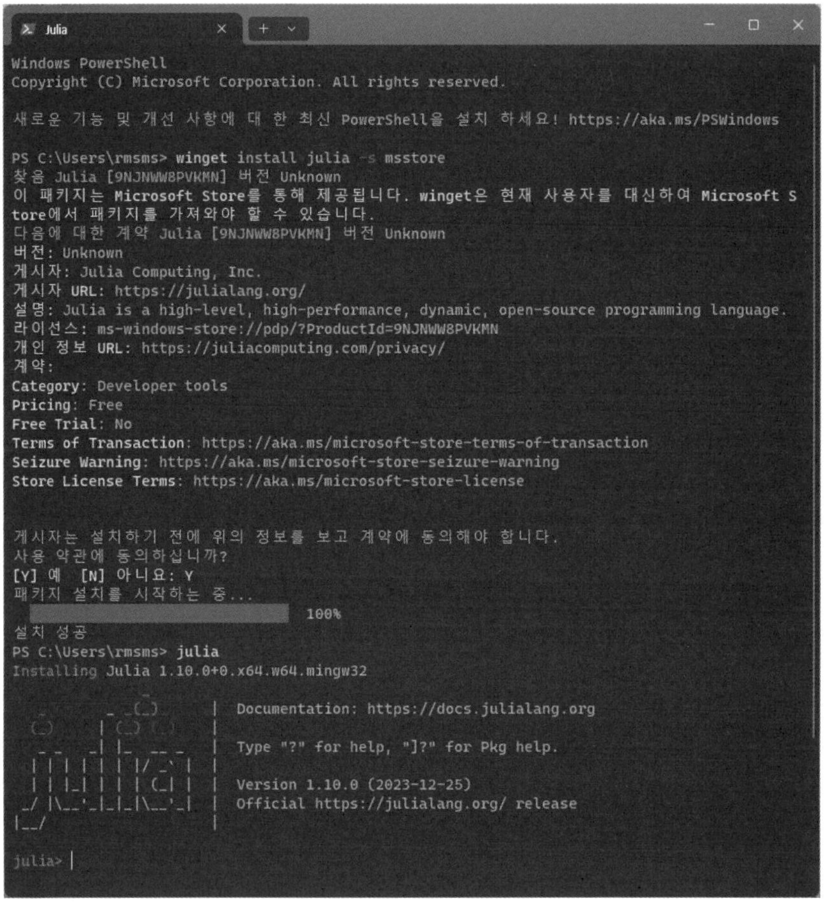

[그림 1-15] winget을 통한 줄리아 설치

리눅스Linux에서 줄리아를 설치하는 방법에 대해 알아봅시다. 설치 가이드에 사용될 운영체제는 리눅스 민트 21.1 시나몬 5.6.5 버전입니다.

Operating System	Linux Mint 21.1 Cinnamon
Cinnamon Version	5.6.5
Linux Kernel	5.15.0-56-generic
Processor	Intel© Core™ i7-10700F CPU @ 2.90GHz × 8
Memory	62.7 GiB
Hard Drives	2283.7 GB
Graphics Card	NVIDIA Corporation TU116 [GeForce GTX 1660 Ti]

[그림 1-16] 리눅스 환경

윈도우와 마찬가지로 줄리아 다운로드 페이지에서 시작합니다. ① 플랫폼에 알맞은 파일을 다운로드합니다. ② Generic Linux on x86 glibc 기준으로, julia-1.10.0-linux-x86_64.tar.gz라는 이름의 압축 파일이 다운로드됩니다. 특별한 이유가 없는 한 Generic Linux on x86의 glibc를 클릭해 압축 파일을 받습니다. ③ 압축을 해제하면 julia-1.10.0이라는 폴더가 생성됩니다. 이 폴더를 통째로 잘라내기 하거나 복사합시다.

[그림 1-17] 압축 해제

home 폴더 아래 경로로 이동하겠습니다. 보통 다운로드 폴더에 파일을 받았다면 한 단계 위로만 이동해도 충분합니다. ① /home/[사용자 이름]으로 제대로 이동했는지 확인합시다. 가이드에서는 사용자 이름이 mint입니다. ② julia-1.10.0 폴더를 붙여넣기 합니다. ③ 터미널을 열고 다음의 명령어를 입력해 심볼릭 링크를 만듭니다. julia를 명령어로 입력해보면 정상적으로 줄리아가 설치된 것을 확인할 수 있습니다.

```
sudo ln -s /home/[사용자 이름]/julia-1.10.0/bin/julia /usr/bin/julia
```

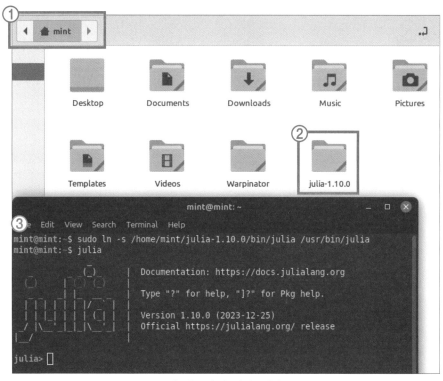

[그림 1-18] 심볼릭 링크 설정

1.2.3 비주얼 스튜디오 코드

비주얼 스튜디오 코드Visual Studio Code는 마이크로소프트에서 윈도우, 맥OS, 리눅스용으로 개발한 소스 코드 편집기로, 2020년대 들어 가장 인기 있는 개발 환경입니다. 쾌적한 줄리아 코딩을 위해 VS 코드 다운로드 페이지(code.visualstudio.com/Download)에서 자신의 운영체제에 맞는 파일을 다운로드하여 설치를 진행합니다. 윈도우는 기본적으로 설치 마법사가 제공되며, 리눅스도 ① DEB 파일을 받아 ② 데비안 매니저로 쉽게 설치할 수 있습니다.

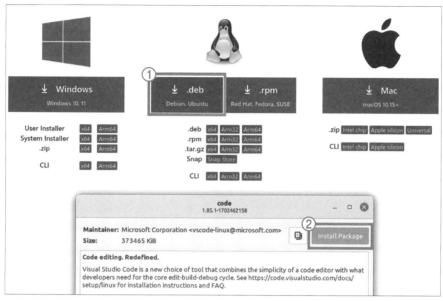

[그림 1-19] 데비안 매니저

VS 코드를 실행하면 다음과 같은 창이 나타납니다.

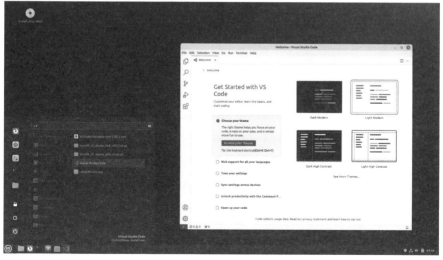

[그림 1-20] VS 코드 실행

이제 본격적으로 VS 코드에서 줄리아를 사용할 수 있도록 확장extension을 설치해봅시다. ① 주요 사이드 바primary side bar의 위에서 다섯 번째 아이콘을 클릭해 확장 마켓플레이스를 엽니다. 확장 마켓플레이스를 찾기 어렵다면 단축키인 〈Ctrl〉 + 〈Shift〉 + 〈X〉로도 열 수 있습니다. ② 'julia'를 검색해 가장 상단에 있는 항목을 선택합니다. ③ julia-vscode.org에서 제공한 공식 확장이 맞는지 확인한 후 〈install〉 버튼을 클릭해 확장을 설치합니다. 시간은 그리 오래 걸리지 않습니다.

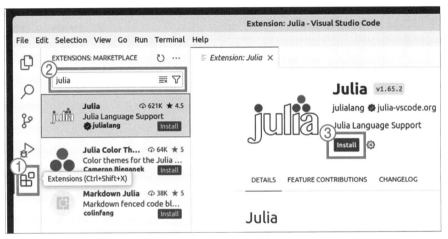

[그림 1-21] 확장 마켓플레이스

이제 VS 코드가 설치된 줄리아의 위치를 알 수 있도록 경로를 잡아주겠습니다. 윈도우의 경우엔 이 부분이 자동으로 진행될 수도 있는데, 줄리아가 제대로 실행되지 않는다면 리눅스 버전과 마찬가지로 경로 설정 작업을 진행해주세요. [File]-[Preference]-[Settings] 혹은 〈Ctrl〉 + 〈,(콤마)〉를 통해 [Settings] 탭을 엽니다.

그리고 다음과 같은 화면에서 ④ 검색창에 'julia exe'를 입력하고 ⑤ Julia: Executable Path에 경로를 작성합니다. 윈도우 기본 설치 경로로 설치했다면 'C:\Users\[사용자 이름]\AppData\Local\Programs\Julia-1.10.0\bin\julia.exe', 리눅스라면 '/home/[사용자 이름]/julia-1.10.0/bin/Julia'입니다. ⑥ Julia> Execution: Code In REPL의 박스를 체크합니다. 이 설정을 통해 실행한 코드가 터미널에도 출력됩니다. ⑦ Julia> Execution: Result Type으로 결과가 어디서 출력될지에 관한 설정을 바꿀 수 있습니다. 만약 inline으로 설정되어 있다면 both 혹은 REPL로 바꿔주세요.

[그림 1-22] 결과 출력에 관한 보편적인 세팅(1)

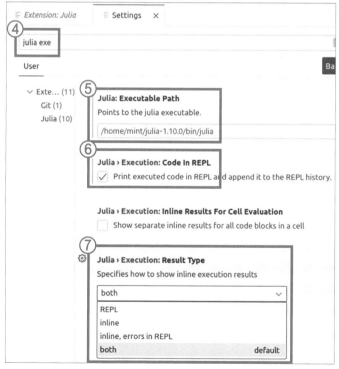

[그림 1-23] 결과 출력에 관한 보편적인 세팅(2)

이제 줄리아 경로가 잘 설정되었는지 확인하기 위해 첫 예제를 실행해봅시다. ① [File]-[New Text File] 혹은 〈Ctrl〉 + 〈N〉을 통해 빈 파일을 생성합니다. ② [File]-[Save] 혹은 〈Ctrl〉 + 〈S〉를 통해 대화창을 열고 이름을 test.jl로 설정합니다. ③ 바탕화면에 저장합니다. 파일 이름인 test는 어떤 것이든 상관없지만 파일의 확장자는 반드시 jl이어야 합니다.

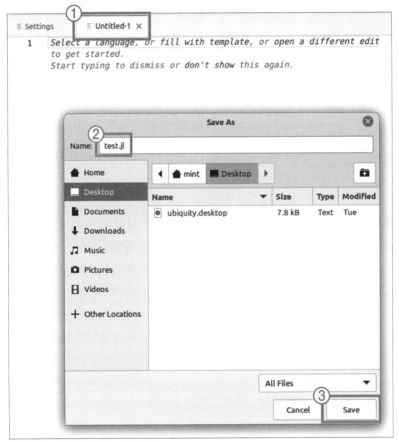

[그림 1-24] 새 파일 생성

이제 첫 번째 예제를 실행해보겠습니다. ① 바탕화면에 test.jl이 잘 저장되었는지 확인하고 ② 첫 줄에 `println("helloworld")`를 입력합니다. ③ 터미널에 `helloworld`가 출력된 것을 확인할 수 있습니다. 작성된 코드는 〈Ctrl〉 + 〈Enter〉 혹은 〈Shift〉 + 〈Enter〉를 통해 한 줄 혹은 한 블록 단위로 실행하거나 〈Alt〉 + 〈Enter〉로 전체 파일을 한 번에 실행할 수도 있습니다.

[그림 1-25] 실행 결과

TeX 자동완성

줄리아에서는 〈tab탭〉 키를 통한 자동완성으로 수식을 그대로 옮겨 놓듯 아름다운 코드를
편리하게 작성할 수 있습니다.

[그림 1-26] 그리스 문자 표기

TeX텍[4]은 도널드 커누스에 의해 고안된 마크업 언어로서 특히 그리스 문자나 수식이 많이 필
요한 환경에서 유용합니다. α를 입력하고 싶다면 특수문자 표에서 알파를 찾는 것이 아니라
텍 문법에 따라 \alpha를 입력해서 α를 표현하는 것을 예로 들 수 있습니다. 여기서 백슬래
시(\)는 보통 〈Backspace백스페이스〉와 〈Enter엔터〉 사이에 위치하며, 한글 자판에서는 원
화 기호(₩)로 적혀 있기도 합니다.

---

4 보통 '텍스'가 아니라 '텍'으로 읽습니다.

$$\text{\textbackslash alpha} \to \alpha$$

$$\text{\textbackslash beta} \to \beta$$

$$\text{\textbackslash sigma} \to \sigma$$

$$\text{\textbackslash Sigma} \to \Sigma$$

$$\text{\textbackslash in} \to \in$$

$$\text{\textbackslash subset} \to \subset$$

줄리아 코드는 특히 수식이 빈번하게 사용되는 프로그램의 경우 거의 논문의 의사 코드pseudo code 에 준할 정도로 뛰어난 가독성을 자랑하며, 이를 돕기 위해 강력한 텍 자동완성TeX autocompletion 이라는 기능을 가지고 있습니다. 텍 자동완성은 \로 시작해서 특정 명령어를 입력한 후 〈tab〉을 눌러 사용할 수 있습니다.

주석 기능

주석comment이란 내용을 메모할 목적으로 쓰여서 프로그램에서 실제로 실행되지는 않는 코드로 원활한 프로그래밍을 위해 꼭 필요한 기능입니다. 줄리아의 주석은 여타 많은 프로그래밍 언어들이 그러하듯 번호 기호(#) 뒤의 코드를 주석으로 처리합니다.

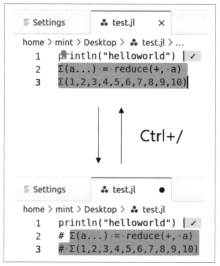

[그림 1-27] 주석 처리

번호 기호(#)는 보통 〈Shift〉 + 〈3〉을 통해서 입력할 수 있고, VS 코드에서는 여러 줄을 블록으로 선택했을 때 〈Ctrl〉 + 〈/〉를 통해 한 번에 주석으로 전환할 수 있습니다. 있던 주석을 제거하려면 직접 번호 기호를 지우거나 다시 한번 단축키 〈Ctrl〉 + 〈/〉를 사용합니다.

터미널 초기화

터미널창을 깨끗하게 지우고 싶다면 〈Ctrl〉 + 〈L〉을 통해 초기화할 수 있습니다. 다만 이 방법은 정확히 말하면 터미널을 초기화하는 것은 아니고 터미널 스크롤을 내려서 정리된 것처럼 보여주는 트릭입니다.

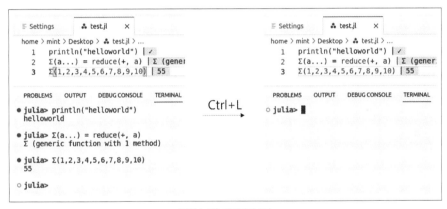

[그림 1-28] 초기화된 콘솔

😀 터미널의 모든 텍스트를 지우거나, 키보드 입력을 프로그래밍적으로 하려면 print("\033c")를 통해 터미널을 초기화하는 아스키 문자 \033c를 출력하면 됩니다.

줄리아를 설치하면 대화형 REPL^{Read-Evaluate-Print Loop}이 기본적으로 내장되어 있습니다. 줄리아 프롬프트를 어떻게 사용하는지 알아봅시다.

1.3.1   julia> 줄리안 모드

줄리안 모드^{The Julian mode}는 줄리아 프롬프트의 가장 기본적인 모드입니다. 각 라인은 julia>
로 시작합니다. 명령어를 입력하면 아래에 결과가 표시됩니다. ans를 입력하면 마지막 계산
결과를 표시합니다.

```
julia> 1+1
2

julia> ans
2

julia> 2&3
2

julia> ans
2
```

명령어를 입력하고 〈tab〉 키를 누르면 자동완성 기능을 사용할 수 있습니다. 가령 ra까지만
입력하고 〈tab〉 키를 두 번 누르면 ra로 시작하는 모든 함수 및 기능을 출력합니다.

```
julia> ra
rad2deg     rand
randn       range
rationalize raw
```

후보가 없다면 아무 일도 일어나지 않으며, 유일한 후보가 있다면 〈tab〉 키를 한 번만 눌러
도 자동완성됩니다. rang까지만 입력하고 〈tab〉 키를 누르면 range가 자동으로 완성됩니

다. 참고로, 다른 모드에 진입했다가 다시 줄리안 모드로 돌아와야 할 때는 〈Backspace〉 키를 눌러 이탈할 수 있습니다.

1.3.2 help?> 도움말 모드

도움말 모드는 줄리안 모드에서 물음표(?)를 입력해서 진입할 수 있습니다. 각각의 줄이 help?>로 시작합니다. 함수나 타입 등을 입력하면 해당하는 설명을 출력합니다. 그 뒤에는 다시 줄리안 모드로 돌아갑니다.

```
help?> +
search: +

  +(x, y...)

  Addition operator. x+y+z+... calls this function with all arguments, i.e.
+(x, y, z, ...).

  Examples
  ==========

  julia> 1 + 20 + 4
  25

  julia> +(1, 20, 4)
  25
```

```
  dt::Date + t::Time -> DateTime

  The addition of a Date with a Time produces a DateTime. The hour, minute,
second, and millisecond parts of the Time
  are used along with the year, month, and day of the Date to create the
new DateTime. Non-zero microseconds or
  nanoseconds in the Time type will result in an InexactError being thrown.
```

도움말 모드에서 문자열을 입력하면 설명에 해당 문자열이 포함된 항목을 검색해서 출력해 줍니다. 가령 "cosine"을 입력하면 코사인과 관련된 함수 등이 출력됩니다.

```
help?> "cosine"
Base.acosh
Base.Math.acosd
Base.Math.cos_kernel
Base.Math.cosd
Base.cos
Base.acos
Base.cosh
Base.Math.sincos
Base.Math.sincosd
Base.Math.sincospi
LinearAlgebra.Givens
Base.acosh
Base.acos
LinearAlgebra.svd
Base.Math.sincos
Base.cos
Base.cosh
```

줄리안 모드에서도 이와 같은 기능을 제공하는 함수가 있습니다. apropos("문자열")과 같이 사용하면 도움말 모드에서와 같은 결과를 반환합니다. 참고로 apropos는 '~에 관하여'라는 영어 단어입니다.

1.3.3 pkg> 패키지 모드

패키지 모드는 줄리안 모드에서 닫는 대괄호(])를 입력해서 진입할 수 있습니다. 이름 그대로 패키지를 관리하는 데 쓰이는 모드입니다. 패키지 모드에서 물음표를 입력하면 사용 가능한 명령어와 간단한 설명이 출력됩니다. 주요한 몇 가지만 다음의 표와 같이 정리합니다.

명령어	기능
add	패키지를 설치합니다.
help, ?	패키지 모드의 명령어를 보여줍니다.
remove, rm	패키지를 삭제합니다.
status, st	설치된 패키지를 보여줍니다.
pin	패키지의 버전을 고정합니다.
free	버전 고정을 해제합니다.
update, up	패키지를 최신 버전으로 업데이트합니다. 특정 패키지 이름을 입력하지 않으면 모든 패키지에 적용됩니다.

패키지 사용하기

줄리아에서 패키지를 사용하는 방법은 using 뒤에 패키지 이름을 적는 것입니다. 이는 수학자의 눈으로 볼 때 굉장히 자연스러운데, 수학에서 논리 전개 과정 중 어떤 결과나 정리를 사용할 때 실제로 'using (1)', 'using Taylor expansion'과 같은 식으로 표현하기 때문입니다.

참고로 줄리아에서 패키지 이름은 파스칼 표기법Pascal case을 따릅니다. 파스칼 표기법은 이름 내 각 단어의 첫 글자를 대문자로 표기하는 방법을 말합니다. 그리고 대개는 복수형을 의미하는 s가 붙어있습니다. 이 책에서는 표준 라이브러리standard library가 아닌 패키지에 대해서 끝에 '.jl'을 붙여 표기하겠습니다. 예를 들어 표준 라이브러리는 LinearAlgebra, Statistics, 표준 라이브러리가 아닌 패키지는 Plots.jl, Distributions.jl, DataFrames.jl과 같은 식입니다.

다음과 같이 3 × 3 행렬을 정의하고 대각합을 계산하는 함수인 tr을 사용해보겠습니다.

```
julia> A = [1 2 3
            4 5 6
            7 8 9]
3×3 Matrix{Int64}:
 1  2  3
 4  5  6
 7  8  9

julia> tr(A)
ERROR: UndefVarError: `tr` not defined
Stacktrace:
 [1] top-level scope
   @ REPL[2]:1

julia> using LinearAlgebra

julia> tr(A)
 15
```

선형대수 라이브러리를 불러오지 않아 에러가 발생했습니다. using LinearAlgebra를 입력한 뒤 다시 tr(A)를 실행해보면 대각합이 잘 계산됩니다.

패키지 설치하기

패키지를 설치하는 방법은 크게 두 가지로 나뉩니다. 패키지 모드에서 설치하거나 줄리안 모드에서 설치하는 방법입니다.

먼저, 패키지 모드에서는 add 명령어 뒤에 패키지 이름을 입력하여 설치합니다. 다음과 같이 패키지 모드에서 줄리아의 시각화 패키지인 Plots.jl을 설치합니다.

```
(@v1.10) pkg> add Plots

(@v1.10) pkg> status Plots
Status `C:\Users\rydbr\.julia\environments\v1.10\Project.toml`
  [91a5bcdd] Plots v1.39.0
```

원하는 특정 버전이 있다면 패키지 이름 뒤에 @버전을 적습니다. @1.35.0을 붙여 1.35.0 버전의 Plots.jl을 설치해보겠습니다. 최신 버전이 아니기에 새로운 버전이 나왔으며 업데이트가 가능하다는 안내문이 같이 출력됩니다.

```
(@v1.10) pkg> add Plots@1.35.0

(@v1.10) pkg> status Plots
Status `C:\Users\lab2\.julia\environments\v1.10\Project.toml`
^ [91a5bcdd] Plots v1.35.0
Info Packages marked with ^ have new versions available and may be
upgradable.
```

줄리안 모드에서는 패키지를 관리하는 라이브러리인 Pkg를 불러온 다음, add를 사용하여 패키지 이름을 문자열로 입력해 패키지를 설치합니다. add를 포함한 Pkg의 함수들은 문자열을 입력input으로 받는다는 사실을 기억하세요.

```
julia> using Pkg

julia> Pkg.add(Distributions)
ERROR: UndefVarError: `Distributions` not defined
```

```
julia> Pkg.add("Distributions")

julia> Pkg.status("Distributions")
Status `C:\Users\rydbr\.julia\environments\v1.10\Project.toml`
   [31c24e10] Distributions v0.25.104
```

1.3.4 shell> 셸 모드

🙂 고급 사용자에게 필요한 모드입니다. 셸 모드는 줄리안 모드에서 세미콜론(;)을 입력하면 진입할 수 있습니다. 각각의 줄이 shell>로 시작합니다. 별도의 터미널창을 열지 않고도 터미널 명령을 입력할 수 있어 요긴하게 쓰일 수 있습니다. 예를 들어 ipconfig 명령어를 입력해보면 다음과 같이 줄리아에서 cmd의 기능을 곧바로 사용한 것을 알 수 있습니다.

```
shell> ipconfig

Windows IP 구성


이더넷 어댑터 이더넷:

   연결별 DNS 접미사. . . . :
   IPv4 주소 . . . . . . . . . : 192.168.35.143
   서브넷 마스크 . . . . . . . : 255.255.255.0
   기본 게이트웨이 . . . . . . : 192.168.35.1

이더넷 어댑터 Bluetooth 네트워크 연결:

   미디어 상태 . . . . . . . . : 미디어 연결 끊김
   연결별 DNS 접미사. . . . :
```

👾 챗GPT는 오픈AI^{OpenAI}에서 개발한 프로토타입 대화형 인공지능으로, 다양한 질의에 대해 상당한 수준의 성능을 보여주어서 우리 삶에 빠르게 녹아 들었습니다. 줄리아 REPL에서의 챗GPT 모드는 오픈AI의 유료 APT 키를 발급받은 후 `ReplGPT.jl` 패지키를 설치해서 사용할 수 있습니다. 줄리안 모드에서 닫는 중괄호(})를 입력해 진입합니다.

```
julia> using ReplGPT
REPL mode ChatGPT_mode initialized. Press } to enter and backspace to exit.
```

API 키는 오픈AI 공식 사이트에서 발급받을 수 있는 52자리의 비밀번호로, 다음의 예시와 같이 생성되며 개인에게만 공개됩니다.

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

각 사용자는 개인의 고유한 API 키를 받아서 `ReplGPT.setAPIkey` 함수를 사용해 세팅합니다. `ReplGPT.setmodelname` 함수를 통해 구체적으로 어떤 모델을 사용할지 특정할 수 있습니다.

```
julia> ReplGPT.setAPIkey("sk-…")

julia> ReplGPT.setmodelname("gpt-3.5-turbo")
```

이제 닫는 중괄호(})를 입력해 챗GPT 모드에 진입하면 대화를 시작할 수 있습니다. 줄리아에 대해 한 문장으로 이야기하라고 명령해보겠습니다.

```
ChatGPT> Tell me about julia in one sentence
   Julia is a versatile programming language designed for high-performance
numerical computing with a strong focus on ease of use and speed.
```

조금 기다리자 '줄리아는 사용 편의성과 속도에 중점을 두고 고성능 수치 계산을 위해 설계된 다재다능한 프로그래밍 언어입니다.'라는 응답이 돌아왔습니다. 정확합니다.

1.4 파일 입출력

프로그래밍 언어를 다루면 여러 종류의 파일을 불러오고 저장할 일은 아주 많습니다. 기본적이고 보편적인 형식인 쉼표로 구분한 값(Comma-Separated Variables, CSV) 파일, 매트랩과 파이썬 파일, 그리고 자체적인 줄리아 데이터 구조를 다루는 방법을 소개하겠습니다.

1.4.1 CSV.jl

CSV.jl은 CSV 파일을 다루는 데 필요한 패키지입니다. 데이터 프레임을 CSV 파일로 저장하는 함수는 CSV.write입니다.

```
julia> using CSV
julia> using DataFrames

julia> df = DataFrame([1 "one" "일"
                       2 "two" "이"
                       3 "three" "삼"], [:number, :Eng, :Kor])
3×3 DataFrame
 Row │ number  Eng    Kor
     │ Any     Any    Any
─────┼──────────────────────
   1 │ 1       one    일
   2 │ 2       two    이
   3 │ 3       three  삼

julia> CSV.write("example.csv", df)     # [그림 1-29]
"example.csv"
```

데이터 프레임을 정의하고 이를 example.csv라는 이름으로 저장했습니다.

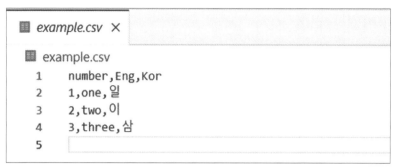

[그림 1-29] CSV.write("example.csv", df)로 저장한 파일

CSV 파일을 불러오는 함수는 **CSV.read**입니다. 앞서 저장한 파일에 세 개의 행 [4,four,사], [5,five,오], [6,six,육]을 추가하고 다시 데이터 프레임으로 불러와 확인해보면 쓰기와 읽기 모두 잘 작동한 것을 확인할 수 있습니다. **CSV.read("example.csv", DataFrame)**으로 불러오면 추가한 행을 확인할 수 있습니다.

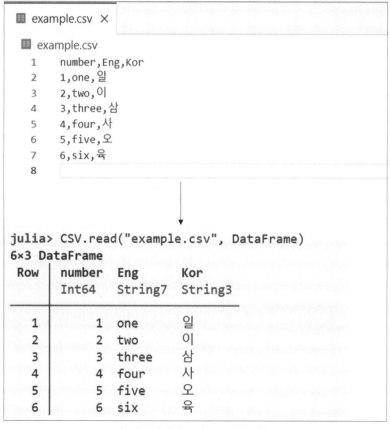

[그림 1-30] 줄리아에서 불러온 CSV 파일

1.4.2 MAT.jl

MAT.jl은 매트랩의 MAT 파일을 다룰 때 사용하는 패키지입니다. 배열을 하나 정의해서 MAT 파일로 저장해보겠습니다. matwrite 함수는 줄리아의 데이터를 딕셔너리의 형식과 확장자 mat로 저장합니다. 파일을 매트랩에서 불러오면 저장된 배열이 Array라는 변수명으로 들어있습니다.

```
using MAT

A = [1 2 3
     4 5 6
     7 8 9]

matwrite("example.mat", Dict("Array" => A))
```

줄리아에서 저장한 MAT 파일을 매트랩에서 열어보니 문제없이 작동합니다.

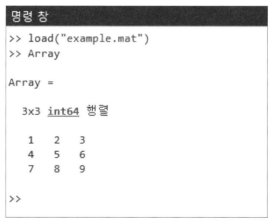

[그림 1-31] 줄리아로 저장한 MAT 파일을 매트랩에서 불러온 모습

반대로 MAT 파일을 불러오는 함수는 matopen입니다. 이 파일에서 원하는 데이터를 가져오려면 다시 read 함수에 키를 입력해야 합니다.

```
julia> mat2jul = matopen("example.mat")
MAT.MAT_HDF5.MatlabHDF5File(HDF5.File: (read-only) example.mat, true,
false, 0, false)

julia> read(mat2jul, "Array")
3×3 Matrix{Int64}:
 1  2  3
 4  5  6
 7  8  9
```

PyCall.jl은 파이썬의 패키지를 줄리아에서 사용할 수 있게 해줍니다. np = pyimport ("numpy")라고 입력하면 파이썬에서 넘파이^{Numpy} 코드를 작성하는 것과 똑같이 쓸 수 있습 니다. 줄리아는 언제든지 파이썬 사용자를 흡수할 준비가 되어있습니다.

```
julia> using PyCall

julia> np = pyimport("numpy")
PyObject <module 'numpy' from 'C:\\Users\\rydbr\\.julia\\conda\\3\\x86_64\\
lib\\site-packages\\numpy\\__init__.py'>

julia> A = [1 2 3 4 5]
1×5 Matrix{Int64}:
 1  2  3  4  5

julia> np.save("example.npy", A)

julia> B = np.load("example.npy")
1×5 Matrix{Int64}:
 1  2  3  4  5
```

🤔 지금까지의 내용은 줄리아를 사용하지 않던 사용자가 쉽게 적응할 수 있는 방법이었고, 마지막으로 소개할 JLD2.jl은 줄리아의 데이터 구조를 다루기 위해 줄리아에서 자체 개발한 패키지입니다. 적당한 배열, 딕셔너리, 튜플을 정의하고 JLD2 파일로 저장해보겠습니다. 줄리아의 데이터를 JLD2 파일로 저장하는 함수는 save입니다.

```julia
using JLD2

A = [1 2 3
     4 5 6
     7 8 9]

D = Dict("A" => A, "B" => "B")

T = (sin, cos)

save("example.jld2", "A", A, "D", D, "T", T)
```

파일을 불러오는 함수는 load입니다. 저장할 때 입력했던 문자열들이 키key이며 실제 데이터는 값value에 있으므로 딕셔너리처럼 참조하여 사용하면 됩니다.

```julia
julia> loaded = load("example.jld2")
Dict{String, Any} with 3 entries:
  "A" => [1 2 3; 4 5 6; 7 8 9]
  "T" => (sin, cos)
  "D" => Dict{String, Any}("B"=>"B", "A"=>[1 2 3; 4 5 6; 7 8 9])

julia> loaded["A"]
3×3 Matrix{Int64}:
 1  2  3
 4  5  6
 7  8  9

julia> loaded["D"]
Dict{String, Any} with 2 entries:
  "B" => "B"
  "A" => [1 2 3; 4 5 6; 7 8 9]

julia> loaded["T"]
(sin, cos)
```

줄리아에서 골뱅이표(@)로 시작하는 명령어들은 매크로^{macro}라고 하며 각종 편의 기능을 제공합니다. 보통은 적용할 코드 가장 앞에 입력하여 사용합니다. 알아두면 좋은 매크로 몇 가지를 간단히 소개하겠습니다. 이 기능들은 줄리아에서만 제공되는 고유의 기능은 아닙니다만 다른 프로그래밍 언어와는 비교도 안 될 만큼 쉽고 간단하게 사용할 수 있습니다.

1.5.1 @.

뒤에 오는 모든 코드에 성분별 연산인 브로드캐스트를 적용합니다. 브로드캐스트는 Part 2 문법의 2.1 함수에서 자세히 다룹니다.

```
julia> x = 1:10
1:10

julia> x^2 * sin(x)
ERROR: MethodError: no method matching ^(::UnitRange{Int64}, ::Int64)

julia> @. x^2 * sin(x)
10-element Vector{Float64}:
    0.8414709848078965
    3.637189707302727
    1.2700800725388048
  -12.108839924926851
     ⋮
   32.19234333722066
   63.318927783896434
   33.381597304582286
  -54.40211108893698
```

1.5.2 @time

코드의 실행 시간을 측정합니다. 다른 라이브러리나 패키지를 불러올 필요도 없고 그저 실행

시간이 궁금하다면 코드 제일 앞에 다섯 글자 @time만 적으면 됩니다. 이를 활용하면 콘솔창에서도 작업에 걸리는 시간을 측정하기가 편합니다. 다음은 크기가 3인 영벡터를 하나 정의하고 랜덤벡터를 만 번 동안 더하는 작업을 수행하는 데 걸리는 시간을 측정하는 코드입니다.

```
x = zeros(3)

@time for i ∈ 1:10_000
        x += rand(3)
end
# 0.000736 seconds (20.00 k allocations: 1.526 MiB)
```

같은 기능을 하는 코드를 파이썬과 넘파이로 작성하면 다음과 같습니다. 파이썬에 비해 줄리아의 코드가 얼마나 간단명료한지가 드러납니다. 실행 결과에 있어서도 차이가 큰데, 줄리아는 시간의 단위와 메모리 사용량까지 알려줍니다.

```
# Python
import numpy as np
import time

x = np.zeros(3)

start_time = time.time()
for i in range(10000):
    x += np.random.rand(3)

print(time.time()- start_time)
# 0.031172752380371094
```

1.5.3 @showprogress

ProgressMeter.jl 패키지를 설치하고 진행 경과를 시각화하고 싶은 작업 앞에 @showprogress를 입력하면 작업이 완료된 비율과 남은 예상 시간이 표시됩니다.

```
using ProgressMeter

x = zeros(100)
```

```
# [그림 1-32]
@showprogress for i ∈ 1:10_000_000
                    x += rand(100)
                end
```

다음은 @showprogress 매크로로 작업의 진행 과정과 남은 예상 시간(Estimated Time of Arrival, ETA)이 출력되는 모습입니다.

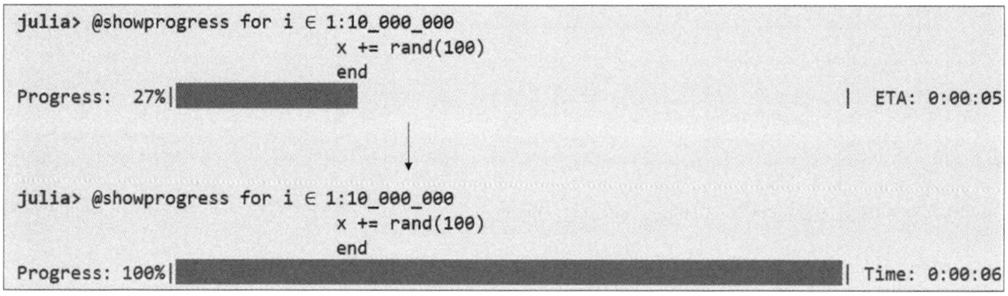

```
julia> @showprogress for i ∈ 1:10_000_000
                           x += rand(100)
                       end
Progress:  27%|███████                                    |  ETA: 0:00:05
                                    ↓
julia> @showprogress for i ∈ 1:10_000_000
                           x += rand(100)
                       end
Progress: 100%|████████████████████████████████████████| Time: 0:00:06
```

[그림 1-32] @showprogress 작동 화면

1.5.4 @show

@show는 결과를 요약 없이 보여주는 매크로입니다. 일반적으로 코드 실행의 결과로 출력되는 양이 너무 많으면 줄여서 보여주는 것이 편하지만, 세세한 내용까지 다 알고 싶을 때는 @show 매크로를 통해 전체 내용을 확인합니다.

다음의 코드를 보면, 콘솔창에 rand(10)을 입력하여 반환된 값이 출력되는데 처음과 끝의 몇 개 성분을 제외하고는 요약됩니다. 여기에 @show를 붙이면 모든 성분이 출력됩니다.

```
julia> rand(10)
10-element Vector{Float64}:
 0.583983290734111
 0.2964632975851732
 0.13474534273036298
 ⋮
 0.965826208979847
 0.5325157289856415
 0.5617228191883392
```

```
julia> @show rand(10)
rand(10) = [0.9604152404555198, 0.6501622674722755, 0.8539099715814105,
0.34990157396773736, 0.4400847509675807, 0.7008560939272271,
0.7784681653812101, 0.13347334034773672, 0.23806111657412854,
0.8097713193228914]
10-element Vector{Float64}:
 0.9604152404555198
 0.6501622674722755
 0.8539099715814105
 ⋮
 0.13347334034773672
 0.23806111657412854
 0.8097713193228914
```

1.5.5 @thread

@thread는 줄리아에서 병렬 처리를 매우 쉽게 사용할 수 있도록 하는 매크로입니다. 그저 @thread를 코드 앞에 입력하기만 하면 해당 코드가 병렬 처리됩니다. 우선 줄리아를 실행시키기 전에 스레드 수를 지정해야 합니다. 명령 프롬프트에서 julia --threads n을 입력하면 스레드 수가 n개인 채로 줄리아가 실행됩니다. Threads.nthreads()로 현재 스레드 수를 확인할 수 있습니다.

다음 그림의 왼쪽 화면에는 명령 프롬프트에서 줄리아의 대화창을 실행하여 스레드 수가 1로 되어있습니다. 오른쪽 화면은 julia --threads 16으로 실행하여 스레드 수가 16으로 설정된 모습입니다.

[그림 1-33] 스레드 수를 변경하여 줄리아 실행

일반적인 for 반복문에서는 인덱스 순서에 따라 차례로 계산이 진행되지만, 병렬 연산으로 계산하면 최대 스레드 수만큼 동시에 계산됩니다.

```
julia> using Base.Threads

julia> Threads.nthreads()
16

julia> for I ∈ 1:9
           print(i," ")
       end
1 2 3 4 5 6 7 8 9

julia> @threads for i ∈ 1:9
           print(i," ")
       end
 2 9 8 1 7 4 6 3 5
```

당연히 계산 속도도 빨라집니다. 벤치마크를 위한 간단한 예제로 확인해보면 병렬 연산에서 걸리는 시간이 더 짧습니다. 스레드가 늘어나는 만큼 비례해서 속도가 줄어들지는 않는다는 점을 유념하세요.

```
julia> using Base.Threads

julia> Threads.nthreads()
16

julia> A_ = [rand(1000, 1000) for _ in 1:1000];

julia> @time for A ∈ A_
           sin.(A)
       end
  5.664829 seconds (5.49 k allocations: 7.451 GiB, 5.73% gc time)

julia> @time @threads for A ∈ A_
           sin.(A)
       end
  0.892761 seconds (27.94 k allocations: 7.452 GiB, 48.15% compilation time)
```

윈도우에서 스레드의 수를 변경하려면 우선 제어판에서 시스템 환경 변수를 편집해야 합니다. ① 윈도우창에 '환경'까지만 입력하면 쉽게 찾을 수 있습니다. ② [고급] 탭의 〈환경 변수〉 버튼을 클릭합니다. ③ 〈새로 만들기〉 버튼을 클릭하여 ④ 변수 이름 JULIA_NUM_THREADS를 입력하고 설정한 스레드 수를 입력합니다. 명령 프롬프트에서 줄리아를 실행시켜 보면 명령어로 --threads 16을 입력하지 않았어도 스레드가 16개로 설정되어 있습니다.

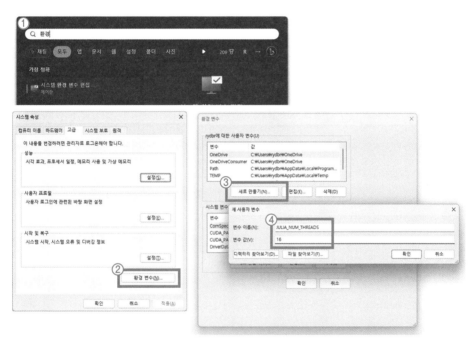

[그림 1-34] 윈도우에서의 스레드 수 변경 과정

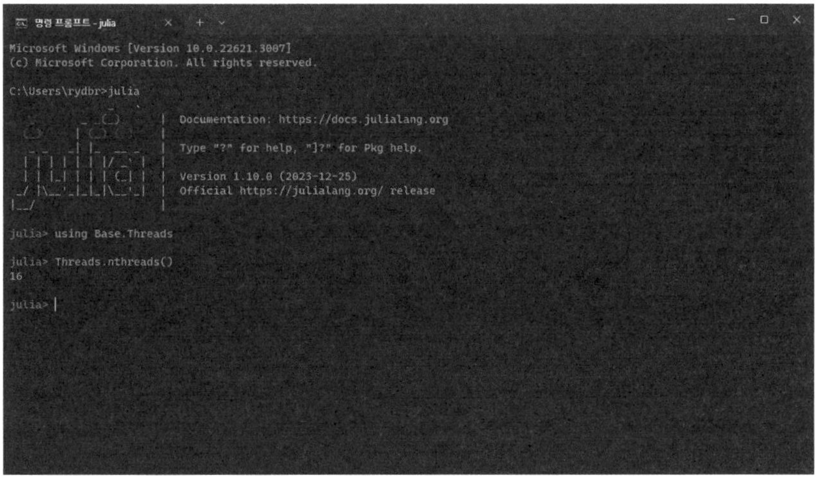

[그림 1-35] 줄리아에서 기본 스레드 수가 변경된 모습

Part **2**

문법

이 파트에서는 줄리아의 기초적인 문법과 몇 가지 기본기를 다룹니다. 줄리아의 문법은 매트랩Matlab과 파이썬Python, R 프로그래밍 언어 등에 영향을 받아 이들의 장점을 계승하고 단점을 개선했으며, 줄리아만의 합리적인 철학을 담아 아름답게 설계했습니다.

물론 줄리아가 세상에서 가장 쉬운 프로그래밍 언어는 아닐지도 모르겠습니다. 하지만 매트랩이나 파이썬, R 중 둘 이상을 알고 있다면 더 배워야 할 게 크게 없는 언어입니다. 당신은 이미 줄리아를 할 줄 압니다. 어떻게 보면 줄리아는 이들의 특징을 조금씩 가진 사투리dialect라 할 수 있습니다. 이는 의도적으로 고안된 특징으로 과학계에서 줄리아라는 새로운 언어에 대한 거부감을 최소화하고 쉽고 빠르게 수용할 수 있도록 합니다.

한편 문법의 합리성이란, 간단히 말해 '왜 하필 이렇게 만들었을까?'라는 질문에 거의 대부분은 '나름의 타당한 대답'을 가지고 있다는 것입니다. 줄리아로 코드를 작성하는 일은 성능 이전에 그 자체로도 즐거운 작업입니다. 처음에는 어디서 많이 봤던 문법, 매트랩처럼 짜도 실행되고 파이썬처럼 짜도 그럭저럭 기능을 하는 것에 놀라고 조금씩 줄리아가 익숙해지면 그 고유의 독창적이고 간결한 문법에 감탄하게 됩니다.

🤔 현대적인 프로그래밍에서는 어떠한 기능을 구현할 때 가능한 한 작은 단위로 쪼개어 함수 function를 작성하고, 그 작은 함수들의 조합으로 거대한 프로그램을 이루는 것을 권장합니다. 이는 줄리아에서도 마찬가지, 아니 줄리아라서 더욱 중요한 기조가 됩니다. 기본적으로 함수 는 재사용 가능reusable하며 테스트 가능testable하고, 각 단계에서 무슨 일을 하고 입력과 출력 이 어떻게 되는지 명확합니다.

만약 해당 기능이 성능도 뛰어나야 한다면 더욱 스크립트가 아닌 함수로 작성되어야 하는데 이는 줄리아의 컴파일러compiler가 작동하는 방식상 함수 내부의 코드가 일반 코드보다 빠르 게 작동하기 때문입니다.[5]

또 줄리아를 실제로 프로그래밍해보며 여러 문제를 만나고 극복하다 보면 전역 변수와 지역 변수, 스코프scope 등의 개념을 이해하는 데 어려움을 겪곤 하는데, 애초부터 함수형으로 코 드를 작성하면 그런 걱정을 할 필요가 없습니다. 당장은 이러한 고민이 어렵고 막막하게 느껴 질지도 모르겠습니다. 철학, 성능, 스코프 같은 어려운 말들은 잠시 제쳐 두고 '이해하기 쉽고 간단하다'라는 부분부터 살펴보겠습니다.

2.1.1 할당 양식

할당 양식assignment form이란 줄리아에서 가장 간단하게 함수를 정의하는 방법으로,[6] 자연스 러우면서도 타이핑도 적고 눈으로 보기에도 간결하게 해주는 문법적 요소입니다. 몇 가지 예 시를 보며 바로 체득해봅시다.

---

5 줄리아 공식 문서 중 「성능에 결정적인 코드는 함수 내부에 있어야 한다」, docs.julialang.org/en/v1/manual/
  performance-tips/#Performance-critical-code-should-be-inside-a-function
6 줄리아 공식 문서 중 「함수」, docs.julialang.org/en/v1/manual/functions/#man-functions

▌ReLU 함수

간단한 예로 직선 $y = x$와 ReLU 함수의 개형을 비교해봅시다. ReLU 함수는 비선형이면서 도함수가 간단하다는 장점이 있습니다.

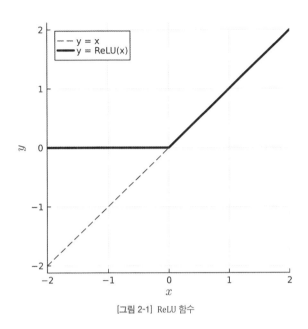

[그림 2-1] ReLU 함수

머신러닝machine learning에서 정류 선형 단위Rectified Linear Unit, ReLU 함수 ReLU: $\mathbb{R} \to \mathbb{R}$은 특히 딥러닝deep learning 등에서 활성화 함수activation function로 많이 쓰입니다. 이는 위 그림과 같이 $x \leq 0$일 때는 0을, $x > 0$에 대해서는 x를 그대로 반환하는 함수를 말합니다. 간단하게 수식으로 나타내면 다음과 같습니다.

$$ReLU(x) = \max(0, x)$$

그렇다면 줄리아에서는 이 함수를 어떻게 구현할 수 있을까요? 결과를 바로 반환하는 콘솔창 REPL을 열고 수식이랑 똑같이 입력하면 끝입니다. 아주 쉽죠?

```julia
julia> ReLU(x) = max(0,x)
ReLU (generic function with 1 method)
```

실제로 100, 0, -10에 대해서 테스트해보면 다음과 같이 예상하던 결과를 얻을 수 있습니다.

```julia
julia> ReLU(100)
100

julia> ReLU(0)
0

julia> ReLU(-10)
0
```

다항 함수

다항 함수 $p: \mathbb{R} \rightarrow \mathbb{R}$은 교과 과정에서 배우기에 친숙한 함수 중 하나이기도 합니다. 다음의 간단한 이차 함수를 생각해봅시다.

$$p(x) = x^2 - 4x + 3$$

위 함수는 근은 $x = 1$, $x = 3$이고 $x = 2$일 때 최솟값 $p(2) = -1$을 가집니다. 이 다항 함수를 줄리아에서는 어떻게 구현할까요? 앞서 보았던 ReLU 함수처럼 그대로 입력하면 됩니다. 다만 여기서는 거듭제곱 x^2를 위해 캐럿 기호(^)가 쓰입니다.

```julia
julia> p(x) = x^2 - 4x + 3
p (generic function with 1 method)

julia> p(0)
3

julia> p(1)
0

julia> p(2)
-1

julia> p(3)
0
```

한편 이미 프로그래밍에 익숙하다면 생소한 표현이 하나 보일지도 모르겠습니다. 바로 −4x, 즉 x에 곱해진 계수 −4와 x 사이에 곱셈이 생략된 부분입니다. 일반적인 프로그래밍 언어와 달리 줄리아에서는 이렇게 상수constant를 곱할 때 군이 곱셈 연산자로 별표(*)를 입력하지 않아도 문법적으로 문제가 없고, 이를 수치적 리터럴 계수numeric literal coefficient라 합니다. 물론 입력해도 상관없으며 문법적으로 생략이 허용된다고 해도 명료하게 적는 게 좋은 경우도 많긴 합니다. 그러나 이런 특징은 긴 수식을 컴퓨터로 옮겨 적을 때 특히 유용하고, 수식formula 변환기translation에서 이름을 딴 1950년대 프로그래밍 언어 포트란fortran의 철학을 더욱 발전시킨 것으로 볼 수도 있습니다.

▌피보나치수열

마지막으로 함수의 할당 양식에 대한 아주 전형적이고 간단하지만, 그만큼 정말 많은 프로그래밍 언어 교재에서 예제로 등장하는 피보나치수열Fibonacci sequence을 줄리아로 구현해봅시다. 피보나치수열은 익히 알고 있듯 다음과 같이 점화식으로 표현할 수 있습니다.

$$f(n) = \begin{cases} f(n-1) + f(n-2) & \text{if } n > 1 \\ n & \text{otherwise} \end{cases}$$

$$\{f(n)\} = \{1, 1, 2, 3, 5, 8, 13, 21, \cdots\}$$

이를 흔히 재귀 함수recursion function를 사용해 구현하는데, 줄리아에서는 단 한 줄로 작성할 수 있습니다.

```
julia> f(n) = n > 1 ? f(n-1) + f(n-2) : n
f (generic function with 1 method)

julia> [f(1) f(2) f(3) f(4) f(5) f(6) f(7) f(8)]
1×8 Matrix{Int64}:
 1  1  2  3  5  8  13  21
```

함수의 정의에서 'A ? B : C'는 삼항 연산자ternary operator로 물음표(?) 앞의 조건 A가 참인 경우에는 가운데에 있는 값 B를, 거짓인 경우에는 콜론(:) 뒤의 값 C를 반환합니다. 삼항 연산자에 대해서는 뒤에서 다시 설명하겠지만, 주목해야 할 부분은 점화식으로 표현된 수식이 코드로 깔끔하게 옮겨졌다는 점입니다.

2.1.2 반환 키워드

앞서 살펴보았듯 할당 양식을 적절히 활용하면 함수를 간단하고 보기 좋게 작성할 수 있습니다. 그러나 단순한 수식이 아니라 복잡한 기능을 구현하기 위해서는 '입력'을 받아 '출력'을 반환하는 '함수이름'이라는 함수를 정의해야 합니다.

```
function 함수이름(입력)
    return 출력
end
```

참고로 '함수이름'은 정말 함수의 이름으로 사용해도 좋습니다. 다음과 같이 입력^2를 반환하는 함수를 작성하고 함수이름(3)과 함수이름("삼")을 보면 각 자료형에 맞는 결과를 돌려주는 것을 확인할 수 있습니다.

```
julia> function 함수이름(입력)
           return 입력 ^ 2
       end
함수이름 (generic function with 1 method)

julia> 함수이름(3)
9

julia> 함수이름("삼")
"삼삼"
```

🤔 당장은 이 결과가 어떻게 산출되었는지 몰라도 상관없습니다. 매트랩과 포트란을 써본 적 없다면 코드 블록을 end로 닫는 게 어색할지도 모르겠습니다. 줄리아에서는 모든 if, for, while을 포함한 각종 코드 블록의 마무리를 end로 명시해서 닫아주는데, 익숙해지면 나름대로 맺고 끊음이 확실해서 편한 부분도 있습니다. 반대로 매트랩만 익숙하다면 return이라는

키워드 자체가 낯설 수 있는데, 사실은 오직 매트랩만이 return을 '함수나 스크립트를 종료하는' 독특한 방식으로 사용하고 있습니다. 이는 매트랩의 함수 정의 방식이 다른 언어들과 비교했을 때 몹시 이질적이기 때문인데 멀리서 보면 매트랩이 유별나게 독특한 것이고 줄리아가 보편적인 편에 속합니다.

표본분산

할당 양식을 쓰기 껄끄러우면서도 간단한 예제로 표본분산sample variance을 구하는 함수를 작성해봅시다. 기본적으로 n개의 표본 $x_1, \cdots, x_n$에 대해 표본분산 S^2은 표본평균 $\overline{X}$와 함께 다음과 같이 정의됩니다.

$$\overline{X} = \frac{1}{n}\sum x_k$$
$$S^2 = \frac{1}{n-1}\sum\left(x_k - \overline{X}\right)^2$$

당장 x_k를 다루는 것은 어려우니, 정확히 $n = 4$인 표본 a, b, c, d가 주어진 상태에서 표본분산을 구하는 특수한 함수 var4 정도로 난도를 내려보겠습니다. 이 함수는 고민할 것 없이 단순히 공식 그대로 네 개의 수에 대해 계산하면 됩니다.

```
function var4(a,b,c,d)
    m = (a+b+c+d)/4
    v = ((a-m)^2 + (b-m)^2 + (c-m)^2 + (d-m)^2) / (4-1)
    return v
end # var4(0,1,2,3) = 1.6666666666666667
```

확실히 이 함수는 한 줄로 적기에는 까다롭습니다. 할당 양식으로 정의하는 게 불가능하진 않겠지만, 가로로 너무 길어지거나 가독성이 떨어집니다.

반환return 키워드는 이처럼 여러 줄로 작성된 함수에서 정확히 무엇을 출력으로 하고 싶은지 명료하게 알려줍니다. 일부 프로그래밍 언어에서 그러하듯 반환 키워드가 따로 없어도 함수의 가장 마지막 줄에서 계산되는 값이 반환되기는 하지만, 보통은 반환 키워드를 사용해 정확한 코드를 작성하는 편이 가독성과 유지보수 측면에서 유리합니다.

다중 반환 함수

프로그래밍을 하다 보면 하나의 함수로 여러 작업을 수행하고 한 번에 그 결과를 내놓아야 할 때가 있습니다. 그러한 방식이 구조적으로 전체 프로그램의 복잡성을 다소 증가시킬지라도, 계산상의 측면에서 유리한 부분이 확실하다면 시도해볼 만한 가치는 충분합니다.

멀리 생각할 필요 없이 앞서 보았던 예제인 표본분산만 해도 그렇습니다. 만약에 표본평균도 필요하다면, 어차피 표본분산의 계산 과정에서 표본평균이 계산되어야 하므로 그 값들을 동시에 계산하고 한 번에 반환하면 됩니다. 여러 결과의 출력을 위해서 단지 반환 키워드 뒤에 쉼표로 구분하여 나열하는 것으로 충분합니다.

```
julia> function var4(a,b,c,d)
           m = (a+b+c+d)/4
           v = ((a-m)^2 + (b-m)^2 + (c-m)^2 + (d-m)^2) / (4-1)
           return m, v
       end
var4 (generic function with 1 method)
```

이 함수의 정의 부분을 한 번 더 실행함으로 기존에 표본분산만을 반환하던 함수 var4는 이제 표본평균과 표본분산을 튜플로 반환하는 함수로 덮어씌워졌습니다. 그 출력은 다음과 같이 쉼표로 구분하여 할당할 수 있습니다.

```
julia> mean1, var1 = var4(0,1,2,3)
(1.5, 1.6666666666666667)

julia> mean1
1.5

julia> var1
1.6666666666666667
```

그런데 다시 표본평균, 즉 앞에 있는 값이 필요하지 않은 상황이 생길 수 있습니다. 그때마다 함수를 새로 갈아엎기는 곤란할 텐데 다행스럽게도 밑줄 문자(_)를 통해 튜플로 반환되는 결과 중 특정 위치의 결과를 생략하고 출력할 수 있습니다.[7]

```
julia> _, var2 = var4(0,2,4,8)
(3.5, 11.666666666666666)

julia> var2
11.666666666666666
```

▌반환값이 없는 함수

말 그대로 아무것도 반환하지 않는 함수, C나 자바^{Java} 문법으로 말하자면 무치형^{void type}의 함수를 말합니다. 이는 줄리아에서는 간단히 return nothing이라고 표현합니다. 아무것도 반환하지 않음을 직관적으로 보여주며 구현됩니다.

```
julia> function hello(word)
           println("hello", word)
           return nothing
       end
hello (generic function with 1 method)

julia> hello("myfriend")
hellomyfriend
```

hello 함수는 단어인 word를 입력으로 받아 단어 앞에 hello를 붙여서 콘솔에 출력하는 함수로 정의되었습니다. hello로 시작하는 문장을 화면에 출력하는 용도가 전부라면, println이 출력의 기능을 수행하기에 군이 함수에서 반환값을 가질 필요가 없습니다. 따라서 nothing을 반환하도록 하여 반환값이 없는 함수로 정의해도 됩니다.

실제로 함수의 반환값이 어떤 형태인지 알아보기 위해 what이라는 변수에 할당하여 확인해

---

7 줄리아 공식 문서 중 「할당 및 다중 반환값 분리」, docs.julialang.org/en/v1/manual/functions/#destructuring-assignment

보아도 화면에는 아무것도 출력되지 않습니다. isnothing 함수를 통해 값이 nothing인지 확인해보면 true라는 결과를 얻을 수 있습니다.

```
julia> what = hello("myfriend")
hellomyfriend

julia> what

julia> isnothing(what)
true
```

2.1.3 브로드캐스트

지금까지 함수를 만드는 방법에 대해 알아보았으니 이제 함수를 제대로 사용하는 방법, 줄리아의 가장 중요한 개념이면서 다른 프로그래밍 언어와 차별화되는 특징인 브로드캐스트 broadcast에 대해서 알아보겠습니다. 브로드캐스트란 짧게 말해서 '함수의 벡터화'고, 쉽게 말해서 '각 요소에 따로따로 함수를 취하는 기능'으로 줄리아에 정의된 모든 함수에 예외 없이 사용할 수 있습니다. 줄리아의 문법 자체가 브로드캐스트를 위해 있다고 해도 과언이 아니고, 한 번 익숙해지고 나면 '줄리아다운 프로그래밍'에 재미를 붙일 수 있습니다.

성능과 편의성 면에서 우수한 건 두말할 것도 없습니다. 사용법은 간단한데, f(x)와 같은 함수의 형태에서 f 뒤에 점 하나를 찍어 f.(x)로 씁니다.

🤔 추상적으로, 브로드캐스트란 임의의 함수 $f: X \to Y$가 $f: x \mapsto f(x)$와 같이 주어졌을 때, f 바로 뒤에 점을 찍은 $f.: X^n \to Y^n$을 '벡터의 각 성분에 대해 알아서 대응하는 것'을 말합니다.

$$f.: \begin{bmatrix} x_1 \\ x_2 \\ \vdots \\ x_n \end{bmatrix} \mapsto \begin{bmatrix} f(x_1) \\ f(x_2) \\ \vdots \\ f(x_n) \end{bmatrix}$$

설명이 이해되지 않는다고 해도 전혀 걱정할 필요 없습니다. 벡터의 삼각 함수와 점별 곱셈을 통해 브로드캐스트에 대해 직관적으로 이해해볼 것입니다.

벡터의 삼각 함수

고등학교 시절부터 지겹도록 삼각 함수에 대해 배웠고, 교과 과정 수준에서는 '직각삼각형의 밑각에 삼각비를 대응시킨 함수' 정도로 정의했습니다. 특히 사인 함수 $\sin: \mathbb{R} \to \mathbb{R}$을 생각해 보면, 밑변의 길이가 x고 높이가 y인 직각삼각형의 밑각 θ가 주어질 때 '실수'에서 '실수'로 대응시키는 함수입니다.

$$\sin: \theta \mapsto \frac{y}{\sqrt{x^2 + y^2}}$$

여기서 중요한 건 사인 함수에 들어가는 건 어쨌거나 실수real number여야 한다는 것입니다. 그렇다면 이미 널리 사용되고 있는 매트랩, 파이썬, R에서 대뜸 사인 함수에 $(1,2,3,4) \in \mathbb{R}^4$이라는 벡터를 넣으면 어떻게 되는지 한번 짚고 넘어가봅시다.

●매트랩

```
% Matlab
>> sin([1,2,3,4])
ans =
    0.8415    0.9093    0.1411   -0.7568
```

●파이썬 넘파이

```
# Python
>>> import numpy as np
>>> np.sin([1,2,3,4])
array([ 0.84147098,  0.90929743,  0.14112001, -0.7568025 ])
```

●R

```
# R
> sin(c(1,2,3,4))
[1]  0.8414710  0.9092974  0.1411200 -0.7568025
```

흥미롭게도 이 세 가지 언어는 사인 함수가 벡터에 대해 정의된 적이 없음에도 암묵적으로 벡터vector의 각 성분인 스칼라scalar에 사인 함수를 취해서 얻은 벡터를 반환합니다. 별로 대수롭지 않거나 당연하게 느껴지는 결과겠지만, 줄리아에서는 이를 더 엄격하게 바라봅니다.

다음은 줄리아에서 sin([1., 2., 3., 4.])와 sin.([1., 2., 3., 4.])의 출력을 비교한 것입니다.

```
julia> sin([1., 2., 3., 4.])
ERROR: MethodError: no method matching sin(::Vector{Float64})

julia> sin.([1., 2., 3., 4.])
4-element Vector{Float64}:
  0.8414709848078965
  0.9092974268256817
  0.1411200080598672
 -0.7568024953079282
```

브로드캐스트가 없는 sin의 경우엔 '벡터에 대해 정의된 사인 함수를 찾을 수 없다'라는 의미의 에러가 뜨고, 엄밀하게 브로드캐스트를 적용한 sin.의 경우엔 사인 함수를 '벡터화'하여 각 성분에 대해서 사인 함수를 따로따로 취해주고 있죠.

언뜻 보기에 이러한 차이는 줄리아가 ① 뭔가 낯설고 ② 점 하나를 더 찍어야 하고 ③ 에러를 많이 내며 ④ 있으나 마나 한 기능처럼 느껴질지도 모르겠습니다. 하지만 ① 조금 낯설기에 처음에 적응하는 그 잠깐의 시간이 걸린다는 점을 제외하면, 브로드캐스트는 다음과 같은 장점이 있습니다.

② 점 하나를 더 찍는다: 이는 코드의 가독성을 올리는 데에 도움이 되는데, 단지 이것 하나만으로도 함수가 어떻게 적용되는지 힌트가 됩니다. 예를 들어, 실수의 스칼라 x와 실수의 벡터 y가 주어졌을 때 다른 언어에선 똑같이 f(x)와 f(y)로 적혀서 코드의 맥락을 조금 더 정교하게 파악해야 하고 실행을 해봐야 입출력이 분명해지지만, 줄리아의 경우엔 f(x)와 f.(y)로 다른 표현을 쓰기에 함수 f의 정의만 명확하게 숙지하고 있다면 훨씬 읽기 편해집니다.

③ 에러를 많이 낸다: 🫥 당장은 짜증 나겠지만, 길게 보면 이것이야말로 암묵적이고 애매모호한 함수의 사용을 원천 차단해서 생산성을 크게 끌어올립니다. 가능한 한 프로그램은 코더의 의도대로 작동되는 것이 좋으며, 함수들이 제각각 그 의도를 멋대로 읽어서 자동으로 실행된다면 당장이야 편리하겠지만 거대한 프로그램이 되었을 때는 문제가 어디서 발생하는지 찾아내기 어렵습니다. 특히 현대적인 관점에서 이러한 제약은 에러를 일으키며 개발을 늦추는 '제한 사항'이 아니라 문제가 될 여지가 있는 부분을 조기에 막아내는 '편의 기능'에 가깝습니다.

④ 있으나 마나 한 기능 같다: 🤔 이는 아직 간단한 예시로 누구나 아는 삼각 함수만 살펴보았기에 느껴지는 착각입니다. 앞서 설명했듯 줄리아의 브로드캐스트는 모든 함수, 즉 사용자가 정의한 함수에도 예외 없이 적용됩니다. 다루는 자료형이 복잡하거나 배열의 차원이 커질수록 브로드캐스트가 빛을 발하는데, 줄리아에서는 싱글톤singletone 데이터 하나에 대해서 제대로 정의된 함수 하나만 있다면 벡터든, 행렬이든, 무엇이든 가리지 않고 브로드캐스트를 적용할 수 있습니다. 사인 함수를 굳이 사용하기 어렵게 만든 게 아니라, 브로드캐스트라는 절대적 규칙에서 예외를 허용하지 않는다는 것뿐입니다.

어쨌거나 아직 반복문과 제어문도 다뤄보지 않았고, 기본서를 처음 보는 입장이라면 브로드캐스트가 와닿지 않는다는 건 지극히 정상적인 일입니다. 책의 내용에 따라 차근차근 익숙해질 테니 너무 조급하게 생각하지 않아도 좋습니다.

벡터의 점별 곱셈

$$x = \begin{bmatrix} 3 \\ 7 \\ 1 \end{bmatrix}, y = \begin{bmatrix} 0 \\ 6 \\ 2 \end{bmatrix}$$

3차원 공간 $\mathbb{R}^3$에서 위와 같이 두 벡터 x, y가 주어졌을 때, 이들의 덧셈과 뺄셈이 어떻게 정의될지는 명확하지만 곱이 무엇일지에 대해서는 의견이 갈릴 수 있겠습니다. 우선 애초에 보편적인 수학에서 벡터의 곱은 정의되지 않으며, 그나마 곱이라고 한다면 다음과 같이 벡터의 내적inner product $x^T y$를 떠올리는 경우가 많기 때문입니다. 여기서 x^T는 x의 전치transpose로, 대각선 기준으로 행과 열을 반전시킨 1×3 크기의 행렬matrix입니다.

줄리아에서 행렬의 전치는 간단히 작은따옴표(')를 붙여 사용할 수 있고, 내적을 계산할 수도 있습니다.

```julia
julia> x = [3, 7, 1];

julia> y = [0, 6, 2];

julia> x' * y     # 벡터의 내적
44
```

비록 추상적인 수학에서 정의되지 않았을지라도 각 성분별로 수행되는 곱셈이 필요합니다. 앞의 두 벡터를 예로 들자면, 위에서부터 순서대로 3과 0을 곱하고, 7과 6을 곱하고, 1과 2를 곱하는 아다마르 곱Hadamard product, ⊙ 연산 같은 게 필요할 때가 꼭 있는 것이죠.

$$x \odot y = \begin{bmatrix} 0 \\ 42 \\ 2 \end{bmatrix}$$

당연하지만 앞서 말한 것처럼 이러한 벡터의 곱은 보편적으로 정의하지 않습니다. 따라서 다음과 같이 곱셈을 하면 '벡터와 벡터의 곱이라는 연산에 대한 함수를 찾을 수 없다'라는 에러를 보게 됩니다.

```
julia> x * y
ERROR: MethodError: no method matching *(::Vector{Int64}, ::Vector{Int64})
```

이를 해결하는 방법은 당연하게도 브로드캐스트입니다. 스칼라와 스칼라의 곱은 이항 연산binary operation이고, 엄연히 두 개의 입력과 하나의 출력을 갖는 함수입니다. 기호로 표현되는 이항 연산에 브로드캐스트를 사용하는 방법은 함수 이름의 뒤가 아니라 기호의 앞에 점을 찍는 것입니다.

```
julia> x .* y
3-element Vector{Int64}:
  0
 42
  2
```

결과를 보면 이 브로드캐스트를 통해 잘 작동하는 것을 확인할 수 있습니다.

👻 이러한 이항 연산의 브로드캐스트는 명백하게 매트랩에서 유래했습니다. 이름부터 행렬 연산에 특화된 프로그램Matlab인 티를 내는 만큼, 일반 곱셈 *과 행렬곱 %*%이 따로 정의된 R 과 달리 매트랩에서는 *이 행렬곱 연산자로 정의됩니다. 어차피 스칼라 계산에서는 같은 방식이기도 하고 행렬 계산이 많을 테니 그렇게 정의한 듯한데, 매트랩에서는 오히려 이러한 성분별 곱을 .*처럼 점을 찍어서 사용합니다. 어떻게 생각해보면 이 표기법은 상당히 직관적입니다. 앞에 찍힌 점을 점별pointwise이라고 읽는다면 *은 그냥 곱product이고 .*은 점별곱 pointwise product이라서 정확히 어떤 기능을 하는지 초심자도 쉽게 파악할 수 있습니다. 줄리아에서 이항 연산은 앞에 점을 찍고, 그 외 함수에는 뒤에 점을 찍는 것 역시 이러한 역사가 반영되어 있다고 보면 됩니다. 어떤 함수든 앞에 점을 찍으면, 구조체structure의 프로퍼티property나 할당 연산자 등 다른 문법과 충돌되거나 혼동을 줄 수 있기에 뒤에 점을 찍긴 해야 합니다. 그러나 애초에 브로드캐스트라는 아이디어의 발상지인 매트랩, 거기서 그대로 넘어온 이항 연산 .*의 점 위치를 바꾸면 매트랩 사용자를 유입하기 어려울 것입니다. 점 위치를 그대로 둔건 '매트랩 문법을 그대로 써도 되며 이를 더 확장하고 발전시켰다'라고 어필했다고 볼 수 있겠습니다.

배열과 벡터 공간

배열array이라는 개념은 프로그래밍 언어의 종류를 불문하고 중요하지만, 특히 과학 계산 분야에서는 벡터 그 자체로 매우 핵심적입니다. 매트랩, 파이썬의 넘파이, R은 기본적으로 제공되는 거의 모든 연산이 당연하다는 듯이 벡터 연산으로 구현되어 있습니다.

2.2.1 간단한 벡터의 정의

본격적으로 벡터를 다뤄보기에 앞서 벡터를 어떻게 정의하는지 알아 둘 필요가 있겠죠? 줄리아에서 벡터는 대괄호([,]) 사이에 원소를 쉼표로 구분해서 나열하는 것만으로도 간단하게 정의됩니다.

```julia
julia> x = [-3, pi, 0, 1]
4-element Vector{Float64}:
 -3.0
  3.141592653589793
  0.0
  1.0
```

물론 벡터를 정의하는 방법은 다양합니다. 용도와 편의, 성능 등을 비교하여 가장 선호하는 방식을 채택하면 됩니다.

▌영벡터와 랜덤벡터

직접 벡터의 성분을 정하지 않아도 빌트인built-in 함수를 사용해 특정한 벡터를 정의할 수 있습니다. 그중에서도 가장 많이 사용하는 다음의 세 함수를 먼저 살펴봅시다:

- zeros(n): 길이가 n이고 모든 성분이 0인 영벡터zero vector를 생성합니다.
- rand(n): 길이가 n이고 모든 성분이 균등분포uniform distribution $U(0,1)$을 따르는 랜덤벡터random vector를 추출sampling합니다.

- randn(n): 길이가 n이고 모든 성분이 표준정규분포^{standard normal distribution} $N(0,1^2)$을 따르는 랜덤벡터를 추출합니다.

```
julia> zeros(3)
3-element Vector{Float64}:
 0.0
 0.0
 0.0

julia> rand(3)
3-element Vector{Float64}:
 0.7769937435872184
 0.029719275835216497
 0.16053927034327387

julia> randn(3)
3-element Vector{Float64}:
 -1.537367365819841
  0.34772857841942134
  0.8213223585377495
```

난수 추출에 대해서는 Part 6 데이터 과학의 6.1 통계 기법에서 더욱 자세하게 다루도록 하겠습니다.

반복벡터

영벡터나 랜덤벡터만큼은 아니지만, 같은 성분이 반복되는 벡터들 역시 알아두면 요긴하게 사용할 수 있습니다. 딱 실전에 활용하기 좋은 세 가지 함수만 배우고 넘어갑시다.

- ones(n): 길이가 n이고 모든 성분이 1인 벡터를 생성합니다.
- fill(a, n): 길이가 n이고 모든 성분이 a인 벡터를 생성합니다. 말 그대로 어떤 성분으로 채운^{fill} 벡터를 만들고, 본질적으로는 ones의 일반화입니다.
- repeat(A, n): 벡터 A를 n번 반복한 벡터를 생성합니다. 어떤 벡터를 반복한^{repeat} 벡터를 만들어내고, 본질적으로 fill의 일반화입니다.

```
julia> ones(3)
3-element Vector{Float64}:
 1.0
 1.0
 1.0

julia> fill(7, 3)
3-element Vector{Int64}:
 7
 7
 7

julia> repeat([0,1], 2)
4-element Vector{Int64}:
 0
 1
 0
 1
```

레인지와 등차수열

등차수열은 다양한 상황에서 사용됩니다. 꼭 공차common difference가 독특하지 않아도 단순히 액션을 100번 반복할 필요가 있어서 1부터 100까지의 나열이 쓰이기도 합니다. 이러한 등차수열을 그대로 벡터로 나타내는 방법으로는 레인지range가 있습니다.

레인지는 기본적으로 두 개의 콜론 : : 양 끝에 초항과 말항을 적고, 가운데에 공차를 적습니다. 하나의 콜론 좌우에 초항과 말항을 적으면 공차가 1인 레인지를 반환합니다.

```
julia> b = 1:100
1:100

julia> c = 2:2:100
2:2:100

julia> c[23]
46
```

만약 초항이 a이고 공차가 d이고 수열의 가장 마지막 항이 A보다 작거나 같다면, 이 등차수열은 수식적으로 다음과 같이 나타낼 수 있습니다.

$$a:d:A = \{a_n = a + (n-1)d \mid a_n \leq A\}$$

이는 줄리아 코드로 a:d:A로 나타낼 수 있습니다. 참고로 줄리아에서 레인지란 이렇게 등차수열 그 자체로 존재할 뿐 파이썬처럼 구체적으로 그 수가 실제로 계산되는 것은 아닙니다.

조금 더 설명하자면 레인지는 반복 가능iterable할 뿐 실제 계산이 필요하기 전까진 세 개의 원소 a:d:A로 남아있다가 계산이 필요할 때 반복을 하게 됩니다. 반복 없이 구체적으로 모든 항이 필요하다면 레인지가 아닌 collect 함수를 통한 컬렉션collection을 얻어야 합니다.

```
julia> @show collect(c);
collect(c) = [2, 4, 6, 8, 10, 12, 14, 16, 18, 20, 22, 24, 26, 28, 30, 32,
34, 36, 38, 40, 42, 44, 46, 48, 50, 52, 54, 56, 58, 60, 62, 64, 66, 68,
70, 72, 74, 76, 78, 80, 82, 84, 86, 88, 90, 92, 94, 96, 98, 100]
```

👻 sizeof 함수는 주어진 객체object의 크기를 바이트byte로 나타내는 함수인데, 이를 통해 단순히 레인지일 때와 컬렉션이 되고 난 후에 얼마나 차이가 나는지 알 수 있습니다.

```
julia> sizeof(c)
24

julia> sizeof(collect(c))
400
```

▎선형 레인지

LinRange(a, b, len)은 첫 원소가 a고 마지막 원소가 b면서 정확히 길이가 len인 등간격 수열을 만들어줍니다. 별것 아닌 것 같지만 막상 필요할 때 없으면 직접 구현하기는 까다로운 기능이니 이런 게 있다는 것 정도는 알아두도록 합시다.

```
julia> LinRange(0, 1, 100)
100-element LinRange{Float64, Int64}:
  0.0, 0.010101, 0.020202, 0.030303, 0.040404, …, 0.969697, 0.979798,
0.989899, 1.0
```

당연하지만 매트랩의 linespace, 파이썬의 numpy.linspace, R에서의 seq에도 같은 기능을
제공하는 함수가 있습니다. LinRange라는 이름을 군이 새롭게 외우지 말고, 본인이 원래 쓰던
함수가 줄리아에서는 어떤 이름인지 검색하면 LinRange 또한 금방 찾을 수 있을 것입니다.

▌도전 과제: 등비수열

자연수 $n \in \mathbb{N}$이 주어졌다고 합시다. $k = 0, 1, \cdots, n$에 대해 2^k을 원소로 갖는 벡터를 반환하
는 함수 pow2(n)을 작성해봅시다. 예를 들어, n = 10이라면 다음과 같이 1부터 1024까지
2의 거듭제곱이 순서대로 포함됩니다.

```
julia> pow2(10)
11-element Vector{Int64}:
      1
      2
      4
      8
     16
     32
     64
    128
    256
    512
   1024
```

Hint $k = 0, 1, \cdots, n$은 레인지로 구현하기에 적합합니다. 이 레인지의 거듭제곱에 브로드
캐스트를 사용해보세요.

풀이

```
pow2(n) = 2 .^ (0:n)
```

단 한 줄로 풀 수 있지만, 벡터와 브로드캐스트에 익숙하지 않다면 충분히 떠올리지 못할 수도 있겠습니다. C, 자바, 파이썬 등에 익숙하다면 오히려 반복문 같은 걸 써서 구현하는 방법이 먼저 떠오르기 때문에 길게 돌아가는 함정에 빠질 수 있습니다.

줄리아로 프로그래밍을 한다는 것은 한 줄 한 줄의 작은 문제에서 끊임없이 '묘수풀이'를 하는 것이라고 보아도 과언이 아닙니다. 급할 때야 당장 돌아가는 코드가 필요하겠지만, 가능하면 더 빠른 최적화, 더 간결한 표현을 추구하며 코딩을 즐겨보세요. '와 내가 짰지만 진짜 예쁘게 잘 짰다'하는 성취감이 있어야 빨리 성장합니다.

2.2.3 벡터 공간

지금까지 줄리아에서 벡터를 어떻게 생성할 수 있는지 몇 가지 방법을 알아봤습니다. 여기까지만 보면 초심자가 봐도 그다지 어려울 게 없고, 다른 언어에 익숙하다면 당신은 이미 줄리아를 알고 있다라는 말처럼 특별하게 새로운 게 없을지도 모릅니다. 물론 이렇게 배우기 편하다는 점 외에도 줄리아의 벡터는 눈에 띄지 않는 곳에서 크게 차별화되는 특징이 있습니다. 그것은 바로 줄리아의 벡터는 실제로 벡터라는 것인데, 조금 어려운 이야기가 될 수 있으니 우선은 실용적인 기능부터 습득해보도록 하겠습니다.

벡터의 연산

다음과 같이 원주율 $\pi = 3.141592 \cdots$, 자연 상수 $e = 2.718281 \cdots$, 두 벡터 $u = (4, \pi, 1, -2)$, $v = (0, -9, 0, e)$가 주어져 있다고 하겠습니다.

```julia
julia> e = exp(1);      # 상수 2.718281828459045

julia> u = [4, π, 1, -2];

julia> v = [0, -9, 0, e];
```

앞서 주어진 상수들과 벡터로 다음의 기본적인 네 가지 연산을 수행해보겠습니다.

- 벡터 덧셈: $u + v$
- 벡터 뺄셈: $u - v$
- 스칼라 곱셈: eu
- 스칼라 나눗셈: u/π

```julia
julia> u + v
4-element Vector{Float64}:
  4.0
 -5.858407346410207
  1.0
  0.7182818284590451

julia> u - v
4-element Vector{Float64}:
  4.0
 12.141592653589793
  1.0
 -4.718281828459045

julia> e * u
4-element Vector{Float64}:
 10.87312731383618
  8.539734222673566
  2.718281828459045
 -5.43656365691809

julia> u / π
4-element Vector{Float64}:
  1.2732395447351628
  1.0
  0.3183098861837907
 -0.6366197723675814
```

이 계산 결과는 지극히 자연스러우며 전혀 어렵지도 않습니다. 적어도 벡터 연산을 지원하는
프로그래밍 언어라면 당연합니다.

수학적 근거로써의 벡터 공간

그런데 벡터 u에 곧바로 π를 더하고 싶으면 어떨까요? 언뜻 생각하기엔 다른 프로그래밍 언어들처럼 u + π면 충분할 것 같은데요, 실제로는 에러가 발생합니다.

```
julia> u + π
ERROR: MethodError: no method matching +(::Vector{Float64}, ::Irrational{:π})
For element-wise addition, use broadcasting with dot syntax: array .+ scalar
```

보다시피 벡터와 무리수 π를 더하는 메서드가 없다고 경고하는 동시에, 원소별로 덧셈을 하고 싶다면 브로드캐스트를 사용하라고 안내합니다. 조언대로 브로드캐스트를 포함해서 u .+ π를 실행해보면 원래의 의도대로 계산이 수행됩니다.

```
julia> u .+ π
4-element Vector{Float64}:
 7.141592653589793
 6.283185307179586
 4.141592653589793
 1.1415926535897931
```

그런데 잠깐, 벡터와 스칼라의 곱은 브로드캐스트 없이도 잘만 실행됐는데 왜 덧셈은 안 되는 걸까요? 줄리아의 언어 설계가 잘못되어 있어서 사칙연산부터 예외 규칙이 난무하는 걸까요?(☒) 아니면 단순한 버그일까요?(☒) 그 이유를 짧게 요약하자면, '진짜 벡터에는 스칼라 곱셈은 있지만 스칼라 덧셈이 없기 때문'입니다. (☑) 원론적으로 따져보면 진정한 의미에서의 벡터는 원래 이렇게 작동하는 게 옳은 것이고 오히려 다른 프로그래밍 언어가 편의를 위해 문법적 설탕syntactic sugar, 즉 문법적 허용을 제공하는 것입니다. 만약 이에 대해 더 자세하고 파고들고 싶다면 다음의 단락을 읽어보고, 어렵다면 그냥 생략해도 전혀 문제없습니다.

🤔 앞서 말했듯 줄리아에서의 벡터는 수학적으로 엄밀하게 정의되는 벡터처럼 기능합니다. 선형대수학linear algebra에서 벡터는 다음과 같이 벡터 공간vector space의 원소로 추상적으로 정의합니다.[8]

---

8 『Elementary Linear Algebra: Aplications Version』 12th Edition, (Howard Anton, 2019)

공집합이 아닌 집합 V의 원소들이 두 연산 벡터 덧셈 vector addition과 스칼라 곱 scalar multiplication 에 대해 다음의 열 가지 규칙을 만족할 때 V를 실수 집합 $\mathbb{R}$에 대한 **벡터 공간**이라 하고 이때 V의 원소를 **벡터**라 정의합니다.

모든 $\mathbb{u}, \mathbb{v}, \mathbb{w} \in V$와 $k, l \in \mathbb{R}$에 대해서,

- 덧셈에 대해 닫힘: $\mathbb{u}$와 $\mathbb{v}$가 V의 원소면, 그 합인 $\mathbb{u} + \mathbb{v}$ 또한 V의 원소입니다.
- 덧셈의 교환법칙: $\mathbb{u} + \mathbb{v} = \mathbb{v} + \mathbb{u}$
- 덧셈의 결합법칙: $(\mathbb{u} + \mathbb{v}) + \mathbb{w} = \mathbb{u} + (\mathbb{v} + \mathbb{w})$
- 덧셈의 항등원: $\mathbb{u} + \mathbf{0} = \mathbf{0} + \mathbb{u} = \mathbb{u}$를 만족하는 **영벡터 0**이 존재합니다.
- 덧셈의 역원: $\mathbb{u} + \mathbb{v} = \mathbb{v} + \mathbb{u} = \mathbf{0}$을 만족하는 $\mathbb{u}$의 **음벡터** $\mathbb{v} = -\mathbb{u}$가 존재합니다.
- 곱셈에 대한 닫힘: $\mathbb{u}$가 V의 원소면, 그 스칼라 곱인 $k\mathbb{u}$ 또한 V의 원소입니다.
- 벡터의 분배법칙: $k(\mathbb{u} + \mathbb{v}) = k\mathbb{u} + k\mathbb{v}$
- 스칼라의 분배법칙: $(k + l)\mathbb{u} = k\mathbb{u} + l\mathbb{u}$
- 곱셈의 결합법칙: $k(l\mathbb{u}) = (kl)\mathbb{u}$
- 곱셈의 항등원: 실수 $1 \in \mathbb{R}$은 $1\mathbb{u} = \mathbb{u}$를 만족하는 곱셈의 항등원입니다.

이는 벡터를 직관적으로 '크기와 방향을 가진 기하적 객체'나 '수의 나열'로 구분하는 것과 다릅니다. 이러한 벡터의 추상적 정의를 잘 살펴보면 어디에도 '벡터와 스칼라의 덧셈'이 명시되어 있지 않습니다.

컴퓨터 공학에 익숙하다면 문자열 "apple"과 정수 24를 더하는 것으로 비유할 수 있겠습니다. 이처럼 본디 더해져서는 안 될 것들을 더하려고 하니 당연히 문제가 발생합니다. 물론 문자열을 비트 단위로 바꿔서 정수끼리 더하든 정수를 문자열로 바꿔서 "apple24"처럼 잇든 나름의 규칙을 만들고 따를 수는 있겠지요. 이렇게 임의로 논리를 구현할 수는 있겠으나 사실 말이 안 되는 건 어쩔 수 없습니다.

이렇게 다른 언어들이 각자의 문법을 준수하는 것처럼, 줄리아의 벡터는 보편적인 선형대수학의 질서를 따를 뿐입니다. 엄밀하지 않은 예외를 허용하고 편리하게 실행될 바엔 차라리 원칙을 지키고 불편하게 에러를 내는 것입니다.

벡터가 세로로 적히는 이유

🤔 줄리아에서 벡터가 세로로 길게 적히는 이유는 그것이 수학적으로 자연스럽기 때문입니다. 세상에 벡터를 가로로 쓰는 수학자는 없습니다. 가령 $(0, 7, 2) \in \mathbb{R}^3$은 가로로 적힌 것처럼 보이지만 사실 다음과 같이 세로로 길게 적힌 벡터입니다.

$$(0, 7, 2) = \begin{bmatrix} 0 \\ 7 \\ 2 \end{bmatrix}$$

[0 7 2]라는 표현은 명백하게 $\mathbb{R}^{1 \times 3}$에 속하는 행렬로 구분되며, 저자와 교재에 따라서 쉼표가 있어도 가로로 적는 것으로 인정하기도 해 $(0, 7, 2)^T \in \mathbb{R}^3$과 같은 표기를 사용할 수는 있습니다. 하지만 이 또한 개념적으로는 세로로 긴 벡터를 나타냅니다.

특정 논문이나 아주 특수한 제약이 있지 않다면 벡터는 세로로 쓰는 것이 상식이고, 예외가 필요할 땐 반드시 그에 대한 언급이 따릅니다. 대부분의 프로그래밍 언어에서 벡터가 가로로도 출력되는 이유는 컴퓨터와 모니터라는 환경 자체의 특수성 때문입니다. 반면, 줄리아는 보통의 경우 수학적인 타당함을 가장 첫 번째 가치로 삼으며 벡터 역시 꿋꿋하게 세로로 적습니다.

2.2.4 행렬

행렬matrix은 데이터 과학에 있어서 절대 빼놓을 수 없는 개념이고, 그 중요성을 이제 와서 강조하는 것은 지면의 낭비에 불과할지도 모릅니다. 줄리아에서 행렬을 다루는 방법은 전적으로 매트랩으로부터 큰 영향을 받았으며, 다양한 패키지와 문법적 요소를 지원해 성능을 챙기면서도 고수준의 여러 기능을 사용할 수 있게 되었습니다. 벡터를 배울 때와 마찬가지로 어렵고 복잡한 이야기는 잠시 미뤄두고 당장 행렬을 어떻게 사용할 수 있는지 먼저 살펴봅시다.

당연하지만 행렬은 벡터보다 첨자 하나를 더 사용하기에 행렬을 정의하는 방법 역시 벡터를 정의하는 방법보다 훨씬 다양합니다. 기본적으로 대괄호([,])를 사용하는 방법으로는 다음의 X를 정의하는 것처럼 행렬 모양 그대로 원소를 나열합니다. 그리고 다음 Y를 정의하는 것처럼 세미콜론(;)을 사용해 개행을 포함하는 방법도 있습니다.

```
julia> X = [ 9 5
             1 1
             0 6 ]
3×2 Matrix{Int64}:
 9  5
 1  1
 0  6

julia> Y = [ 9 4 ; 1 2 ; 2 4 ]
3×2 Matrix{Int64}:
 9  4
 1  2
 2  4
```

또한 앞서 함수로 정의되는 벡터처럼 zeros, rand, randn, ones, fill은 두 개의 인수를 받아 자연스럽게 행렬로 일반화됩니다. 이 중 zeros(m, n)으로 기능을 확인해보면 $m = 3$, $n = 5$에 대해 다음과 같이 실행됩니다.

```
julia> zeros(3, 5)
3×5 Matrix{Float64}:
 0.0  0.0  0.0  0.0  0.0
 0.0  0.0  0.0  0.0  0.0
 0.0  0.0  0.0  0.0  0.0
```

여기서 repeat은 다른 함수와 달리 사용법이 조금 복잡합니다. 쓸 수 없는 건 아니지만 기본기라고 하기에는 꽤 어려우니 굳이 다루지 않고 넘어가도록 하겠습니다.

▌행렬의 덧셈과 곱셈

행렬의 덧셈과 곱셈은 직관 그대로 덧셈 기호(+)와 곱셈 기호(*)를 통해 계산할 수 있습니다. 다음과 같은 행렬 X, Y가 주어져 있을 때를 예로 들어봅시다.

$$X = \begin{bmatrix} 1 & 2 \\ 0 & 1 \end{bmatrix}, Y = \begin{bmatrix} 1 & 3 \\ 0 & 1 \end{bmatrix}$$

두 행렬의 합과 곱은 다음과 같이 나타납니다.

```
julia> X = [1 2; 0 1]
2×2 Matrix{Int64}:
 1  2
 0  1

julia> Y = [1 3; 0 1]
2×2 Matrix{Int64}:
 1  3
 0  1

julia> X + Y
2×2 Matrix{Int64}:
 2  5
 0  2

julia> X * Y
2×2 Matrix{Int64}:
 1  5
 0  1
```

▌역행렬과 전치행렬

주어진 가역행렬invertible matrix A의 역행렬 A^{-1}은 inv 함수를 통해 구할 수 있습니다. 수식 표현 그대로, A^(-1)로도 구할 수도 있는데, 두 방법에 성능적인 차이는 없습니다.

```
julia> A = [1 0 1 1
            2 0 1 0
           -2 3 4 0
           -5 5 6 0];

julia> inv(A)
4×4 Matrix{Float64}:
 0.0  -2.0    5.0   -3.0
 0.0  -8.0   17.0  -10.0
 0.0   5.0  -10.0    6.0
 1.0  -3.0    5.0   -3.0
```

```
julia> A^(-1)
4×4 Matrix{Float64}:
 0.0  -2.0    5.0   -3.0
 0.0  -8.0   17.0  -10.0
 0.0   5.0  -10.0    6.0
 1.0  -3.0    5.0   -3.0
```

행렬 A의 전치행렬^{transpose matrix} A^T는 행렬 바로 뒤에 따옴표(')를 찍어서 얻습니다. 여기서 im은 허수^{imaginary number}를 뜻합니다.

```
julia> A'
4×4 adjoint(::Matrix{Int64}) with eltype Int64:
  1   2  -2  -5
  0   0   3   5
  1   1   4   6
  1   0   0   0

julia> [2im 1+3im
           4      5]'
2×2 adjoint(::Matrix{Complex{Int64}}) with eltype Complex{Int64}:
 0-2im  4+0im
 1-3im  5+0im
```

이때 행렬의 요약에 adjoint라는 표현이 쓰이는 이유는 만약 행렬이 복소행렬일 경우 실제로 다음과 같이 계산되는 수반행렬^{adjoint matrix}이기 때문입니다.

$$A' = A^H = A^* = (\bar{A})^T$$

이 모든 표기법은 수학 전반에서 널리 쓰이는 노테이션이며 에르미트 전치^{Hermitian transpose}, 켤레 전치^{conjugate transpose}로도 불립니다. 실수행렬인 경우 복소 켤레^{complex conjugate}를 취할 필요가 없기에 그냥 전치행렬이라 불러도 좋습니다.

열별 스칼라 곱

행렬의 열별^{column-wise} 스칼라 곱은 데이터의 정규화나 표준화 등에 대단히 유용한 테크닉입니다. 가령 다음과 같은 일행렬^{one matrix} B가 주어져 있을 때, 열별로 다른 스칼라를 곱하는 방법을 알아봅시다.

```julia
julia> B = ones(4,5)
4×5 Matrix{Float64}:
 1.0  1.0  1.0  1.0  1.0
 1.0  1.0  1.0  1.0  1.0
 1.0  1.0  1.0  1.0  1.0
 1.0  1.0  1.0  1.0  1.0
```

간단히 말해, 열별 스칼라 곱은 곱셈($\star$)의 브로드캐스트($.\star$)를 통해 행렬과 벡터를 곱함으로서 수행됩니다. 예를 들어, $m \times n$ 크기의 행렬 B는 다음과 같이 열의 수가 n인 행벡터^{row vector} $c \in \mathbb{R}^{1 \times n}$과 브로드캐스트($.\star$) 연산을 취해 열별로 스칼라가 곱해집니다. 연산에서 좌우는 상관없으나, 행렬의 크기에 따라 차원은 정확하게 맞춰주어야 합니다.

```julia
julia> c = [1 2 3 4 5]
1×5 Matrix{Int64}:
 1  2  3  4  5

julia> B .* c
4×5 Matrix{Float64}:
 1.0  2.0  3.0  4.0  5.0
 1.0  2.0  3.0  4.0  5.0
 1.0  2.0  3.0  4.0  5.0
 1.0  2.0  3.0  4.0  5.0

julia> c .* B
4×5 Matrix{Float64}:
 1.0  2.0  3.0  4.0  5.0
 1.0  2.0  3.0  4.0  5.0
 1.0  2.0  3.0  4.0  5.0
 1.0  2.0  3.0  4.0  5.0
```

비슷하게 행별row-wise 스칼라 곱은 $m \times n$ 크기의 행렬 B에 대해 다음과 같이 행의 수가 m인 열벡터column vector $d \in \mathbb{R}^{m \times 1}$과 브로드캐스트(.*) 연산을 취해서 수행합니다.

```julia
julia> d = [1, 2, 3, 4]
4-element Vector{Int64}:
 1
 2
 3
 4

julia> B .* d
4×5 Matrix{Float64}:
 1.0  1.0  1.0  1.0  1.0
 2.0  2.0  2.0  2.0  2.0
 3.0  3.0  3.0  3.0  3.0
 4.0  4.0  4.0  4.0  4.0

julia> d .* B
4×5 Matrix{Float64}:
 1.0  1.0  1.0  1.0  1.0
 2.0  2.0  2.0  2.0  2.0
 3.0  3.0  3.0  3.0  3.0
 4.0  4.0  4.0  4.0  4.0
```

벡터로 만드는 행렬

다음과 같이 같은 길이의 벡터들로 이루어진 벡터가 있다면 stack 함수를 통해 간단하게 행렬을 구성할 수 있습니다.

```julia
julia> v_ = [[9, 7, 3, 4], [4, 1, 2, 7], [0, 0, 1, 0]]
3-element Vector{Vector{Int64}}:
 [9, 7, 3, 4]
 [4, 1, 2, 7]
 [0, 0, 1, 0]
```

이는 2023년 중순 기준으로도 새롭게 등장한 함수로, 줄리아 1.9 버전 이상에서 제공되는 최신 기능 중 하나입니다.

```
julia> stack(v_)
4×3 Matrix{Int64}:
 9  4  0
 7  1  0
 3  2  1
 4  7  0
```

과거에 이와 같은 표현으로는 cat(v_..., dims = 2) 혹은 hcat(v_...) 등이 있었습니다.
둘 다 정확히 같은 결과를 내놓지만, 보통은 stack이 훨씬 직관적이고 초심자 친화적입니다.

LinearAlgebra

줄리아는 빈번하게 쓰이는 선형대수 관련 함수들을 네이티브하게 구현해서 LinearAlgebra
라는 이름의 표준 라이브러리로 제공합니다.[9] 필요한 건 어지간해선 다 있다고 봐도 무방할
정도인데요, 그중에서도 유용한 몇 가지 함수를 살펴봅시다.

함수	설명
tr(M)	행렬 M의 트레이스(trace), 즉 대각성분들의 합을 계산합니다.
diag(M)	행렬 M의 대각성분들을 벡터로 반환합니다.
diagm(v)	벡터 v를 대각성분으로 가지는 대각행렬을 반환합니다.
Symmetric(A)	행렬 A의 일부(상삼각/하삼각 성분)를 사용한 대칭행렬을 반환합니다.
eigen(A)	행렬 A의 고윳값과 고유벡터를 반환합니다.
eigmax(A)	행렬 A의 가장 큰 고윳값만 찾습니다. 비슷하게 eigmin도 있습니다.
rank(A)	행렬 A의 랭크를 계산합니다.
norm(A)	행렬 A의 프로베니우스 놈(Frobenius norm) $\|A\|_F = \sqrt{\sum A_{ij}^2}$을 계산합니다.
det(M)	행렬 M의 행렬식(determinant)을 계산합니다.
inv(M)	행렬 M의 역행렬을 찾습니다.
pinv(M)	행렬 M의 무어-펜로즈 유사역행렬(Moore-Penrose pseudoinverse)을 찾습니다.
kron(A,B)	행렬 A, B의 크로네커 곱(Kronecker product)을 반환합니다.
factorize(A)	행렬 A의 분해를 찾습니다. 행렬의 특징에 따라 콜레스키 분해, LU 분해, QR 분해, 슈어 분해, 특잇값 분해 등의 여러 행렬 분해 중 가장 적절한 방법을 알아서 골라줍니다.
svd(A)	행렬 A의 특잇값 분해를 찾습니다.

9 줄리아 공식 문서 중 「선형 대수」, docs.julialang.org/en/v1/stdlib/LinearAlgebra

이 모든 함수의 예시를 보는 건 크게 의미가 없으니, 대표로 고윳값eigen value을 계산하는 함수 eigen과 특잇값 분해Singular Value Decomposition, SVD를 수행하는 함수 svd 정도만 살펴봅시다. 우선 using LinearAlgebra를 통해 선형대수 라이브러리를 불러오고, 간단한 2 × 2 행렬 R 을 만들어봅시다.

```
julia> using LinearAlgebra

julia> R = [1 1; 0 2]
2×2 Matrix{Int64}:
 1  1
 0  2
```

F = eigen(R) : 함수의 반환 E에 대해 고윳값과 고유벡터가 계산되어서 출력됩니다. 구체적으로 이들을 참조하기 위해서는 각각 E.values와 E.vectors를 사용합니다.

```
julia> E = eigen(R)
Eigen{Float64, Float64, Matrix{Float64}, Vector{Float64}}
values:
2-element Vector{Float64}:
 1.0
 2.0
vectors:
2×2 Matrix{Float64}:
 1.0  0.707107
 0.0  0.707107

julia> E.values
2-element Vector{Float64}:
 1.0
 2.0

julia> E.vectors
2×2 Matrix{Float64}:
 1.0  0.707107
 0.0  0.707107
```

S = svd(R) : 행렬의 특잇값 분해에 대한 정보가 출력됩니다. eigen과 유사하게 결과를 직접 참조하려면 S.U, S.S, S.V, S.Vt와 같이 주어진 프로퍼티 이름property name을 참조하면 됩

니다. 프로퍼티 이름에 대한 구체적인 내용은 다음 파트에서 구조체structure와 함께 다룹니다.

```
julia> S = svd(R)
SVD{Float64, Float64, Matrix{Float64}, Vector{Float64}}
U factor:
2×2 Matrix{Float64}:
 0.525731  -0.850651
 0.850651   0.525731
singular values:
2-element Vector{Float64}:
 2.2882456112707374
 0.8740320488976421
Vt factor:
2×2 Matrix{Float64}:
  0.229753  0.973249
 -0.973249  0.229753
```

함수는 아니지만 LinearAlgebra에서 가장 신기하고 유용한 것으로 항등행렬identity matrix I를
꼽을 수 있습니다. 이 I는 구체적으로 크기가 주어져 있지 않아도 계산상에서 필요한 차원을
파악해서 항등행렬의 기능을 수행합니다. 만약 필요한 경우 함수로 정수 n을 주면 $n \times n$ 크
기의 항등행렬을 반환합니다.

```
julia> R + I
2×2 Matrix{Int64}:
 2  1
 0  3

julia> rand(3,3) + I
3×3 Matrix{Float64}:
 1.05713   0.0961623  0.770109
 0.366234  1.36917    0.142553
 0.468638  0.0528432  1.63484

julia> I3 = I(3)
3×3 Diagonal{Bool, Vector{Bool}}:
 1  ·  ·
 ·  1  ·
 ·  ·  1
```

보통 n이 커지면 항등행렬은 행렬의 대부분을 차지하는 $(n^2 - n)$개의 성분들이 0이고, 자연스럽게 희소행렬sparse matrix이 됩니다. I3를 출력한 결과를 보면 0인 성분들은 굳이 지저분하게 0으로 적지 않고 점으로 찍어 시각적으로도 아름답게 꾸며주는 것을 확인할 수 있습니다.

텐서는 어렵게 생각할 필요가 없이 축이 p개인 배열을 p차 텐서라 부른다고 보아도 무방합니다. 행렬은 2차 텐서이기 때문에 행과 열이라는 두 개의 축을 가집니다.

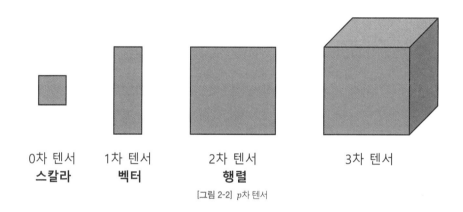

0차 텐서
스칼라　　1차 텐서
벡터　　2차 텐서
행렬　　3차 텐서

[그림 2-2] p차 텐서

벡터, 행렬이 나왔다면 그 일반화로 텐서tensor 이야기가 나오지 않을 수 없습니다. 앞서 zeros, rand, randn, ones, fill이 두 개의 인수를 넣음으로서 자연스럽게 벡터에서 행렬로 일반화되었듯 n개의 인수를 넣으면 n차 텐서가 됩니다. 간단한 예로 zeros(2, 3, 4)만 확인해 보면 다음과 같이 2 × 3 크기의 영행렬이 4층으로 쌓인 3차 텐서를 얻을 수 있습니다.

```
julia> zeros(2,3,4)
2×3×4 Array{Float64, 3}:
[:, :, 1] =
 0.0  0.0  0.0
 0.0  0.0  0.0

[:, :, 2] =
 0.0  0.0  0.0
```

```
 0.0  0.0  0.0

[:, :, 3] =
 0.0  0.0  0.0
 0.0  0.0  0.0

[:, :, 4] =
 0.0  0.0  0.0
 0.0  0.0  0.0
```

1차 텐서가 Vector, 2차 텐서가 Matrix라 불린 것과 달리 3차 텐서부터는 그냥 Array 즉 배열이라고 불리는데, 이는 원래 수학적인 개념으로의 텐서 역시 3차 이후로는 딱히 새로운 이름이 붙지 않기 때문입니다.

🐱 여기서 다루지는 않겠지만, 텐서에 관해 성능과 편의성 면에서 뛰어난 함수들을 제공하는 패키지로 Tensorial.jl이 알려져 있습니다.

리셰이프

리셰이프reshape, 플래튼vec, 캣vcat은 텐서의 차원을 자유자재로 다루기 위해 꼭 알아두어야 할 기능입니다.

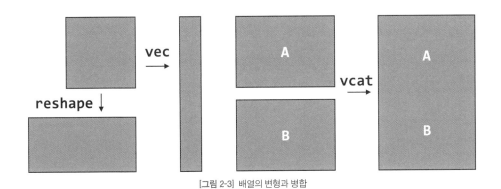

[그림 2-3] 배열의 변형과 병합

보편적으로 사용되는 텐서와 마찬가지로, 줄리아의 텐서들은 다음과 같이 reshape 함수를 통해 모양을 고칠 수 있습니다. 만약 들어가는 인수 중 콜론(:)이 한 번 쓰인다면, 다음과 같이 남는 차원의 크기를 알아서 계산해서 채워줍니다.

```
julia> reshape(1:12, 3, 4)
3×4 reshape(::UnitRange{Int64}, 3, 4) with eltype Int64:
 1  4  7  10
 2  5  8  11
 3  6  9  12

julia> reshape(1:12, 2, :, 3)
2×2×3 reshape(::UnitRange{Int64}, 2, 2, 3) with eltype Int64:
[:, :, 1] =
 1  3
 2  4

[:, :, 2] =
 5  7
 6  8

[:, :, 3] =
  9  11
 10  12
```

▌플래튼

플래튼flatten이란 말 그대로 텐서를 납작flat하게 만들어서 반환하는 함수로, 대부분 주어진 텐서를 벡터로 반환하는 기능을 말합니다. 줄리아에서는 R 프로그래밍 언어의 c 함수처럼 vec 함수를 통해 보편적인 플래튼을 수행할 수 있습니다.

```
julia> T = zeros(2,2,2)
2×2×2 Array{Float64, 3}:
[:, :, 1] =
 0.0  0.0
 0.0  0.0
```

```
[:, :, 2] =
 0.0  0.0
 0.0  0.0

julia> vec(T)
8-element Vector{Float64}:
 0.0
 0.0
 0.0
 0.0
 0.0
 0.0
 0.0
 0.0
```

혹은 앞서 배운 리셰이프를 응용해보자면, reshape(T, :) 또한 같은 결과를 얻습니다. 이는 매트랩에서 플래튼을 수행하는 방법과 유사하며, 파이썬의 경우엔 넘파이의 ndarray 클래스가 가지는 메서드로 ndarray.flatten이 제공됩니다.

캣

캣cat이란 연접하다concatenate에서 이름이 붙여진 함수로, 텐서들을 특정 차원의 방향으로 이어붙여 텐서로 반환하는 기능을 말합니다. 줄리아에서는 cat 함수를 통해 dims 키워드에서 지정한 차원에 따라 길어진 새 텐서를 얻을 수 있습니다.

```
julia> cat(zeros(2,2), ones(2,2), dims = 2)
2×4 Matrix{Float64}:
 0.0  0.0  1.0  1.0
 0.0  0.0  1.0  1.0

julia> cat(zeros(2,2), ones(2,2), dims = 3)
2×2×2 Array{Float64, 3}:
[:, :, 1] =
 0.0  0.0
 0.0  0.0
```

```
[:, :, 2] =
 1.0  1.0
 1.0  1.0
```

다만 cat은 일반적인 텐서에 사용하는 어려운 함수기 때문에, 저차원의 텐서인 벡터나 행렬을 다룰 땐 수직^{vertical}으로 연접하는 vcat이나 수평^{horizontal}으로 연접하는 hcat 등이 자주 쓰입니다. 일단 그보다 고차원적인 기능으로 hvcat과 hvncat도 구현 자체는 되어 있으니, 이런 함수도 있다는 걸 알아만 둡시다. 혹시나 필요할 때 직접 짜기는 또 어려운 기능들입니다.

2.2.6 배열

배열은 줄리아에서 가장 일반적인 컨테이너^{container}로 파이썬이나 R에서의 리스트^{list}처럼 작동할 수도 있습니다. 예를 들어 다음과 같이 아무 요소나 집어넣은 list를 보면 말 그대로 아무거나^{Any}의 벡터로 정의되는 것을 확인할 수 있습니다.

```
julia> list = [0, [1,2,3], zeros(2,2)]
3-element Vector{Any}:
 0
  [1, 2, 3]
  [0.0 0.0; 0.0 0.0]
```

이렇게 강력한 배열을 만들고 편리하게 다룰 수 있는 점은 파이썬의 영향을 강하게 받은 것으로 볼 수 있습니다. R 역시 리스트에 익숙해지면 나름대로 쓸 수는 있지만 불편한 점이 많고, 매트랩은 이렇게 복잡한 자료구조를 다뤄야 할 때 치명적인 단점이 부각됩니다. 벡터와 행렬의 연산, 자주 써서 친숙한 함수의 이름들까지 포함해 정말 많은 부분에서 매트랩의 오마주를 담아낸 줄리아지만, 배우지 말아야 할 부분은 과감하게 포기한 것으로 볼 수 있습니다.

부분 배열

만들어진 배열에 접근하는 방법, 즉 부분 배열subarray을 보는 방법은 크게 두 가지가 있습니다. 첫째, 원래 배열과 같은 크기면서 모든 원소가 참 혹은 거짓으로만 이루어진 배열을 대괄호 안에 넣는 방법과 둘째, 특정한 인덱스의 배열을 대괄호 안에 넣는 방법이 있습니다.

```
julia> list[[false,true,true]]
2-element Vector{Any}:
 [1, 2, 3]
 [0.0 0.0; 0.0 0.0]

julia> list[[1, 3]]
2-element Vector{Any}:
 0
  [0.0 0.0; 0.0 0.0]

julia> list[1:2]
2-element Vector{Any}:
 0
  [1, 2, 3]
```

세 가지 예시에서는 길이가 3인 배열 list의 부분 배열들을 각자 다른 방법으로 불러온 것처럼 보이지만, 사실 마지막 list[1:2]는 레인지의 응용이기 때문에 본질적으로 두 번째 방법 (인덱스의 배열)에 해당합니다. 이는 파이썬 등에서 슬라이싱slicing이라 불리는 방법과 겉보기에 매우 유사하고, 인덱스의 배열을 넣는 list[[1, 3]]은 인덱싱indexing을 R 언어 등에서와 마찬가지로 배열로 확장한 것으로 볼 수 있습니다.

추상 배열

🤔 모든 배열은 추상 배열 AbstractArray라는 슈퍼 타입super type을 가집니다. 이 말은 때때로 성능적인 이유나 구현 방식에 따라 주어진 객체object의 타입type 이름이 달라 보일 수 있지만, 그것은 추상적으로 보았을 때 결국 배열의 일종이라는 의미입니다. 타입에 대해서는 Part 3 데이터 처리에서 조금 더 상세하게 다루도록 하겠습니다.

사실 이 챕터에서 지금까지 다뤄온 벡터, 행렬, 텐서 등은 사실 프로그래밍적으로 모두 배열^{array}입니다. 모든 벡터는 AbstractVector{T}라는 슈퍼 타입을 가지는데, 이는 AbstractArray{T, 1}의 가명^{alias}이고 모든 행렬의 타입 AbstractMatrix{T}는 AbstractArray{T, 2}의 가명입니다. 여기서 T는 내부 원소들의 타입입니다.

```
julia> supertype(supertype(typeof([1,2,3])))
AbstractVector{Int64} (alias for AbstractArray{Int64, 1})

julia> supertype(supertype(typeof(zeros(2,2))))
AbstractMatrix{Float64} (alias for AbstractArray{Float64, 2})
```

이는 이제까지 이들의 수학적인 성질 등에 대해서 다뤄왔지만 근본적으로는 격자에 수를 적어놓은 것, 다시 말해 배열로 다루고 싶다면 얼마든지 배열로 다룰 수 있으며 추상 배열이 가지는 성질은 이들 또한 가지고 있다는 것입니다.

▌빈 배열 만드는 법

코딩을 하다 보면 정말 많은 경우에 빈 배열로의 초기화가 필요한 경우, 그러니까 아무것도 포함하지 않는 컨테이너가 필요할 때가 정말 많습니다. 기본적으로 줄리아에서 빈 배열, 특히 많이 사용하는 1차원 배열은 다음과 같이 대괄호 안에 아무것도 넣지 않음으로서 생성할 수 있습니다.

```
julia> aa = []
Any[]

julia> ia = Int64[]
Int64[]
```

특히 괄호 바로 앞에 원하는 타입을 적으면 해당 타입의 원소만을 포함하는 배열이 됩니다. 모두 허용하는 배열 aa와 정수 배열로서의 빈 배열 ia를 선언했다면, 무리수를 포함하기를 거부하고 메서드 에러를 레이즈^{raise}합니다. 이러한 타입 명시^{type annotation}는 생각지 못했던 버그를 방지하고 성능 면에서도 이점이 있습니다.

예를 들어 push!는 배열에 주어진 원소를 추가하는 함수인데, Any의 배열인 aa에는 무리수인 π를 추가할 수 있지만 Int64의 배열인 ia에는 추가가 허용되지 않습니다.

```
julia> push!(aa, π)
1-element Vector{Any}:
 π = 3.1415926535897...

julia> push!(ia, π)
ERROR: MethodError: no method matching Int64(::Irrational{:π})
```

한편 줄리아에서는 다음과 같이 행이나 열이 완전히 납작한 행렬 또한 허용합니다. 이러한 형태의 행렬은 반복 작업에서 정해진 길이의 벡터를 계속 연접concatenate해서 행렬을 구성하고 싶을 때 특히 유용합니다. 당연하지만 이는 행렬만의 특징이 아니라 추상적으로 배열이라고 할 수 있는 모든 객체에도 일반화할 수 있는 성질이므로 임의의 빈 텐서 또한 만들 수 있습니다.

```
julia> zeros(0, 4)
0×4 Matrix{Float64}

julia> zeros(0, 0)
0×0 Matrix{Float64}

julia> zeros(0, 0, 0, 0)
0×0×0×0 Array{Float64, 4}
```

희소 배열

희소 배열sparse array이란 성분의 대부분이 0인 배열로, 과학 계산의 넓은 영역에서 대단히 빈번하게 사용되며 줄리아에서는 SparseArrays라는 표준 라이브러리로 관련된 기능들을 제공합니다. 적재적소에 희소 배열을 잘 사용하면 저장 공간은 물론 실행 시간 면에서도 뛰어난 성능을 낼 수 있습니다.

예를 들어 1000 × 1000 크기의 행렬 자체는 필요하지만 대부분의 성분이 필요 없을 경우,
즉 특정 몇 성분을 제외하곤 0인 경우엔 백만 개의 쓰지도 않을 0을 저장하는 게 무척 비효
율적입니다. 이럴 땐 다음과 같이 희소 배열을 사용하는 것을 고려해볼 만합니다. 다음 예시
에서 두 개의 배열 A1과 B1은 희소행렬로 정의되어 직관 그대로 덧셈이 수행되며, 그 크기인
$(1000, 1000)$을 확인할 수 있습니다.

```julia
julia> using SparseArrays

julia> A1 = spzeros(1000, 1000); A1[700,300] = 7;

julia> B1 = spzeros(1000, 1000); B1[300, 700] = 3;

julia> sum(A1 + B1)
10.0

julia> size(A1 + B1)
(1000, 1000)
```

물론 다음과 같이 희소행렬이 아닌 일반 행렬 A2와 B2에서 똑같은 일을 해도 결과 자체는 같
지만, 배열의 저장 용량과 계산 수행 속도 측면에서는 현격한 차이가 납니다.

```julia
julia> sizeof(A1 + B1)
40

julia> sizeof(A2 + B2)
8000000

julia> @time A1 + B1;
  0.000011 seconds (6 allocations: 8.328 KiB)

julia> @time A2 + B2;
  0.001695 seconds (2 allocations: 7.629 MiB)
```

2.3 텍스트와 자유군

텍스트를 다루는 일은 꼭 자연어 처리^{Natural Language Processing, NLP}가 아니어도 프로그래밍 전반에서 쓰이기 때문에 꽤 중요합니다. 하고 있는 작업에서 문자열이 중요하지 않을 수도 있 겠지만, 어쨌든 파일의 입출력이나 화면에 결과를 표시하는 등 부수적인 태스크가 생각보다 많고 막상 하다 보면 까다로워서 굵직한 기능은 숙지하는 편이 좋습니다.

벡터나 행렬에 관련된 기능 대부분이 매트랩과 R에 강하게 영향을 받은 것과 달리, 문자열 처 리 기능과 문법들은 텍스트를 처리하는 부분에서 대단히 강점을 보이는 프로그래밍 언어인 펄^{Perl}이나 파이썬, C 언어, 자바^{Java} 등에 많은 영향을 받았습니다.

2.3.1 문자

많은 동적 프로그래밍 언어^{dynamic programming language}에서와 달리 줄리아는 C나 자바처럼 문 자^{character} 하나가 추상 문자^{AbstractChar}라는 타입을 가지며 작은따옴표(') 사이에 하나의 문자 만을 허용합니다. 널리 쓰이는 기호와 영문 알파벳은 다음과 같이 아스키 표준^{ASCII standard}을 따릅니다.

```
julia> 'a'
'a': ASCII/Unicode U+0061 (category Ll: Letter, lowercase)

julia> 'b'
'b': ASCII/Unicode U+0062 (category Ll: Letter, lowercase)

julia> '!'
'!': ASCII/Unicode U+0021 (category Po: Punctuation, other)
```

코드 포인트

모든 문자는 다음과 같이 codepoint 함수를 사용해 코드 포인트code point, 즉 각각의 문자에 대응하는 수치적 값numerical value을 확인할 수 있습니다. 다만 이렇게 반환되는 정수는 16진법이므로 간단히 Int 함수를 사용해도 좋습니다.

```
julia> codepoint('a')
0x00000061

julia> codepoint('b')
0x00000062

julia> codepoint('가')
0x0000ac00

julia> Int('a')
97
```

문자와 정수 사이에는 덧셈이 정의되어 있으며, 문자의 코드 포인트와 정수의 합에 대응되는 문자를 반환합니다. 예를 들어 다음과 같이 ('a' + 2)를 생각해보면, 소문자 'a'에서 두 칸 밀린 'c'가 반환되는 방식입니다. 여기서 곱셈은 따로 정의되어 있지 않은 것에 주의해야 합니다.

```
julia> 'a' + 2
'c': ASCII/Unicode U+0063 (category Ll: Letter, lowercase)

julia> 'a' * 2
ERROR: MethodError: no method matching *(::Char, ::Int64)
```

유니코드

아스키코드로 표현할 수 없는 문자들, 즉 알파벳이 아닌 대부분의 문자나 구두점punctuation이 아닌 특수기호, 이모지emoji 등은 유니코드 표준unicode standard을 따릅니다.

```
julia> '♥'
'♥': Unicode U+2665 (category So: Symbol, other)

julia> '田'
'田': Unicode U+7530 (category Lo: Letter, other)

julia> '가'
'가': Unicode U+AC00 (category Lo: Letter, other)

julia> '🤔'
'🤔': Unicode U+1F914 (category So: Symbol, other)
```

이스케이프 문자

이스케이프 문자escape character는 백슬래시(\)와 다른 문자를 조합해 특수한 문자를 나타내는 기능을 하며, C 언어부터 이어져 내려오는 전통적인 모든 이스케이프 문자를 사용할 수 있습니다. 다음은 특히 빈번하게 사용되거나 유용한 이스케이프 문자들입니다.

표기	설명
\\	문자로의 백슬래시(₩)
\"	문자로의 큰따옴표
\'	문자로의 작은따옴표
\?	문자로의 물음표
\n	개행(다음 줄로 이동)
\t	탭
\v	수직 탭
\b	백스페이스(한 칸 앞으로 이동)
\r	캐리지 리턴(줄 맨 앞으로 이동)
\a, \007	경고음 재생
\033c	출력창 초기화

이렇게 특수한 기능을 하는 문자 외에도 그냥 유니코드 문자를 이스케이프 문자로 나타낼 수도 있습니다. \U 뒤에 코드 포인트를 적으면 다음과 같이 유니코드 문자가 표현됩니다.

```
julia> '\U1F914'
'🤔': Unicode U+1F914 (category So: Symbol, other)
```

줄리아에서 문자열string은 문자character의 유한수열finite sequence로 정의되며, 큰따옴표(")사이에 문자들을 입력함으로서 얻을 수 있습니다. 단 수열sequence과 배열array은 구분되어야 하며, 앞선 설명이 매트랩이나 C 언어처럼 문자열을 문자들의 배열로 다룬다고 말하는 것은 아닙니다.

👻 문자열은 그 자체로 추상 문자열AbstractString 타입을 가지며, 대표적인 객체지향적object oriented 프로그래밍 언어인 파이썬이나 자바처럼 문자열이 불변immutable입니다. 이에 따라 줄리아도 문자열에 직접 인덱싱해서 수정하는 게 아니라 여러 함수를 사용해 새로운 문자열을 만들어내는 방식을 사용하게 됩니다. 불변 문자열을 다룰 때 join, split, replace 이 세 가지 함수는 언어를 떠나 가장 많이 사용되므로 반드시 알아두어야 합니다.

join 함수는 문자열의 배열과 그 사이를 이어주는 하나의 문자열을 받아서 다음과 같이 하나로 연결된 문자열을 반환합니다.

```
julia> join(["Definition", "of", "Infinity", "in", "Linear", "Algebra"], " ")
 "Definition of Infinity in Linear Algebra"
```

split 함수는 join과 반대라고 할 수 있겠는데요, 하나의 문자열과 그 안에서 텍스트 간의 경계가 되는 구분문delimiter 하나를 받아서 구분문에 따라 문자열을 쪼개서 배열로 반환합니다.

```
julia> split("Definition of Infinity in Linear Algebra", " ")
6-element Vector{SubString{String}}:
 "Definition"
 "of"
 "Infinity"
 "in"
 "Linear"
 "Algebra"
```

replace는 이름 그대로 문자열의 일부분을 주어진 규칙에 따라 바꾼 문자열을 반환합니다. 주어진 규칙이란 "old" => "new" 형태로 된 페어pair로 주어지며, 다음과 같이 하나만 들어가도 좋고 여러 개가 들어가도 각각에 대해 작동합니다.

```
julia> replace("Definition of Infinity in Linear Algebra", "in" => "i_")
"Defi_ition of Infi_ity i_ Li_ear Algebra"

julia> replace("Definition of Infinity in Linear Algebra", "i" => "e", "a"
=> "e")
"Defeneteon of Infenety en Leneer Algebre"
```

달리 유용한 함수로는 아무래도 영문 알파벳을 많이 사용하는 만큼 lowercase, uppercase first, titlecase 등이 있습니다. 각각의 이름 그대로 lowercase는 모든 알파벳을 소문자로, uppercasefirst는 문자열의 첫 번째만을 대문자로, titlecase는 흔히 제목에 사용하듯 각 어절의 첫 번째 알파벳을 대문자로 바꿔서 반환합니다.

```
julia> lowercase("Definition of Infinity in Linear Algebra")
"definition of infinity in linear algebra"

julia> uppercasefirst("definition of infinity in linear algebra")
"Definition of infinity in linear algebra"

julia> titlecase("definition of infinity in linear algebra")
"Definition Of Infinity In Linear Algebra"
```

물론 uppercase, lowercasefirst도 있지만 이들 다섯 가지의 함수 중 압도적으로 사용 빈도가 많은 것은 아무래도 lowercase입니다. 이렇게 대소문자 여부를 하나로 통일해주는 함수는 파일 관리와 처리에 특히 유용한데요, 대소문자를 구분하지 않고 파일 이름을 다루고 싶을 때 일괄적으로 소문자로 만든 뒤에 작업을 하는 방식으로 사용합니다.

공백 문자 처리

공백 문자whitespace character란 말 그대로 빈 문자로, 영어든 한국어든 심지어 띄어쓰기가 없는 일본어에서도 사용할 수밖에 없는 문자입니다. 꼭 자연어의 맥락이 아니라도 계산 결과의 출력이나 원활한 데이터의 입출력을 위해서 쓸 일이 많은데, 그 가장 첫걸음은 우선 어떤 문자가 공백 문자인지 아닌지를 명확하게 판단하는 것입니다. isspace 함수는 다음과 같이 하나의 문자를 받아 그것이 공백인지 아닌지를 참/거짓으로 반환합니다.

```julia
julia> isspace(' ')
true

julia> isspace('?')
false

julia> isspace('\n')
true

julia> isspace('\t')
true
```

strip은 이름 그대로 문자열을 '벗기는' 기능을 하는데, 보편적으로 문자열의 양 끝에 지저분하게 남아있는 공백 문자열을 제거하는 함수로 작동합니다. 다음과 같이 하나의 문자열을 받고, 아무런 규칙이 주어져 있지 않다면 기본적으로 isspace 함수에 의해 참으로 판정되는 문자, 다시 말해 공백 문자들을 제거한 문자열을 반환합니다.

```julia
julia> strip("  \n junk message    here__    ")
"junk message    here__"
```

혹은 다음과 같이 공백으로 취급할 문자들의 배열을 규칙으로 주어서, 내가 지정한 문자열을 벗기는 식으로 커스텀할 수 있습니다.

```julia
julia> strip("  \n junk message    here__    ", ['_', ' '])
"\n junk message    here"
```

이러한 strip은 문자열의 왼쪽에서만 작동하는 lstrip, 오른쪽에서만 작동하는 rstrip으로도 사용할 수 있습니다.

어떻게 보면 스트립과 반대의 기능으로, 패딩^{padding}을 수행해 특정 자릿수까지 공백 문자를 채워 넣는 lpad와 rpad도 대단히 유용하게 쓰입니다. 이들은 파이썬에서 문자열을 나란하게 정렬하는 저스티파이^{justify} 함수인 ljust, rjust와 비슷한 기능을 하는데요, 주어진 문자열과 하나의 자연수를 받아서 문자열의 길이를 자연수만큼 늘인 후 왼쪽 혹은 오른쪽을 공백으로 채워줍니다.

```
julia> lpad("julia", 12)
"       julia"

julia> rpad("julia", 12)
"julia       "
```

만약 공백이 아니라 다른 문자나 문자열로 채우고 싶다면 그냥 마지막 인수에 해당 문자열을 줌으로서 커스텀할 수 있습니다. 이러한 기능들은 적재적소에 잘 활용해서 데이터의 처리를 편리하게 할 수도 있지만, 단순히 계산 결과를 예쁘게 출력해서 가시성을 높이는 것만으로도 큰 도움이 됩니다.

```
julia> lpad("julia", 12, '_')
"_____julia"

julia> lpad("julia", 12, "_-")
"_-_-_-_julia"
```

검색

문자열에 특정한 문자열이 존재하는지를 검사하는 효율적인 함수로는 다음과 같이 세 가지 함수를 고려해볼 수 있습니다. haystack(건초더미)은 검색을 수행할 큰 문자열이고 needle(바늘)은 큰 문자열 내에서 찾아야 할 작은 문자열로, '건초더미에서 바늘 찾기' 혹은 우리 관용구로 '사막에서 바늘 찾기'에서 유래한 변수 이름들입니다.

함수	설명
contains(haystack, needle)	haystack에 needle이 존재하는지 검사합니다.
startswith(haystack, needle)	haystack이 needle로 시작하는지 검사합니다.
endswith(haystack, needle)	haystack이 needle로 끝나는지 검사합니다.

이들 함수는 구체적으로 needle의 위치까지는 알 필요가 없을 때, 즉 존재성으로만 충분할 때 특히 유용합니다. 특히 어떤 문자열로 끝나는지 확인하는 endswith 함수는 파일 이름의 가장 마지막에 위치하는 확장자extension를 확인할 때 가장 효율적인 방법입니다.

```
julia> contains("Definition of Infinity in Linear Algebra", "out")
false

julia> contains("Definition of Infinity in Linear Algebra", "in")
true

julia> startswith("data_001.csv", "csv")
false

julia> endswith("data_001.csv", "csv")
true
```

단순 존재성이 아니라 구체적인 위치까지 필요할 땐 find- 계열의 함수가 정확한 검색을 수행해줄 수 있습니다. 보다시피 findall은 검색된 모든 문자의 위치를 레인지의 배열로 반환합니다. 검색 조건으로는 구체적으로 패턴에 해당하는 문자열을 줄 수도 있고 각 문자에 대해서 참/거짓을 판단한 함수가 올 수도 있습니다.

"in"에 해당하는 모든 위치를 찾아서 반환하면 다음과 같습니다.

```
julia> findall("in", "Definition of Infinity in Linear Algebra")
4-element Vector{UnitRange{Int64}}:
 4:5
 18:19
 24:25
 28:29
```

검색 결과로 isspace 함수에 대해 참인 위치를 모두 찾아서 반환하면 다음과 같습니다.

```
julia> findall(isspace, "Definition of Infinity in Linear Algebra")
5-element Vector{Int64}:
 11
 14
```

```
23
26
33
```

만약 모든 검색 결과가 필요하지는 않은 경우엔 가장 첫 결과 혹은 가장 마지막 결과만을 반
환하는 findfirst, findlast와 주어진 위치 이후의 첫 결과 혹은 가장 마지막 결과만을 반
환하는 findnext, findprev 등을 고려해볼 수 있습니다. 이들은 이름이 직관적으로 정의된
만큼 굳이 외울 필요는 없고 이런 함수들도 있다는 정도만 알면 충분합니다.

```julia
julia> findfirst("in", "Definition of Infinity in Linear Algebra")
4:5

julia> findlast("in", "Definition of Infinity in Linear Algebra")
28:29

julia> findnext("in", "Definition of Infinity in Linear Algebra", 16)
18:19

julia> findprev("in", "Definition of Infinity in Linear Algebra", 16)
4:5
```

독스트링

독스트링docstring이란 문서documentation와 문자열string의 합성어로 개행을 포함하는 긴 문자열
을 말합니다. 코드의 문서화를 돕기도 하며, 여타 프로그래밍 언어에서 그러하듯 줄리아에서
도 세 개의 큰따옴표 사이에 넣어 """..."""와 같은 형태로 정의할 수 있습니다. 이때 개행은
이스케이프 문자 \n으로 저장되며, print 등의 함수를 사용하면 원래 정의했던 모양 그대로
출력되는 걸 확인할 수 있습니다.

```julia
julia> Lipsum = """
       Lorem ipsum dolor sit amet, consectetur
       adipiscing elit, sed do eiusmod tempor
       incididunt ut labore et dolore magna aliqua.
       """
```

```
"Lorem ipsum dolor sit amet, consectetur\nadipiscing elit, sed do eiusmod
tempor\nincididunt ut labore et dolore magna aliqua.\n"

julia> print(Lipsum)
Lorem ipsum dolor sit amet, consectetur
adipiscing elit, sed do eiusmod tempor
incididunt ut labore et dolore magna aliqua.
```

독스트링의 특수한 기능 중 하나는 정의되는 함수의 바로 위에 배치해서 함수의 도움말로 활용할 수 있다는 것입니다. 이는 파이썬 등에서 함수 이름 바로 아래에 독스트링을 배치하는 것과 유사합니다.

```
julia> """
       This is description of example function.
       This is second line.
       """
       function example(x)
           return x^2
       end
example

help?> example
search: example

  This is description of example function. This is second line.
```

인터폴레이션

보편적으로 인터폴레이션interpolation은 보간법, 내삽법 등으로도 자주 순화되는 단어로 '데이터 사이의 빈 부분을 채워 넣는 방법'을 말합니다. 적어도 줄리아 문자열의 맥락에서 인터폴레이션이란 문자열에서 '코드'의 형태로 남아있는 부분을 문자열로 치환하는 기능입니다.

사용법은 간단하게도 문자열 안에 어떤 코드나 변수 등을 $(...) 사이에 넣어 배치하는 게 전부입니다. 다음은 피보나치수열의 제10항을 출력하는 간단한 예시입니다.

```
julia> fib(n) = n > 1 ? fib(n-1) + fib(n-2) : n
fib (generic function with 1 method)

julia> println("fib(10) = ", fib(10))
fib(10) = 55

julia> println("fib(10) = $(fib(10))")
fib(10) = 55
```

인터폴레이션을 사용하지 않은 것과 사용한 것에는 본질적인 차이가 있는데, 그것은 'println 함수의 기능에 의존했는가, 하나의 문자열 그 자체로 출력되었는가'입니다. 인터폴레이션이 사용되지 않은 출력에서는 println이 그 인수로 "fib(10) = "이라는 문자열과 fib(10)이라는 데이터 자체를 따로 받아서 문자열로 바꾸고 그걸 이어붙여서 출력한 것이지만, 인터폴레이션을 사용한 경우에는 "fib(10) = $(fib(10))"이라는 문자열 자체가 "fib(10) = 55"로 평가되어evaluated 출력되었다는 점이 다릅니다.

이렇게만 보면 개념적으로 어렵기만 하고 단순히 취향의 차이 정도로 보이겠지만, 실제로는 훨씬 복잡한 출력에서 있고 없고가 현격한 차이를 보입니다. 예를 들어, 피보나치수열의 제5항부터 제14항까지 출력하면서 등호로 정렬하는 코드가 어떻게 달라지는지 살펴봅시다.

인터폴레이션이 없다면 주어진 n 자체를 문자열로 취급하지 않으니 십의 자리 수가 되어 길이가 달라지면 별도의 처리가 필요합니다. 그뿐만 아니라 println 함수는 두 개의 문자열, 두 개의 수, 총 네 개의 인수를 받아서 굉장히 복잡해집니다. 큰따옴표와 쉼표가 너무 많아서 코드를 알아보기도 어렵고 실수도 많아집니다.

```
julia> for n = 5:14
           if n ≥ 10
               println(lpad("fib(", 4), n, ") = ", lpad(fib(n), 3))
           else
               println(lpad("fib(", 5), n, ") = ", lpad(fib(n), 3))
           end
       end
fib(5) =    5
fib(6) =    8
fib(7) =   13
```

```
 fib(8) =  21
 fib(9) =  34
fib(10) =  55
fib(11) =  89
fib(12) = 144
fib(13) = 233
fib(14) = 377
```

반면 인터폴레이팅을 사용한 경우에는 훨씬 간단하게 정렬이 가능합니다.

```
julia> for n = 5:14
           println("$(lpad("fib($n)", 7)) = $(lpad(fib(n), 3))")
       end
 fib(5) =   5
 fib(6) =   8
 fib(7) =  13
 fib(8) =  21
 fib(9) =  34
fib(10) =  55
fib(11) =  89
fib(12) = 144
fib(13) = 233
fib(14) = 377
```

2.3.3 정규표현식

😊 만약 정규표현식 자체를 처음 접한다면 이 섹션은 통째로 건너뛰어도 좋습니다.

정규표현식regular expression이란 프로그램에서 문자열의 패턴을 나타내는 방법으로 이에 대해 아느냐 모르느냐, 써본 적이 있느냐 없느냐에 따라 데이터를 처리하는 능력에 큰 차이를 보일 수 있습니다. 딱히 줄리아에서만 사용할 수 있는 특별한 기능은 아니지만, 정규표현식을 사용하기 위해 별도의 라이브러리를 부르거나 사용법이 복잡한 여타 언어들과 달리 그냥 r"..." 사이에 정규표현식을 작성하는 것만으로도 네이티브native하게 쓸 수 있다는 점이 크게 다릅니다. 줄리아의 문자열 처리는 펄 프로그래밍 언어에 강하게 영향을 받아 펄-호환 정규표현식 Perl Compatible Regular Expressions, PCRE을 지원합니다.

세상엔 정규표현식까지 필요 없는 일도 많고, 강력한 만큼 어려운 것도 사실이며, 딱히 정규표현식이 줄리아의 전유물도 아닙니다. 오히려 정규표현식에 대해 세세하게 다루는 것은 줄리아 기본서의 영역을 한참 벗어나는 일이기도 합니다. 따라서 이 섹션에서는 정규표현식에 대해 세세하게 설명하기보다, 정규표현식은 알고 있었지만 줄리아를 처음 접한 초심자가 줄리아 특유의 가벼운 인터페이스에 매력을 느낄 수 있게끔 간단한 예제 위주로 소개하겠습니다.

정규표현식과 관련된 기능 중 가장 간단한 것은 단순히 주어진 문장에서 정규표현식과 일치하는 부분 문자열substring이 있는지 검사하는 match 함수입니다. 다음 예시 문장은 a를 포함하기에 RegexMatch("a")를 반환하지만, z는 포함하지 않기 때문에 아무것도 반환하지 않습니다.

```
julia> regsample1 = "Dave in cave gives 2 sharp knives to shave 36 sheep
with eve";

julia> match(r"a", regsample1)
RegexMatch("a")

julia> match(r"z", regsample1)
```

단순히 일치하는지가 아니라 매칭되는 모든 부분 문자열에 관심이 있을 경우에는 eachmatch 함수를 사용합니다. 그렇게 반환되는 것은 아직 반복자iterator기 때문에 collect 함수를 통해 컬렉션으로 만들어주어야 합니다. 예시 문장에서 'ave'는 Dave, cave, shave에 포함되어 총 세 번 등장합니다.

```
julia> collect(eachmatch(r"ave", regsample1))
3-element Vector{RegexMatch}:
 RegexMatch("ave")
 RegexMatch("ave")
 RegexMatch("ave")
```

한편 본격적으로 정규표현식을 공부하기 전에 알아두어야 할 개념으로, 메타 문자meta character라는 것이 있습니다. 흔히 메타meta라는 단어를 사용할 때와 마찬가지로, 메타 문자란 '문자에 대한 문자'로 다음과 같은 기호들을 사용합니다.

( ) | [ ] . ^ { } ? * + \

이 섹션에서는 메타 문자들을 기능별로 분류하고, 그 순서에 맞게 정규표현식에 대해 알아보도록 하겠습니다.

그룹과 대안 ( ) |

ave뿐만 아니라 ive도 찾아내고 싶을 땐 어떻게 해야 할까요? 물론 ave를 먼저 찾은 뒤 ive를 따로 찾아내도 좋겠지만, 정규표현식을 사용하면 다음과 같이 (a|i)로 'a 또는 i'와 같은 표현이 가능합니다.

```
julia> regsample1 = "Dave in cave gives 2 sharp knives to shave 36 sheep
with eve";

julia> collect(eachmatch(r"(a|i)ve", regsample1))
5-element Vector{RegexMatch}:
 RegexMatch("ave", 1="a")
 RegexMatch("ave", 1="a")
 RegexMatch("ive", 1="i")
 RegexMatch("ive", 1="i")
 RegexMatch("ave", 1="a")
```

ave뿐만 아니라 ive도 모두 찾아냈습니다.

여기서 한술 더 떠서 eve까지 찾아내고 싶다면 간단하게 정규표현식을 (a|e|i)로 고치면 됩니다. 이는 'a 또는 e 또는 i'라는 의미가 됩니다.

```
julia> collect(eachmatch(r"(a|e|i)ve", regsample1))
6-element Vector{RegexMatch}:
 RegexMatch("ave", 1="a")
 RegexMatch("ave", 1="a")
 RegexMatch("ive", 1="i")
 RegexMatch("ive", 1="i")
 RegexMatch("ave", 1="a")
 RegexMatch("eve", 1="e")
```

ave, eve, ive 세 가지 패턴이 모두 매칭되었습니다. 만약 직관적으로 ( )와 |의 문법이 와닿는다면 아주 좋은 일입니다. 생긴 모양만 봐도 알 수 있듯 세로로 긴 막대 |는 대부분의 프로그래밍 언어에서 그렇듯 '또는(or)'을 의미하고 앞 혹은 뒤의 문자에 매칭되는 대안^{alternation}으로 쓰입니다.

정규표현식에서 소괄호 (…)는 보통의 수학이나 코딩에서 그러하듯 우선순위를 나타내는 기호로 쓰이며, 그룹 캡처링^{group capturing}이라는 표현을 사용합니다. 간단한 예시로 다음 수식에서 소괄호는 원래의 계산 순서와 달리 덧셈이 먼저 수행되어야 함을 나타내고 있습니다.

$$2 + 2 \times 2 = 6$$
$$(2 + 2) \times 2 = 8$$

이에 따라 예제를 다시 생각해보면 r"(a|e|i)ve"란 '뒤의 두 글자 ve를 포함하되, 그와 별개로 앞 글자가 a거나 e거나 i인 패턴'을 나타내는 정규표현식이 됩니다.

▌문자 클래스 [ ] . ^

그렇다면 a, e, i뿐만 아니라 모든 모음을 포함하는 그룹을 만들려면 어떻게 해야 할까요? 물론 방금 배운 대로 (a|e|i|o|u)도 당연히 통하지만, 슬슬 표기가 귀찮고 번잡해지고 있습니다. 고작 다섯 글자에도 이 정도면 정규표현식이라는 건 무척 사용하기 어려웠겠죠. 정규표현식에서는 이런 문제를 해결하기 위해 대괄호 [···]를 사용해 문자 클래스^{character classes}를 정의할 수 있습니다. 다섯 개의 모음을 모두 포함하기 위해서는 [aeiou]와 같이 대괄호 사이에 모든 모음을 나열하기만 하면 됩니다.

```
julia> regsample1 = "Dave in cave gives 2 sharp knives to shave 36 sheep
with eve";

julia> collect(eachmatch(r"[aeiou]ve", regsample1))
6-element Vector{RegexMatch}:
 RegexMatch("ave")
 RegexMatch("ave")
 RegexMatch("ive")
```

```
RegexMatch("ive")
RegexMatch("ave")
RegexMatch("eve")
```

문자 클래스는 다음과 같이 레인지^{range}로 정의될 수도 있습니다.

```
julia> collect(eachmatch(r"[0-9]", regsample1))
3-element Vector{RegexMatch}:
 RegexMatch("2")
 RegexMatch("3")
 RegexMatch("6")
```

[0-9]를 통해 0부터 9까지의 숫자를 문자열로 가져오고, 대괄호로 묶어 숫자 문자들의 클래스를 정의했습니다. 비슷한 방법으로 영문 알파벳을 대소문자 구분 없이 사용하려면 [a-zA-Z]와 같이 소문자와 대문자의 레인지로 줄 수 있습니다.

문자 클래스에서 [^⋯]와 같이 패턴 앞에 캐럿 기호(^)를 쓰는 것은 네거티브 문자 클래스^{negative character class}로, 집합 A의 여집합^{complement}을 A^c으로 나타내는 것처럼 해당 클래스의 문자를 제외한 모든 문자를 의미합니다.

```
julia> collect(eachmatch(r"[^0-9]", regsample1))
57-element Vector{RegexMatch}:
 RegexMatch("D")
 RegexMatch("a")
 RegexMatch("v")
 RegexMatch("e")
   ⋮
 RegexMatch(" ")
 RegexMatch("e")
 RegexMatch("v")
 RegexMatch("e")
```

[^0-9]는 숫자를 제외한 모든 문자와 매칭되었습니다. 자주 사용해서 별도로 표기가 있는 문자 클래스도 있습니다. 대표적으로 다음의 일곱 가지 문자 클래스가 특히 자주 쓰이며 \d, \w, \s는 각각 digit^{숫자}, word^{문자}, space^{공백}에서 따왔습니다.

표기	동일 표현	설명
\d	[0-9]	숫자와 매치됩니다.
\D	[^0-9]	숫자가 아닌 것과 매치됩니다.
\w	[a-zA-Z0-9_]	문자, 숫자, 밑줄과 매치됩니다.
\W	[^a-zA-Z0-9_]	문자, 숫자, 밑줄이 아닌 것과 매치됩니다.
\s	[\t\n\r\f\v]	공백과 매치됩니다.
\S	[^ \t\n\r\f\v]	공백이 아닌 것과 매치됩니다.
.	[^\n]	개행(\n)이 아닌 모든 것과 매치됩니다.

그중에서도 가장 빈번하게 클래스는 역시 거의 모든 문자에 매칭되는 온점(.)입니다. 다음의 예시를 통해 문자 클래스가 어떻게 사용되는지 알아봅시다.

```julia
julia> collect(eachmatch(r"..ve", regsample1))
6-element Vector{RegexMatch}:
 RegexMatch("Dave")
 RegexMatch("cave")
 RegexMatch("give")
 RegexMatch("nive")
 RegexMatch("have")
 RegexMatch(" eve")
```

..을 통해 -ve로 끝나는 네 글자짜리 부분 문자열을 모두 찾았습니다. 그리고 가장 마지막에 있는 " eve"는 공백을 포함하고 있습니다.

반면, \w\w는 \w가 공백을 포함하지 않으므로 공백 없는 두 글자만 깔끔하게 찾아냅니다.

```julia
julia> regsample1 = "Dave in cave gives 2 sharp knives to shave 36 sheep with eve";

julia> collect(eachmatch(r"\w\wve", regsample1))
5-element Vector{RegexMatch}:
 RegexMatch("Dave")
 RegexMatch("cave")
 RegexMatch("give")
 RegexMatch("nive")
 RegexMatch("have")
```

또한, 다음과 같이 네거티브 문자 클래스 [^Dc]를 통해 -ve로 끝나는 네 글자짜리 부분 문자열을 모두 찾되, 그중 대문자 D나 소문자 c로 시작하는 단어는 제외할 수 있습니다.

```julia
julia> collect(eachmatch(r"[^Dc].ve", regsample1))
4-element Vector{RegexMatch}:
 RegexMatch("give")
 RegexMatch("nive")
 RegexMatch("have")
 RegexMatch(" eve")
```

문자 클래스를 익히면 슬슬 실용적인 데이터 핸들링이 가능해집니다. 예를 들어 전화번호부 같은 데이터가 주어져 있다면, 여기서 전화번호만 뽑아내거나 개인정보를 위해 가운데 번호를 *로 가리는 등의 작업이 단 한 줄의 코드로 가능합니다.

```julia
julia> regsample2 = """
       Name, Age, PhoneNumber
       Dave, 22, 010-1234-5678
       Steve, 23, 010-2345-6789
       Rob, 32, 010-3456-7890
       John, 47, 010-4567-8901
       """;

julia> collect(eachmatch(r"\d\d\d-\d\d\d\d-\d\d\d\d", regsample2))
4-element Vector{RegexMatch}:
 RegexMatch("010-1234-5678")
 RegexMatch("010-2345-6789")
 RegexMatch("010-3456-7890")
 RegexMatch("010-4567-8901")

julia> println(replace(regsample2, r"-\d\d\d\d-" => "-****-"))
Name, Age, PhoneNumber
Dave, 22, 010-****-5678
Steve, 23, 010-****-6789
Rob, 32, 010-****-7890
John, 47, 010-****-8901
```

전화번호의 패턴은 보통 정해진 길이의 숫자 사이에 하이픈(-)을 넣는 방식이기 때문에 정규표현식을 통해 간단하게 처리할 수 있습니다. replace 함수에서 자연스럽게 정규표현식을 사용한 것에 주목하세요.

퀀터파이어 { } ? * +

퀀터파이어quantifier란 이름 그대로 수량화quantify를 도와주는 기능을 하며 중괄호 {…} 사이에
수를 적어서 표현합니다. 앞에서 봤던 전화번호의 정규표현식 r"\d\d\d-\d\d\d\d-\d\d\d\d"가 유용하긴 하지만 반복이 너무 많아 번잡한 느낌이 있는데, 특정 패턴의 바로 뒤에 퀀터파이어 {m}을 붙이면 해당 문자 클래스가 m번 반복된다는 의미가 됩니다.

```julia
julia> regsample2 = """
       Name, Age, PhoneNumber
       Dave, 22, 010-1234-5678
       Steve, 23, 010-2345-6789
       Rob, 32, 010-3456-7890
       John, 47, 010-4567-8901
       """;

julia> collect(eachmatch(r"\d{3}-\d{4}-\d{4}", regsample2))
4-element Vector{RegexMatch}:
 RegexMatch("010-1234-5678")
 RegexMatch("010-2345-6789")
 RegexMatch("010-3456-7890")
 RegexMatch("010-4567-8901")
```

세 자릿수 \d\d\d는 \d{3}, 네 자릿수 \d\d\d\d는 \d{4}와 같이 축약할 수 있습니다. 이러한 횟수의 지정은 두 정수 m, n에 따라 커스텀할 수 있습니다.

다음 표현에서 앞자리 m은 최소 횟수, 뒷자리 n은 최대 횟수가 됩니다. 뒷자리를 비워두면 최대 횟수의 제한이 없어집니다.

표현	설명
p{m}	패턴 p가 정확히 m번 반복되는 패턴에 매치
p{m, n}	패턴 p가 최소 m번 이상, 최대 n번 이하로 반복되는 패턴에 매치
p{m,}	패턴 p가 최소 m번 이상 반복되는 패턴에 매치

다음과 같이 주어진 문자열에서 2~4자리에 해당하는 수들을 찾아낼 수 있습니다. 이는 두 자리로 된 나이, 세 자리로 이루어진 전화번호의 부분 문자열을 모두 포함합니다.

```
julia> collect(eachmatch(r"\d{2,4}", regsample2))
16-element Vector{RegexMatch}:
 RegexMatch("22")
 RegexMatch("010")
 RegexMatch("1234")
 RegexMatch("5678")
 RegexMatch("23")
 RegexMatch("010")
 RegexMatch("2345")
 RegexMatch("6789")
 RegexMatch("32")
 RegexMatch("010")
 RegexMatch("3456")
 RegexMatch("7890")
 RegexMatch("47")
 RegexMatch("010")
 RegexMatch("4567")
 RegexMatch("8901")
```

패턴의 길이가 최소한 3 이상이 되도록 수량을 정하고 나이에 해당하는 두 자리 숫자들은 매칭 결과에서 제외할 수도 있습니다.

```
julia> collect(eachmatch(r"\d{3,4}", regsample2))
12-element Vector{RegexMatch}:
 RegexMatch("010")
 RegexMatch("1234")
 RegexMatch("5678")
 RegexMatch("010")
 RegexMatch("2345")
 RegexMatch("6789")
 RegexMatch("010")
 RegexMatch("3456")
 RegexMatch("7890")
 RegexMatch("010")
 RegexMatch("4567")
 RegexMatch("8901")
```

공백을 제외한 문자가 5번 이상 반복되는 경우에 매칭되도록 해봅시다. 최대 횟수는 따로 정해져 있지 않아 PhoneNumber라는 11자짜리 긴 단어도 매칭됩니다.

```
julia> collect(eachmatch(r"\w{5,}", regsample2))
2-element Vector{RegexMatch}:
 RegexMatch("PhoneNumber")
 RegexMatch("Steve")
```

특히 자주 사용되는 퀀터파이어는 메타 문자 ?, *, +로도 사용할 수 있습니다. 근본적으로는 중괄호를 통해 같은 표현을 사용할 수 있지만, 괄호에 비해 읽기도 쉽고 간단한 표현인 만큼 가능하면 메타 문자를 활용하는 습관을 들이는 게 좋습니다. {m, n}에서 $m = 0$이란 한 번도 매치되지 않는 것, 다시 말해 일치하지 않는 것을 포함한다는 것을 염두에 두고 설명을 읽어 봅시다.

표기	동일 표현	설명
p?	{0, 1}	패턴 p가 일치하지 않거나 한 번 반복될 때 매칭됩니다.
p*	{0,}	패턴 p가 일치하지 않거나 한 번 이상 반복될 때 매칭됩니다.
p+	{1,}	패턴 p가 한 번 이상 반복될 때 매칭됩니다.

r"m\w?e"는 가운데에 있는 \w가 있어도 되고 없어도 돼서 me 혹은 m\we와 매칭됩니다. 다음 예시에서는 Name의 me와 PhoneNumber의 mbe에 해당합니다.

```
julia> println(replace(regsample2, r"m\w?e" => "-"))
Na-, Age, PhoneNu-r
Dave, 22, 010-1234-5678
Steve, 23, 010-2345-6789
Rob, 32, 010-3456-7890
John, 47, 010-4567-8901
```

r"\w*[aA]\w*"는 문자열이 소문자 a 혹은 대문자 A를 포함하는 단어를 찾아냅니다. 양 끝에 있는 \w*의 문자 클래스 \w가 알파벳을 허용하고, 퀀터파이어 *를 통해 모든 길이가 매칭됩니다.

```
julia> collect(eachmatch(r"\w*[aA]\w*", regsample2))
3-element Vector{RegexMatch}:
 RegexMatch("Name")
 RegexMatch("Age")
 RegexMatch("Dave")
```

r"\w+[aA]\w+"는 문자열의 가운데에 소문자 a 혹은 대문자 A를 포함하는 단어를 찾아냅니다. 양 끝에 있는 \w+의 문자 클래스 \w가 알파벳를 허용하고, 퀀터파이어 +가 최대 길이의 제한이 없는 대신 최소 한 글자는 포함되도록 했습니다. 이에 따라 A가 정확히 문자열의 가운데로 들어가지 않은 Age는 매칭되지 않습니다.

```
julia> collect(eachmatch(r"\w+[aA]\w+", regsample2))
2-element Vector{RegexMatch}:
 RegexMatch("Name")
 RegexMatch("Dave")
```

▌메타 문자의 메타 문자와 치환 문자열 \

지금까지 여러 가지 메타 문자의 기능에 대해 알아보았는데요, 막상 메타 문자로 쓰이는 문자 자체가 필요할 땐 어떻게 해야 할까요? 프로그래밍에서 대부분 그러하듯 메타 문자 역시 그 스스로를 표현해야 할 때는 백슬래시(\)를 사용합니다.

```
julia> regsample4 = "Korean ^^ English :)"
"Korean ^^ English :)"

julia> replace(regsample4, r"\^" => "-", r"\)" => "(")
"Korean -- English :("
```

한국과 영미권에서 웃는 표정으로 쓰이는 ^^과 :)을 인상 쓰는 표정인 --과 :(로 바꾸었습니다. 이렇듯 문자열을 다루다 보면 메타 문자 ^, (역시 그 자체를 문자로 다룰 때가 있는데 이 때는 앞에 백슬래시를 붙여 \^, \(이렇게 쓰면 문자의 역할을 하게 됩니다.

한편 백슬래시가 유용하게 쓰일 수 있는 방법이 하나 더 있는데, 바로 치환 문자열substitution string s"…"입니다. 지금까지 정규표현식에 대해 배운 모든 예제는 패턴을 표현하고 찾는 방법에 대한 것들이었는데 구체적으로 찾아낸 부분 문자열을 사용하려면 치환 문자열 내에서 백슬래시 뒤에 몇 번째 매칭에 대응되는지를 수로 적어서 나타내면 됩니다.

```
julia> regsample5 = "P implies Q"
"P implies Q"

julia> replace(regsample5, r"(.+) (.+)s (.+)" => s"\3 is \2d by \1")
"Q is implied by P"
```

r"(.+) (.+)s (.+)"를 통해 매칭되는 부분 문자열은 순서대로 P, implie, Q입니다. 이 순서
대로 치환 문자열에서 \1, \2, \3에 대응되고, s"\3 is \2d by \1"을 통해 주어와 목적어
를 서로 바꾸는 작업을 수행했습니다.

지금까지 정규표현식에 대해 간단히 알아보았습니다. 플래그^{flag}를 비롯한 많은 상세 기능 등
에 대해서는 생략했지만, 메타 문자 대부분을 다룰 수만 있어도 할 수 있는 일은 어마어마하
게 많아집니다. 대부분의 예제에서 알 수 있듯 줄리아에선 정규표현식을 쓰는 게 아주 간편합
니다. 거의 대부분의 프로그래밍 언어는 정규표현식을 쓸 수 있지만, 줄리아만큼 정규표현식
에 친화적이고 아예 기본 문법의 일부로 받아들인 경우는 의외로 많지 않습니다. 당장은 세부
적인 사용법은 어려워서 넘어갈 수 있겠지만, 여유가 생기면 언제든 돌아와서 공부할 수 있도
록 정규표현식 자체는 잊지 말아주세요.

자유 모노이드

모노이드^{monoid}란 수학 전공자를 기준으로 해도 학부 3학년쯤에나 접하는 어려운 개념으로,
추상대수학^{abstract algebra}에서 정의 정도를 스쳐 지나가듯 들어볼 수 있습니다. 그런데 모노이
드에 대해 검색을 해보면 오히려 컴퓨터과학과 관련된 문헌을 많이 찾을 수 있습니다. 지금
당장은 함수형 프로그래밍이니 모나드^{monad}니 하는 이야기는 잠시 제쳐 두고 문자열에 관한
부분만 알아보려고 합니다.

문자열의 연산 *, ^

어려운 이야기는 조금만 더 미뤄두고 우선 실용적인 것부터 배워볼까요? 줄리아에서 문자열
의 병합^{merge}은 곱셈 연산(*)을 통해 이루어집니다. 가령 "hello"와 "world"라는 두 문자열

이 있다면, 이들을 이어붙이는 것은 간단히 "hello" * "world"로 수행할 수 있습니다.

```
julia> "hello" * "world"
 "helloworld"
```

한편 문자열을 반복하는 것은 거듭제곱 연산(^)을 통해 이루어집니다. 왼쪽에는 문자열, 오른쪽에는 보다 크거나 같은 자연수를 두어 몇 번 반복할지를 지시할 수 있습니다.

```
julia> "hello" ^ 4
 "hellohellohellohello"
```

이는 파이썬에서 문자열의 병합을 덧셈(+), 문자열의 반복을 곱셈(*)으로 두는 것과 아주 유사한데, 덧셈을 여러 번 반복하는 게 곱셈이고 곱셈을 여러 번 반복하는 게 거듭제곱이니까 사실 개념적으로는 완전히 같다고 볼 수 있습니다.

문자열의 병합이라는 걸 문자열을 더한다add고 말해도 의사소통에 전혀 문제가 없고, 간혹 다른 프로그래밍 언어에서도 문자열의 병합을 덧셈(+)으로 잇기도 하는데 왜 줄리아는 아무도 안 쓰는 곱셈(*)으로 문자열을 잇게 만들어놨을까요? 당연히, 그것이 수학적으로 더 말이 되기 때문입니다.[10]

█ 수학적 근거로서의 자유 모노이드

수학에서 수식을 다룰 때 x와 y가 곱해져 있다면 굳이 곱셈 기호를 남기지 않고 생략합니다.

$$x * y = xy$$

이번엔 이미 여러 문자들의 곱으로 나타난 것들을 곱해볼까요?

$$ab * xyz = abxyz$$

---

10 줄리아 공식 문서 중 「문자열 병합」, docs.julialang.org/en/v1/manual/strings/#man-concatenation

여전히 별로 이상할 것 없고, 자연스럽습니다. 마지막으로 하나의 예시만 더 봅시다.

$$hello * world = helloworld$$

단지 수식으로 무의미한 문자들의 나열이 아니라, 뜻을 가진 문자열이라고 할지라도 곱셈을 통해 이어붙이는 것에는 전혀 문제가 없습니다. 수학적으로 말이 되는가를 기준으로 다시 생각해보면 문자열을 덧셈으로 잇는 게 오히려 이상할지도 모릅니다.

👻 본격적으로 어려운 이야기를 조금 해보자면, 줄리아의 벡터가 벡터 공간에서 말하는 벡터인 것처럼 줄리아의 문자열은 자유 모노이드free monoid라고 하는 대수적 구조의 원소로 볼 수 있습니다. 벡터 공간보다 더 추상적이라고 느낄 수도 있겠지만, 한편으로는 대수학代數學이라는 말 자체가 '수를 대신해서 글자를 쓰는 것에 관한 공부'인 만큼 이미 어느 정도 아는 개념이라고 생각하면 그다지 낯설 것도 없는 이야기입니다.[11]

예를 들어, 유한 집합 $A = \{a, b, \cdots, Y, Z\}$를 알파벳alphabet이라 할 때 이들의 곱으로 얻을 수 있는 모든 원소를 포함하는 모노이드를 자유 모노이드라 부릅니다. 그리고 이 자유 모노이드의 원소를 문자열string이라 하면 정확히 줄리아에서 다루는 문자열이 됩니다.

모노이드의 수학적 정의

공집합이 아닌 집합 S의 원소들이 이항 연산 $*$에 대해 다음의 세 가지 규칙을 만족할 때, $(S, *)$를 모노이드monoid라 합니다.

모든 $p, q, r \in S$에 대해서,

- 연산에 대한 닫힘: p와 q가 S의 원소면, 그 곱인 $p * q$ 또한 S의 원소입니다.
- 연산에 대한 결합법칙: $(p * q) * r = p * (q * r)$
- 연산에 대한 항등원: $p * \text{""} = \text{""} * p = p$를 만족하는 공백 ""이 존재합니다.

---

11 『A First Course in Abstract Algebra』 7th Edition, (John B. Fraleigh, 2003)

보편적으로 추상대수에서 덧셈 기호를 쓰는 건 그 연산이 교환법칙을 따를 때, 즉 두 항의 순서가 상관없을 때 많이 쓰입니다. 알다시피 문자열의 병합이란 앞과 뒤가 명확하고, 이에 덧셈 기호 대신 곱셈 기호를 사용하도록 한 것은 이론적으로 대단히 상식적인 결정입니다.

```julia
julia> p = "you";
       q = "love";
       r = "me";

julia> (p * q) * r
"youloveme"

julia> p * (q * r)
"youloveme"

julia> p * ""
"you"

julia> "" * p
"you"
```

문자열의 불변성

줄리아의 문자열은 많은 객체지향형 언어들이 그러하듯 불변immutable해서 바뀔 수 없습니다. 바뀔 수 없다는 것은 이를테면 C나 매트랩처럼 문자열string을 문자character의 배열로 보고 그중 하나를 인덱싱해서 수정하는 등의 행위, 이를테면 다음과 같은 핸들링이 불가능하다는 것입니다. 다음과 같은 코드는 에러를 발생시킵니다.

```julia
julia> julia = "julio"
"julio"

julia> julia[end] = 'a'
ERROR: MethodError: no method matching setindex!(::String, ::Char, ::Int64)
```

그렇다면 지금까지 써왔던 문자의 병합이나 replace 등의 문자열을 수정하는 함수들은 다 무엇이었을까요? 두 문자열의 병합 $p*q$는 사실 p의 뒷부분에 q를 이어붙여서 '업데이트'된 문자열이 아니라 아예 $pq=p*q$라는 새로운 문자열을 반환한 것입니다. 이러한 pq의 존재성은 모노이드가 연산에 대해 닫혀 있으므로 자명하고, 문자열의 일부를 수정하는 함수들 역시 그때그때 새로운 문자열을 찾아서 반환합니다. 자유 모노이드의 맥락으로 다시 돌아와 보자면, 새로운 문자열들은 사실 처음부터 무한 집합 속에 존재하고 있었던 것으로 볼 수 있습니다. 이렇게 개념적으로 접근했을 때, 줄리아의 문자열이 불변성을 가지는 것은 아주 자연스러운 일입니다.

줄리아의 제어 흐름control flow은 딱히 어떤 언어의 영향을 받았다고 할 만큼 독특하진 않습니다. 다만 코드 블록을 닫는 키워드가 end라는 점은 포트란, 매트랩의 계보를 따른다고 할 수 있습니다. 지금까지 봤던 것들에 비하면 평범한 방식으로 조건문, 반복문, 예외 처리 등이 쓰입니다.

'흐름을 제어한다'라는 표현에서 '제어'란 '어떤 상황에서 어떻게 행동하라'라는 일련의 명령들을 말합니다. 프로그래밍에서 '어떤 상황인지를 파악한다는 것'은 그 상황에 부합하는 조건을 명료하게 제시해서 확인한다는 것입니다.

█ 불리언 함수

조건문conditional이란 주어진 조건이 참true인지 거짓false인지에 따라 프로그램의 흐름을 제어하는 구문을 말합니다. 보통 참을 1, 거짓을 0으로도 쓰고 다음과 같이 이들에 대한 함수를 불리언 함수boolean function라 부릅니다.

$$f: \{0,1\}^n \to \{0,1\}$$

간단한 불리언 함수로는 많은 프로그래밍 언어들이 그러하듯 참과 거짓을 부정하는 부정negation이고, 연산자는 느낌표(!)를 앞에 붙여서 참과 거짓을 반전시킵니다.

```julia
julia> !true
false

julia> !false
true
```

합집합(AND, &&) 또는 교집합(OR, ||)을 이항 연산자^{binary operator}로 사용합니다.

```
julia> true && true
true

julia> true && false
false

julia> false && false
false

julia> true || true
true

julia> true || false
true

julia> false || false
false
```

이변수 함수인 AND와 OR이 다변수 함수로 일반화된 것으로 all과 any 함수가 있습니다. 이름 그대로 all은 주어진 불리언의 벡터가 모두^{all} 참일 때만 참을 반환하고, any는 주어진 불리언의 벡터 중 하나라도^{any} 참이면 참을 반환합니다.

```
julia> all([true, true, true])
true

julia> all([true, true, false])
false

julia> any([true, false, false])
true

julia> any([false, false, false])
false
```

또, 한 가지 유용하고 자주 쓰이는 함수로 배타적 논리합 xor 함수가 있습니다. xor 함수는 불리언값 중 참이 있을 때 참을 반환하되, 둘 다 참이면 거짓을 반환합니다. xor 함수는 이항 연산자(⊻)로도 사용할 수 있습니다.

```
julia> xor(true, true)
false

julia> xor(true, false)
true

julia> xor(false, false)
false

julia> true ⊻ true
false

julia> true ⊻ false
true

julia> false ⊻ false
false
```

▌if-else 문

이제 본격적으로 조건문을 다뤄보겠습니다. 조건문은 기본적으로 if와 else 키워드를 사용합니다. if 키워드 뒤에는 불리언값이 오고, else 키워드 뒤에는 불리언값이 오지 않습니다. if 키워드 뒤에 오는 불리언값이 참이면 if 키워드 뒤에 오는 코드가 실행되고, 거짓이면 else 키워드 뒤에 오는 코드가 실행됩니다. else가 있어도 되고 없어도 되지만, 어떤 조건문이든 end 키워드를 통해 닫아줘야 합니다.

```
julia> if π > 3
           println("π is greater than 3")
       else
           println("π is not greater than 3")
       end
π is greater than 3
```

조건이 하나 이상인 경우엔 elseif 키워드를 사용합니다. 참고로 줄리아엔 switch 문이 없습니다.

```
julia> e = exp(1);

julia> if e > π
           println("e is greater than π")
       elseif e > 3
           println("e is not greater than 3")
       else
           println("e is not greater than π and 3")
       end
e is not greater than π and 3
```

한편 if-else처럼 쓸 수 있는 함수 ifelse도 있습니다. 이 함수는 첫 번째 인수로 조건문을 받고 그 조건문이 참일 때 두 번째 인수, 거짓일 때 세 번째 인수를 반환합니다. 거의 같은 표현으로 삼항 연산자^{ternary operator}인 (? :)도 제법 자주 쓰입니다.

```
julia> ifelse(e > π, e, π)
π = 3.1415926535897...

julia> e > π ? e : π
π = 3.1415926535897...
```

try-catch 문

🤔 줄리아는 물론 프로그래밍 자체를 아예 처음 접하는 초심자라면 생략해도 좋습니다.

허락보다 용서가 쉽다.

뭔가를 반드시 해야 할 때, 설득에 매달리기보단 일단 저질러놓고 나중에 수습하는 게 훨씬 편한 일도 있습니다. If-else 문이 조건에 따라 코드를 실행하는 것을 '허락'에 비유한다면, try-catch 문은 일단 실행시켜보고 에러가 나면 그때 수습하는 '용서'의 방식이라 볼 수 있습니다.

다음의 예시에서 정의된 force_add 함수는 두 벡터의 덧셈을 수행하되, 길이가 달라도 짧은 쪽을 무시하고 강제로 더하는 기능을 합니다. 본래의 벡터 덧셈은 길이가 다를 때를 허용하지 않지만, try 문을 통해서 일단 각 자리별로 덧셈을 시도하고 길이가 짧은 쪽의 원소가 존재하지 않아서 덧셈이 안 되면 catch 문에서 해당 에러를 err로 받습니다. 그리고 그 에러가 BoundsError(배열의 범위를 벗어나서 참조를 시도해 발생한 에러)인 경우 벡터의 길이가 다르다고 메시지를 출력한 후 둘 중 아무 원소나 채워 넣는 방식으로 구현되어 있습니다.

```julia
function force_add(x, y)
    n = max(length(x), length(y))
    z = zeros(n)

    for k = 1:n
        try
            z[k] = x[k] + y[k]
        catch err
            if isa(err, BoundsError)
                println("diferent length vectors!")
            end
            try z[k] = x[k] catch end
            try z[k] = y[k] catch end
        end
    end
    return z
end
```

실제로 길이가 다른 두 벡터의 덧셈으로 테스트한 결과는 다음과 같습니다.

```julia
julia> u = [1, 8, 0, 4, 2];

julia> v = [3, 6, 9];

julia> force_add(u, v)
diferent length vectors!
diferent length vectors!
5-element Vector{Float64}:
  4.0
 14.0
  9.0
  4.0
  2.0
```

한편 어떤 에러가 발생했든 반드시 실행되게끔 하는 finally라는 키워드도 있습니다. 이 키워드에 있는 코드는 해당 코드 블록에서 나가면서 그 이전의 try-catch 문이 어떻게 작성되었는지와는 무관하게 실행됩니다. 예를 들어, 다음 코드는 줄리아 세션 내부에서만 돌아가는 게 아니라 외부에 파일을 생성 및 수정하는 작업을 수행하고 finally 키워드를 통해 앞에서 어떤 에러가 발생했든 반드시 파일을 닫아서 마무리하는 것을 보장합니다.

```
file = open("empty.txt", "w")
try
    print(file, "helloworld")
finally
    close(file)
end
```

2.4.2 반복문

프로그래밍에서 조건문만큼이나 중요한 것이 반복문 혹은 루프문loops입니다. 반복문은 이름 그대로 특정 작업을 반복적으로 수행하는 역할을 하며, 줄리아에서는 while과 for 두 가지 방법으로 사용할 수 있습니다.

while 문

while 키워드는 '~하는 동안'이라는 뜻 그대로, 주어진 조건이 참일 때 계속해서 반복됩니다. 다음의 예시에서는 어떤 수 k를 0부터 1씩 증가시키면서 출력하는데, k가 10 이상으로 커져서 조건이 거짓이 되자 반복을 멈추었습니다.

```
julia> k = 0
0

julia> while k < 10
           k += 1
           print(k)
       end
12345678910
```

반복문 그 자체는 아니지만, 반복문의 내부에서 반복문의 제어를 도와주는 키워드도 있습니다. '탈출하다'라는 의미의 break 키워드는 말 그대로 반복문에서 탈출하는 기능을 합니다.

```julia
julia> k = 0
0

julia> while k < 10
           k += 1
           if mod(k, 3) == 0
               break
           end
           print(k)
       end
12
```

k가 3의 배수면 break 키워드를 통해 반복문이 중단됩니다. 실제로 1과 2만 출력된 것을 확인할 수 있습니다.

한편 '계속하다'라는 의미의 continue 키워드와 만나면 그 아래의 코드는 실행되지 않고 즉시 반복문의 시작 위치로 돌아갑니다. 반복하다 멈추고 돌아가는 걸 '계속하다'라 말하는 이유는 해당 반복을 끝까지 완수한다는 말이 아니라, 어쨌든 아직 반복문은 끝나지 않았다는 의미에서 break와 대비되는 표현입니다.

```julia
julia> k = 0
0

julia> while k < 10
           k += 1
           if mod(k, 3) == 0
               continue
           end
           print(k)
       end
12457810
```

k가 3의 배수면 continue 키워드를 만나서 반복문의 시작 부분으로 돌아갑니다. 실행 결과를 보면 3의 배수는 출력이 되지 않은 것을 확인할 수 있습니다.

for 문

for 키워드 역시 '~에 대해'라는 뜻 그대로, 주어진 집합의 원소들에 대해 반복 작업을 수행합니다. while 문과 다른 점이 있다면 근본적으로 반복이 '무한하지 않다'라는 점입니다. while 문은 반복이 언제 끝날지 확신할 수 없을 때, for 문은 구체적이고 유한한 작업을 수행할 때 쓰입니다.

```
julia> for n = 1:10
           print(n)
       end
12345678910
```

줄리아의 for 문에서 한 가지 조금 특이한 점을 꼽는다면, 반복으로 변수를 할당할 때 등호(=) 대신 in, 심지어 집합론에서 원소의 포함을 나타낼 때 쓰이는 ∈('\in' 입력 + 〈tab〉) 기호도 쓸 수 있다는 점입니다. in 정도야 파이썬을 비롯해서 많은 언어들도 채택하고 있지만, ∈를 반복문의 공식적인 문법으로 포함시킨 점은 참 줄리아답다는 생각이 드는 대목입니다.

```
julia> for n in 1:10
           print(n)
       end
12345678910

julia> for n ∈ 1:10
           print(n)
       end
12345678910
```

∈는 \in을 입력한 후 〈tab〉 키를 눌러 완성할 수 있습니다.

반복자

반복자iterator란 말 그대로 반복에 관련된 개념입니다. 파이썬을 비롯한 객체지향 언어들만큼 깊게 공부할 필요는 없고, 자주 유용하게 쓰여서 꼭 알고는 있어야 할 함수 두 개만 배우고 넘어갑시다.

enumerate 함수는 '열거하다'라는 의미로 for 문에서 주어진 배열뿐만 아니라 해당 배열의 인덱스도 함께 사용할 수 있도록 해줍니다. 다음의 예시에서 보면 소수의 배열을 받아서 몇 번째 소수인지 또한 변수로 받아서 사용하고 있습니다.

```julia
julia> prime = [2, 3, 5, 7, 11, 13, 17, 19];

julia> for (k, p) ∈ enumerate(prime)
           println("$k: $p")
       end
1: 2
2: 3
3: 5
4: 7
5: 11
6: 13
7: 17
8: 19
```

zip 함수는 길이가 같은 여러 배열을 묶어주는 역할을 합니다. 다음의 예시에서는 소수의 배열과 피보나치수열을 묶어서 각자를 별개의 변수로 받아서 쓰고 있습니다.

```julia
julia> fibnc = [1, 1, 2, 3, 5, 8, 13, 21];

julia> for (f, p) ∈ zip(prime, fibnc)
           println("$f - $p")
       end
2 - 1
3 - 1
5 - 2
7 - 3
11 - 5
```

```
13 - 8
17 - 13
19 - 21
```

그 외에, 줄리아에서 each-가 붙은 함수들은 많은 경우 이러한 반복자들을 제공합니다. 꼭 빌트인 함수가 아니라 패키지에서도 이러한 관습을 따르는 편이니, 어떤 반복을 자주 한다는 생각이 들면 우선 관련된 함수를 찾아보는 습관을 들이는 게 좋습니다.

많은 함수 중 간단한 예로 eachrow와 eachcol 함수는 행렬의 각 행, 열 그대로 반복자를 쓸수 있게 해줍니다. 물론 행렬의 크기를 확인해서 구체적으로 인덱스를 주고 한 행 한 행 참조해도 되지만, 복잡한 계산이 많아질수록 이러한 고수준 프로그래밍을 통해 코드의 가독성을높이고 실수를 줄여줄 필요가 있습니다.

```julia
julia> M = [4 8 9
            7 1 3
            2 5 6];

julia> for mat ∈ eachrow(M)
           println(mat)
       end
[4, 8, 9]
[7, 1, 3]
[2, 5, 6]

julia> for rix ∈ eachcol(M)
           println(rix)
       end
[4, 7, 2]
[8, 1, 5]
[9, 3, 6]
```

Part **3**

데이터 처리

이 파트에서는 줄리아에서 데이터를 어떻게 저장하고 처리하는지에 대해서 다룹니다. 줄리아는 다른 현대적인 프로그래밍 언어들이 가지는 대부분의 자료형, 자료구조를 구현해두어서 편의성을 챙기면서도, 속도 측면의 성능을 절대 포기하지 않는 집착을 보여줍니다.

과거엔 어떤 프로그램을 만들 때 개발 속도가 빠른 파이썬으로 데모 버전을 만들어서 실현 가능성feasibility을 먼저 점검해보고, 성능적으로 우수한 C 언어 등으로 처음부터 다시 짜기도 했다는 이야기가 있습니다. 줄리아는 적어도 과학계에서는 그 촌극을 끝내기 위해 태어났습니다. 다양한 자료구조를 써서 일단 편하게 짜고, 성능 개선이 필요할 땐 자료형을 신경 쓰면 됩니다.

보편적으로 프로그래밍에서 자료형, 타입^{type}이라고 하면 컴퓨터에 이진 코드^{binary code}로 저장된 데이터가 실제로 어떤 의미를 가지는지 식별하기 위해 주어지는 것을 말합니다. 타입을 명확하게 한다는 것은 컴퓨터에게 데이터를 어떻게 다뤄야 하는지 알려주는 것이며, 꼭 컴퓨터가 아니더라도 코드의 가독성을 끌어올려 유지보수에도 도움을 줍니다.

참고로 줄리아에서 타입의 이름은 가장 앞에 대문자를 붙이는 관습^{convention}이 있습니다. 예를 들어 정수라면 Integer, 부동소수점이라면 Float, 문자열이라면 String과 같이 가장 앞 글자로 대문자를 사용합니다.

3.1.1 표준 수 체계

타입에 대해 본격적으로 알아보기 전에 계속 언급될 예시로 줄리아의 수 체계에 대해 먼저 알아봅시다.

정수 타입 Integer

모든 수의 근간이 되는 정수^{integer}는 덧셈(+), 곱셈(*), 뺄셈(−)과 더불어 나눗셈의 몫(÷)과 나머지(%)와 같은 연산이 구현되어 있습니다. 나눗셈 기호의 텍 표현은 \div입니다.

```julia
julia> 937 + 719
1656

julia> 937 * 719
673703

julia> 937 - 719
218
```

```
julia> 937 ÷ 719
1

julia> 937 % 719
218
```

그 외의 상식적인 연산으로는 두 수가 같은지를 검사해서 참 혹은 거짓으로 반환하는 ==, 같지 않은지를 검사하는 기호 !=이 있고, 특히 !=는 not equal이라는 의미의 부등호 기호 ≠('\ne' 입력 + ⟨tab⟩) 그대로 사용할 수 있습니다.

```
julia> 937 == 719
false

julia> 937 != 719
true

julia> 937 ≠ 719
true
```

정확히 같은지 다른지가 아닌 대소 비교는 부등호(>, <)와 ≥('\ge' 입력 + ⟨tab⟩), ≤('\le' 입력 + ⟨tab⟩)을 사용합니다.

```
julia> 937 > 719
true

julia> 937 < 719
false

julia> 937 ≥ 719
true

julia> 937 ≤ 719
false
```

지금까지 다뤄왔던 수들은 모두 정수integer였습니다. 예를 들어 937이 프로그래밍적으로 정수의 타입을 가지는지 확인하는 첫 번째 방법은 연산자 isa를 사용하는 것으로, isa는 x isa T 꼴의 형태로 써서 x가 T 타입인지 아닌지를 참/거짓으로 반환합니다. isa는 특히 이항연산으로 쓰일 때 영어의 'is a'와 비슷하게 보이기 때문에 가독성이 좋습니다.

```
julia> 937 isa Integer
true
```

🤔 조금 어렵지만 다른 방법으로는 typeof 함수를 통해 정확한 데이터의 타입을 알아낸 후, 그것이 Integer 타입의 서브 타입 subtype인지의 여부를 (<:) 연산자를 통해 확인하는 것입니다.

```
julia> typeof(937)
Int64

julia> typeof(937) <: Integer
true
```

typeof(937)의 결과로 Int64가 반환된 것은 정수 937이 정확하게 Int64의 타입을 가지고 있다는 것입니다. 이는 64비트에서 사용되는 정수라는 의미로, 컴퓨터 공학적인 설명은 둘째 치고 일단 Integer의 서브 타입이라는 점은 분명합니다.

유리수 타입 Rational

표준적인 수 체계에서 정수 다음으로는 유리수 rational number로 확장이 이루어지며, 특히 줄리아에서는 두 정수 사이에 두 개의 슬래시(//)를 넣어서 분자와 분모를 표현합니다. 예를 들어 1//3은 1을 3으로 나눈 수치 정도가 아니라 수학적으로 정확히 1/3로 표현되는 기약분수입니다.

$$\frac{1}{3} + \frac{1}{2} = \frac{5}{6}$$

위 수식은 다음과 같이 정확한 통분의 과정을 거쳐서 근삿값이 아닌 결과를 반환합니다.

```
julia> typeof(1//3)
Rational{Int64}

julia> 1//3 + 1//2
5//6
```

이는 유리수 계산이 필요한 이상 계산에 아주 작은 오차도 허용되지 않는다는 것, 정수 계산과 같은 수준의 정확성이 보장된다는 것입니다. 이렇게 유리수 타입을 문법 차원에서 지원하는 프로그래밍 언어는 그리 많지 않습니다.

근데 진짜 무서운 건 무리수irrational number를 위한 타입도 따로 있다는 점입니다. 원주율 π('\pi' 입력 + <tab>)나 오일러 수Euler's number e('\euler' 입력 + <tab>)와 같이 대단히 빈번하게 쓰이는 무리수는 아예 자기 자신만을 위한 타입을 따로 가지고 있습니다.

```julia
julia> typeof(π)
Irrational{:π}

julia> typeof(e)
Irrational{:e}
```

실수 타입 Real

유리수와 무리수를 통틀어서 실수real number라 하는데, 줄리아에서 실수를 나타내는 타입은 Real입니다. 개념적으로 실수끼리 연산을 취하면 굳이 타입을 바꾸지 않아도 실수라고 하는 집합 내에서 딱 필요할 정도로 수 체계를 확장해서 계산을 수행합니다.

```julia
julia> 2 isa Real
true

julia> 1//3 isa Real
true

julia> π isa Real
true

julia> (1//3) + 2
7//3

julia> (1//3) * π
1.0471975511965976
```

유리수 1/3과 정수 2를 더한 결과 7/3을 정수로 표현할 수 없으니 그 결과는 유리수 7//3으로 반환되었습니다. 이렇게 공통된 타입으로 타입이 바뀌는 것을 타입 승급^{type promotion}이라 합니다.

실수 체계에서는 정수의 나눗셈이 몫과 나머지로 구분되었던 것과 달리 보편적으로 생각하는 나눗셈 연산이 슬래시 하나(/)로 정의됩니다. 특히 0이 아닌 수를 0으로 나누는 경우엔 무한대 Inf가 반환됩니다.

```
julia> 937 / 719
1.3031988873435327

julia> 937 / 0
Inf
```

보편적으로 무한대 Inf는 덧셈과 곱셈에 대해 항상 Inf를 반환하며, 대소 비교에서 어떤 실수와 비교하든 더 큰 수로 구현합니다.

🫥 수의 확장과는 관계없지만, 0을 0으로 나눈 0/0은 NaN^{Not-a-Number}을 반환합니다. 0으로 나누는 걸 극한^{limit}의 개념으로 생각해볼 수 있는 Inf와 달리 NaN은 수학적으로 어떤 변명의 여지도 없이 말이 안 되는 계산을 수행할 때 등장합니다.

```
julia> 0 / 0
NaN

julia> Inf - Inf
NaN
```

NaN은 다른 수와의 사칙연산에서 NaN을 반환하고 대소 비교에서 항상 false를 반환합니다. 이 자체만 보면 납득하기 어렵지만, Inf와 함께 비교해보면 그 규칙이 나름대로 일관된 것을 확인할 수 있습니다.

복소수 타입 Complex

고등학교에서 배울 수 있는 거의 마지막 수 체계로 복소수complex number가 남아있습니다. 개념적으로 복소수는 실수부real part와 허수부imaginary part로 나뉘고, 줄리아에서는 허수부를 표현하기 위해 im을 사용합니다.

```
julia> z = 1 + 2im
1 + 2im

julia> z isa Complex
true

julia> z + (1 - im)
2 + 1im

julia> z * (1 - im)
3 + 1im

julia> real(z)
1

julia> imag(z)
2

julia> conj(z)
1 - 2im

julia> log(z)
0.8047189562170501 + 1.1071487177940904im
```

덧셈과 곱셈을 포함해 복소수를 다루기 위해 상식적으로 필요한 함수는 모두 구현되어 있고, 타입이 복소수라는 점이 명확하다면 널리 알려진 초월 함수도 알아서 일반화된 결과를 반환합니다. 이 예시에선 로그 함수가 복소수로 확장되었습니다.

지금까지 줄리아의 표준 수 체계에 대해 알아보았습니다. 다만 이 설명들은 타입에 대한 이해에 초점을 두고 있고 구체적으로 어떤 함수들이 있는지, 그 추상적인 성질을 어떻게 다루는지는 Part 5 수리 계산에서 더욱 자세히 다루도록 하겠습니다.

타입 선언

프로그래밍에서 타입 선언type declaration이란 코드에서 어떤 변수를 사용할 때 그 변수의 자료형을 명시적으로 일러두는 것을 말하고, 타입 안정성type stability이란 프로그램의 입력input으로부터 출력output을 예측할 수 있는 것을 말합니다.[12] 이러한 정의에서 타입 선언은 코드의 타입 안정성을 높이는 수단 중 하나로, 성능과 가독성 양면에서 권장되는 습관입니다. 줄리아에서 타입 선언은 콜론을 두 번 이어붙인 ::을 사용하며, x::T 꼴로 쓰여서 데이터 x가 T 타입을 가진다고 명시합니다. 문법적으로 타입 선언에 ::을 사용하는 점은 줄리아의 조상 언어 중하나인 포트란에서 유래했으나 데이터와 타입의 앞뒤 순서가 바뀌었고, 수식적으로 봤을 때 x::T는 집합 표현 $x \in T$와 유사해 한결 보기 좋아졌습니다.

```
julia> n::Integer = 5
5

julia> n = 7.0; n
7

julia> n = 1.5
ERROR: InexactError: Int64(1.5)
```

n을 Integer로 선언하면 이후 실수를 할당해도 정수로 받아들이고 타입 캐스팅type casting이 일어납니다. 다만 명백하게 정수가 아닌 수를 대입하려고 하면 InexactError가 발생합니다.

타입 선언은 코드의 어디에서나 할 수 있으며, 특히 함수의 입력과 출력에서 꼼꼼히 할수록 타입 안정성을 크게 높여줍니다.

$$f(x) = 4x(1-x)$$

---

12 줄리아 공식 문서 중 「타입 안정성」, docs.julialang.org/en/v1/manual/faq/#man-type-stability

예를 들어, 로지스틱 맵^{logistic map} f를 코드로 옮긴다고 할 때 간결한 표현을 추구한다면 다음과 같이 간단히 정의해도 크게 문제가 되지는 않습니다.

$$f(x) = 4x*(1-x)$$

그러나 조금 더 확실하게, 수학에서 그러하듯 $f: \mathbb{R} \to \mathbb{R}$과 정의역^{domain}과 공역^{codomain}을 명시하고 싶다면 타입 선언을 통해 입출력이 어떤 타입인지 알려주면 됩니다.

$$f(x::Real)::Real = 4x*(1-x)$$

주로 함수를 정의한다는 맥락에서, 이렇게 변수의 타입을 명시한 것을 타입 주석^{type annotation}이라 하기도 합니다. 예시의 타입 주석에 따르면 이 함수가 다른 코드에서 쓰이는 부분이 있을 때 우리는 이 함수의 기능과 관계없이 입력과 출력이 모두 실수로 이루어진 것을 확신할 수 있습니다. 물론 로지스틱 맵처럼 함수의 정의가 간단한 경우에는 굳이 타입 주석이 필요 없겠지만, 코드가 크고 복잡할수록 이런 힌트들이 큰 도움이 됩니다.

```
julia> f(0.5)
1.0

julia> f(0.5 + 0im)
ERROR: MethodError: no method matching f(::ComplexF64)
```

수학에서 0.5와 0.5 + 0im은 개념적으로 같지만 프로그래밍적으로는 타입이 달라 f(0.5 + 0im)에서 에러가 발생했습니다.

타입을 예측할 수 있다는 것은 의도하지 않은 동작이 애초에 일어나지 않는다는 것입니다. 프로그래밍에서 대충 짜도 에러가 안 나고 눈치껏 잘 돌아간다는 것은 결코 좋은 일이 아닙니다. 만약 실제로 코드에 먼 훗날 큰 문제를 일으킬 오류가 있다면 최대한 일찍, 가능하다면 지금 당장 발견하는 게 가장 좋습니다.

타입의 구조와 부정대명사에 대해 살펴보며 타입의 개념을 실전적으로 파악해봅시다.

타입 구조

앞서 정수에서 복소수까지, 보편적으로 통용되는 수^{number}라는 것을 어떻게 확장하고 구현하는지 알아보았습니다. 줄리아의 표준적인 수 체계는 다음과 같은 구조를 가지며 서브 타입 연산자 <:와 슈퍼 타입 연산자 :>를 통해 확인할 수 있습니다.[13]

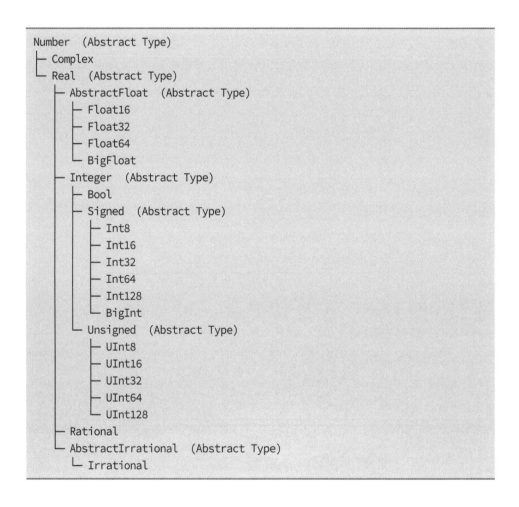

```
Number  (Abstract Type)
├─ Complex
└─ Real  (Abstract Type)
    ├─ AbstractFloat  (Abstract Type)
    │   ├─ Float16
    │   ├─ Float32
    │   ├─ Float64
    │   └─ BigFloat
    ├─ Integer  (Abstract Type)
    │   ├─ Bool
    │   ├─ Signed  (Abstract Type)
    │   │   ├─ Int8
    │   │   ├─ Int16
    │   │   ├─ Int32
    │   │   ├─ Int64
    │   │   ├─ Int128
    │   │   └─ BigInt
    │   └─ Unsigned  (Abstract Type)
    │       ├─ UInt8
    │       ├─ UInt16
    │       ├─ UInt32
    │       ├─ UInt64
    │       └─ UInt128
    ├─ Rational
    └─ AbstractIrrational  (Abstract Type)
        └─ Irrational
```

---

13 줄리아 공식 문서 중 「표준 수 타입」, docs.julialang.org/en/v1/base/numbers/#Standard-Numeric-Types

각 타입의 정점에 위치한 추상 타입abstract type은 이름 그대로 실제 구현과 관계없이 타입이 추상적으로 어떤 성질을 가져야 할지를 말합니다. 예를 들어 Float64와 Int64는 똑같이 64 개의 비트를 사용하지만 이들의 연산을 실제로 구현하는 부분은 컴퓨터 공학적으로 큰 차이가 있고, 실제로 추상 타입 역시 각각 Real, Integer로 구분됩니다.

```
julia> Rational <: Number
true

julia> Integer <: Complex
false

julia> Float64 <: Real
true
```

Float64가 Real이라는 말은 그 구현이 어찌 되든 추상적으로 실수이기 때문에 실수의 성질을 가져야 하고, Int64가 Integer라는 말 역시 어찌 됐든 정수처럼 다룰 수 있어야 한다는 것입니다. 재미있는 점은 정수도 실수라는 것, 다시 말해 Integer도 Real이기 때문에 Integer 역시 실수로 다룰 수 있다는 것입니다.

🤔 추상 타입과 꼭 대비되는 말은 아니지만, Float64, Int64, Bool과 같이 구체적인 타입을 원시 타입primitive type이라 부르기도 합니다. 다른 대부분의 언어와 달리 줄리아에서는 사용자가 직접 원시 타입을 명시할 수 있습니다.

참고로 줄리아의 모든 객체는 예외 없이 슈퍼 타입을 가지고, 반드시 Any 타입의 일부에 속하게 됩니다. 예를 들어 Int64는 Signed고, Signed는 Integer고, Integer는 Real이고, Real은 Number고, Number는 Any고, Any는 그 스스로인 Any에 속합니다. 집합론적으로 Any는 줄리아의 모든 객체를 모아 놓은 전체 집합universal set이며, supertype 함수를 통해 슈퍼 타입을 따라가는 것은 부분집합의 포함 관계를 점점 더 큰 쪽으로 타고 올라가는 것과 유사합니다.

```
julia> supertype(Int64)
Signed

julia> supertype(Signed)
Integer
```

```
julia> supertype(Integer)
Real

julia> supertype(Real)
Number

julia> supertype(Number)
Any

julia> supertype(Any)
Any
```

모든 객체가 슈퍼 타입을 가진다는 점은 타입 그 스스로도 예외가 될 수 없습니다. 지금까지 언급된 타입들은 그 자체로 DataType이라는 타입을 가지며, 이들의 슈퍼 타입을 타고 올라가 다 보면 다른 객체들이 그러하듯 Any에 도달합니다.

```
julia> typeof(Int64)
DataType

julia> supertype(typeof(Int64))
Type{T}

julia> supertype(supertype(typeof(Int64)))
Any
```

부정대명사

nothing과 missing은 존재하지 않는 것을 위해 존재하는 리터럴literal로, 이들의 타입은 각각 Nothing과 Missing입니다. 이 둘은 겉보기에 거의 같지만, nothing이 C 계열 언어 등에서 void를 대신하는 느낌이라면 missing은 데이터 과학 등에서 말하는 '결측치'를 위해 있는 느낌이 강합니다.

```
julia> nothing

julia> missing
missing

julia> nothing isa Nothing
true

julia> missing isa Missing
true
```

nothing이 원래 존재하지 않아서 비워두어야 하기 때문에 쓰인다면, missing은 존재해야 하지만 실제론 없어서 그 자리를 채우는 식으로 쓰입니다. 실제로도 의미 있는 값을 가지지 않는다는 점만 빼면 둘의 구현과 사용법에서 다른 점이 많으니 헷갈리지 않도록 항상 주의해야 합니다.

프로그래밍에서 이처럼 무의미한 것, 값이 없는 것, 존재하지 않는 것을 나타내는 것은 대단히 중요합니다. 이들이 존재하는지를 파악하기 위한 함수 isnothing, ismissing은 물론이고 관련된 트릭과 테크닉들을 알아두는 편이 좋습니다.

```
julia> something(nothing, 2, 3)
2

julia> for k in skipmissing([missing, 2, 3])
           println(k)
       end
2
3
```

something은 주어진 인수 중 nothing이 아닌 첫 번째 원소를 반환합니다. 존재하기만 한다면 어떤 것something이든 상관없다는 의미에서 적절한 명명입니다. skipmissing은 이름 그대로 주어진 반복자에서 missing을 생략합니다. 이런 함수들을 잘 사용하면 지저분하고 까다로운 데이터를 한결 편하게 다룰 수 있습니다.

구조체structure란 여러 데이터를 묶어 새롭게 표현하는 타입으로, 각각의 데이터는 필드field라는 이름으로 구분됩니다. 보편적으로 하나의 프로그래밍 언어는 비슷한 기능을 하는 개념으로 구조체와 클래스class 둘 중 하나를 선택하게 되는데, C를 비롯해서 포트란, 매트랩 등의 절차지향적 성격이 강한 언어들은 구조체를 선택하고 파이썬, R, 자바 등의 객체지향 언어들은 클래스를 선택하는 경향이 있습니다.

줄리아는 그중 구조체를 선택했습니다. 클래스를 설명할 때 객체지향 프로그래밍에서 말하는 캡슐화, 상속, 다형성 등을 항상 언급하지만, 보통 이런 요소들은 줄리아를 사용하는 작업에서 크게 중요하지 않을 가능성이 높습니다. 프로그래밍에서 단순하고 기능이 적은 게 꼭 단점은 아닌 게, 별도로 공부할 필요도 없고 코드의 가독성도 좋아지는 데다 대체로는 성능적으로도 뛰어납니다. 상식적으로 생각해봐도 다른 모든 조건이 똑같다면 복잡하게 많은 요소들이 있는 것보단 간단하게 필요한 것만 구현한 쪽이 빠를 수밖에 없습니다.

필드와 프로퍼티

앞서 구조체가 포함하는 데이터는 필드라는 이름으로 구분된다고 했습니다. 간단한 예시로 유리수를 나타내는 타입인 Rational이 구조체로 어떤 필드를 가지는지 확인해봅시다. fieldnames 함수는 주어진 구조체의 필드 이름을 심볼symbol로 반환합니다.

```
julia> half = 2 // 4
1//2

julia> typeof(half)
Rational{Int64}

julia> fieldnames(Rational)
(:num, :den)

julia> getfield(half, :num)
1

julia> getfield(half, :den)
2
```

변수 half는 유리수 2/4로 정의되었으나 약분을 거친 결과 1//2로 표현됩니다. 개념적으로 이러한 기약분수는 분자numerator와 분모denominator 두 값으로 구분할 수 있으며, 줄리아의 유리수라고 하는 구조체 역시 필드로 이 둘을 가집니다. 구체적으로 데이터에서 특정 필드에 접근해서 값을 얻으려면 getfield 함수를 사용합니다.

하지만 실전적으로는 비슷한 표현으로 필드보다 프로퍼티property를 훨씬 자주 사용합니다. 군이 데이터의 타입을 파악해서 그 필드의 이름을 알아낼 필요 없이, propertynames와 getproperty 함수로 같은 결과를 얻을 수 있습니다.

```
julia> propertynames(half)
(:num, :den)

julia> getproperty(half, :num)
1

julia> getproperty(half, :den)
2
```

🌐 propertynames(x)는 근본적으로 fieldnames(typeof(x))와 같습니다. 실전적으로 사용하는 함수로는 큰 의미 없지만, 이를 통해 알 수 있는 사실은 줄리아에서 구조체structure의 인스턴스instance를 오브젝트object라 부르며 구조체 그 자체가 가지는 속성attribute은 필드field고, 그것의 인스턴스로 실재하는 오브젝트의 속성을 프로퍼티property라 부릅니다.

한편 getproperty는 data.prop와 같이 가운데에 점을 찍는 점 표기 형태로 쓰여서 데이터 data의 프로퍼티 prop에 바로 접근할 수 있습니다. 예컨대 getproperty(half, :num)과 half.num은 같은 표현입니다.

```
julia> half.num
1

julia> half.den
2
```

그렇다면 굳이 적기도 불편한 getproperty 함수를 쓸 일이 있을까요? 당연히 있고, 알아두면 대단히 유용합니다. getproperty는 점 표기와는 달리 함수 꼴로 쓰였을 때 브로드캐스트를 쓸 수 있기 때문에 특정 배열에서 각자의 프로퍼티에 병렬적으로 접근할 수 있습니다.

```
julia> Q = [k // 12 for k in 1:12]
12-element Vector{Rational{Int64}}:
   1//12
    1//6
    1//4
    1//3
   5//12
    1//2
   7//12
    2//3
    3//4
    5//6
  11//12
    1//1

julia> @show getproperty.(Q, :num);
getproperty.(Q, :num) = [1, 1, 1, 1, 5, 1, 7, 2, 3, 5, 11, 1]
```

getproperty와 브로드캐스트를 사용하면 집합 $Q = \left\{\frac{k}{12} : k = 1, 2, \cdots, 12\right\}$의 분자만 취할 수 있습니다. 새 배열을 만들고 반복문을 돌리는 것보다는 훨씬 간단합니다.

생성자

생성자constructor란 새로운 오브젝트를 만들어주는 함수로 구조체와 정확히 같은 이름으로 정의됩니다. 간단한 예로 정수의 값을 길이 length로 가지며 끝부분 tip에 문자열이 달려있는 구조체를 Stick이라는 이름으로 정의해봅시다. 구조체를 정의하는 키워드는 struct로, 다음과 같이 타입 정의 ::를 포함할 수 있습니다.

```
struct Stick
    length::Integer
    tip::String
end
```

구조체 Stick의 오브젝트를 만드는 방법은 간단합니다. Stick 함수의 필드값에 들어갈 요소들을 순서대로 넣어줍니다. 실제로 프로퍼티들을 참조해보면 우리가 원하던 정의 그대로 오브젝트가 생성된 걸 알 수 있습니다.

```julia
julia> arrow = Stick(12, ">")
Stick(12, ">")

julia> arrow.length
12

julia> arrow.tip
">"
```

다형성

프로그래밍 언어에서 다형성polymorphism이란 여러 타입에 대해 작동할 수 있는 능력 및 성질을 일컫는 개념으로 보통은 어떤 요소가 여러 가지 타입에 속할 수 있는 것을 말하고, 줄리아의 경우엔 특히 같은 이름의 함수가 여러 타입에 대해서 기능하는 점을 가리킵니다. 예를 들어 length라는 함수는 굳이 설명하지 않아도 그 이름 그대로 주어진 요소의 길이를 반환하는데, 타입에 따라서 '길이'라는 것의 개념이 달라져도 상식적이거나 의도한 대로의 기능을 수행합니다.

```julia
julia> length("Dynamics")
8

julia> length([0, 1, 3])
3

julia> length
length (generic function with 88 methods)
```

두 실행 결과에서 문자열 "Dynamics"는 글자의 수를, 벡터 [0, 1, 3]은 차원의 수를 반환했습니다.

앞의 예시에서 length는 문자열과 벡터에 대해서 다형성을 가지고 타입에 따라 다르게 작동했습니다. 별도의 인수 없이 length만 단독으로 호출해보면 length (generic function with 88 methods)라는 메시지가 출력되는데, 이는 length가 문자열과 벡터를 포함해서 88가지의 타입에 대해서 각각 '길이'라고 하는 개념에 대응되는 서로 다른 함수로 정의되었음을 말합니다.

```
julia> length(arrow)
ERROR: MethodError: no method matching length(::Stick)
```

그러나 arrow는 길이 12의 Stick 타입으로 정의되었음에도 length 함수가 매칭되는 타입이 없다며 MethodError를 일으킵니다. Stick도 개념적으로 길이가 있으니 이 함수에 대응할 수 있도록 하려면 다음과 같이 Stick에 맞는 새로운 length 함수를 따로 정의해줘야 합니다.

```
julia> Base.length(x::Stick) = x.length

julia> length(arrow)
12
```

이는 줄리아가 코드를 실행시키면서 length라는 함수가 무엇을 위해서 정의되었는지 살펴보고, 정의에서 타입 주석 x::Stick을 보고 이것이 Stick에 대한 함수라는 힌트를 받은 것입니다.

```
julia> length.(["Dynamics", [0, 1, 3], arrow])
3-element Vector{Int64}:
   8
   3
  12
```

다형성을 갖춘다는 것은 이렇게 개념적으로 길이를 원할 때 타입이 달라도 length 단 하나의 함수만 알면 된다는 것입니다. 각자의 구현은 모두 다르겠지만, 사용하는 입장에선 '상식적으로 있을법한' 함수만 찾으면 됩니다.

한편 줄리아 초심자가 구조체를 배우면서 다형성의 개념을 반드시 접해야 하는 이유는 Base. show 함수를 재정의할 줄 알아야 하기 때문입니다. Base.show는 줄리아에서 콘솔 출력을 담당하는 함수로, 해당 데이터가 호출되었을 때 화면에 어떻게 보이는지를 결정합니다.

```julia
julia> arrow
Stick(12, ">")

julia> function Base.show(io::IO, data::Stick)
           print(io, ("-" ^ data.length) * data.tip)
       end

julia> arrow
------------>
```

원래 arrow는 Stick(12, ">")이라고 하는 정의 그대로의 모습으로 출력됩니다. 그러나 Base.show 함수를 Stick에 대해 재정의해서 하이픈(-)이 length만큼 반복되고 마지막에 tip을 붙여서 출력되도록 하면, 상상대로 arrow가 화살 같은 모양으로 출력되는 것을 확인할 수 있습니다.

줄리아에서 데이터가 예쁘게 출력되는 것은 꽤나 중대사입니다. 앱이나 웹 같은 개발과 거리가 먼 만큼 콘솔에 출력되는 것만큼은 보기 좋아야 하고, 실제로 수많은 라이브러리들이 이러한 시각화에 상당히 진심입니다.

```julia
julia> Stick(2, "O")
--O

julia> Stick(4, "I")
----I

julia> Stick(8, "E")
--------E
```

지금까지 구조체에서 다형성이 어떻게 중요한지 알아보았는데, 사실 다형성이라는 개념은 이보다 훨씬 크고 중요한 개념입니다. 그에 대한 더 원론적인 내용은 Part 4 함수형 프로그래밍에서 더 자세히 다루도록 하겠습니다.

3.2 자료구조

줄리아의 빌트인 자료구조는 매트랩, 파이썬, R 이렇게 세 가지 언어 중에서 파이썬의 영향을 가장 강하게 받았습니다. 상식적으로 갖춰야 할 거의 모든 함수를 구현했고, 거기에 버전 업데이트를 반복할 때마다 성능과 안정성, 편의성을 개선시키고 있습니다. 자료구조에서 오는 편의성은 속도를 차치하고서라도 매트랩과 R 대신 줄리아를 써야 할 이유라고 해도 과언이 아닙니다.

자료구조, 특히 데이터를 저장하는 형태들에 대해 다룰 때는 데이터를 모아 놓은 그 객체 자체를 컬렉션collection이라 부르고 그 컬렉션에 포함된 실제 데이터를 원소element라 부르기도 합니다. 자료구조의 기술적인 특징이 아니라 추상적으로 데이터를 모아둔다는 의미에서는 컬렉션 대신 그냥 컨테이너container라는 단어도 종종 쓰입니다.

3.2.1 선형 데이터 구조

선형 데이터 구조linear data structure란 쉽게 말해서 데이터가 순차적으로 나열된 형태의 데이터 구조로, 대개 컬렉션 x가 선형 구조라면 x[1]과 같이 정수를 통해 특정 인덱스index의 데이터의 원소에 접근할 수 있는 것이 특징입니다. 선형 구조에 대해서는 다음과 같은 여러 함수가 정의되어 있습니다. 만약 x = [3, 1, 4, 1, 5]라면, 적용되는 함수와 출력 결과는 다음과 같습니다.

함수	설명	출력 결과
identity	항등 함수로 입력받은 인수를 그대로 출력	identity(x) = [3, 1, 4, 1, 5]
length	컨테이너 길이 반환	length(x) = 5
unique	컨테이너의 중복 원소 제거	unique(x) = [3, 1, 4, 5]
maximum	가장 큰 원소 반환	maximum(x) = 5
minimum	가장 작은 원소 반환	minimum(x) = 1
extrema	극값, 즉 최댓값과 최솟값 반환	extrema(x) = (1, 5)
sum	모든 원소의 합 계산	sum(x) = 14
prod	모든 원소의 곱 계산	prod(x) = 60
sort	컨테이너 정렬	sort(x) = [1, 1, 3, 4, 5]
argmax	가장 큰 원소의 인덱스 반환	argmax(x) = 5
argmin	가장 작은 원소의 인덱스 반환	argmin(x) = 2

특히 argmax와 argmin은 선형 구조에서만 작동합니다. 나머지 함수들이 꼭 선형 구조에서만 정의되는 것은 아니지만, 가장 간단한 구조인 만큼 대부분의 상식적인 함수들은 사용할 수 있다고 보아도 무방합니다.

보통 선형 데이터 구조의 가장 간단한 예로는 배열array과 튜플tuple을 꼽습니다. 줄리아에서 이들은 문법적인 차이 외에도 실제 쓰임새와 개념 측면에서 명확하게 구분됩니다. 특히 배열은 이미 Part 2 문법에서 벡터, 행렬, 텐서로 많이 다뤄봤지만 자료형type에 대해 알고 나면 새삼 새로운 자료구조로 기능할 수 있습니다.

가변 배열

가변 배열mutable array, 혹은 동적 배열dynamic array이란 배열의 크기가 변할 수 있는 배열을 말합니다. 가변 배열은 미리 크기를 정해두지 않고 원소를 추가하거나 제거할 수 있으며 그 대표적인 예가 바로 스택stack과 큐queue입니다. 스택은 데이터를 후입선출Last In First Out, LIFO로 저장하는 방식을 취하며, push! 함수를 통해 배열의 가장 뒤에 원소를 추가하고 pop! 함수를 통해 가장 마지막 원소를 제거 및 획득합니다.

```julia
julia> pi_ = [3, 1]
2-element Vector{Int64}:
 3
 1

julia> push!(pi_, 4)
3-element Vector{Int64}:
 3
 1
 4

julia> push!(pi_, 5)
4-element Vector{Int64}:
 3
 1
 4
 5
```

```
julia> five = pop!(pi_)
5

julia> pi_
3-element Vector{Int64}:
 3
 1
 4

julia> five
5
```

스택과 함께 배우게 되는 자료구조인 큐는 선입선출First In First Out, FIFO 방식으로 작동합니다. popfirst! 함수는 pop!과 같은 기능을 하되 가장 앞에 있는 원소를 제거 및 획득한다는 점이 다릅니다. 마찬가지로 push!와 같지만 배열의 맨 앞에 원소를 추가하는 pushfirst! 함수도 있습니다.

```
julia> popfirst!(pi_)
3

julia> pushfirst!(pi_, 2)
3-element Vector{Int64}:
 2
 1
 4
```

배열을 스택과 큐처럼 사용할 수 있는 함수가 모두 주어져 있고, 삽입과 삭제가 가장 앞과 뒤 양쪽에서 가능할 때 이러한 자료구조를 데크DEqueue, Doubly Ended queue라 부르기도 합니다.

마지막으로 배열과 배열을 붙이는 함수 append! 정도가 유용하게 쓰입니다. 지금까지 봤던 것처럼 느낌표 !가 붙은 함수들은 반환값을 따로 주지 않을 수 있고 가장 앞에 오는 인수에 변화를 주는 성질이 있습니다. 이는 느낌표 관습bang convention이라고 해서 줄리아 전반에서 통용되는 규칙입니다.

```
julia> odd = [1, 3, 5];
```

```
julia> even = [0, 2, 4];

julia> @show append!(odd, even)
append!(odd, even) = [1, 3, 5, 0, 2, 4]
6-element Vector{Int64}:
 1
 3
 5
 0
 2
 4

julia> odd
6-element Vector{Int64}:
 1
 3
 5
 0
 2
 4

julia> even
3-element Vector{Int64}:
 0
 2
 4
```

append!는 단순히 두 배열을 합치는 것이 아니라 하나의 배열에 다른 배열을 이어붙이는 기능을 합니다. 예시에서 odd 배열에는 even 배열이 추가되는 변형이 일어났지만 even 배열에는 아무 영향이 없었음을 확인할 수 있습니다. 마찬가지로, 느낌표 관습에 따라 반환값을 따로 받아주지 않아도 정상적으로 작동합니다.

지금까지 봤던 함수들의 용법을 정리하면 다음과 같습니다.

함수	설명
push!(A, a)	배열 A의 가장 뒤에 원소 a를 삽입합니다.
B = pop!(A)	배열 A의 마지막 원소가 제거되고, B에 저장됩니다.
pushfirst!(A, a)	배열 A의 가장 앞에 원소 a를 삽입합니다.
B = popfirst!(A)	배열 A의 첫 번째 원소가 제거되고, B에 저장됩니다.
append!(A, B)	배열 A의 뒤에 배열 B의 원소들이 추가됩니다.

리스트

앞서 벡터는 1차원 배열이라고 했습니다. 그 원소의 타입이 Any인 경우 파이썬의 리스트[list]처럼 어떤 원소든지 포함할 수 있는 배열로 다룰 수 있습니다.

```julia
julia> list = [7, [2 1], "Alice", +]
4-element Vector{Any}:
 7
  [2 1]
  "Alice"
  + (generic function with 207 methods)
```

줄리아는 리스트보다 일반적인 표현과 구현을 갖추었기 때문에, 공식적으로는 군이 리스트라는 단어를 사용하지 않습니다. 리스트, 정확한 표현으로 Vector{Any}는 당연히 컬렉션의 컬렉션으로 정의할 수 있으므로 사실상 비선형이기도 합니다. 예를 들어 대표적인 비선형 데이터 구조인 그래프[graph]는 인접 정점[adjacent vertex]의 배열을 원소로 가지는 배열을 정의함으로서 표현할 수 있습니다.

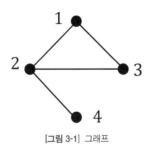

[그림 3-1] 그래프

그래프는 정점[vertex]과 정점과 정점을 잇는 간선[edge]으로 이루어진 자료구조로 볼 수 있습니다. 그래프를 자료구조로 표현할 때는 행렬 표현이나 인접 정점의 리스트를 주로 사용합니다.

```julia
julia> G = [
          [2, 3],
          [1, 3, 4],
          [2, 3],
```

```
              [2]
              ];
```

비선형처럼 보이지만 여전히 선형인 데이터 구조를 말할 땐 환형 연결 리스트 circular linked list 가 빠질 수 없습니다. 줄리아에서 문법적으로 환형 연결 리스트 그 자체를 지원하지는 않지만, circshift 함수를 통해 사실상 환형 리스트를 사용할 수 있습니다.

```julia
julia> p = [2,3,5,7,11,13];

julia> @show circshift(p, 2);
circshift(p, 2) = [11, 13, 2, 3, 5, 7]

julia> @show circshift(p, -1);
circshift(p, -1) = [3, 5, 7, 11, 13, 2]
```

줄리아의 circshift 함수가 특히 유용한 이유는 배열의 끝과 끝을 이어서 회전시켜주는 연산이 다차원 배열에 대해서도 일반화되어 있기 때문입니다. 예를 들어, 행렬은 2차원 배열이고 차원마다 몇 칸씩 움직일지에 대해 정수의 벡터를 줄 수 있습니다.

```julia
julia> M = [3 4 7; 1 5 8; 9 6 2]
3×3 Matrix{Int64}:
 3  4  7
 1  5  8
 9  6  2

julia> circshift(M, [0,-1])
3×3 Matrix{Int64}:
 4  7  3
 5  8  1
 6  2  9

julia> circshift(M, [1, 1])
3×3 Matrix{Int64}:
 2  9  6
 7  3  4
 8  1  5
```

줄리아에서 순서쌍, 튜플tuple은 원소를 쉼표로 구분해 나열함으로서 정의합니다. 소괄호((,))는 튜플을 만들 때 필수적인 요소는 아니지만 명확한 표기를 위해 권장됩니다.

```julia
julia> xtuple = 3, 2, 2
(3, 2, 2)

julia> xarray = [3, 2, 2]
3-element Vector{Int64}:
 3
 2
 2
```

특히 파이썬 등의 프로그래밍 언어에서 튜플은 '리스트와 거의 비슷하지만 [ ] 대신 ( )를 사용하고 원소의 값을 바꿀 수 없는 것'으로 알려져 있습니다. 딱히 틀린 말은 아니지만 이런 설명은 튜플의 성질을 말하는 것이지 튜플 자체의 정의와는 거리가 멉니다. 조금 더 보편적인 형식 과학에서 튜플은 '순서를 가지고 중복을 허용하며 원소들을 유한히 나열한 것'을 말하고, 줄리아에서는 튜플을 '함수의 인수에 대한 추상화'로 정의합니다. 말이 좀 어려워 보일 수 있는데, 쉽게 예를 들자면 $f(x, y, z) = x^2 - 2yz$와 같은 함수가 있을 때, x, y, z 처럼 인수가 나열된 것을 튜플이라 합니다. 이러한 정의와 개념을 납득하고 나면 파이썬처럼 그냥 '튜플은 리스트랑 비슷한데 수정이 안 된다'로 무작정 외우는 게 아니라 왜 튜플이 그런 성질을 가지는지 이해할 수 있게 됩니다.

- 자료구조의 측면에서 튜플은 선형 데이터 구조를 갖추고 있는 것은 사실이므로 배열과 유사할 수밖에 없습니다.
- 하지만 배열과 달리 값의 수정이 허용되지 않는데, 이는 배열이 '자료를 저장하는' 목적을 가진 것과 달리 튜플이 '자료를 묶어두는' 역할을 한다는 점에서 당연합니다.
- 문법 측면에서 [ ]를 안 쓰고 ( )를 쓰는 것도 자연스럽습니다. 아주 특정한 분야의 몇 안 되는 예외는 있지만, 보통 함수를 쓸 때는 누구나 ( )를 씁니다.

튜플과 배열을 바라보는 사고방식의 차이는 구체적으로 타입을 확인했을 때 더욱 극명하게 드러납니다. 다음의 예시에서 xtuple의 타입은 Tuple{Int64, Int64, Int64}이고 xarray의 타입은 Vector{Int64}입니다. Vector{Int64}가 단지 Int64인 원소들을 가지는 벡터라는 의미인 것과 달리, Tuple{Int64, Int64, Int64}는 첫 번째, 두 번째, 세 번째 원소가 각각 Int64라는 의미를 강조합니다.

```julia
julia> typeof(xtuple)
Tuple{Int64, Int64, Int64}

julia> typeof(xarray)
Vector{Int64} (alias for Array{Int64, 1})
```

튜플에 대해서는 2*xtuple과 같은 상수 곱셈도 정의되지 않습니다. 이러한 연산을 구현한다는 것은 마치 수학에서 $f2(x, y, z) = f(2x, 2y, 2z)$와 같이 이상한 표기를 허용하는 것처럼 보이므로, 배열과 확실하게 차이를 두는 것이 타당합니다.

```julia
julia> 2*xtuple
ERROR: MethodError: no method matching *(::Int64, ::Tuple{Int64, Int64, Int64})
```

마찬가지로 sort 등의 함수도 튜플에선 작동하지 않는데, 인수의 순서를 정렬하는 것이 개념적으로 말이 되지 않기 때문입니다. 부득이 튜플의 값을 정렬해야 할 일이 있다면 collect를 통해 튜플과 같은 값을 저장한 배열로 바꾼 뒤 정렬을 취합니다. 줄리아의 튜플을 공부할 때 가장 중요한 것은 '왜 튜플에선 이런 함수들이 정의되지 않는지', 그리고 그것이 튜플의 정의에 입각했을 때 타당하다는 주장에 공감할 수 있을 정도로 확실한 개념을 잡고 가는 것입니다.

```julia
julia> sort(xtuple)
ERROR: MethodError: no method matching sort(::Tuple{Int64, Int64, Int64})

julia> sort(xarray)
3-element Vector{Int64}:
 2
 2
 3
```

```
julia> sort(collect(xtuple))
3-element Vector{Int64}:
 2
 2
 3
```

참고로 길이가 1인 튜플, 즉 (1)과 같은 표현은 그냥 1에 괄호를 친 것과 구분이 되지 않기 때문에 해당 원소의 뒤에 쉼표를 찍어 (1,)와 같이 정의합니다.

```
julia> typeof((1))
Int64

julia> typeof((1,))
Tuple{Int64}
```

변수 교환

튜플을 통해 변수들을 묶어주면 대입 연산자 '='가 각 자리의 인수별로 대입을 시도합니다. 이를 활용하면 변수가 가지고 있는 값을 손쉽게 교환swap해줄 수 있습니다. 변수를 교환해야 하는 일이 자주 있지는 않지만, 막상 방법을 모르면 해결하기 까다롭고 불편하니 반드시 알아둡시다.

```
julia> a = 37; b = "101"; c = []
Any[]

julia> (c, a, b) = (a, b, c)
(37, "101", Any[])

julia> a
"101"

julia> b
Any[]

julia> c
37
```

만약 튜플을 통한 대입을 할 때 딱히 좌변에서 받아줄 필요가 없는 인수가 있다면 해당 칸을 밑줄 문자(_)로 두어서 비워놓을 수 있습니다.

```
julia> (_, b) = (b, a)
(Any[], "101")

julia> a
"101"

julia> b
"101"
```

인수 전달

줄리아에서 튜플을 정의한 대로, 튜플은 함수의 인수^{argument}의 추상화기 때문에 함수에 인수를 전달하기 위해 사용할 수 있습니다. 함수의 입력으로 튜플을 쓸 때 튜플 뒤에 스플랫 오퍼레이터(...)를 붙이면 그 튜플의 원소 각각이 인수로 전달됩니다. 예를 들어, 튜플 arg532가 (5, 3, 2)로 정의되었다면 max(arg532...)는 튜플 하나를 인수로 받은 max((5, 3, 2))가 아니라 각각을 인수로 주는 max(5, 3, 2)와 같습니다. 재미있는 건 이러한 튜플의 정의 자체는 구체적인 어떤 함수에 종속되지 않으므로, 튜플로 적법하게 존재한다면 다른 함수에도 사용될 수 있다는 것입니다. 예시의 max(arg532...)가 집합 {5, 3, 2} 중 가장 큰 수를 반환하는 것과 달리, rand(arg532...)는 5 × 3 × 2 크기의 랜덤텐서를 반환합니다.

```
julia> arg532 = (5, 3, 2)
(5, 3, 2)

julia> max(arg532...)
5

julia> rand(arg532...)
5×3×2 Array{Float64, 3}:
[:, :, 1] =
 0.364976  0.500605  0.857729
 0.207089  0.20905   0.698837
 0.168288  0.551205  0.373968
 0.553862  0.089274  0.975066
 0.756837  0.666188  0.119345
```

```
  [:, :, 2] =
   0.0235624   0.143843    0.380933
   0.784239    0.0718438   0.049819
   0.241431    0.00687043  0.57306
   0.0537241   0.0495279   0.644582
   0.135598    0.416903    0.22009
```

네임드 튜플

네임드 튜플named tuple이란 튜플이면서 각각의 원소에 고유한 이름이 주어진 컬렉션으로, 각각의 이름 그대로인 프로퍼티를 가집니다.[14] 네임드 튜플을 만드는 방법은 튜플과 유사하게 쉼표로 구분해서 원소들을 나열하되, 등호와 함께 좌변에 각 자리의 이름을 표기하는 식입니다.

```julia
julia> point = (x=5, y=3, z=2)
(x = 5, y = 3, z = 2)

julia> typeof(point)
NamedTuple{(:x, :y, :z), Tuple{Int64, Int64, Int64}}

julia> propertynames(point)
(:x, :y, :z)

julia> point.x
5

julia> point[end]
2
```

네임드 튜플은 각 자리의 이름을 그대로 프로퍼티로 가지기 때문에 정수로 된 인덱스가 아니라 심볼로 데이터에 바로 접근할 수 있습니다. 이에 따라 코드를 읽고 쓰기가 무척 쉬워지는 한편, 어쨌든 튜플은 튜플이기 때문에 선형 데이터 구조를 이루며 인덱스로도 접근할 수 있습니다.

---

14 줄리아 공식 문서 중 「네임드 튜플」, docs.julialang.org/en/v1/base/base/#Core.NamedTuple

만약 이미 쓰고 있는 변수 여러 개를 묶어서 네임드 튜플을 만들고 싶다면 더 간단히 여는 소괄호 바로 뒤에 세미콜론(;)을 붙여서 (; ...) 사이에 변수를 나열하는 방법도 있습니다.

```julia
julia> dims = 2
2

julia> rev = true
true

julia> sortargs = (; dims, rev)
(dims = 2, rev = true)
```

가장 중요한 것은 튜플의 진면목은 네임드 튜플에서 드러난다는 점입니다. 사실 튜플을 통해 함수에 인수를 전달하는 것 자체는 배열로도 할 수 있습니다. 이는 함수의 인수로 여러 값을 넘기는 기능이 튜플 그 자체보다는 스플랫 오퍼레이터(...)의 기능에 가깝기 때문입니다.

```julia
julia> arg532 = [5, 3, 2];

julia> max(arg532...)
5
```

하지만 이렇게 넘겨지는 값에 구체적인 '이름'이 붙을 수 있다는 점은 네임드 튜플만의 고유한 성질이고, 이를 통해 함수의 키워드 인수keyword argument를 전달할 수 있습니다. 예를 들어 앞서 변수들의 묶음으로서 정의했던 네임드 튜플 sortargs = (; dims, rev)는 컬렉션을 정렬하는 함수 sort에 dims와 rev라는 이름으로 인수로 전달할 수 있습니다. 네임드 튜플로 키워드 인수를 넘길 땐 sort(M; sortargs...)와 같이 포지션 인수positional argument의 가장 뒤에 세미콜론(;)을 찍어서 구분한 후 네임드 튜플을 스플랫 오퍼레이터로 풀어주면 됩니다.

```julia
julia> M = [3 7 4; 1 5 8; 9 2 6]
3×3 Matrix{Int64}:
 3  7  4
 1  5  8
 9  2  6

julia> sort(M; sortargs...)
3×3 Matrix{Int64}:
```

```
   7  4  3
   8  5  1
   9  6  2

julia> sort(M, dims = 2, rev = true)
3×3 Matrix{Int64}:
   7  4  3
   8  5  1
   9  6  2
```

sort(M; sortargs...)는 sort(M, dims = 2, rev = true)와 같은 결과를 반환합니다.
dims = 2는 정렬을 2번 축(열) 기준으로, rev = true는 역순으로 정렬하라는 의미입니다.

3.2.3 딕셔너리

딕셔너리dictionary는 대표적인 비선형 데이터 구조 중 하나로, 두 개의 원소로 이루어진 튜플
의 배열을 주어서 만들 수 있습니다. 두 원소 중 앞에 있는 것을 키key, 뒤에 있는 것을 값value
이라 하며, 이처럼 키에 값을 대응시키는 해시 테이블hash table을 딕셔너리라 정의합니다. 딕
셔너리의 값에 저장된 데이터는 각각에 대응되는 키를 인덱스로 써서 접근할 수 있고, 테이블
에 순서가 따로 주어지지 않기 때문에 선형 데이터 구조처럼 자연스럽게 정수를 인덱스로 쓸
수는 없습니다.

```
julia> height = Dict([("Alice", 167), ("Bob", 174), ("Eve", 155)])
Dict{String, Int64} with 3 entries:
   "Alice" => 167
   "Bob"   => 174
   "Eve"   => 155

julia> height["Alice"]
167

julia> height[1]
ERROR: KeyError: key 1 not found
```

152 줄리아 프로그래밍

딕셔너리의 키와 값에는 각각 keys, values 함수를 통해 접근할 수 있습니다.

```
julia> keys(height)
KeySet for a Dict{String, Int64} with 3 entries. Keys:
  "Alice"
  "Bob"
  "Eve"

julia> values(height)
ValueIterator for a Dict{String, Int64} with 3 entries. Values:
  167
  174
  155
```

정수 인덱스 배열

한편 키를 정수의 집합으로 생각한다면 딕셔너리는 그 자체로 선형 데이터 구조의 일반화가 됩니다. 예를 들어서 피보나치수열 F_n의 항을 정수 전체로 일반화한다면, 즉 $F_{n+1} = F_n + F_{n-1}$을 만족해서 음수 항도 존재한다고 할 때는 F_{-3}과 같은 항을 계산하지 못할 이유가 없습니다.

$$F_{-3} = -1$$
$$F_{-2} = 1$$
$$F_{-1} = 0$$
$$F_0 = 1$$
$$F_1 = 1$$
$$F_2 = 2$$
$$F_3 = 3$$
$$F_4 = 5$$

딕셔너리는 키로 쓸 수 있는 데이터에 제한을 두지 않으므로 GFibo[-3]과 같은 표현도 문법적으로 전혀 문제가 없고, 자연수에 대해서도 얼마든지 항을 추가해서 배열처럼 쓸 수도 있습니다.

```
julia> GFibo = Dict([(-3, -1), (-2, 1), (-1, 0), (0, 1), (1, 1), (2, 2),
(3, 3), (4, 5)]);

julia> GFibo[-3]
-1

julia> for k in -3:4
           println("F_$k = ", GFibo[k])
       end
F_-3 = -1
F_-2 = 1
F_-1 = 0
F_0 = 1
F_1 = 1
F_2 = 2
F_3 = 3
F_4 = 5
```

페어

페어pair는 연산자 '=>'를 통해 만들 수 있으며, a => X 꼴로 쓰여서 a를 X에 대응시킵니다. 페어는 first와 second라는 필드를 가지는 구조체고 두 원소가 하나로 묶여 스칼라로 취급됩니다. 다시 말해, 브로드캐스트가 적용될 때 페어의 단위보다 깊게 들어가서 원소별로 연산을 취하지는 않습니다.

```
julia> p = 'i' => identity
'i' => identity

julia> propertynames(p)
(:first, :second)

julia> p.first
'i': ASCII/Unicode U+0069 (category Ll: Letter, lowercase)

julia> p.second
identity (generic function with 1 method)
```

생긴 모양에서 짐작할 수 있듯 페어는 딕셔너리의 원소로 다루기에 완벽합니다. 물론 페어의 정의에만 입각해서는 a => X의 a를 키, X를 값이라 불러야 할 이유가 없지만 누가 봐도 그렇게 부르기 딱 좋습니다. 실제로 딕셔너리를 출력해보면 키와 값을 (=>)로 구분하고, 어떤 의도로 페어라는 자료형을 따로 두었는지 쉽게 짐작할 수 있습니다.

```julia
julia> f = Dict('c' => cos, 's' => sin, 't' => tan)
Dict{Char, Function} with 3 entries:
  'c' => cos
  's' => sin
  't' => tan

julia> typeof(f)
Dict{Char, Function}
```

한편 페어는 존재 그 자체로 줄리아의 코드를 문법 차원에서 아름답게 가꿔주는데요, 파이썬에서 딕셔너리를 키와 값을 가지는 자료구조로 정의하는 것과 달리 줄리아에서 딕셔너리는 페어라는 원소들의 컬렉션으로도 정의할 수 있습니다. 반대로 말해 페어는 딕셔너리를 이루는 원소로만 존재할 필요가 없고, 딕셔너리와 전혀 관계없는 맥락에서 단독적으로 사용할 수 있습니다. 예를 들어, 컬렉션의 원소를 다른 원소로 대체하는 replace 함수는 페어를 통해 대체 규칙을 받습니다. 물론 다른 언어에도 페어가 없을 수 있을 뿐 이런 기능을 하는 함수는 있습니다. 하지만 화살표를 통해 '어떤 것이 다른 것으로 바뀐다'라는 의미를 직관적으로 표현한다는 건 분명한 장점입니다.

```julia
julia> x = ['c','o','s','m','i','c','g','i','r','l','s'];

julia> replace(x, 's' => 'x')
11-element Vector{Char}:
 'c': ASCII/Unicode U+0063 (category Ll: Letter, lowercase)
 'o': ASCII/Unicode U+006F (category Ll: Letter, lowercase)
 'x': ASCII/Unicode U+0078 (category Ll: Letter, lowercase)
 'm': ASCII/Unicode U+006D (category Ll: Letter, lowercase)
 'i': ASCII/Unicode U+0069 (category Ll: Letter, lowercase)
 'c': ASCII/Unicode U+0063 (category Ll: Letter, lowercase)
 'g': ASCII/Unicode U+0067 (category Ll: Letter, lowercase)
 'i': ASCII/Unicode U+0069 (category Ll: Letter, lowercase)
 'r': ASCII/Unicode U+0072 (category Ll: Letter, lowercase)
 'l': ASCII/Unicode U+006C (category Ll: Letter, lowercase)
 'x': ASCII/Unicode U+0078 (category Ll: Letter, lowercase)
```

```
julia> replace(x, 's' => 'x', 'i' => 'e')
11-element Vector{Char}:
 'c': ASCII/Unicode U+0063 (category Ll: Letter, lowercase)
 'o': ASCII/Unicode U+006F (category Ll: Letter, lowercase)
 'x': ASCII/Unicode U+0078 (category Ll: Letter, lowercase)
 'm': ASCII/Unicode U+006D (category Ll: Letter, lowercase)
 'e': ASCII/Unicode U+0065 (category Ll: Letter, lowercase)
 'c': ASCII/Unicode U+0063 (category Ll: Letter, lowercase)
 'g': ASCII/Unicode U+0067 (category Ll: Letter, lowercase)
 'e': ASCII/Unicode U+0065 (category Ll: Letter, lowercase)
 'r': ASCII/Unicode U+0072 (category Ll: Letter, lowercase)
 'l': ASCII/Unicode U+006C (category Ll: Letter, lowercase)
 'x': ASCII/Unicode U+0078 (category Ll: Letter, lowercase)
```

3.2.4 집합

위대한 수학자 다비트 힐베르트David Hilbert는 '아무도 우리를 칸토어가 만들어낸 낙원에서 쫓아낼 수 없다'라고 말했고, 그 낙원이란 게오르크 칸토어Georg Cantor 이후 주류 수학계에 집합론이 자리 잡은 이 현실 세계를 말합니다. 수학에서 집합set이란 '특정 조건을 만족시키는 서로 다른 대상들의 모임'으로 정의하고, 컴퓨터과학에서 집합은 '데이터를 순서와 중복 없이 저장하는 추상 데이터 구조'로 정의합니다. 이에 따르면 수학에서 말하는 집합과 정의는 크게 달라졌지만 결과적으로 성질 자체는 얼추 유사합니다.

줄리아에서 집합을 만드는 방법은 간단히 다른 컬렉션에 Set 함수, 더 정확히는 Set의 생성자를 취하는 것입니다. 집합이 되고 나면 중복된 원소들은 그중 하나만 남고, 원소들 간의 순서도 원래 주어진 것과 전혀 상관없이 무작위로 출력됩니다. 실제로 집합이 되고 나면 sort와 같이 컬렉션을 정렬하는 함수를 사용할 수 없게 됩니다.

```
julia> S = Set([3,1,4,1,5])
Set{Int64} with 4 elements:
  5
  4
  3
  1
```

```
julia> sort(S)
ERROR: MethodError: no method matching sort(::Set{Int64})
```

공집합을 만들려면 그냥 Set()과 같이 아무 인수도 주지 않으면 됩니다. 줄리아의 집합은 가변 컨테이너기 때문에 push!나 pop! 등을 통해 크기가 바뀔 순 있지만 순서가 없기 때문에 딱히 스택처럼 '마지막 위치'에 원소가 추가되거나 제거되는 것은 아닙니다.

```
julia> P = Set()
Set{Any}()

julia> push!(P, 4)
Set{Any} with 1 element:
  4

julia> push!(P, 7)
Set{Any} with 2 elements:
  4
  7

julia> pop!(P)
4
```

포함 관계

줄리아의 집합은 앞서 설명했던 컴퓨터과학에서 말하는 집합이면서, 컬렉션에 원소가 포함되는 지를 확인하는 작업인 멤버십 테스팅membership testing이 빠른 가변 컨테이너mutable container라고 합니다. 아마 줄리아의 개발진은 '빠른 멤버십 테스팅'이라는 성능적 면모를 내세우고 싶은 것 같습니다.

원소와 집합 사이의 멤버십 테스팅은 in 함수, 이항 연산 꼴로는 ∈('\in' 입력 + ⟨tab⟩)을 사용하고 그 부정negation으로는 ∉('\notin' 입력 + ⟨tab⟩)을 사용합니다. 굳이 좌우를 바꾸고 싶다면 ∋('\ni' 입력 + ⟨tab⟩)도 있는데, 이 정도로는 알아둬야 할 필요도 없고 만약 쓸 수 있어도 가능한 자제하는 게 좋습니다.

```
julia> A = Set([2, 3, 5, 7]);

julia> a = 9;

julia> b = 7;

julia> a ∈ A
false

julia> b ∈ A
true

julia> a ∉ A
true

julia> b ⊄ A
false
```

집합과 집합 사이의 멤버십 테스팅, 즉 부분집합^subset인지 확인하는 함수는 issubset 함수로 이항 연산 꼴로는 ⊆('\subseteq' 입력 + ⟨tab⟩)을 사용하고 진부분집합^proper subset인지 확인하려면 ⊊('\subsetneq' 입력 + ⟨tab⟩)을 사용합니다.

```
julia> B = Set([2, 3]);

julia> C = Set([7, 3, 2, 5]);

julia> B ⊆ C
true

julia> C ⊆ B
false

julia> B ⊊ A
true

julia> C ⊊ A
false
```

지금까지 언급한 멤버십 테스팅은 물론 집합을 다룰 때 가장 자연스럽지만, 집합에서만 정의할 이유는 없기 때문에 대부분의 배열 등에서도 사용할 수 있습니다. 반대로 집합이 아닐 때더 큰 의미가 있는 함수로, issetequal 함수는 컬렉션의 구성에 관계없이 집합 개념으로 비교했을 때 두 컬렉션이 같은지를 판단해줍니다. 예를 들어 배열의 순서가 다르면 엄연히 다르지만, 같은 원소들로 이루어져 있는지로 비교했을 땐 같을 수 있습니다.

```julia
julia> isequal([2, 3, 1], [1, 2, 3])
false

julia> issetequal([2, 3, 1], [1, 2, 3])
true
```

집합의 연산

프로그래밍을 하다 보면 집합 개념을 쓸 일이 생각보다 많은데, 합집합이나 교집합 등의 연산이 별것 아닌 것처럼 보여도 막상 직접 짜려면 빠르고 깔끔하게 구현하기가 어렵습니다. 다행스럽게도 줄리아의 공식 문서에는 집합의 연산 역시 효율적으로 구현했다는 언급이 있습니다.

합집합을 수행하는 union 함수는 이항 연산 꼴로 ∪('\cup' 입력 + <tab>), 교집합을 수행하는 intersect 함수는 이항 연산 꼴로 ∩('\cap' 입력 + <tab>)을 사용합니다.

```julia
julia> X = Set([3, 1, 4]);

julia> Y = Set([5, 6, 1]);

julia> X ∪ Y
Set{Int64} with 5 elements:
  5
  4
  6
  3
  1

julia> X ∩ Y
Set{Int64} with 1 element:
  1
```

차집합^set difference setdiff와 대칭차집합^symmetric set difference symdiff는 따로 이항 연산 꼴이 정의되어 있지는 않습니다.

```
julia> setdiff(X, Y)
Set{Int64} with 2 elements:
  4
  3

julia> symdiff(X, Y)
Set{Int64} with 4 elements:
  5
  4
  6
  3
```

참고로 대칭차집합이란 다음 수식의 Δ처럼 정의되는 연산으로, 보기보다 쓸 일이 많습니다. 이때, \는 차집합을 의미합니다.

$$A \Delta B := (A \cup B) \setminus (A \cap B)$$

지금까지 언급된 집합의 연산들 역시 꼭 집합에만 국한될 필요가 없으므로 마찬가지로 대부분의 배열 등에서 사용할 수 있습니다. 딱히 집합처럼 원소가 유일해야 한다는 조건이 없을 때도 두 컬렉션이 서로소인지, 다시 말해 어떤 원소가 여러 컬렉션 중 단 한 곳에만 속하는지를 확인해야 할 일이 꽤 있는데 이런 경우 isdisjoint 함수를 통해 컬렉션 자체를 바로 비교함으로서 교집합 연산을 생략할 수 있습니다.

```
julia> isempty([2, 0] ∩ [1, 3])
true

julia> isdisjoint([2, 0], [1, 3])
true
```

데이터 프레임^{data frame}이란 정형 데이터를 2차원 테이블 형식으로 정돈한 자료구조로 정의할 수 있으며, 개념적으로는 행렬의 일반화이기도 합니다. 수학에서 다루는 행렬은 보통 모든 원소가 똑같은 집합에 속하는 것으로 보지만, 데이터 프레임은 대체로 열마다 자료형이 달라도 되고 고유한 이름도 가집니다.

꼭 통계 처리 목적이 아니라도 어지간한 언어엔 데이터 프레임의 개념과 구현이 거의 확실히 존재합니다. 매트랩에서는 테이블^{table}이라 하고 파이썬에서는 판다스^{pandas}라는 패키지로 제공되며, 이들을 써본 적 있다면 줄리아의 데이터 프레임 패키지 DataFrames.jl에도 어렵지 않게 적응할 수 있습니다.

데이터 과학에서 대표적인 예시로 사용되는 아이리스 데이터 세트를 RDatasets.jl 패키지를 통해 불러보았습니다. 데이터 프레임 패키지를 따로 부르지 않았음에도 데이터 프레임으로 불러진 것을 확인할 수 있습니다.

```
julia> using RDatasets

julia> iris = dataset("datasets", "iris")
150×5 DataFrame
 Row │ SepalLength  SepalWidth  PetalLength  PetalWidth  Species
     │ Float64      Float64     Float64      Float64     Cat…
─────┼───────────────────────────────────────────────────────────
   1 │         5.1         3.5          1.4         0.2  setosa
   2 │         4.9         3.0          1.4         0.2  setosa
   3 │         4.7         3.2          1.3         0.2  setosa
   4 │         4.6         3.1          1.5         0.2  setosa
   5 │         5.0         3.6          1.4         0.2  setosa
   6 │         5.4         3.9          1.7         0.4  setosa
   7 │         4.6         3.4          1.4         0.3  setosa
   8 │         5.0         3.4          1.5         0.2  setosa
   9 │         4.4         2.9          1.4         0.2  setosa
  ⋮  │      ⋮           ⋮            ⋮           ⋮          ⋮
 143 │         5.8         2.7          5.1         1.9  virginica
 144 │         6.8         3.2          5.9         2.3  virginica
```

145	6.7	3.3	5.7	2.5	virginica
146	6.7	3.0	5.2	2.3	virginica
147	6.3	2.5	5.0	1.9	virginica
148	6.5	3.0	5.2	2.0	virginica
149	6.2	3.4	5.4	2.3	virginica
150	5.9	3.0	5.1	1.8	virginica
					133 rows omitted

데이터 프레임은 통계학을 위시한 데이터 과학 전반에서 표준적으로 쓰이고, 특히 R 프로그래밍 언어 혹은 SAS 같은 통계 패키지에서는 가장 우선적으로 구현합니다. R 입장에서 봤을 때 스택, 큐, 집합, 딕셔너리 같은 건 있으면 좋고 없어도 그만인 잡기에 불과합니다. 데이터 분석이라고 하는 원래의 목적에서 가장 핵심이 되는 건 언제나 데이터 프레임이고, 그 어떤 자료구조보다 중요하다고 말해도 과언이 아닙니다.

자료구조의 측면에서 봤을 때 데이터 프레임은 세로와 가로 크기가 있는 2차원 배열이므로 인덱스로 접근할 수도 있고, 각각의 열 이름을 프로퍼티로 가지고 있는 네임드 튜플처럼 다룰 수도 있습니다.

```julia
julia> size(iris)
(150, 5)

julia> propertynames(iris)
5-element Vector{Symbol}:
 :SepalLength
 :SepalWidth
 :PetalLength
 :PetalWidth
 :Species

julia> iris[1,1]
5.1

julia> iris.Species[1]
CategoricalArrays.CategoricalValue{String, UInt8} "setosa"
```

생성과 정렬

데이터 프레임은 줄리아의 빌트인 자료구조도 아니고 표준 라이브러리도 아니지만, 앞서 언급했듯 이 분야에서 데이터 프레임이라는 개념 자체가 너무나 중요하기에 자세히 살펴보겠습니다. 줄리아의 데이터 프레임은 DataFrames.jl이라는 패키지로 관리되고 있으며 using DataFrames를 통해 불러올 수 있습니다.

데이터 프레임을 생성하는 방법은 아주 다양한데, 그중에서 가장 많이 사용하는 방법을 다음과 같이 세 가지 정도로 좁혀볼 수 있습니다.

1. 직접 데이터를 지정한다.
2. 길이가 같은 벡터들의 네임드 튜플로 만든다.
3. 행렬에다가 이름의 벡터를 붙여서 만든다.

첫째, '직접 데이터를 지정한다'는 말 그대로 DataFrame 생성자에 데이터를 입력하는 방법입니다. 기본적으로 큰 데이터를 다룰 때는 적합하지 않지만, 반대로 어떤 프로그램의 초깃값이 필요하거나 테스트 케이스를 만들 때 가장 자주 사용하게 될 방법입니다.

```
julia> df1 = DataFrame(letter = ['A', 'B', 'C'], number = [1, 2, 3])
3×2 DataFrame
 Row │ letter  number
     │ Char    Int64
─────┼────────────────
   1 │ A            1
   2 │ B            2
   3 │ C            3
```

둘째, '길이가 같은 벡터들의 네임드 튜플로 만든다'는 이미 데이터가 벡터로 어떤 변수들에 나눠서 저장되어 있을 때 그 변수 이름 자체를 열 이름으로 갖는 데이터 프레임을 만드는 방법입니다. 프로그램 작동 중에는 테이블 형태로 자료를 정리하기 귀찮거나 곤란한데, 최종적으로는 테이블로 깔끔하게 정리되어야 할 때 유용합니다. 그중에서도 데이터가 계속해서 쌓이며 그 크기를 예측할 수 없을 때 특히 좋은 방법입니다. 네임드 튜플을 기존의 변수로 정의할 때 그랬듯, DataFrame(; ...)과 같이 소괄호의 가장 앞에 세미콜론을 두어서 할 수 있습니다.

```
julia> charactor = ["adam", "eve"]
2-element Vector{String}:
 "adam"
 "eve"

julia> page = [19, 77]
2-element Vector{Int64}:
 19
 77

julia> df2 = DataFrame(; charactor, page)
2×2 DataFrame
 Row │ charactor  page
     │ String     Int64
─────┼──────────────────
   1 │ adam          19
   2 │ eve           77
```

셋째, '행렬에다가 이름의 벡터를 붙여서 만든다'는 데이터 프레임을 행렬의 일반화로 본다는 관점이 실제로 구현된 것입니다. 행렬 하나, 그리고 그 행렬의 열 수와 길이가 같은 문자열 벡터를 주면 그 문자열들이 데이터 프레임의 열 이름이 됩니다. 열 이름이 딱히 중요하지 않다면 문자열 벡터 대신 :auto 심볼을 주어 x1, x2, ...와 같이 자동으로 이름을 정해줄 수 있습니다. 보통 데이터로 받을 행렬이 무엇인지 명료하고, 그 행렬이 많은 행렬 연산을 거친 뒤 얻어지는 경우 사용하게 됩니다. 군이 처음부터 데이터 프레임을 쓰지 않고 행렬에서 뭔가 작업했다는 건 아마도 성능이 중요한 상황일 가능성이 큽니다. 가변 배열 같은 걸 쓸 여유가 없을 정도로 계산량과 저장 용량이 커졌다면, 이 방법을 원하든 원치 않든 쓸 수밖에 없습니다.

```
julia> _df3 = [1 0 9; 8 5 2]
2×3 Matrix{Int64}:
 1  0  9
 8  5  2

julia> df3 = DataFrame(_df3, ["x", "y", "z"])
2×3 DataFrame
 Row │ x      y      z
     │ Int64  Int64  Int64
─────┼─────────────────────
   1 │     1      0      9
   2 │     8      5      2
```

```
julia> df3 = DataFrame(_df3, :auto)
2×3 DataFrame
 Row │ x1     x2     x3
     │ Int64  Int64  Int64
─────┼─────────────────────
   1 │     1      0      9
   2 │     8      5      2
```

세 번째 방법은 역으로, 데이터 프레임에서 행렬로의 변환도 가능합니다. 행렬에 데이터 프레임 생성자를 취했던 것처럼 데이터 프레임에 행렬의 생성자 Matrix를 취하면 행렬이 됩니다.

```
julia> Matrix(df3)
2×3 Matrix{Int64}:
 1  0  9
 8  5  2
```

추가로, 첫 번째 방법의 대표적인 응용은 빈 데이터 프레임을 만드는 것입니다. 직접 입력하는 데이터로 빈 배열을 주게 되면 열마다 해당 컬렉션의 자료형을 이어받은 채로 빈 데이터 프레임이 생성됩니다.

```
julia> ef = DataFrame(a = [], p = Int[], k = String[])
0×3 DataFrame
 Row │ a    p      k
     │ Any  Int64  String
─────┼────────────────────
```

생성된 데이터 프레임의 열 이름은 추후에 얼마든지 변경할 수 있습니다. rename 함수를 사용하면 데이터 프레임을 생성할 때와 마찬가지로 전체 열 이름을 배열로 주거나, :after => :before라는 페어를 주어서 after라는 개별 열의 이름만 before로 바꿀 수 있습니다.

```
julia> df4 = DataFrame(x = [3, 1, 7, 1], y = [5, 9, 2, 1])
4×2 DataFrame
 Row │ x      y
     │ Int64  Int64
─────┼──────────────
```

```
     1  │    3       5
     2  │    1       9
     3  │    7       2
     4  │    1       1
```

```
julia> rename(df4, [:a, :b])
4×2 DataFrame
 Row │ a       b
     │ Int64   Int64
─────┼───────────────
   1 │    3       5
   2 │    1       9
   3 │    7       2
   4 │    1       1
```

```
julia> rename(df4, :y => :z)
4×2 DataFrame
 Row │ x       z
     │ Int64   Int64
─────┼───────────────
   1 │    3       5
   2 │    1       9
   3 │    7       2
   4 │    1       1
```

행렬을 데이터 프레임으로 만들어서 특히 편한 부분은 우리가 가진 '데이터'가 진정한 의미에서 구조를 이루었다는 점입니다. 데이터 프레임을 한 행만 취할 경우 그 데이터는 그냥 DataFrame의 일부가 아닌 DataFrameRow라는 독립적인 타입을 가지게 됩니다.

```
julia> df4[1, :]
DataFrameRow
 Row │ x       y
     │ Int64   Int64
─────┼───────────────
   1 │    3       5
```

데이터 프레임의 각 행에 나열된 데이터는 단순히 같은 행의 인덱스를 공유하는 것이 아니라 서로가 있음으로서 하나의 데이터 포인트data point가 된다는 점이 중요합니다. 이렇게 구조화된 데이터를 다루게 되면 열의 인덱스를 헷갈린다든가 다른 행의 데이터를 섞어 쓰게 되는 식의 모든 실수를 원천 봉쇄할 수 있습니다.

데이터 포인트가 하나로 움직인다는 개념은 데이터를 정렬해보면 더 이해하기 쉽습니다. sort 함수를 데이터 프레임에 사용할 땐 sort(df, :col)의 꼴로 주어진 데이터 프레임 df의 col 열을 오름차순으로 정렬합니다. 이때 주목해야 할 것은 해당 열만 정렬되는 것이 아니라, 그 열을 기준으로 다른 열의 데이터도 함께 움직인다는 점입니다.

```
julia> df4
4×2 DataFrame
 Row │ x      y
     │ Int64  Int64
─────┼──────────────
   1 │     3      5
   2 │     1      9
   3 │     7      2
   4 │     1      1

julia> sort(df4, :x)
4×2 DataFrame
 Row │ x      y
     │ Int64  Int64
─────┼──────────────
   1 │     1      9
   2 │     1      1
   3 │     3      5
   4 │     7      2

julia> sort(df4, :y)
4×2 DataFrame
 Row │ x      y
     │ Int64  Int64
─────┼──────────────
   1 │     1      1
   2 │     7      2
   3 │     3      5
   4 │     1      9
```

👻 데이터 프레임의 각 행의 순서가 유지된다는 점에서 데이터 프레임에 사용되는 sort에는 안정 정렬stable sort 알고리즘을 사용할 것을 짐작할 수 있습니다. 정렬 알고리즘의 안정성이란 배열에 중복된 원소가 있을 때, 정렬 후에도 그 중복 원소들의 순서가 유지되는 성질을 말합니다. 이에 따라 데이터 프레임을 사용할 때 정렬의 우선순위를 두고 싶다면, 가장 순위가 낮은 것부터 순위가 높아지는 방식으로 정렬을 반복 적용하게 됩니다.

추가와 삭제

새로운 데이터 행을 추가하는 방법에는 push!가 있습니다. 함수의 이름에서 예상할 수 있듯 가장 마지막 행에 데이터가 추가됩니다. 추가할 데이터는 각 열의 순서와 타입이 맞고 같은 길이의 벡터로 주어져야 합니다.

```julia
julia> push!(df4, [0, -1])
5×2 DataFrame
 Row │ x      y
     │ Int64  Int64
─────┼──────────────
   1 │     3      5
   2 │     1      9
   3 │     7      2
   4 │     1      1
   5 │     0     -1
```

새로운 데이터 열을 추가하는 방법은 df[!, :new] = :vector의 형태로 쓰여서 직접 새 열을 할당하는 것입니다. 데이터 프레임 df의 행 길이와 같은 크기를 가지는 vector가 주어져서 new라는 마지막 열에 위치하게 됩니다.

```julia
julia> df4[!, :z] = [missing, -1, 0, missing, 0]; df4
5×3 DataFrame
 Row │ x      y      z
     │ Int64  Int64  Int64?
─────┼───────────────────────
   1 │     3      5  missing
   2 │     1      9       -1
   3 │     7      2        0
   4 │     1      1  missing
   5 │     0     -1        0
```

반대로 특정 행을 삭제하는 방법은 무척 많지만, 특히 그중에서 결측치missing value를 제거하는 방법과 특정 열에서 중복을 제거하는 방법에 대해서 알아봅시다. 이 두 가지는 작업은 거칠고 불친절한 데이터를 다룰 때 아주 빈번하게 수행하게 되며, 반드시 알아두는 게 좋습니다.

첫째, 결측치는 dropmissing 함수를 통해 각 행에서 missing이 단 하나라도 있는 경우 해당 행을 모두 배제할 수 있습니다.

```
julia> dropmissing(df4)
3×3 DataFrame
 Row │ x      y      z
     │ Int64  Int64  Int64

   1 │     1      9     -1
   2 │     7      2      0
   3 │     0     -1      0
```

둘째, 특정 열에서 중복이 된 원소를 없애기 위해서는 unique 함수를 사용합니다. 유니크 함수는 unique(df, :col) 꼴로 쓰여서 주어진 데이터 프레임 df의 col 열에서 중복된 원소를 하나씩만 남기고 제거하며, 그들 중에서는 가장 위에 있는 행이 남습니다.

```
julia> unique(df4, :z)
3×3 DataFrame
 Row │ x      y      z
     │ Int64  Int64  Int64?

   1 │     3      5  missing
   2 │     1      9       -1
   3 │     7      2        0
```

특정한 열을 제거하는 것은 엄밀히 말해서 어떤 열을 제거한다기보단 특정 열만 보겠다는 것에 가깝습니다. 열을 선택하는 셀렉트 함수는 select(df, cols) 꼴로 데이터 프레임 df의 열 중 열 이름의 벡터 cols에 해당하는 열만을 남깁니다.

```
julia> select(df4, [:x, :z])
5×2 DataFrame
 Row │ x      z
     │ Int64  Int64?
─────┼────────────────
   1 │     3  missing
   2 │     1       -1
   3 │     7        0
   4 │     1  missing
   5 │     0        0
```

만약 열의 수가 너무 많아서 cols가 너무 길어질 것 같다면 인덱스에서 Not 함수를 사용해 특정 열만 제외한 나머지를 선택할 수 있습니다.

```
julia> select(df4, Not(:x))
5×2 DataFrame
 Row │ y      z
     │ Int64  Int64?
─────┼────────────────
   1 │     5  missing
   2 │     9       -1
   3 │     2        0
   4 │     1  missing
   5 │    -1        0
```

병합과 분할

지금까지 데이터 프레임에 대해서 알아봤지만, 사실 행렬에서 못할 일들은 없었습니다. 물론 훨씬 실수를 적게 하고 데이터를 다루는 과정이 아주 편해지기야 하겠지만 본질적으로 행렬을 다루는 일이나 데이터 프레임을 다루는 일이나 크게 다르지는 않았습니다. 그런데 애초에 데이터 프레임은 큰 데이터 세트 하나만을 상정하고 쓰는 게 아닙니다. 결국 마지막엔 하나의 데이터로 표현할 수 있을지라도, 실제 데이터 처리 과정에서는 몇천 개, 몇십만 개의 조각난 데이터를 다루는 일도 빈번합니다. 그렇게 하나의 큰 데이터를 쉽게 다룰 순 없기 때문에 다시 잘게 나눠서 처리할 일도 당연히 많습니다.

간단한 예로 전국적으로 많은 고등학교에서 어떤 기간 동안 청팀과 백팀으로 야구 경기를 하고, 그 결과 누가 이겼는지에 대한 데이터와 몇 번으로 이겼는지에 대한 데이터가 있다고 하겠습니다. 안타깝게도 과거에는 이런 데이터가 필요할지 몰랐기 때문에 체계화된 통계 시스템을 구축할 생각을 못 했고, 현재는 선수들을 직접 찾아가는 식으로 데이터를 제한적으로 얻을 수밖에 없다고 상상해봅시다.

```julia
julia> winner = DataFrame(
           경기번호 = [2,14,35,37,49,81],
           승리팀 = ["청","백","백","백","백","청"])
6×2 DataFrame
 Row │ 경기번호    승리팀
     │ Int64      String
─────┼───────────────────
   1 │     2     청
   2 │    14     백
   3 │    35     백
   4 │    37     백
   5 │    49     백
   6 │    81     청

julia> score = DataFrame(
           경기번호 = [3,7,14,49,81,37],
           점수 = [7,3,1,5,9,2])
6×2 DataFrame
 Row │ 경기번호    점수
     │ Int64      Int64
─────┼───────────────────
   1 │     3      7
   2 │     7      3
   3 │    14      1
   4 │    49      5
   5 │    81      9
   6 │    37      2
```

두 가지 데이터에 공통으로 포함된 정보는 그 경기가 몇 번째 경기인지, 즉 경기 일정 등을 통해 어떤 두 경기가 같은지 다른지를 식별할 수 있는 고유번호가 있다고 합니다. 이럴 때 우리는 outerjoin 함수를 통해 두 데이터 프레임을 병합해 더 큰 데이터 세트를 구축할 수 있습니다. outerjoin은 outerjoin(A, B, on = :col) 꼴로 쓰여서 두 데이터 프레임 A, B가 공통으로 가지는 열 col을 기준으로 병합을 수행합니다.

```
julia> outerjoin(winner, score, on = :경기번호)
8×3 DataFrame
 Row │ 경기번호   승리팀    점수
     │ Int64      String?   Int64?
─────┼──────────────────────────────
   1 │       14  백              1
   2 │       49  백              5
   3 │       81  청              9
   4 │       37  백              2
   5 │        2  청        missing
   6 │       35  백        missing
   7 │        3  missing         7
   8 │        7  missing         3
```

한편 데이터 포인트를 다소 잃더라도 결측치가 없는 데이터를 원한다면 innerjoin 함수를
고려해볼 수 있습니다.

```
julia> innerjoin(winner, score, on = :경기번호)
4×3 DataFrame
 Row │ 경기번호   승리팀   점수
     │ Int64      String   Int64
─────┼───────────────────────────
   1 │       14  백           1
   2 │       49  백           5
   3 │       81  청           9
   4 │       37  백           2
```

이렇게 어떤 기준에 따라 데이터 프레임 사이의 병합을 수행하는 방법은 innerjoin,
leftjoin, rightjoin, outerjoin, semijoin, antijoin, crossjoin과 같이 다양하게
있습니다. 이 중에 어떤 것이 필요할지는 그 데이터가 처한 상황에 따라 다르지만, 데이터 프
레임으로는 데이터를 어떻게 다룰 수 있는지 그 사실을 아느냐 모르느냐가 중요합니다.

데이터를 분할하는 방법은 상대적으로 훨씬 간단합니다. groupby 함수는 groupby(df, :col)
꼴로 써서 데이터 프레임 df의 col을 통계학에서 말하는 계급class으로 나누어줍니다.

```
julia> gdf = groupby(winner, :승리팀)
GroupedDataFrame with 2 groups based on key: 승리팀
First Group (2 rows): 승리팀 = "청"
 Row │ 경기번호    승리팀
     │ Int64      String
─────┼───────────────────
   1 │      2    청
   2 │     81    청
  ⋮
Last Group (4 rows): 승리팀 = "백"
 Row │ 경기번호    승리팀
     │ Int64      String
─────┼───────────────────
   1 │     14    백
   2 │     35    백
   3 │     37    백
   4 │     49    백
```

정말 중요하고 유용한 건 다음입니다. 분할을 했으면 거기에 어떠한 처리가 분명히 들어가게 될 것이고, combine 함수를 통해 그 과정을 놀랍도록 짧고 간결하게 정리할 수 있습니다. combine 함수는 그룹화된 데이터 프레임과 페어를 통해 정의된 프로세스를 수행합니다.

```
julia> combine(gdf, :승리팀 => length => :승수)
2×2 DataFrame
 Row │ 승리팀    승수
     │ String   Int64
─────┼─────────────────
   1 │ 청          2
   2 │ 백          4
```

페어가 first, second 딱 둘만으로 주어질 필요는 없고, second를 계속해서 페어로 줄 수 있기 때문에 마치 작업의 사슬처럼 표현할 수 있습니다. :승리팀별로 구분된 데이터 프레임의 길이를 length 함수로 계산했고, 승리 기록의 길이가 곧 몇 번을 이겼는지 의미하는 것이니 그 계산 결과를 :승수라는 이름으로 받아주었습니다.

Part 4

함수형 프로그래밍

프로그래밍programming이란 주어진 문제를 해결하기 위한 해법을 찾는 과정 자체를 말하고, 프로그래밍 패러다임programming paradigm이란 어떤 프로그래밍 방법의 사고방식 혹은 관점이라 설명할 수 있습니다. 예를 들어 절차지향procedural oriented 프로그래밍이란 순차적으로 명령을 받아 문제를 해결하는 방식이고, 객체지향objective oriented 프로그래밍이란 프로그램을 작게 나누어서 각각의 단순한 기능을 모아 문제를 해결하려 합니다. 한편 이 파트의 제목이기도 한 함수형functional 프로그래밍이란 어떤 문제를 해결하는 프로그램 자체를 하나의 큰 함수로 보고, 그것을 작은 함수들의 합성 함수로 구현하려는 방식입니다.

줄리아는 위에서 언급된 세 가지 패러다임을 모두 갖는 멀티 패러다임 언어지만, 실제로 사용하다 보면 절차지향과 함수형 그 사이 어딘가에 위치하고 있다는 느낌을 받게 됩니다. 절차지향 패러다임을 지양하면서도 그 특징을 많이 가지고 있고, 전형적인 함수형 언어의 특징이 거의 없면서도 함수형 프로그래밍을 극단적으로 자주 사용한다는 점이 그렇습니다.

이제부터 함수형 언어들을 공부할 때 필요한 개념에는 너무 깊게 들어가지 않는 선에서, 딱 필요한 만큼의 이론만 보며 실용적인 예시 위주로 함수형 프로그래밍을 익혀보려 합니다.

4.1 함수 정의

'함수형 프로그래밍'에 대해서 익히려면 우선 함수를 정의하는 방법에 대해서 더 깊게 알아두어야겠죠? 이미 문법 파트에서 함수를 어떻게 정의하는지 간단하게 다룬 적이 있으니 여기에서는 본격적으로 깊이 파고들어봅시다.

4.1.1 익명 함수

익명 함수anonymous function란 말 그대로 '이름을 가지지 않는 함수'를 의미합니다. 예를 들어 '주어진 값에 2를 곱한 뒤 3을 더하는 함수' 같은 걸 생각해보면, 수식적으로는 다음과 같이 ↦('\mapsto' 입력 + ⟨tab⟩)을 사용해서 표현하기도 합니다.

$$x \mapsto 2x + 3$$

유사한 방법으로 줄리아에서도 함수를 정의할 수 있는데, 다음과 같은 표현을 람다식lambda expression이라 합니다.

$$x \rightarrow 2x + 3$$

람다식은 그 표현 자체로 함수이기 때문에 소괄호로 잘 구분해서 입력 데이터를 주면 바로 함숫값을 평가evaluate할 수 있습니다.

```julia
julia> supertype(typeof(x -> 2x + 3))
Function

julia> (x -> 2x + 3)(0)
3

julia> (x -> 2x + 3)(1)
5
```

물론 할당 연산자 =를 통해서 람다식을 그대로 변수에 할당해서 함수를 정의하는 방법도 있긴 한데, 굳이 그렇게 해야 할 이유가 없고 권장되지도 않습니다. 다시 말해, 익명 함수란 정말로 프로그램의 중간중간에서 임시로 쓰이거나 람다식이라는 이름 그대로 가독성을 올리는 '표현' 그 자체로 큰 의미가 있습니다.

한편 보편적으로 프로그램의 기능을 함수로 나누어 작성하는 것은 코드의 재사용성^{reusability}을 끌어올리고, 고유한 이름을 통해 가독성을 높이며 스코프^{scope}의 구분이 명료해질 뿐만 아니라 검증의 측면에서도 유리한 점이 많습니다. 함수에 이름을 새기지 않는 익명 함수의 기능과 정반대라는 아이러니가 느껴지지 않나요? 지금부터 왜 익명 함수를 사용하게 되는지, 어떻게 유용한지 알아보도록 합시다.

필터링

사실 함수형 프로그래밍이라는 걸 할 때 익명 함수를 사용하는 이유를 짧게 요약하자면 '함수를 너무 많이 사용해서'입니다. 애초에 함수형 프로그래밍에서만 가능한 구현이라는 건 매우 드물고, 다른 방식으로도 할 수 있는 경우가 많습니다. 근데 기왕 함수형으로 가닥을 잡았다면 그만큼 함수를 많이 사용하게 되며, 그러다 보면 자연스럽게 함수를 정의할 일도 많아지는 것입니다.

먼저 어떤 컬렉션에서 우리가 원하는 원소만을 남기는 함수인 filter에 대해서 알아봅시다. filter는 반환값이 참이거나 거짓인 함수 f와 컬렉션 a에 대해 filter(f, a)의 꼴로 쓰여서, a의 원소들에 f를 취한 반환값이 참인 원소들만 남겨주는 함수입니다. f의 간단한 예시로는 어떤 수가 홀수인지를 판별하는 isodd, 짝수인지를 판별하는 iseven 등이 있습니다. 만약 어떤 정수의 배열 a에 대해 filter(isodd, a)를 계산한다면, 그 결과는 a에서 홀수인 원소만 남기고 나머지는 제외해서 반환하는 식입니다. 필터라는 이름 그대로의 구현이죠?

```
julia> fives = -5:5;

julia> filter(isodd, fives)
6-element Vector{Int64}:
 -5
```

```
 -3
 -1
  1
  3
  5

julia> filter(iseven, fives)
5-element Vector{Int64}:
 -4
 -2
  0
  2
  4
```

그런데 이 필터 함수를 쓸 때 필요한 함수가 없다면 어떻게 될까요? 예를 들어 배열에서 양수만 남기고 싶다면, 다음과 같이 ispositive 함수를 정의해서 쓸 수도 있습니다.

```
ispositive(x) = x > 0
filter(ispositive, fives)
```

근데 만약 0보다 큰 것만이 아니라 10보다 큰 수, 100보다 큰 수, 1000보다 큰 수처럼 임계치를 바꿔가며 계산을 해야 한다면 어떨까요? 그때마다 새로운 함수를 만들어도 되겠지만 함수의 이름을 매번 새로 짓는 것도 번거롭고 이는 하드 코딩이나 마찬가지가 됩니다. 혹은 어떤 함수의 배열을 만들어서 해결할 수도 있겠습니다. 하지만 함수의 배열을 인덱스까지 생각해가며 다루는 건 보기보다 복잡하기 때문에 실수와 버그가 쏟아질 겁니다. 이럴 때 익명 함수를 써보는 건 어떨까요?

앞서 설명했듯 filter(x -> x > 0, fives)와 같은 구현에서 x -> x > 0을 익명 함수가 아니라 람다식이라고 본다면, 즉 일회용 함수를 객체로 정의하기 위한 시도가 아니라 '표현 그 자체'라 받아들인다면 같은 기능의 코드인데 가독성이 아주 뛰어나게 개선된 것입니다.

```
julia> filter(x -> x > 0, fives)
5-element Vector{Int64}:
 1
 2
 3
```

```
4
5
```

물론 filter 함수가 있어야만 이런 필터링이 가능한 건 아닙니다. 함수형 프로그래밍이라는 단어조차 없을 때도 이런 작업은 필요할 일이 많았고, 나름의 전통적인 정석도 있습니다. 예를 들어 다음과 같이 불리언 인덱스를 통한 접근법도 필터 함수를 사용한 것과 완전히 같은 결과를 얻을 수 있습니다.

```
julia> fives[fives .> 0]
5-element Vector{Int64}:
 1
 2
 3
 4
 5
```

그런데 만약 배열의 이름이 많이 길어지면, 예를 들어 student_linear_algebra_class_A 같이 긴 이름이 있다면 이야기가 달라질 수 있습니다. 이 배열이 선형대수 A 분반 학생들의 중간고사 성적을 모아둔 것이고, 50점 이상만 남기고 싶다고 한다면 다음과 같이 변수명이 무려 세 번이나 반복되게 됩니다.

```
student_linear_algebra_class_A =
student_linear_algebra_class_A[
    student_linear_algebra_class_A .> 50]
```

반면 filter를 사용하면 함수의 이름 뒤에 느낌표를 붙이는 뱅 컨벤션에 따라 다음과 같이 짧고 타당하고 이해하기 쉬운 표현이 됩니다.

```
filter!(x -> x > 50, student_linear_algebra_class_A)
```

지금까지 filter에 대해서 알아본 것은 함수형 프로그래밍이라는 거대한 개념에 비하면 아주 작은 예시 하나에 불과합니다. '함수형 프로그래밍에 익숙해진다'라는 것은 단순히 이런 함수들의 사용법을 알게 되는 것이 아니라, 어떤 문제를 해결할 때 '함수형으로 해결할 수 있을 것 같다'라는 직관이 자리 잡는 것을 말합니다.

예를 들어 '주어진 배열을 절댓값 순서로 정렬하라'라는 문제가 주어져 있다고 할 때, 이와 같은 기능을 하는 함수의 구현을 절차지향적으로 떠올리는 것은 전혀 잘못된 일이 아닙니다. 이러한 함수를 구현하는 방법은 무수히 많겠지만 가장 단순하게는 ① 원본 배열 A의 복사본 B를 만들어서 절댓값을 취하고 ② 복사본 B에서 제일 작은 원소의 인덱스를 찾은 후 ③ 새로운 배열 C에 추가하는 것을 반복하는 방법이 있습니다.

```
function sortabs(A)
    A = deepcopy(A)
    B = abs.(A)
    C = []
    for k in 1:length(A)
        remove = argmin(B)
        push!(C, A[remove])
        deleteat!(A, remove)
        deleteat!(B, remove)
    end
    return C
end
```

이걸 함수 sortabs로 구현하고 실행해보면 다음과 같이 잘 작동하는 것을 확인할 수 있습니다.

```
julia> A = [-1, 2, 0, 9, -10, -7];

julia> sortabs(A)
6-element Vector{Any}:
   0
  -1
   2
  -7
   9
 -10
```

좋습니다. 그런데 줄리아에서는 더욱 간단한 해법이 있습니다. 바로 sort 함수의 by 키워드에 절댓값 함수인 abs를 주는 sort(A, by = abs)입니다. 이렇게 쓰면 sort 함수는 by에 주어진 함수를 취했을 때의 기준으로 배열을 정렬해줍니다.

```
julia> sort(A, by = abs)
6-element Vector{Int64}:
   0
  -1
   2
  -7
   9
 -10
```

하지만 이는 sort 함수에 있어서 우선적으로 알아두어야 하는 기능이 아니기에 딱히 누구도 알려주질 않습니다. 중요한 건 이렇게 구체적인 예시가 아니라, '줄리아의 빌트인 함수는 이렇게 함수형 프로그래밍을 지원하는 경향이 강하고, 나에게 필요한 해법도 어지간하면 이미 구현되어 있을 것이다'라는 발상을 할 수 있게 되는 것입니다.

그리고 그러한 해법은 찾았지만 내가 정확하게 원하는 함수가 없을 때, 게다가 매번 정의하기가 곤란할 때 익명 함수가 빛을 발합니다. 람다식은 그 자체로 쓰이기보다는, 함수형 프로그래밍에 친화적인 함수들을 다룰 때 그들과 소통하기 위한 작은 규칙으로 익숙해지게 됩니다.

도전 과제: 도수분포표

범주형 자료^{categorical data}가 배열 p로 주어져 있다고 할 때, 첫 번째 열이 범주고 두 번째 열이 각 범주에 해당하는 빈도수^{frequency}인 행렬을 반환하는 함수 freq(p)를 작성해봅시다. 예를 들어 데이터 p가 p = ["A","B","O","B","AB","O","O","A","B"]와 같이 주어져 있다면, 그 결과는 다음과 같습니다.

```
julia> freq(p)
4×2 Matrix{Any}:
 "A"   2
 "B"   3
 "O"   3
 "AB"  1
```

범주는 중복을 허용하지 않으므로 unique 함수를 사용할 수 있습니다.

각 범주에 해당하는 원소만 남겨서 볼 수 있다면, 그 길이가 곧 도수입니다. filter 함수의 결과에 length 함수를 취하면 그것이 곧 도수입니다.

길이가 같은 두 벡터 x, y는 [x y]와 같이 블록 행렬의 꼴로 바로 합칠 수 있습니다.

풀이

```
function freq(arr)
    categories = unique(arr)
    frequencies = []
    for category in categories
        frequency = length(filter(x -> x == category, arr))
        push!(frequencies, frequency)
    end
    return [categories frequencies]
end
```

범주는 unique 함수를 통해서 간단하게 구할 수 있습니다.

```
julia> categories = unique(arr)
4-element Vector{String}:
 "A"
 "B"
 "O"
 "AB"
```

frequencies를 빈 배열로 선언하고 도수를 범주별로 계산해서 하나씩 추가합니다. 주어진 arr의 모든 원소를 categories의 범주들과 비교해서 각 범주에 해당하는 배열을 임시로 만들고, 그 길이만을 저장하면 됩니다.

```
julia>     frequencies = []
           for category in categories
               frequency = length(filter(x -> x == category, arr))
               push!(frequencies, frequency)
           end

julia> frequencies
4-element Vector{Any}:
```

```
2
3
3
1
```

사실 이 반복문은 다음과 같이 한 줄로 줄일 수도 있습니다.

```
frequencies = [length(filter(x -> x == category, arr)) for category in
categories]
```

마지막으로 행렬의 모양을 하기 위해 두 벡터를 수평 방향으로 합친 것을 반환합니다.

```
julia> [categories frequencies]
4×2 Matrix{Any}:
 "A"   2
 "B"   3
 "O"   3
 "AB"  1
```

4.1.2 함수 다형성

프로그래밍에서 다형성polymorphism이란 '어떤 데이터나 기능이 여러 가지 타입이나 형태에 속할 수 있는 성질'로, 객체지향 프로그래밍에서도 대단히 중요한 개념입니다. 다만 줄리아가 일관되게 늘 그랬던 것처럼 객체지향에 집착하지는 않으며, 함수에 대한 개념을 독창적으로 세움으로서 다형성을 잡았습니다. 함수형 프로그래밍에서 다형성이 어떤 느낌인지 감을 잡고, 그것이 코딩에서 어떻게 유익한지 알아보도록 합시다.

간단히 함수의 다형성을 보여주는 좋은 예로는 zero와 one 함수가 있습니다. 이 두 함수는 주어진 타입 혹은 입력한 데이터와 같은 타입의 1과 0을 반환합니다. 예를 들어 정수 4의 덧셈에 대한 항등원은 0, 곱셈에 대한 항등원unity은 1이므로 zero와 one은 각각 0과 1을 입력 데이터의 타입과 일치하게끔 반환합니다.

```
julia> zero(4), zero(4.0)
(0, 0.0)

julia> one(4), one(4.0)
(1, 1.0)
```

그런데 zero와 one은 사실 단순히 0과 1이 아니라 각각 곱셈과 덧셈에 대한 항등원을 반환하는 함수로 정의되어 있습니다. 이는 zero와 one이 흔히 말하는 수 체계인 정수 $\mathbb{Z}$나 실수 $\mathbb{R}$에만 국한된 것이 아니라 임의의 집합 X로 확장될 수 있다는 가능성을 내포합니다.

연산의 항등원과 역원

주어진 연산 $*: X^2 \to X$에 대해 항등원identity과 역원inverse을 다음과 같이 정의합니다.

- 모든 $x \in X$에 대해 $x * e = e * x = x$를 만족하는 $e \in X$를 연산 $*$에 대한 항등원이라 합니다. 특히 연산 $*$가 곱셈일 때는 단위원unity이라 부르기도 합니다.
- 모든 $x \in X$에 대해 $x * x^{-1} = x^{-1} * x = e$를 만족하는 $x^{-1} \in X$를 연산 $*$에 대한 x의 역원이라 합니다.

실제로도 두 함수의 도움말을 보면 주어진 출력과 같은 타입의 항등원을 반환한다고 설명합니다. 자연스럽게 iszero와 isone은 각각 0과 1인지를 판별하는 함수가 아니라 항등원인지 아닌지를 판별하는 함수라는 것을 짐작할 수 있습니다.

```
help?> zero
  zero(x)
  zero(::Type)

Get the additive identity element for the type of x (x can also specify
the type itself).

help?> one
  one(x)
  one(T::type)

  Return a multiplicative identity for x

help?> inv
```

```
inv(x)
```

    Return the multiplicative inverse of x,

마찬가지로 inv는 단순히 주어진 수 x에 대한 역수 $1/x$을 반환하는 함수가 아니라 곱셈에 대한 역원 x^{-1}을 반환하는 함수입니다. zero와 같이 곱셈이 정의되지 않는 타입에 대해서나, 역원이 존재하지 않는 경우에 대해서는 에러를 일으킵니다.

```
julia> inv(4)
0.25

julia> inv([1 2 3])
ERROR: DimensionMismatch: matrix is not square: dimensions are (1, 3)

julia> inv("shrimp")
ERROR: MethodError: no method matching inv(::String)

julia> inv([1 2; 3 4])
2×2 Matrix{Float64}:
 -2.0   1.0
  1.5  -0.5
```

갑자기 설명에 대수학이 등장하는 이유는 수학의 본능인 일반화, 확장이 프로그래밍에서의 다형성 그 자체나 진배없기 때문입니다. 지금까지의 설명에 따르면 one과 zero, 그리고 inv는 주어진 원소가 무엇이든 항등원과 역원이 정의되는 한 그 결과를 반환하고, 이는 '어떤 데이터나 기능이 여러 가지 타입이나 형태에 속할 수 있는 성질'이라는 다형성의 정의에 정확하게 부합합니다. 이 세 함수가 복소수, 행렬, 문자열, 날짜라는 네 가지 타입에 대해 어떻게 작동하는지 살펴봅시다.

●복소수: 주어진 복소수 $z \in \mathbb{C}$에 대해 one은 1, zero는 0, inv는 $z^{-1} = 1/z$을 반환합니다.

```
julia> z = 3 + 4im;

julia> one(z)
1 + 0im

julia> zero(z)
```

```
0 + 0im

julia> inv(z)
0.12 - 0.16im
```

● 행렬: 주어진 정사각행렬 X에 대해 one은 항등행렬 I, zero는 영행렬 O, inv는 역행렬 X^{-1}
을 반환합니다.

```
julia> X = [1 2; 0 1]
2×2 Matrix{Int64}:
 1  2
 0  1

julia> one(X)
2×2 Matrix{Int64}:
 1  0
 0  1

julia> zero(X)
2×2 Matrix{Int64}:
 0  0
 0  0

julia> inv(X)
2×2 Matrix{Float64}:
 1.0  -2.0
 0.0   1.0
```

● 문자열: 줄리아의 문자열은 자유 모노이드free monoid라고 하는 대수적 구조의 원소이기 때
문에 두 문자열 사이에 곱셈(*)은 정의되지만, 덧셈(+)은 정의되지 않습니다. 주어진 문자
열 S에 대해 one은 문자열인 입력에 대해서 곱셈에 대한 항등원인 빈 문자열 ""을 반환하고,
zero의 경우엔 에러를 일으킵니다. 문자열의 경우 곱셈에 대한 항등원은 존재하지만 inv는
정의되지 않습니다.

```
julia> S = "shrimp";

julia> one(S)
""
```

```
julia> isone("")
true

julia> S * "", "" * S
("shrimp", "shrimp")

julia> zero(S)
ERROR: MethodError: no method matching zero(::String)
```

● 날짜: 날짜의 덧셈(+)은 며칠 전, 며칠 후로 정의할 수 있지만 곱셈(*)은 대중적이거나 상식
적인 정의가 존재하지 않고, 당연히 inv도 정의되지 않습니다. 날짜에 관련된 표준 라이브
러리인 Dates에 대해서는 이 섹션의 후반부에서 더욱 자세히 다루도록 하겠습니다.

```
julia> using Dates

julia> D = Date(2016, 2, 25)
2016-02-25

julia> zero(D)
0 days

julia> iszero(Day(0))
true

julia> one(D)
ERROR: MethodError: no method matching one(::Date)
```

메서드

🤔 컴퓨터 공학적으로, 객체지향에 대해 이미 어느 정도 알고 있다면 도움이 될 수도 있는 이
야기입니다. 몰라도 전혀 문제없습니다. 파이썬, 자바, C# 등의 객체지향 언어에서 메서드
method란 어떤 클래스가 가지고 있는 '프로퍼티가 함수일 때' 그것을 특별하게 구분해서 일컫
는 용어입니다. 근본적으로 프로퍼티와 메서드가 다른 것이 아니라 메서드가 프로퍼티의 일
종인 것입니다. 한편 상속inheritance 개념을 이야기할 때 부모 클래스에게 물려받은 메서드를
자식 클래스에서 이름이 같되 다른 구현으로 덮어씌우는 것을 메서드 오버라이딩overriding이
라고 하고, 한 클래스 내에서 이름이 같되 인수의 타입이나 개수가 다른 메서드를 새로이 정

의하는 것을 메서드 오버로딩^{overloading}이라 합니다. 이러한 설명에서 반복해서 등장하는 것은 바로 '이름'인데, 컴퓨터 공학에서는 이름 공간^{name space}이라는 단어가 있을 정도로 객체에 이름을 붙이고 구분하는 것이 중요한 일입니다. 객체지향 프로그래밍에서 메서드란 '이름이 같더라도 클래스에 따라 실제 구현이 다르거나, 같은 클래스 내에서도 조건에 따라 다르게 작동할 수 있는 함수'의 개념이라고 요약할 수 있겠습니다.

자바는 대표적인 객체지향 언어로, 대부분의 객체지향 언어처럼 클래스의 메서드에 오버라이딩과 오버로딩을 허용해 다형성을 가집니다. 한편 줄리아는 보통의 언어들과 달리 클래스가 따로 없고 타입에 따라 다른 메서드가 적용되는 식으로 다형성을 구현했습니다.

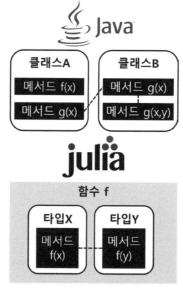

[그림 4-1] 자바와 줄리아의 차이

줄리아에서 메서드와 함수의 개념은 부하와 대장의 관계로 비유할 수 있습니다. 메서드란 주어진 인수의 수와 타입 등에 따라 다르게 구현될 수 있는 각각의 기능을 말하고, 함수란 이름이 같은 여러 메서드 그 자체를 의미합니다. 예를 들어서 간단한 함수인 sum을 그냥 콘솔창에 입력해보면 다음과 같은 메시지가 출력됩니다.

```
julia> sum
sum (generic function with 10 methods)
```

열 개의 메서드를 가진 제네릭 함수. 이는 합계를 구한다는 'sum'이라는 이름 아래, 사용되는 방식은 다르지만 추상적으로는 같은 기능을 하는 메서드가 10종류로 따로따로 구현되었고, 그 열 가지 메서드를 sum이라는 이름으로 묶어 하나로 표현한 것이 함수입니다. methods(f)는 함수 f의 메서드를 모두 출력해줍니다.

```
julia> methods(sum)
# 10 methods for generic function "sum" from Base:
  [1] sum(r::StepRangeLen{<:Any, <:Base.TwicePrecision, <:Base.
TwicePrecision})
      @ twiceprecision.jl:607
  [2] sum(r::StepRangeLen)
      @ twiceprecision.jl:592
  [3] sum(r::AbstractRange{<:Real})
      @ range.jl:1405
  [4] sum(a::AbstractArray{Bool}; kw...)
      @ reduce.jl:560
  [5] sum(arr::Union{Tuple{BigInt, Vararg{BigInt}}, AbstractArray{BigInt}})
      @ Base.GMP gmp.jl:667
  [6] sum(arr::AbstractArray{BigFloat})
      @ Base.MPFR mpfr.jl:748
  [7] sum(a::AbstractArray; dims, kw...)
      @ reducedim.jl:994
  [8] sum(a; kw...)
      @ reduce.jl:559
  [9] sum(f, a::AbstractArray; dims, kw...)
      @ reducedim.jl:995
 [10] sum(f, a; kw...)
      @ reduce.jl:530
```

벡터의 합으로 정의된 sum과 주어진 행렬의 행 혹은 열 기준으로 더하는 sum은 서로 다른 인수에 대해 다르게 구현된 두 개의 메서드인 한편, 같은 이름을 공유하기 때문에 하나의 함수로 봅니다. 함수가 이렇게 주어진 입력 데이터의 타입 등에 따라 다르게 적용되는 것을 다중 디스패치multiple dispatch라 합니다. 마침 dispatch가 파견이라는 뜻이니, 대장인 '함수'가 호출되면 입력 인수에 따라 부하인 '메서드'를 다중 파견 보낸다고 상상해보면 더 쉽게 이해할 수 있습니다.

```
julia> sum([9, 7, 3])
19

julia> sum([4 0
            7 1], dims = 2)
2×1 Matrix{Int64}:
 4
 8
```

한편 sum 예시에서 우리는 이미 다형성을 경험한 것이나 마찬가지입니다. 만약 어떤 코드에 벡터에 대한 합계 함수를 sum_vec으로, 행렬에 대한 합계 함수를 sum_mat으로 따로 정의하고 그런 일련의 함수 이름을 모조리 암기해야 한다면, 상상만 해도 끔찍한 그것이 바로 '다형성 없는 프로그래밍'입니다. 줄리아로 코드를 쓸 때 특정 함수의 세세한 구현, 다시 말해 함수를 사용했을 때 구체적으로 어떤 메서드가 적용되는지는 알 바가 아닙니다. 그런 건 줄리아 컴파일러가 알아서 하면 되는 것이고, 프로그래머는 시간을 아껴서 그보다 고차원적인 사고를 해야 합니다.

▌타입 선언

같은 이름을 사용하되 다른 타입의 데이터에 대한 메서드를 정의하는 것을 다중 정의multiple definition라 하고, 정의를 잘게 쪼개서 컴파일러에게 어떤 상황에서 어떤 함수를 사용해야 하는지 힌트를 주는 것은 성능적인 측면에서도 권장됩니다.[15] 타입 명시type annotation와 타입 선언type declaration은 비슷한 말이지만, 느낌상 특히 함수나 상수에 하는 타입 명시를 타입 선언이라 하는 경향이 있습니다.

간단한 예로 벡터와 행렬의 놈norm을 생각해보면, 벡터 $\mathbf{x} \in \mathbb{R}^d$의 유클리드 놈Euclidean norm $\|\cdot\|_2$은 다음과 같이 각 성분의 제곱합에 근호를 취한 것으로 정의됩니다.

$$\|\mathbf{x}\|_2 := \sqrt{x_1^2 + \cdots + x_d^2}$$

---

15 줄리아 공식 문서 중 「성능 팁」, docs.julialang.org/en/v1/manual/performance-tips/#Break-functions-into-multiple-definitions

한편 행렬 $A \in \mathbb{R}^{m \times n}$의 맥시멈 놈maximum norm $\|\cdot\|_\infty$은 다음과 같이 각 성분에 절댓값을 취하고 그중에서 최댓값을 계산합니다.

$$\|A\|_\infty := \max_{i,j} |A_{ij}|$$

둘 다 구현이 별로 어렵지는 않은데, 이 함수들을 자주 사용해야 한다면 맥락에 따라서 벡터, 행렬에 대해 계산하도록 다음과 같이 하나의 함수로 정의할 수 있을 것 같습니다.

```
function norm(V)
    if V isa Vector
        s = 0
        for v in V
            s += v^2
        end
        return sqrt(s)
    elseif V isa Matrix
        m,n = size(V)
        s = []
        for i in 1:m
            for j in 1:n
                push!(s, abs(V[i,j]))
            end
        end
        return maximum(s)
    else
        error("V must be a vector or matrix")
    end
end
```

에러 없이 작동하는 데다가 norm이라는 이름 하나로 두 가지 기능을 쓸 수 있게 되긴 했습니다. 하지만 이것은 진정한 의미에서 다형성을 활용한 것이라 할 수 없습니다. 초기화와 타입 체크, 예외 처리까지 완벽해 보이는 이 코드는 줄리아에서 다음과 같이 두 줄의 타입 선언과 다중 정의로 요약될 수 있습니다.

```
norm(x::Vector) = sqrt(sum(x.^2))
norm(x::Matrix) = maximum(abs.(x))
```

🤔 앞서 봤던 긴 버전의 코드는 수식을 옮겨 적는 것에만 집착한 나머지 절차지향적으로 문제에 접근했고, 그 과정에서 브로드캐스트를 전혀 떠올리지 못한 풀이입니다. 또한 함수를 정의할 때도 타입을 명시할 수 있는데, 보통 이렇게 타입에 관련해서 문법적으로 보장된 기능이 있다면 그 기능을 적극적으로 활용하는 것이 성능적으로도 뛰어납니다. 조건문으로 타입을 체크하는 코드의 경우 컴파일러의 입장에서 함수가 실행되고 그 내부 스코프에서 어떤 일이 일어날지 기계적으로 판단하기가 까다롭지만, 타입 선언이 명확한 경우 애초에 인수의 타입을 체크해서 그에 맞는 메서드를 찾아 직접 호출하므로 최적화에 유리합니다.

다중 정의를 하는 중에 출력을 보면 메서드의 숫자가 늘어나는 것을 확인할 수 있습니다.

```
julia> norm(x::Vector) = sqrt(sum(x.^2))
norm (generic function with 1 method)

julia> norm(x::Matrix) = maximum(abs.(x))
norm (generic function with 2 methods)

julia> norm(3)
ERROR: MethodError: no method matching norm(::Int64)
```

타입 선언을 명확히 함으로서 두 메서드는 하나의 함수이되 어떤 데이터에 어떤 메서드가 사용되어야 할지 정해진 것입니다. 거기에 더불어 이들 외에 주어진 인수에 대해서는 따로 예외 처리를 해주지 않아도 알아서 MethodError를 일으켜주므로 매우 편리합니다.

Dates

다형성의 강력함을 느낄 수 있는 좋은 예시로 Dates를 소개합니다.[16] Dates는 그 이름 그대로 날짜나 시간에 관한 기능을 제공하는 줄리아 표준 라이브러리입니다. 별것 아닌 것처럼 보일 수도 있겠지만, 시계열 데이터time series data를 다뤄보면 시간에 관련된 계산이 얼마나 큰 스트레스를 주고 까다로운지 체감할 수 있습니다. 예를 들어 1,000초는 분으로 환산했을 때 몇 분인가요? 2016년 2월 25일에서 500일이 지나면 몇 년 몇 월 며칠인가요? 그날은 무슨 요

---

16 줄리아 공식 문서 중 「날짜 라이브러리」, docs.julialang.org/en/v1/stdlib/Dates

일인가요? 하나 같이 그 자체가 중요하지는 않아 보이는데 막상 필요할 일은 꽤 많은 질문들로, 시간 축을 자주 다뤄야 하는 프로그래머 입장에서는 빛과 소금 같은 라이브러리입니다.

가장 간단하고 유용한 함수로는 today, now가 있습니다. 각각 실행될 때의 날짜와 시각을 반환해주는데, 주로 과학 계산 분야에서는 시뮬레이션의 경과에 따라 로그를 남기거나 프로그램의 성능 측정에 유용하게 사용될 수 있습니다.

```
julia> using Dates

julia> today()
2023-11-27

julia> now()
2023-11-27T01:13:21.758

julia> dayname(now())
"Monday"
```

dayname 함수는 주어진 날짜의 요일을 반환합니다. 일요일에서 월요일로 넘어가는 새벽 1시 13분에 안 자고 이 코드를 실행하고 있었네요!

날짜에 관련된 타입과 생성자로는 Date, Time, DateTime 등이 있습니다. 더 복잡한 포맷으로 읽고 쓰는 것도 가능은 하지만 기본적으로는 년/월/일이나 시/분/초처럼 세 개 정도의 정수로 다루는 게 가장 편합니다.

```
julia> debut = Date(2016, 2, 25)
2016-02-25

julia> prize = Date(2018, 10, 2)
2018-10-02
```

시간 혹은 기간^{period}에 관련된 타입과 생성자로는 Period, Year, Quarter, Month, Week, Day, Hour, Minute, Second, Millisecond, Microsecond, Nanosecond 등으로 사용하는 거의 모든 단위는 다 있다고 보면 됩니다. 그중에서 Period는 시간을 인간이 이산적으로 표현한 것을 의미하는 타입으로, 다른 모든 시간 단위는 Period의 서브 타입입니다.

```
julia> Year(7)
7 years

julia> Day(50)
50 days

julia> Hour(9)
9 hours

julia> Second(1000)
1000 seconds

julia> canonicalize(Second(1000))
16 minutes, 40 seconds
```

canonicalize는 '기준이 되게 하다'라는 그 의미 그대로 단순히 수로 주어진 시간을 우리가
읽기 편하게 계산해줍니다. 1,000초는 16분 40초였습니다.

시간에 관한 타입이 따로 만들어져 있다는 건 분명히 이게 문법적이든 성능적이든 장점이 있
기 때문입니다. 예를 들어 두 날짜 사이의 유닛 레인지는 다음과 같이 하루를 기준으로 계산
됩니다.

```
julia> collect(debut:prize)
951-element Vector{Date}:
 2016-02-25
 2016-02-26
 2016-02-27
 ⋮
 2018-09-30
 2018-10-01
 2018-10-02
```

여기서 등차수열의 공차를 Day(2)로 주면 격일 날짜의 벡터를 얻을 수 있습니다. Day는
Period의 서브 타입이고, 생각해보면 이러한 특징이 Day만의 고유한 성질일 이유가 전혀 없
습니다.

```
julia> collect(debut:Day(2):prize)
476-element Vector{Date}:
 2016-02-25
 2016-02-27
 2016-02-29
 ⋮
 2018-09-28
 2018-09-30
 2018-10-02
```

아마 이렇게 간격을 주는 것은 모든 시간 타입에 적용될 것이고, 실제로 Week나 Year에도 잘
작동합니다.

```
julia> collect(debut:Week(1):prize)
136-element Vector{Date}:
 2016-02-25
 2016-03-03
 2016-03-10
 ⋮
 2018-09-13
 2018-09-20
 2018-09-27

julia> collect(debut:Year(1):prize)
3-element Vector{Date}:
 2016-02-25
 2017-02-25
 2018-02-25
```

일 년 간격, 한 달 간격은 사실 직접 짜도 그럭저럭 할만하겠지만 일주일 단위 간격 계산부터
는 현재의 양력 체계에서 굉장히 다루기 까다롭습니다. 어떤 달은 30일, 어떤 달은 31일, 거기
에 2월이 윤년이 되는 규칙까지 포함되어야 합니다. Dates와 함께라면 이 모든 문제와 작별
입니다.

레인지의 예시에서 이미 레인지를 생성하는 방법이 수나 문자 외에 날짜에 대해서도 직관적
으로 확장되는 것을 확인했습니다. 이는 정확히 '여러 타입에 대해 작동할 수 있는 능력 및 성
질을 일컫는 개념'이라는 다형성의 정의에 부합합니다. 당연하게도 다형성의 개념은 특정 생

성자가 아니라 가능한 한 많은 함수에 적용될 수 있습니다. 예를 들어 날짜와 시간의 덧셈은 우리의 직관이 말하듯 해당 시간이 지난 뒤의 날짜를 반환합니다.

```
julia> debut
2016-02-25

julia> debut + Day(500)
2017-07-09

julia> dayname(debut + Day(500))
"Sunday"

julia> +
+ (generic function with 207 methods)
```

2016년 2월 25일의 500일 뒤는 2017년 7월 9일, 그리고 일요일이었습니다. 새삼 덧셈이라고 하는 함수에 대해 알아보니 207개의 메서드로 이루어진 복합 함수compound function이었습니다. 그 메서드 중 적어도 하나는 시간과 날짜에 대한 계산으로 구현되어 있으며, 입력 데이터들의 타입을 파악해 다중 디스패치가 일어난 것입니다.

덧셈만큼이나 유용한 것이 바로 뺄셈으로, 두 날짜를 받아서 그 간격을 계산합니다. 계속 언급한 것처럼 뭐 별거 있나 싶어도 직접 구현하려면 머리가 지끈 아파올 정도의, 작지만은 않은 난제입니다.

```
julia> prize
2018-10-02

julia> debut
2016-02-25

julia> prize - debut
950 days
```

마지막으로 줄리아 스타일의 다형성이 얼마나 강력한지 느낄 수 있는 예시로 diff 함수에 대해 알아보도록 하겠습니다. diff 함수는 이른바 차분difference을 반환하는 함수로, 길이가 n인 배열을 받으면 하나의 원소와 그다음 원소의 차이를 계산해서 길이가 n-1인 배열을 얻을 수 있습니다. 비단 수치 해석뿐만 아니라 배열을 다루면서 온갖 트릭에 잘 쓰이는 유용한 함수니 반드시 알아두도록 합시다.

```julia
julia> x = [7, 3, 9, 2];

julia> diff(x)
3-element Vector{Int64}:
 -4
  6
 -7
```

근데 diff를 잘 보면 본질적으로는 뺄셈(-)이 사용되고 있다는 것을 짐작할 수 있습니다. 줄리아의 다형성에 따르면, 이는 뺄셈(-)을 사용하고 있는 다른 함수들도 자연스럽게 그 기능이 확장된 것을 의미합니다. diff는 특정 타입에만 사용되도록 별도의 제한 사항을 두지 않았으므로, 다음과 같이 날짜의 벡터에 대해서도 직관과 일치하는 결과를 반환합니다.

```julia
julia> t = [debut, Date(2017, 7, 9), prize, today()]
4-element Vector{Date}:
 2016-02-25
 2017-07-09
 2018-10-02
 2023-11-27

julia> diff(t)
3-element Vector{Day}:
 500 days
 450 days
 1882 days
```

당연하지만 이런 예시가 세상에 diff 하나만 있을 리 없습니다. 무궁무진한 함수들의 조합 속에서 더 간결하고, 더 일반적이고, 더 빠른 결과를 찾는 여정이 시작되었습니다. 이렇게 함수를 기준으로 다형성을 추구하는 것이 바로 줄리아의 방식이고, 객체지향 스타일의 다형성과는 또 다른 매력이 있습니다. '그렇게 돌아가지 않을 이유가 없기에' 온갖 함수들의 합성을 시도해보고, '그렇게도 돌아가야 하기에' 최대한 일반적인 함수를 작성하려는 집착이 습관으로 굳어집니다. 익숙해지고 나면 '함수를 작은 단위로 나누고 그들의 합성으로 큰 문제를 해결한다'라는 함수형 프로그래밍의 정신을 체득한 것입니다.

도전 과제: 영업일

날짜의 컬렉션 days를 입력받아 평일인 날짜만 남겨서 반환하는 함수 onlyworkdays(days)를 작성해봅시다. 예를 들어 2016년 2월 25일(목), 2017년 7월 9일(일), 2018년 10월 2일(화), 2023년 11월 27일(월)을 배열로 받게 되면 일요일이었던 2017년 7월 9일(일)이 제외됩니다.

```
julia> t
4-element Vector{Date}:
 2016-02-25
 2017-07-09
 2018-10-02
 2023-11-27

julia> onlyworkday(t)
3-element Vector{Date}:
 2016-02-25
 2018-10-02
 2023-11-27
```

Hint 1 dayname 함수는 주어진 날짜가 무슨 요일인지 확인해서 반환해줍니다.

Hint 2 filter 함수는 이렇게 조건을 만족하는지에 따라 원소를 남기는 함수입니다.

Hint 3 어떤 요일 someday가 토요일도 아니면서 일요일도 아닌지 확인하려면 다음과 같이 주말 요일의 집합에 속하지 않음을 확인하면 됩니다.

$$someday \notin [\text{"Saturday"}, \text{"Sunday"}]$$

∉('\notin' 입력 + <tab>)은 엄연히 반환값이 참이나 거짓인 함수라는 것을 잊지 마세요. 본 질적으로 어려운 문제가 아니기 때문에 정직하게 반복문을 사용한 절차지향적인 코드를 쉽게 떠올릴 수 있지만, 힌트를 잘 조합해보면 함수형으로 단 한 줄로도 같은 기능을 구현할 수 있습니다. 되도록이면 filter 함수를 사용해서 간결하게 짤 수 있도록 도전해보세요.

```
onlyworkday(days) = filter(day -> dayname(day) ∉ ["Saturday", "Sunday"],
days)
```

우선 dayname(day)는 타입이 Date인 day를 받아 다음과 같이 "Monday", "Tuesday", "Wednesday", "Thursday", "Friday", "Saturday", "Sunday" 중 하나의 문자열을 반환합니다.

```
julia> dayname.(today():(today()+Day(6)))
7-element Vector{String}:
 "Monday"
 "Tuesday"
 "Wednesday"
 "Thursday"
 "Friday"
 "Saturday"
 "Sunday"
```

만약 day가 일요일만 아니면 되는 경우엔 day != "Sunday"로 충분한데, 토요일과 일요일 모두 배제해야 하기 때문에 ∉을 통해 멤버십 테스팅을 실시했습니다. 사실 이런 함수는 집합 자료형 Set에서만 정의될 것처럼 보이지만, 배열에서도 문제없이 작동하는 부분에서 또다시 다형성을 활용했다고 볼 수 있습니다. 이제 마지막으로 남은 것은 이런 검사 기능을 가진 함수, 그러나 '굳이 밖에서 정의될 필요가 없을 정도로 예외적인 이 함수'를 람다식으로 표현하는 것입니다.

day -> dayname(day) ∉ ["Saturday", "Sunday"]

이 풀이는 filter 함수의 사용법에 익숙하지 않다면, 함수형 프로그래밍에 대한 직관이 없다면 스스로 떠올리는 건 고사하고 읽기조차 버거울 수 있습니다. 평범하게 코딩은 잘하지만 이런 작법에 익숙하지 않은 사람이라면 다음의 코드가 먼저 떠올랐을 겁니다.

```
function onlyworkday2(days)
    result = []
    for day in days
        if dayname(day) != "Saturday" && dayname(day) != "Sunday"
            push!(result, day)
        end
    end
    return result
end
```

다변수 함수multivariable function는 인수가 여러 개, 혹은 벡터로 주어지는 함수입니다. 참고로 출력 데이터인 종속 변수가 여러 개거나 벡터면 다중 반환 함수나 벡터 함수라 부르기도 합니다. 꼭 그렇게 정해진 건 아니지만, 똑같이 복수 출력을 하더라도 튜플로 반환되면 다중 반환 함수, 벡터로 반환되면 벡터 함수라 부르는 게 자연스럽습니다.

다시 다변수 함수 이야기로 돌아와서, 다음과 같은 함수도 다변수 함수라고 불릴 수 있을까요?

$$(x, y) \rightarrow x + x*y + y$$

이 익명 함수는 아주 간단하지만 인수가 x, y로 주어지므로 다변수 함수가 맞습니다. 다변수 함수가 별 게 아니라, 그냥 여러 인수가 들어가면 그게 다변수 함수니까 너무 어렵게 생각하지 않도록 합시다. 특히 프로그래밍에선 거의 다변수 함수밖에 없다 싶을 정도로 다변수 함수를 많이 사용하는데, 덧셈, 뺄셈, 곱셈, 나눗셈 같은 이항 연산은 물론이고 배열의 특정 원소에 접근하는 getindex도, 배열에 원소를 추가하는 push!도, 문자열의 왼쪽을 채워주는 lpad도, 컨테이너와 튜플을 받아 특정 원소를 수정해주는 replace도, 참/거짓을 판별하는 함수와 컨테이너를 받아서 참인 원소만 남기는 filter도, 모두 다변수 함수입니다. 다변수 함수에 대해서 공부한다는 것은 새로운 것을 배우는 게 아니라 지금까지 배워왔던 수많은 함수들이 다변수 함수라는 걸 자각하는 것에 불과합니다.

가변 인수

균등분포에서 난수를 추출해서 랜덤텐서를 만드는 rand 함수는 크기의 수를 입력하는 만큼 텐서의 차수가 올라갑니다.

```julia
julia> rand()
0.36688266372322187

julia> rand(4)
4-element Vector{Float64}:
 0.88809697156717
 0.14334554306410874
 0.7318860683326429
 0.9170428205469667

julia> rand(3, 3)
3×3 Matrix{Float64}:
 0.29751    0.905009  0.913637
 0.0949565  0.838187  0.377237
 0.749497   0.839268  0.848778

julia> rand(2, 2, 2)
2×2×2 Array{Float64, 3}:
[:, :, 1] =
 0.531074  0.0418239
 0.166585  0.544394

[:, :, 2] =
 0.990232  0.656382
 0.276611  0.522503
```

rand()는 스칼라, rand(4)는 벡터, rand(3, 3)은 행렬, rand(2, 2, 2)는 3차 텐서를 반환했습니다. rand는 인수의 개수 자체가 고정되어 있지 않아 늘었다 줄었다 할 수 있는 함수인데, 수학적인 정의 그대로의 함수는 설명하기가 꽤 까다롭습니다. 따라서 이를 표현할 또 다른 개념이 필요하고 이런 함수를 가변 인수 함수라 부릅니다.

가변 인수 함수란, 흔히들 variable number of arguments를 줄여서 varargs라 부르기도 하는 '가변 인수'를 가지는 함수를 말합니다. 가변 인수 함수는 단순히 여러 개의 인수를 받는

게 아니라 인수의 수 자체가 변할 수 있다는 점에서 보통의 함수들과 문법적으로 크게 다릅니다. 예를 들어 최솟값을 구하는 함수인 minimum과 min은 다음과 같이 사용할 수 있습니다.

```
julia> minimum([0, 7, 2])
0

julia> min(0, 7, 2)
0
```

둘 다 정상적으로 작동하는 것 같은데, minimum은 배열 하나로 데이터를 주었고 min은 그냥 하나하나 따로 입력해준 점이 다릅니다. 그런데 인수를 서로 바꾸면 둘 다 에러가 발생합니다.

```
julia> minimum(0, 7, 2)
ERROR: MethodError: no method matching minimum(::Int64, ::Int64, ::Int64)

julia> min([0, 7, 2])
ERROR: MethodError: no method matching min(::Vector{Int64})
```

🤔 상식적으로 봤을 때 아무 상관도 없어야 하고, 애초에 같은 기능을 하는 함수가 용법까지 헷갈리게 두 개나 있다는 게 이상하게 느껴질 수 있습니다. 이 부분에 대해선 함수형 프로그래밍을 더 배운 뒤 '리듀스 함수에 min을 적용한 것이 곧 minimum이다'라는 말을 이해할 수준이 되면 납득할 수 있게 될 겁니다. 리듀스에 대해서는 바로 다음 4.2 고차 함수에서 다룹니다.

당장은 그런 어려운 설명 대신 둘의 차이점에만 주목합시다. min은 가변 인수 함수고, minimum은 아닙니다. 가변 인수 함수인 min은 인수 자체를 여러 개 줄 수 있는 반면 일반 함수인 minimum은 단 하나의 원소만 가지더라도 배열로 주어져야 한다는 제약이 있습니다. 이 단순 비교에서 어떤 장단점을 찾을 필요는 없고, 실행 여부에 영향을 미칠 만큼 형식적인 차이가 큰 것을 짚고 넘어가면 충분합니다.

가변 인수는 함수를 정의할 때 마지막 포지션 인수positional argument 바로 뒤에 스플랫 오퍼레이터(...)를 붙임으로서 사용할 수 있습니다. 포지션 인수에 대해서는 조금 더 뒤에서 알아보도록 하고, 지금 당장은 그냥 f(x, y...)와 같이 가장 마지막 인수 뒤에 (...)가 붙는다는 정도로 받아들여도 무방합니다.

예를 들어, 가장 앞에 행렬의 높이 x를 정해주고, 그 뒤로 이어지는 가변 인수 y들이 높이 x만큼 복사되어서 각 열을 채우는 rain(x, y...) 함수를 생각해봅시다. 말은 복잡한데 다음의 예시를 보면 어떤 함수인지 단박에 알 수 있습니다.

```
julia> rain(4, 1, -3, 2)
4×3 Matrix{Int64}:
 1  -3  2
 1  -3  2
 1  -3  2
 1  -3  2

julia> rain(2, 1, -3, 2, 9, 0)
2×5 Matrix{Int64}:
 1  -3  2  9  0
 1  -3  2  9  0
```

rain(4, 1, -3, 2)는 가장 앞이 4기 때문에 행이 네 개이고, 그 뒤로 1, -3, 2가 이어져서 세로 방향으로 복사되며 행렬을 가득 채웁니다. rain(2, 1, -3, 2, 9, 0) 역시 가장 앞이 2기 때문에 행이 두 개이고, 그 뒤로 1, -3, 2, 9, 0이 이어집니다.

이 함수는 실제로 다음과 같이 작성할 수 있습니다. 가변 인수는 rain(y..., x)와 같이 가장 마지막이 아닌 곳에 위치할 수 없고, rain(x, y...)와 같은 형식을 지켜야 하는 것에 주의해 주세요.

```
function rain(x, y...)
    Z = zeros(eltype(y), x, length(y))
    n, m = size(Z)
    for i in 1:n
        for j in 1:m
            Z[i,j] = y[j]
        end
    end
    return Z
end
```

사실 이 코드는 이해를 돕기 위해 가장 읽기 쉬운 방법으로 작성된 것이고, 더 줄리아다운 구현은 다음과 같이 몇 가지 빌트인 함수와 브로드캐스트를 통해 한 줄로 끝낼 수 있습니다.

```
rain(x, y...) = stack(fill.(y, x))
```

한편 가변 인수 함수를 정의하는 방법에 대해 알고 나면 반드시 이런 질문이 떠오를 겁니다. '어차피 함수 내에서 인수들을 튜플의 형태로 받는다면, 처음부터 굳이 가변 인수가 아니라 배열 같은 걸로 통일하는 게 낫지 않나?'하는 의문입니다. 실제로 가변 인수 함수보다는 배열 자체에 대해서 정의된 함수가 훨씬 많긴 한데, 드물게 가변 인수 함수가 필요할 때도 있고 실제로 가변 인수 함수라서 편한 경우가 종종 있습니다.

● string: 가변 인수로 받은 데이터들을 문자열로 바꾸고 이어붙여 줍니다. 특히 문자열 사이 사이에 들어가야 하는 계산들이 복잡하다면 문자열 자체에서 인터폴레이션을 사용하는 것보다 훨씬 쉽고 간편합니다.

```
julia> string("For x=", 7, ", sin(x)=", sin(7))
"For x=7, sin(x)=0.6569865987187891"
```

● gcd: 최대공약수를 계산해주는 함수로, 실제 수식적으로 다룰 때와 유사하게 여러 수가 들어와도 표현상 아무 문제가 없습니다. 기능적인 측면보다는 코드의 가독성에서 큰 이점이 있습니다.

```
julia> gcd(12, 18)
6

julia> gcd(12, 18, 15)
3
```

● push!: 사실 push!도 가변 인수를 가지고 있습니다. 지금까지는 하나씩 차곡차곡 스택을 쌓아서만 써왔다면, 이제는 한꺼번에 처리하는 상황에도 쓸 수 있는 가능성이 생긴 것입니다.

```
julia> x = [3, 1]
2-element Vector{Int64}:
 3
 1
```

```
julia> push!(x, 4, 1, 5, 9); x
6-element Vector{Int64}:
 3
 1
 4
 1
 5
 9
```

마지막 예시인 push!에서 짐작할 수 있듯, 실제로는 아주 많은 함수들이 각자의 특징에 따른 가변 인수도 가지고 있습니다. '왜 굳이 배열로 하면 될 걸 가변 인수를 쓰느냐'가 아닙니다. 그렇게 배열로 받아야 할 건 이미 다 배열로 받았고, '원한다면 어떤 인수들은 가변적으로도 받아주겠다'라는 느낌으로 받아들여야 합니다.

옵션과 키워드

특히 다변수 함수에서, 수많은 함수의 세팅을 편리하게 줄 수 있는 키워드 인수keyword argument 와 그에 대비되는 표현으로 포지션 인수positional argument, 그중에서도 특히 옵션 인수optional argument에 대해 알아보려고 합니다. 포지션 인수는 말 그대로 입력될 때의 위치에 따라 의미를 가지는 인수입니다. 이미 알고 있는 거의 모든 함수들이 적어도 하나의 포지션 인수를 요구하고 많은 경우 함수의 작동에 없어선 안 되는, 그 함수의 정체성과 가장 가까운 인수가 가장 앞에 위치합니다.

삼각함수 sin(x)에서 x는 포지션 인수입니다. 다차원 배열의 모양을 바꾸는 함수 reshape (A, dims)에서 A와 dims도 포지션 인수고, 당연히 그 위치가 뒤섞여서는 안 됩니다.

옵션 인수는 이러한 포지션 인수 중 상식적으로 적절한 초깃값이 있어서 사실상 생략해도 괜찮을 때 사용됩니다. 대표적인 예로 Dates 라이브러리의 Date 생성자는 다음과 같이 세 개의 정수를 입력받아 그 연월일에 맞는 날짜를 반환합니다.

```
julia> Date(2016, 2, 25)
2016-02-25
```

보다시피 이 예시에서 2016, 2, 25는 년, 월, 일의 순서로 입력된 포지션 인수입니다. 그런데 상황에 따라서는 일이 빠지고 년, 월까지만 들어가도 딱히 이상할 게 없습니다.

```
julia> Date(2016, 2)
2016-02-01
```

이렇게 된 거 연도만 남아도 문제없어 보입니다. 실제로 연간 데이터 같은 걸 다룬다면 굳이 의미도 없는 월, 일을 형식에 맞춰서 넣는 것보다 처음부터 생략되는 편이 유리합니다.

```
julia> Date(2016)
2016-01-01
```

Date(y, [m, d])에서 월 m과 일 d는 1이라는 기본값에서 충분히 상식적입니다.

한편 아무리 다변수 함수라도 그 인수의 종류가 너무나 많아서 도저히 외우거나 일일이 정해줄 수 없는 경우를 상상해봅시다. 예를 들어 시각화에 관련된 패키지인 Plots.jl의 plot 함수는 아예 공식 문서에서 인수에 관련된 표만 해도 4~5개씩 제공될 정도로 무겁고 복잡한 함수입니다. 생각해보면 당연한 게, 그림을 그리기 위해서는 좌표도 받아야 하고 선의 색, 두께, 모양, 마커의 색, 크기, 모양, 제목, 축 이름, 전체 크기, 폰트 등 고려할 게 어마어마하게 많습니다. 꼭 이렇게 극단적인 케이스가 아니라도 하나의 함수에 온갖 기능이 들어가는 예시는 어렵지 않게 찾아볼 수 있는데, 이런 함수를 정의하고 사용할 때 아주 유용하게 사용되는 것이 바로 키워드 인수입니다.

보기와 달리 대부분의 빌트인 함수는 키워드 인수를 가지고 있습니다. 예를 들어 지금까지도 많이 사용해왔던 sort는 배열 v에 대해 다음과 같은 메서드로 정의됩니다.

```
sort(v; alg::Algorithm=defalg(v), lt=isless, by=identity, rev::Bool=false)
```

- v: 포지션 인수로 반드시 주어져야 하며, 정렬할 배열입니다.
- alg: 특정한 정렬 알고리즘입니다. 디폴트로는 v에 적합한 알고리즘을 알아서 선택합니다.

- lt: 원소를 비교해서 순서를 줄 이항 연산입니다. 디폴트는 isless(<)이므로 더 작은 원소가 앞쪽으로 오게끔 정렬됩니다.
- by: 정렬하기 전에 취해줄 함수입니다. 디폴트는 항등 함수 identity이므로 주어진 배열 그대로를 정렬합니다.
- rev: 순서를 뒤집을지reverse를 결정합니다.

많은 경우 이러한 키워드는 비슷한 종류의 함수에서도 호환되거나 비슷한 이름으로 정의되어 있습니다.

```
sortperm(A; alg::Algorithm=DEFAULT_UNSTABLE, lt=isless, by=identity,
rev::Bool=false)
```

예를 들어 배열 자체가 정렬되는 것이 아니라 배열이 정렬되는 인덱스의 배열을 반환하는 함수 sortperm은 대부분의 키워드를 sort와 공유합니다. sortperm(x)는 인덱스의 배열로 반환되어 x[sortperm(x)]가 정렬되도록 합니다.

```
julia> x = [9, 0, 7, 5];

julia> sortperm(x)
4-element Vector{Int64}:
 2
 4
 3
 1

julia> x[sortperm(x)]
4-element Vector{Int64}:
 0
 5
 7
 9
```

rev와 같은 키워드를 자유자재로 사용할 수 있게 되면 창의적이고 편리한 함수를 쉽게 구현할 수 있게 됩니다. 예를 들어 값이 큰 순서대로 랭킹을 매기는 함수 ranking(x)는 다음과 같이 간단하게 작성할 수 있습니다.

```
ranking(x) = sortperm(sortperm(x, rev = true))
```

원리는 간단한데, 우선 크기가 큰 원소부터 내림차순으로 정렬될 인덱스를 구합니다. 이들은 원소의 길이 n에 대응해서 원래의 배열을 역정렬하는 인덱스의 배열이고, 다시 sortperm을 취하면 자연스럽게 가장 큰 원소부터 차례로 낮은 인덱스로 대응됩니다. 테스트 결과는 다음과 같습니다.

```
julia> sortperm(x, rev = true)
4-element Vector{Int64}:
 1
 3
 4
 2

julia> [x ranking(x)]
4×2 Matrix{Int64}:
 9  1
 0  4
 7  2
 5  3
```

어쩌면 이런 구현이 어렵고 직관적이지 않다고 느낄지도 모르겠지만, 막상 sortperm 없이 직접 짜보려고 고민해보면 보기보다 쉽지 않다는 걸 알 수 있을 겁니다. 직관적인 알고리즘으로 꾸역꾸역 돌아가는 알고리즘이야 금방 떠올릴 수 있겠지만 실제로 시도해보면 손이 꽤 많이 갑니다.

직접 함수를 정의할 때 기본값이 z인 키워드 인수 y를 사용하는 방법은 필수적으로 주어져야 할 마지막 인수 x 뒤에 세미콜론(;)을 붙여서 키워드 인수 y=z를 f(x; y=z)와 같이 나타내서 구분하는 것입니다. 예를 들어, 로지스틱 패밀리는 주어진 파라미터 r에 따라 0과 1 사이의 값 x를 또다시 $f_r(x) \in [0,1]$로 매핑하는 함수입니다.

$$f_r(x) = rx(1-x)$$

값을 값에 대응시키는 함수인 만큼 x가 주어지지 않는 건 말이 안 되지만, r의 값은 어떻게 주어지든 함수를 반복해서 취할 수 있다는 본질은 달라지지 않으므로 적당한 기본값 $r = 4$로 둬도 큰 상관이 없습니다.

```julia
julia> function logistic(x; r = 4)
           return r * x * (1 - x)
       end
logistic (generic function with 1 method)

julia> logistic(0.5)
1.0

julia> logistic(0.5, r = 2)
0.5
```

logistic(0.5)는 구체적인 r이 주어지지 않았으나 기본값 r = 4에 따라 1이 반환되었고, logistic(0.5, r = 2)는 키워드 인수 r = 2에 따라 정상적으로 0.5를 반환했습니다.

세미콜론 뒤에 이름을 가지고 적힌다는 점에서 네임드 튜플이 떠오르지 않나요? 키워드 인수는 실제 인수의 이름에다 값을 대입해서 써야 합니다. 키워드 인수와 옵션 인수의 용법에 따르면 실제로 함수가 호출될 때 해당 인수의 이름에 직접 등호(=)를 써서 대입을 하느냐 안 하느냐로 구분되는 것처럼 보이지만, 문법적인 측면에서 더 명확히 하자면 다음과 같이 구분할 수 있습니다.

- 세미콜론 뒤가 키워드 인수
- 세미콜론 앞이 포지션 인수
  - 포지션 인수 중에서 기본값이 있어서 생략해도 되는 옵션 인수

로지스틱 맵

👻 키워드 인수가 어떤 상황에서 유용하게 쓰이는지도 알아볼 겸, 로지스틱 패밀리에 대해 조금만 더 자세히 파고들어 보겠습니다.

$$x_{n+1} = rx_n(1 - x_n)$$

동역학계dynamical system로서의 로지스틱 맵은 수리생물학 등에서 특정 종의 인구 밀도 등을 모델링할 때 가장 먼저 언급되는 간단한 시스템으로, rx_n은 시점 n에서 인구 밀도 x_n에 정비례해서 인구가 증가하는 요인, $(1 - x_n)$은 인구 밀도 100%에 가까워지면서 내부 경쟁이나 자원 고갈 등의 인구가 감소하는 요인입니다. 이러한 시스템이 주어졌을 때 중요한 질문 중 하나는 '수식이 본질적인 추세를 설명할 수 있는가', 다시 말해 '한 치 앞의 계산 결과가 아니라 중장기적 미래를 예측할 수 있는가'입니다.

이러한 궤적trajectory을 계산하는 함수 trajectory(x0; r = 4, n = 25)는 다음과 같이 작성할 수 있습니다. 파라미터 r과 최대 반복 횟수 n이 키워드 인수로 들어가 있습니다.

```
function trajectory(x0; r = 4, n = 25)
    x_ = [x0]
    for t in 1:n
        push!(x_, logistic(x_[end], r = r))
    end
    return x_
end
```

주어진 초깃값 $x_0 \in [0, 1]$에 대해 충분히 긴 반복 횟수 n만큼 로지스틱 맵을 취한 결과를 궤적이라고 하는데, r과 초깃값을 바꿔가며 계산해보면 재미있는 현상을 살펴볼 수 있습니다.

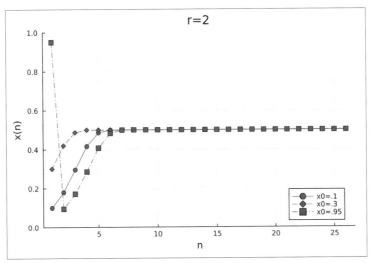

[그림 4-2] $r = 2$일 때, 초깃값이 어디서 시작하든 0.5로 수렴

초깃값을 세 종류, 파라미터 r을 두 가지로 바꿔가며 시뮬레이션해본 결과, 로지스틱 시스템은 마치 r만 바꾼다면 충분한 시간이 흐른 뒤 초깃값에 상관없이 특정한 패턴으로 수렴하는 것처럼 보입니다.

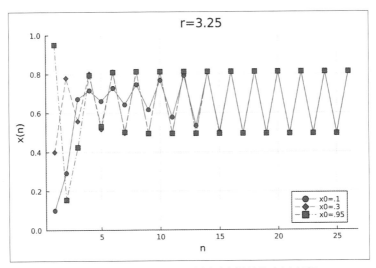

[그림 4-3] $r = 3.25$일 때, 초깃값이 어디서 시작하든 두 점 사이에서 진동

이것을 시각적으로 확인하는 가장 좋은 방법은 충분한 시간이 흐른 뒤에 나타나는 점들만 모아서 r값을 x축, x_n값들을 y축에 두고 점도표를 찍어보는 것입니다. 이를 위해 다음과 같이 r의 특정한 범위와 반복 횟수 n, 앞부분을 잘라내고 얻어낼 데이터의 수 m을 키워드 인수로 가

지는 bifurcation을 작성해봅시다. 참고로 scatter 함수를 사용하기 위해선 using Plots 를 통해 Plots.jl 패키지를 불러와야 합니다.

```julia
function bifurcation(x0; r = 1:1:4, n = 100, m = 50)
    xaxis_ = []
    yaxis_ = []
    for a in r
        x = trajectory(x0, r = a, n = n)[(end-m):end]
        xaxis_ = [xaxis_; fill(a, length(x))]
        yaxis_ = [yaxis_; x]
    end
    return xaxis_, yaxis_
end
x_, y_ = bifurcation(0.1, r = 1:0.25:3.5)
scatter(x_, y_, markersize = 5, xlabel = "r = 1:0.25:3.5")
```

다음 그림에서 $r = 2$에서 점이 하나뿐이라는 것은 충분한 시간이 흐른 후 한 점으로 수렴한 다는 의미고, $r = 3.25$에서 두 개의 점이 찍혀 있다는 것은 두 점 사이를 진동하는 주기 궤도 periodic orbit에 수렴했다는 것을 의미합니다. 그런데 $r = 3.5$에선 심지어 그 주기가 4인 궤도가 있는 것처럼 보입니다.

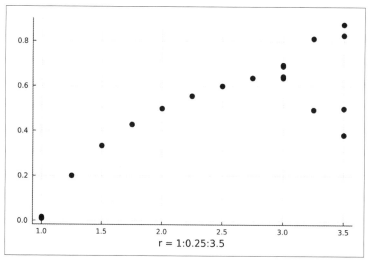

[그림 4-4] bifurcation(0.1, r = 1:0.25:3.5)를 통해 얻은 점도표

직관적으로는 r값이 증가하면서 주기가 점점 두 배로 늘어날 것처럼 보이는데, 이를 더 정교하게 확인하기 위해 파라미터 r의 간격을 줄이고 반복 횟수 n을 200회로 늘리고 획득하는 데이터의 수 m도 100개로 늘려봅시다.

```
x_, y_ = bifurcation(0.1, r = 1:0.001:4, n = 200, m = 100)
scatter(x_, y_, xlabel = "r = 1:0.001:4")
```

이렇게 파라미터를 세밀하게 조정하면서 시스템의 변화를 파악하기 위한 그림을 흔히 분기그림bifurcation diagram이라고 부릅니다.

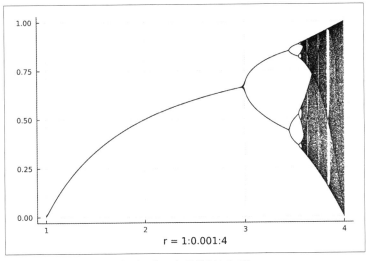

[그림 4-5] 로지스틱 맵의 분기 그림

🤔 다시 한번 짚고 넘어가자면, $r = 2$에서 선이 한 가닥이라는 것은 시스템이 한 점으로 수렴하는 것이고, $r = 3.25$에서 선이 두 가닥이라는 것은 두 점 사이를 오가며 진동하는 것입니다. 그렇다면 $r = 4$에서 무수히 많은 점이 0과 1 사이를 가득 채우는 것은 어떻게 해석해야 할까요? 이는 초깃값이 어찌 되든 모든 조건을 정확히 파악하고 다시 시뮬레이션을 반복하지 않는 이상 x_n을 알 수 없다, 0과 1 사이 어디든 있을 수 있다는 의미고, 이런 현상은 흔히 카오스chaos, 혼돈이라고 불립니다. 지금까지의 시뮬레이션에서 우리는 이 시스템이 r의 변화에 따라 언제 예측 가능한지, 예측 불가능한지 파악한 것이나 마찬가지입니다.

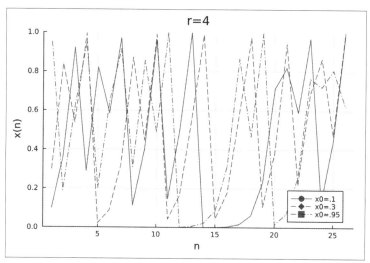

[그림 4-6] $r = 4$일 때, 궤적이 일정한 패턴을 보이지 않는 혼돈

다시 한번 상기해야 할 것은 고작 이차 함수인 $f_r(x) = rx(1 - x)$로 만들어진 시스템조차 이렇게나 분석하기가 까다롭다는 점입니다. 가장 쉬운 비선형 동역학 시스템에서도 bifurcation 함수는 초깃값이라는 하나의 포지션 인수와 세 개의 키워드 인수로 정의됐습니다. 당연히 시스템이 복잡할수록, 동역학이 아니라 어떤 분야라도 문제가 어려워지면 함수도 비대해질 수밖에 없습니다. 되도록이면 빨리 수많은 키워드 인수가 쓰이는 함수 정의에 익숙해지도록 합시다.

도전 과제: n번째로 큰 수의 위치

argmax는 배열의 가장 큰 원소의 위치를, argmin은 배열의 가장 작은 원소의 위치를 반환하는 유용한 함수입니다. 이를 조금 더 일반화해서, 주어진 배열 A의 n번째로 큰 원소의 위치를 반환하는 함수 argnth(n, A)를 작성해봅시다.

```julia
julia> x = [9, 0 ,7, 5];

julia> argnth(1, x)
1

julia> argnth(2, x)
```

```
3

julia> argnth(3, x)
4

julia> argnth(4, x)
2
```

Hint 1 sortperm 함수의 키워드 인수에 대해 알아보고 사용해봅시다.

풀이

```
argnth(n, A) = sortperm(A, rev = true)[n]
```

argmax로 A의 가장 큰 원소의 위치를 파악하고 n번 만큼 제거하는 방법이 먼저 떠올랐다면 그것이야말로 argmax의 편의가 주는 함정에 빠진 것입니다. 주어진 배열에서 deleteat!와 같은 함수로 해당 인덱스를 영구적으로 지워버리면 지점 이후의 인덱스도 한 칸씩 당겨지기 때문에, 배열의 크기를 유지한 채 이미 제거된 원소의 자리에 -Inf를 대입하는 방식으로 우회해야 합니다. 이를 줄리아 코드로 옮기면 다음과 같습니다.

```
function argnth2(n, B)
    for _ in 1:(n-1)
        B[argmax(B)] = -Inf
    end
    return argmax(B)
end
```

그러나 이런 구현은 추천하기 어려운데, 일단 첫째로는 Inf의 타입이 에러를 일으킵니다.

```
julia> x = [9, 0 ,7, 5];

julia> argnth2(3, x)
ERROR: InexactError: Int64(-Inf)
```

이는 주어진 배열이 정수의 배열인데, Float64 타입을 가지되 어떤 정수와도 대응이 되지 않는 Inf를 정수의 배열에 대입하려 했기 때문에 일어난 에러입니다.

```
julia> x = Float64[9, 0 ,7, 5];

julia> argnth2(3, x)
4

julia> x
4-element Vector{Float64}:
 -Inf
   0.0
 -Inf
   5.0
```

주어진 배열을 실수의 배열로 바꾸면 작동은 합니다. 그런데 매번 그렇게 쓰기도 곤란하다는 건 둘째 치고, 함수 밖에서 정의된 배열을 직접 조작해버려서 그 내용이 변한 부작용^{side effect}이 일어난 것을 확인할 수 있습니다. 함수형 프로그래밍은 가능하면 수학에서 정의되는 함수와 같이 '입력과 출력'이 일관되길 선호하며, 보통은 부작용을 꺼리는 편입니다.

😶 함수형 프로그래밍에서 함수가 부작용을 가지지 않는 함수를 순수 함수^{pure function}라 부릅니다. 물론 줄리아는 함수의 순수성에 집착하지는 않고 오히려 부작용을 활용하기도 하는데, 대신 그럴 땐 뱅 컨벤션, 다시 말해 함수 가장 뒤에 느낌표를 찍기로 했습니다. 그러나 이 경우엔 원래의 기능과 전혀 상관도 없고 의도한 것도 아니므로 함수의 도입부에 deepcopy 등을 통해 원본 배열의 변형을 방지해야 합니다. 그런데 그렇게까지 하는 것보단 그냥 argnth(n, A) = sortperm(A, rev = true)[n]처럼, 아예 처음부터 부작용 없이 짜는 게 더 좋지 않을까요?

이 문제에서 배울 수 있는 교훈은 '되도록이면 직접 짜지 말고 다양한 함수의 키워드 옵션에서 가능성을 찾아보자'라는 것입니다. 초심자의 입장에서 '정수의 배열에 무한대가 대입이 안된다' 혹은 '원본 배열이 손상된다'는 이슈는 예상하기 어렵고 해결하기도 까다롭습니다. 그러나 단 한 번이라도 이와 유사한 문제를 겪어보면 원인을 짐작하기가 훨씬 쉽고, 처음 밑그림부터 '문제가 안 일어날 스타일'을 추구하게 될 것입니다.

4.2 고차 함수

지금까지는 가능한 한 유용한 함수를 '다양하게' 알아두는 게 관건이었다면, 이 챕터에서 진정
으로 중요한 함수는 딱 세 가지로 map, reduce, filter라 요약할 수 있습니다. 이들은 함수
형 프로그래밍의 꽃이라 해도 과언이 아니며, 꼭 줄리아가 아니더라도 이미 많은 프로그래밍
언어에서 사용되고 있습니다. 언젠가 줄리아를 쓰지 않게 될지라도, 줄리아만 깊게 파고든다
고 해도 다른 사람의 코드를 읽을 수 있는 눈을 기르려면 반드시 알아두어야 하는 개념입니다.

4.2.1 일급 객체

보편적으로 프로그래밍에서 일급 객체first class object는 다음의 조건을 만족하는 요소를 말합
니다.

(i) 함수의 실제 파라미터가 될 수 있다.

(ii) 함수의 반환값이 될 수 있다.

(iii) 할당 명령문의 대상이 될 수 있다.

(iv) 동일 비교의 대상이 될 수 있다.

정의가 너무 일반적으로 적혀 있어서 감이 좀 안 올 수 있는데, 아주 간단한 예시로는 일상적
으로 쓰는 정수 $n = 3$ 같은 것들이 일급 객체입니다.

(i) 3은 rand(1, 3)과 같이 함수의 입력으로 줄 수 있습니다.

(ii) 1+2의 반환값으로 3이 출력될 수 있습니다.

(iii) m = 3과 같이 다른 변수에 할당 명령을 할 수 있습니다.

(iv) 3 == 4와 같이 동일한지 동일하지 않은지 비교할 수 있습니다.

쉽게 말해서 일급 객체란 프로그래밍에서 상식적으로 다룰 수 있는 객체를 말합니다. 함수형 프
로그래밍을 받아들이는 최소한의 조건이 '함수가 일급 객체일 것'이고, 트릭이나 디자인 패턴을
도입해서 같은 기능을 수행할 수 있을지라도 언어 고유의 특징이라고 부르지는 않습니다.

😀 예를 들어 함수가 일급 객체가 아닌 포트란에서는 특정 함수에 맞게 추상 인터페이스를 새로이 정의해서 억지로 패스하거나, C에서는 함수가 아닌 함수의 포인터로 우회하는 등의 테크닉이 있습니다. 뭐 당장 줄리아를 배우는 입장에선 어찌 되든 상관없는 일입니다. 비단 줄리아만이 아니라, 1990년 이후 설계된 대부분의 프로그래밍 언어들은 함수를 일급 객체로 다루기 때문입니다.

고차 함수higher-order function란 함수를 인수로 받거나 반환하는 함수를 말하고, 이와 대비되는 표현으로 고차 함수가 아닌 함수를 일차 함수first-order function라 합니다. 예를 들어 filter는 반환값이 불리언인 함수를 인수로 받으므로 고차 함수고, 복소수의 절댓값을 취해주는 abs는 일차 함수입니다.

▌파이프라인

파이프 오퍼레이터pipe operator (|>)는 R 프로그래밍 언어에서 (%>%)와 같은 용도로 쓰이는 연산자로, 이름 그대로 유체를 파이프에 태워 보내듯 데이터를 다음 함수의 입력으로 넘기는 역할을 합니다. 출력값은 그대로 이어서 다음 함수로 전달되므로, 여러 개의 함수를 중첩해서 사용하게 될 때 특히 가독성이 좋고 흐름을 이해하기 쉬워집니다.

간단한 예로 다음과 같이 제곱수의 역수는 그 급수가 $\pi^2/6$에 수렴한다는 사실을 근사적으로 계산해서 확인해보겠습니다. 엄밀하지는 않지만, 수치적으로는 적당히 긴 자연수의 유한수열에 대해서 급수를 계산하고, 6배를 곱해서 루트를 취했을 때 원주율과 비슷한 값이 나오면 이러한 계산이 어느 정도 믿을 수 있다는 근거가 될 수 있습니다.

$$\frac{\pi^2}{6} = \frac{1}{1^2} + \frac{1}{2^2} + \frac{1}{3^2} + \frac{1}{4^2} + \frac{1}{5^2} + \cdots$$

파이프라인을 통해 이 계산을 수행한 결과는 다음과 같습니다.

```
julia> x = 1:10000;

julia> 6(x .|> inv .|> abs2 |> sum) |> sqrt
3.1414971639472102
```

10^4번째 항까지 계산한 결과는 3.14149… 정도로, 원주율인 $\pi = 3.1415$ …에 잘 수렴합니다. 이 계산을 한 줄 한 줄 풀어헤쳐보면 '인간의 말'과 얼마나 유사하게 계산이 수행되는지 확인할 수 있습니다.

- x .|> inv 각각 역수를 취합니다.

  참고로, 당연히 (|>)도 (.|>)로 쓰여서 브로드캐스트할 수 있습니다.
- x .|> inv .|> abs2 각각 제곱한 후,
- x .|> inv .|> abs2 |> sum 모두 더해서,
- 6(x .|> inv .|> abs2 |> sum) 거기에 6을 곱하고,
- 6(x .|> inv .|> abs2 |> sum) |> sqrt 루트를 취합니다.

참고로 파이프 오퍼레이터를 쓰지 않고 그냥 함수에 대입하는 식의 표현은 다음과 같습니다.

```
julia> sqrt(6(sum(abs2.(inv.(x)))))
3.1414971639472102
```

파이프 오퍼레이터가 꼭 필요한가, 군이 쓸 줄 알아야 하는지는 차치하고서라도 가독성의 차이는 어마어마합니다. 그나마 이 예시는 간단하지만 온갖 키워드 인수가 사용되는 계산에선 소괄호가 너무 많이 나와서 본인이 쓴 코드도 읽기 어려워지는 일이 부지기수인데, 적재적소에 파이프 오퍼레이터를 사용하면 그 소괄호를 획기적으로 줄일 수 있습니다.

만약 계산 과정에서 파이핑 대신 6을 곱한 게 마음에 들지 않는다면, 다시 말해 오로지 함수의 파이핑만으로 같은 결과를 얻고 싶다면 이때야말로 익명 함수, 람다식을 사용할 좋은 기회입니다. 주어진 s를 그 6배인 6s에 대응하는 익명 함수 s -> 6s를 파이핑 과정에 넣으면 앞선 결과를 똑같이 얻을 수 있습니다.

```
julia> x .|> inv .|> abs2 |> sum |> (s -> 6s) |> sqrt
3.1414971639472102
```

파이핑에서 익명 함수를 사용한다는 아이디어는 여기서 그치지 않고 훨씬 큰 영감을 가져다 줍니다. 지금까지 보여준 모든 예에서는 파이핑을 할 때 옵션 인수나 키워드 인수를 따로 선택하지 못하고 통째로 넘어갔어야 했지만, 익명 함수를 사용하면 구체적으로 어떤 위치에 값을 전달할지를 정해줄 수 있습니다.

sum 함수는 함수 f와 배열 x에 대해 sum(f, x) 꼴로 쓰여서 x의 각 원소에 f를 취한 후 덧셈을 수행하는 메서드를 가지고 있습니다. 예를 들어 [1, 2, 3]에 대해 sum(abs2, 1:3)은 $1^2 + 2^2 + 3^2 = 14$이므로 다음과 같은 결과를 반환합니다.

```
julia> sum(abs2, 1:3)
14
```

이에 따르면 사실 지금까지의 계산은 익명 함수를 한 번 더 사용해서 다음과 같은 꼴도 사용할 수 있게 되는 것입니다.

```
julia> x .|> inv |> (y -> sum(abs2, y)) |> (s -> 6s) |> sqrt
3.1414971639472102
```

파이프 오퍼레이터는 사실 완성된 코드보다는 개발 단계의 테스팅에서 더욱 유용합니다. 보통의 경우 '커서가 가장 뒤에 있기 때문에 변수의 앞뒤를 다시 괄호로 감싸고 가장 앞으로 돌아가서 함수의 이름을 적어주는 과정'을 자주 하게 됩니다. 키보드 커서의 위치를 #로 나타낼 때, 이 작업은 다음과 같이 매우 번거롭게 이루어집니다.

foo# → #foo → (foo#) → #(foo) → bar#(foo)

그러나 파이프 오퍼레이터는 그 과정을 다음과 같이 아주 짧고 간단하게 줄여줍니다.

foo# → foo |> bar#

한편 지금까지 파이프 오퍼레이터에 대해 알아본 것 중 가장 중요한 것을 꼽으라면 바로 '익명 함수와의 조합'이라 요약할 수 있겠습니다. 파이프 오퍼레이터가 싫다면 어쩔 수 없지만, 기왕 사용해보기로 마음먹었다면 익명 함수와 함께 쓸 수 있다는 점을 늘 명심하세요.

그리고 또 하나. 파이프 오퍼레이터는 함수 f와 데이터 x에 대해 x |> f 꼴로 쓰여 f(x)를 반환하는, 어엿한 하나의 함수라는 것을 기억해야 합니다. 지금까지 배운 어려운 말들로 다시 정리하자면, 새삼 줄리아의 함수는 '일급 객체'이며 (|>)는 그 자체로 '고차 함수'라는 사실을 알 수 있습니다.

함수의 합성

함수의 합성을 아주 쉽게, 엄밀함을 빼놓고 요약하자면 사실 함수를 여러 번 취하는 것과 다르지 않습니다. 예를 들어 f와 g의 합성 함수 $g \circ f$는 단순히 다음과 같이 정의될 수 있습니다.

$$(g \circ f)(x) := g\bigl(f(x)\bigr)$$

줄리아에서 이러한 함수의 합성은 ∘('\circ' 입력 + $\langle$tab$\rangle$) 연산자를 통해 수행할 수 있습니다. 실제로 그 합성 함수의 타입은 ComposedFunction으로, 예상하던 그대로 '합성 함수'로 식별된다는 것을 확인할 수 있습니다.

```
julia> f(x) = x -> x^2
f (generic function with 1 method)

julia> g(x) = x -> x + 1
g (generic function with 1 method)

julia> (g ∘ f) |> typeof
ComposedFunction{typeof(g), typeof(f)}
```

그런데 이는 결코 당연하거나 상식적이지 않으며, 대부분의 프로그래밍 언어에서는 보기 어려운 연산입니다.

사실 파이프라인이라고 하는 기능 자체는 어지간한 언어에도 있지만, 언어 설계 단계부터 (|>)이라고 하는 오퍼레이터를 지원해서 기초 문법으로 보장하는 언어는 드뭅니다. 어떤 언어의 어떤 라이브러리가 pipe라는 함수를 지원하고 그 입력이 함수의 배열이라면, 아마 그것은 파이프라인의 기능을 수행할 겁니다. 마찬가지로 어떤 함수의 이름이 compose고 두 함수를 입력으로 받는다면, 아마 그 기능은 '주어진 값에 차례로 함수를 취한 값을 반환하는 익명 함수', 쉽게 말해 다음과 같은 기능을 할 것입니다.

```
function compose(f, g)
    return x -> f(g(x))
end
```

그러나 '찾아보면 이런 기능이 있긴 하거나 어떻게든 구현할 수 있는 수준'은 줄리아가 보장하는 '문법 차원에서의 지원'에는 한참 못 미칩니다. 형태가 어떻든 함수형 프로그래밍을 할 수 있다는 것은 좋은 일이지만, 편의와 접근성에서 대단히 큰 차이가 있고 언어의 정체성까지 내려가보면 완전히 궤를 달리하게 됩니다. 이 정도로 네이티브한 함수의 합성을 지원하는 언어는 하스켈, APL, Raku 등 이름도 생소한, 실험적 성격이 강한 함수형 언어 정도입니다. 바꿔 말해 줄리아는 그 정도로 극단적인 함수형 프로그래밍의 유전자를 가지고 있으며, 그 잠재력을 잘 살리는 것이 곧 줄리아의 진정한 모습을 이끌어내는 것과 같습니다.

도전 과제: 유한 차분

수치 해석 등의 분야에서 FDM^{Finite Difference Method}이란, 미분 계수를 수치적으로 계산하는 방법 전반을 말합니다. 한 점에서 함숫값의 순간변화율을 의미하는 미분^{differential}과 달리, 차분^{difference}이라 하면 두 개 점에서 값의 차이로 정의되는 경우가 많습니다.

```
julia> x = (1:10) .^ 2
10-element Vector{Int64}:
   1
   4
   9
  16
  25
```

```
   36
   49
   64
   81
  100
```

```
julia> @show diff(x);
 diff(x) = [3, 5, 7, 9, 11, 13, 15, 17, 19]
```

예를 들어 빌트인 함수인 diff는 배열을 입력받아 그 일계^{first order} 차분을 계산하는 함수로 볼 수 있습니다. 제곱수의 수열에서 일계 차분을 계산하면 홀수의 수열이 되고, 다음과 같이 diff2 함수를 통해 이계^{second order} 차분을 계산하면 홀수의 수열이 공차가 2인 등차수열임을 확인할 수 있습니다.

```
julia> @show diff(x);
 diff(x) = [3, 5, 7, 9, 11, 13, 15, 17, 19]

julia> @show diff2(x);
 diff2(x) = [2, 2, 2, 2, 2, 2, 2, 2]
```

여기서 diff2는 빌트인 함수가 아니라 과제의 목표입니다. 주어진 배열 x보다 길이가 2 짧고, 차분을 취한 것에 한 번 더 차분을 취한 배열을 반환하는 이계 차분 함수 diff2(x)를 작성하세요.

Hint 1 같은 함수를 두 번 취한다는 것은 같은 함수의 합성 함수 그 자체로 볼 수 있습니다.

풀이

```
diff2 = diff ∘ diff
```

너무나 간단하지만 함수의 합성을 가장 정확하게 사용한 풀이입니다.

```
diff2(x) = diff(diff(x))
```

물론 이와 같이 정직하게 인수를 받아서 계산이 이루어져도 기능적으로는 다를 게 없습니다.

개념적으로도 합성 함수라 부르기에는 전혀 문제가 없지만, 프로그래밍적으로는 함수의 집합에서 정의된 연산인 '합성'의 결과가 아니라 아예 새로운 함수를 정의한 것이라는 차이점이 있습니다.

함수형 프로그래밍에서 가장 중요한 함수인 맵map에 대해 알아봅시다. 고차 함수의 일종으로 맵은 '대응'이라는 그 의미 그대로 map(f, C) 꼴로 쓰여서 주어진 함수 f와 컬렉션 C에 대해 컬렉션 C의 모든 원소에 대해 f를 취한 결과를 반환하는 함수입니다. 말은 어렵지만 예시를 보면 단박에 이해할 수 있습니다.

```
julia> map(sqrt, 0:4)
5-element Vector{Float64}:
 0.0
 1.0
 1.4142135623730951
 1.7320508075688772
 2.0
```

그런데 막상 계산 결과를 보고 나니 익숙한 무언가, 바로 브로드캐스트가 떠오릅니다. 실제로도 브로드캐스트 표현 sqrt.(0:4)를 그대로 테스트해보면 map(sqrt, 0:4)와 정확히 같은 결과를 얻을 수 있습니다.

```
julia> sqrt.(0:4)
5-element Vector{Float64}:
 0.0
 1.0
 1.4142135623730951
 1.7320508075688772
 2.0
```

실제로도 맵과 브로드캐스트는 개념적으로 거의 같습니다. 다시 말해, 우리는 이미 맵이라는 것을 알고 있으며 새로 배울 필요가 없습니다. 다만 숙련자 수준에서 브로드캐스트라는 것을 제대로 쓸 수 있도록 그 깊이를 더해보도록 하겠습니다. 이하 '브로드캐스트와의 차이' 그 자체에 주목하기 전까진 맵과 브로드캐스트를 구분하지 않도록 하겠습니다.

레퍼런스 Ref

여러 컬렉션이 주어진 상태에서 브로드캐스트를 해야 할 때, 정확히 어떤 컬렉션이 브로드캐스트되어야 하는지 제어하는 방법에 대해 알아봅시다.

가령 10명의 학생이 순서대로 다음과 같은 성적을 받았다고 합시다.

```
grade = ['A', 'D', 'F', 'D', 'D', 'A', 'B', 'F', 'C', 'F']
```

여기서 B 이상의 성적을 받은 학생은 첫 번째, 여섯 번째, 일곱 번째 학생입니다. 이들을 눈과 직관이 아니라 프로그래밍적으로 파악하는 방법은 각각의 성적이 ['A', 'B']라는 집합에 속하는지를 확인하는 것, 코드로는 grade .∈ ['A', 'B']로 표현할 수 있습니다.

```
julia> grade .∈ ['A', 'B']
ERROR: DimensionMismatch: arrays could not be broadcast to a common size;
got a dimension with lengths 10 and 2
```

그러나 실제 실행 결과는 브로드캐스트 시 차원의 크기가 다르다면서 에러가 발생합니다. 만약 두 배열의 길이가 정확히 같았다면 각 원소가 각 원소에 속하는지 확인하는 계산이 수행되었을 것입니다. 줄리아 컴파일러의 입장에서 차원의 크기가 달라서 계산을 못 하겠다는 것은 쉽게 말해 연산 (.∈)이 길이 10인 배열 grade에 대해 브로드캐스트할지, 길이 2인 배열 ['A', 'B']에 대해 브로드캐스트할지가 모호하다는 것입니다.

지금의 문제에서 grade는 추후 얼마든지 늘어날 수 있는 데이터고, ['A', 'B']는 검색 조건에 따라 고정되어야 할 배열입니다. 정확히 이런 경우 Ref를 통해 브로드캐스트에서 벡터화되지 않을, '레퍼런스'로만 사용될 컬렉션을 고정할 수 있습니다.

```
julia>            Ref(['A', 'B'])
Base.RefValue{Vector{Char}}(['A', 'B'])

julia> grade .∈  Ref(['A', 'B'])
10-element BitVector:
 1
 0
 0
 0
 0
 1
 1
 0
 0
 0
```

컬렉션에 Ref를 취하면 Ref.Value라고 하는 별개의 타입과 성질을 가지는 새로운 컬렉션이 되어 안전하게^{safely} 참조할 수 있습니다.

▌깊은 브로드캐스트

실제로 '깊은 브로드캐스트'라는 단어가 쓰이는 것은 아니지만, 브로드캐스트를 배열의 배열 속까지 깊게 적용시킨다는 것이 무슨 말인지는 쉽게 이해할 수 있습니다. 예를 들어 다음과 같이 1차원 배열의 1차원 배열 θ가 주어져 있다면, 단순히 브로드캐스트만으로 하위 배열의 내부에 바로 sinpi 함수를 적용할 수는 없습니다.

```
julia> θ = [[1//2, 1//3, 1//6], [0, -1]]
2-element Vector{Vector{Rational{Int64}}}:
 [1//2, 1//3, 1//6]
 [0//1, -1//1]
```

이럴 때는 맵과 브로드캐스트 표현을 적절하게 섞어서 다음과 같이 해결할 수 있습니다.

```
julia> map(x -> sinpi.(x), θ)
2-element Vector{Vector{Float64}}:
 [1.0, 0.8660254037844387, 0.5]
 [0.0, -0.0]
```

map 자체는 θ에 적용되었고, θ의 원소인 배열 x에도 sinpi가 그대로 적용될 수 없기 때문에 람다식에서 브로드캐스트가 적용된 익명 함수 x -> sinpi.(x)가 사용되었습니다. 이를 응용해서 반복하면 배열의 배열이 아니라 배열의 배열의 배열처럼 더 깊은 컬렉션에도 브로드캐스트를 적용할 수 있습니다.

▎맵과 브로드캐스트의 차이

🤔 맵과 브로드캐스트의 차이는 거의 없고, 다차원 배열 혹은 복수의 컬렉션이 주어졌을 때나 미묘한 차이가 있습니다. 사실 읽어서 오히려 괜히 더 헷갈릴 수도 있는 내용이니, 맵을 어떻게 쓰는지 대략적으로 이해가 됐다면 굳이 파고들지 말고 생략해도 좋습니다.

브로드캐스트는 지금껏 함수 바로 뒤에 점을 찍어서 f.(x)의 꼴로만 써왔지만, 사실은 broadcast라는 이름으로 정의되어 있고 점을 찍는 표기는 브로드캐스트를 편리하게 사용하기 위한 문법적 요소입니다. 실제로 broadcast(sqrt, 0:4)와 sqrt.(0:4)의 계산 결과를 비교하면 다음과 같이 완전히 일치합니다.

```
julia> broadcast(sqrt, 0:4) .== sqrt.(0:4)
5-element BitVector:
 1
 1
 1
 1
 1
```

브로드캐스트와 맵의 계산이 어떻게 달라지는지는 몇 가지 사례로 확인해보도록 합시다.

● 스칼라와 벡터

브로드캐스트는 스칼라 1을 [-1, 0, 1]의 각 원소에 더한 것과 달리 맵은 1과 [-1, 0, 1]의 첫 번째 원소인 -1과 더한 결과만을 반환합니다.

```
julia> broadcast(+, 1, [-1, 0, 1])
3-element Vector{Int64}:
 0
 1
 2

julia> map(+, 1, [-1, 0, 1])
1-element Vector{Int64}:
 0
```

● 길이가 다른 두 벡터

브로드캐스트는 아예 차원이 일치하지 않는다며 에러를 내지만, 맵은 주어진 배열에서 할 수 있는 만큼은 계산한 결과를 반환합니다.

```
julia> broadcast(+, [1, 2], [10, 20, 30, 40])
ERROR: DimensionMismatch: arrays could not be broadcast to a common size;
got a dimension with lengths 2 and 4

julia> map(+, [1, 2], [10, 20, 30, 40])
2-element Vector{Int64}:
 11
 22
```

● 행벡터와 열벡터

브로드캐스트는 행벡터 [1, 2, 3, 4]의 각 원소 1, 2, 3, 4가 열벡터 [10, 20, 30, 40]에 더해진 것과 달리 맵은 그냥 원소가 네 개인 두 벡터로 보고 1+10, 2+20, 3+30, 4+40을 계산한 결과를 반환합니다.

```
julia> broadcast(+, [1 2 3 4], [10, 20, 30, 40])
4×4 Matrix{Int64}:
 11  12  13  14
 21  22  23  24
 31  32  33  34
```

```
 41  42  43  44

julia> map(+, [1 2 3 4], [10, 20, 30, 40])
4-element Vector{Int64}:
 11
 22
 33
 44
```

4.2.3 리듀스

함수형 프로그래밍에서 두 번째로 중요한 함수인 리듀스[reduce] 혹은 폴드[fold]에 대해 알아봅시다. 고차 함수의 일종으로 리듀스는 '축약하다'라는 그 의미 그대로 reduce(op, C) 꼴로 쓰여서 주어진 이항 연산 op와 컬렉션 C에 대해 컬렉션 C의 모든 원소를 순회하며 재귀적으로 op 연산을 반복합니다. 맵의 개념이 어렵지는 않아도 정의 자체는 꽤나 골치가 아팠던 것처럼, 리듀스도 이렇게 읽어봐서는 무슨 말인지 이해하기 어렵지만 예시를 보면 쉽게 이해할 수 있습니다.

이항 연산 덧셈 +에 대해서 컬렉션이 {1,2,3,4}로 주어져 있다고 하면, 리듀스는 우선 1과 2를 더한 뒤 그 결과를 3과 더하고, 그 결과를 4와 더하는 식으로 연산을 재귀적으로 반복합니다.

$$reduce(+, \{1,2,3,4\}) = ((1 + 2) + 3) + 4 = 10$$

쉽게 말해 리듀스란 '거기 있는 거 싹 다 더해라'에서 '싹 다'를 맡고 있는 것입니다. 수식적으로 보자면 같은 연산이 반복되는 경우 사용하는 기호, 예를 들어 덧셈 +라고 치면 +의 리듀스는 시그마 ∑와 같습니다.

$$reduce(+, \{1,2,3,4\}) = \sum_{k=1}^{4} k = 1 + 2 + 3 + 4$$

문제는 이러한 리듀스를 어디다 쓰는지 감이 잘 안 잡힐 수 있다는 건데, 알고 보면 대부분의 줄리아 코드에는 겉모습만 다를 뿐 리듀스가 일상적으로 사용됩니다. 리듀스라는 함수를 의식하기 시작하고 함수형 프로그래밍에 감이 생길 때까지 그 모습을 상상하기 어려울 뿐, 수많은 빌트인 함수들이 리듀스를 통해 구현되어 있습니다.

▎스칼라 리듀스

sum과 prod는 각각 reduce(+, x)와 reduce(*, x)의 꼴로 쓰인 리듀스와 정확하게 같은 계산을 수행합니다.

```
julia> x = [-1, 2, -3, 4, -5];

julia> reduce(+, x)
-3

julia> sum(x)
-3

julia> reduce(*, x)
-120

julia> prod(x)
-120
```

한편 곱(*)은 수가 아닌 문자열에 대해서는 문자열과 문자열을 이어붙여주는 다형성을 가지고 있었으니, prod 역시 그 성질을 그대로 가지고 있음을 짐작할 수 있습니다.

```
julia> prod(["Cogito", "Ergo", "Sum"])
"CogitoErgoSum"

julia> join(["Cogito", "Ergo", "Sum"])
"CogitoErgoSum"
```

reduce(op, x)에서 op가 이항 연산이라고는 했지만, 정확히 이항 연산은 아니라도 이항 연산처럼 사용만 할 수 있다면 무방합니다. 예를 들어 가변 인수가 있는 함수로 정의된 min(x, y, ...)과 max(x, y, ...)은 굳이 세 개 이상의 인수가 들어갈 필요는 없기 때문에 이항 연산처럼 리듀스에 바로 사용할 수 있습니다.

```
julia> reduce(min, x)
-5

julia> minimum(x)
-5

julia> reduce(max, x)
4

julia> maximum(x)
4
```

여기서 min이 가변 인수 함수, minimum이 컬렉션에 대한 함수라는 구분을 명확하게 짓고 갈 수 있습니다.

벡터 리듀스

줄리아에서 연산은 꽤 다양해서, 덧셈과 곱셈으로 한계를 정하지 않고 창의력을 발휘하는 것이 중요합니다. 예를 들어 합집합 ∪('\cup' 입력 + <tab>)과 교집합 ∩('\cap' 입력 + <tab>)의 리듀스 형식은 각각 union, intersect와 비슷한 기능을 합니다.

```
julia> X = [[3, 7, 5], [9, 7, 3], [7, 2, 1]]
3-element Vector{Vector{Int64}}:
 [3, 7, 5]
 [9, 7, 3]
 [7, 2, 1]

julia> reduce(∪, X)
6-element Vector{Int64}:
 3
 7
 5
 9
 2
 1
```

```
julia> union(X...)
6-element Vector{Int64}:
 3
 7
 5
 9
 2
 1

julia> reduce(∩, X)
1-element Vector{Int64}:
 7

julia> intersect(X...)
1-element Vector{Int64}:
 7
```

min과 max의 예시에서도 이미 한 번 언급했지만, 정확히 이항 연산이 아니라도 연산자의 모양을 하고 있지 않더라도 리듀스를 적용할 수 있습니다. 벡터를 가로 방향으로 병합하는 hcat 함수는 reduce(hcat, x) 꼴로 쓰여서 stack과 같은 기능을 할 수 있습니다.

```
julia> reduce(hcat, X)
3×3 Matrix{Int64}:
 3  9  7
 7  7  2
 5  3  1

julia> stack(X)
3×3 Matrix{Int64}:
 3  9  7
 7  7  2
 5  3  1
```

stack 함수는 줄리아 1.9 버전에야 처음으로 소개되었고, 그전까진 실제로 reduce(hcat, x) 도 사용되었습니다.

4.3　인공지능

🤖 만약 딥러닝에 대해 친숙하지 않거나 관심 없다면 이 챕터는 통째로 넘어가도 좋습니다. 인공지능Artificial Intelligence, AI이란 인간의 지능을 인공적으로 모방하는 것을 연구하는 분야 혹은 그 자체를 말하며, 2010년 들어 폭발적인 성장세와 함께 실시간으로 세상을 바꿔가고 있습니다. 먼 과거에는 문서 작업에서 오탈자를 찾거나 문법을 교정하는 정도도 인공지능으로 인정받았지만, 현재를 살아가는 우리 세대의 입장에서 그 수준은 한참 전에 지나쳐 버렸습니다. 인공지능은 많은 분야에서 무서울 정도로 빠르게 인간을 대체하고 있고, 시대를 따라가기 위해서는 선택이 아니라 필수라 말해도 과언이 아닙니다.

변해가는 세태에 대비하는 좋은 방법 중 하나는 그 흐름에 편승하는 것입니다. 이번 챕터에서는 현재 인공지능 분야에서 가장 널리 쓰이는 방법론인 딥러닝의 개요와 줄리아 생태계에서 어떻게 딥러닝을 구현할 수 있는지, 그리고 그것이 함수형 프로그래밍과 만나서 어떻게 시너지를 내는지 알아보도록 하겠습니다.

4.3.1　인공신경망

인공신경망Artificial Neural Network, ANN이란 생물의 신경망에서 신호가 전달되는 체계에서 영감을 받아 고안된 방법으로, 역치 이상의 자극이 뉴런에서 뉴런으로 넘어가는 것을 수식적으로 모방하고 구현합니다. 프랭크 로젠블랫Frank Rosenblatt에 의해 고안된 퍼셉트론perceptron으로 대표되는 20세기 중반의 원시적인 신경망과 달리, 현대의 신경망이 가지는 아키텍처architecture는 컴퓨터 성능의 인플레이션과 더불어 대단히 크고 복잡한 구조를 가지고 있습니다.[17] 보편적으로는 입력 레이어와 출력 레이어 사이에 복수의 히든 레이어hidden layer가 포함된 인공신경망 일체를 DNNDeep Neural Network이라 부르고, 특히 DNN을 학습시키는 방법 혹은 그러한 작업 자체를 딥러닝deep learning이라 합니다.

---

17 『Neural Network and Learning Machines』 3rd Edition, (Simon Haykin, 2009)

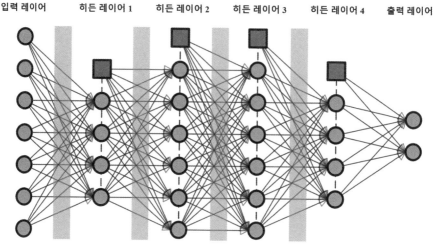

<figure>

입력 레이어　　　히든 레이어 1　　　히든 레이어 2　　　히든 레이어 3　　　히든 레이어 4　　　출력 레이어

[그림 4-7] 입력 레이어의 차원이 7이고 출력 레이어의 차원이 2면서 히든 레이어가 4개인 딥러닝 아키텍처
</figure>

이 섹션의 목표는 딥러닝에 대해서 깊게 공부하는 것이 아니라 인공신경망이 사실 함수의 합성 그 자체라는 것을 이해하는 것입니다. 컨볼루션, 드롭아웃, 역전파 같은 것들은 잠깐 제쳐두고, 인공신경망의 가장 원초적인 모티브로 돌아가서 개념을 다시 잡아보도록 합시다.

▌레이어: 선형회귀

다음과 같이 데이터가 두 개의 행렬로 주어져 있다고 합시다. 흔히 데이터 과학에서 그러하듯 이 독립변수(입력)를 X, 종속변수(출력)를 Y라고 둔다면 이것은 x의 값을 통해 y의 값을 예측하는 모델을 찾는, 전형적인 선형회귀linear regression 문제가 됩니다.

$$Y := \begin{bmatrix} 5.1 \\ 6.9 \\ 9.2 \end{bmatrix}, \quad X := \begin{bmatrix} 2.0 \\ 3.0 \\ 4.0 \end{bmatrix}$$

약간의 오차는 있겠지만, 인간의 직관으로는 이 문제가 다음과 같은 함수로 표현될 수 있을 것이라 짐작할 수 있습니다.

$$y \approx f(x) = 1 + 2x$$

고전적인 통계학에서는 이와 같은 단순선형회귀 $Y \leftarrow X$를 정규분포 노이즈 $\varepsilon \sim N^3(0, \sigma^2)$를 포함한 행렬 형식으로 두고 최소제곱법으로 계산합니다.

$$Y = \begin{bmatrix} 5.1 \\ 6.9 \\ 9.2 \end{bmatrix} = \begin{bmatrix} 1.0 & 2.0 \\ 1.0 & 3.0 \\ 1.0 & 4.0 \end{bmatrix} \begin{bmatrix} \beta_0 \\ \beta_1 \end{bmatrix} + \varepsilon = X_1 \begin{bmatrix} \beta_0 \\ \beta_1 \end{bmatrix} + \varepsilon$$

$$\Rightarrow \operatorname{argmin}_{\beta_0, \beta_1} \left\| Y - X_1 \begin{bmatrix} \beta_0 \\ \beta_1 \end{bmatrix} \right\|_2 = (X_1^T X_1)^{-1} X_1^T Y$$

그러나 이는 통계학이나 수치 선형대수학에 대해 어느 정도 지식이 있는 사람에게나 당연한 이야기고, 인공신경망은 이보다 다소 성능은 떨어져도 훨씬 직관적이고 간단한 아이디어로 접근합니다. 주어진 문제가 선형회귀로 풀릴 수 있다고 가정할 때, 솔루션의 형태 자체를 $L=(b, w)$에 대해 $f_L(x)=b+wx$라 두고 행렬 형식으로 표현하면 다음 수식의 $L=(b, w)$를 찾는 문제와 같습니다.

$$Y = \begin{bmatrix} 5.1 \\ 6.9 \\ 9.2 \end{bmatrix} = \begin{bmatrix} 1.0 & 2.0 \\ 1.0 & 3.0 \\ 1.0 & 4.0 \end{bmatrix} \begin{bmatrix} b \\ w \end{bmatrix} + \varepsilon = X_1 L + \varepsilon$$

보통 여기서 상수항 b를 바이어스bias, 일차계수 w를 웨이트weight라 부릅니다. 그런데 사실 구체적으로 L을 찾는 방법은 L이 쓸만하거나 만족스러운 이상 무엇이 되든 상관없습니다. 조금 더 극단적으로는 대충 잡히는 대로 아무 수나 집어넣으면서 시도를 반복해도 됩니다. 예를 들어 표준정규분포에서 b, w를 계속 추출해서 이 문제를 푸는 코드는 다음과 같습니다.

```
using LinearAlgebra

Y = [5.1, 6.9, 9.2]
X = [2.0, 3.0, 4.0]

b = 0.0
w = 0.0
f(x) = b + w*x

error = Inf
while error > 0.5
    b = randn()
```

```
    w = randn()
    error = norm(Y - f.(X))
end
```

대부분의 경우 이 프로그램은 길지 않은 시간 안에 답을 찾아냅니다. $L = (b, w)$가 원래 상상하던 것과는 조금 다르지만, 그렇게 찾은 적합치fitted value $\hat{y}=f_L(x)$가 원래의 종속변수 y를 꽤 잘 설명하는 것을 확인할 수 있습니다.

```
julia> b
0.8314227005205449

julia> w
2.050978478940403

julia> f.(X)
3-element Vector{Float64}:
 4.933379658401351
 6.984358137341754
 9.035336616282157
```

---

f.(X)의 값은 4.93, 6.98, 9.03으로 원래 주어진 데이터 $Y = (5.1, 6.9, 9.2)$에 꽤 근접한 적합치를 찾았습니다. 그리고 바로 이것이 딥러닝의 본질입니다.

물론 실제 현실 세상에서 인류의 풀이를 기다리고 있는 어려운 문제들은 선형회귀로 풀 수도 없고, 난수 추출로 L을 찾을 수도 없고, 계산이 금방 끝나지도 않습니다. 그러나 그것이 어떤 아키텍처를 갖추든, 어떤 이론적 근거를 토대로 하든, 어떤 아이디어를 응용했든, 인공신경망을 베이스로 하고 있다면 '파라미터를 바꿔가면서 가장 좋은 함수의 근사를 찾는다'라는 그 근간이 바뀔 일은 없습니다. 가장 원시적인 선형회귀 또한 결국 데이터를 잘 표현할 수 있는 일차 함수(선형 함수)를 찾는 게 전부입니다.

앞서 주어진 입력 피처input feature에 수를 곱하고 더하는 식의 계산이 행렬의 곱으로 표현될 수 있다는 것을 확인했는데요, 이는 다시 말해 인공신경망에서 '레이어를 거친다'라는 말이 곧 '행렬을 곱한다' 혹은 '선형 변환을 취한다'와 같다는 것을 의미합니다. 곱할 행렬을 찾는다는 것에서 '행렬 L'에만 집중하지 말고, '행렬을 곱하는 함수 f_L을 찾는다'라는 표현까지 말과 개

넘이 통해야 합니다.

$$\begin{bmatrix} 1.0 & 2.0 \\ 1.0 & 3.0 \\ 1.0 & 4.0 \end{bmatrix} \begin{bmatrix} b \\ w \end{bmatrix} = X_1 L = f_L(X)$$

▍활성화 함수: 비선형회귀

난이도만 보았을 때 선형회귀 문제는 대단히 쉬운 편에 속합니다. 그러나 실전에서는 얼마나 복잡하고 어려운 함수를 근사할지 알 수가 없는데, 선형 변환은 몇 번을 취하더라도 본질적으로 복잡해질 수가 없다는 한계가 있습니다. 데이터가 레이어를 거치는 과정을 간단하게 수식을 통해서 확인해보자면, 두 개의 데이터 포인트 (x_1, x_2)가 주어져 있을 때 바이어스를 찾기 위해 1로 채워진 벡터를 포함한 $\begin{bmatrix} 1 & x_1 \\ 1 & x_2 \end{bmatrix}$와 $L_1 = (b_1, w_1)$을 곱해 새로운 벡터를 만들어낼 수는 있습니다.

$$\begin{bmatrix} 1 & x_1 \\ 1 & x_2 \end{bmatrix} \begin{bmatrix} b_1 \\ w_1 \end{bmatrix} = \begin{bmatrix} y_1 \\ y_2 \end{bmatrix}$$

그러나 여기서 또 한 번 다른 레이어 $L_2 = (b_2, w_2)$를 통과하게 된다면 다음과 같습니다.

$$\begin{bmatrix} 1 & y_1 \\ 1 & y_2 \end{bmatrix} \begin{bmatrix} b_2 \\ w_2 \end{bmatrix} = \begin{bmatrix} z_1 \\ z_2 \end{bmatrix}$$

이때, z_1, z_2는 다음과 같습니다.

$$z_1 = b_2 + w_2 y_1 = (b_2 + w_2 b_1) + w_2 w_1 x_1$$
$$z_2 = b_2 + w_2 y_2 = (b_2 + w_2 b_1) + w_2 w_1 x_2$$

따라서 처음부터 다음 수식을 계산하는 것과 다를 게 없고, 실제로 전혀 복잡해지지 못한 것입니다.

$$\begin{bmatrix} 1 & x_1 \\ 1 & x_2 \end{bmatrix} \begin{bmatrix} b_2 + w_2 b_1 \\ w_2 w_1 \end{bmatrix} = \begin{bmatrix} z_1 \\ z_2 \end{bmatrix}$$

근사하려는 함수가 복잡한 모양도 갖추게 하기 위해서는 적어도 선형 변환은 아닌 것, 쉽게 말해서 행렬을 곱하는 것 외의 수단이 도입되어야 합니다. 그중 가장 널리 쓰이는 방법이 비선형 함수인 활성화 함수^{activation function} σ를 취하는 것인데, 개념적으로 활성화 함수는 뉴런의 신호 전달에서 시냅스의 역치^{threshold}의 역할에 해당합니다.

정리하자면, 레이어가 하나뿐인 인공신경망은 다음과 같이 표현할 수 있습니다.

$$f_L(x)$$

레이어 하나를 거친 후 활성화 함수를 취하는 인공신경망은 여기에 σ가 추가됩니다.

$$\sigma(f_L(x))$$

여기에 한 번 더 레이어를 거친 상태는 다음과 같이 표현됩니다.

$$f_{L_2}\left(\sigma\left(f_{L_1}(x)\right)\right)$$

또, 여기서 한 번 더 활성화 함수를 거치면 다음과 같이 됩니다.

$$\sigma_2\left(f_{L_2}\left(\sigma_1\left(f_{L_1}(x)\right)\right)\right)$$

지금까지 이해를 돕기 위해 천천히 수식을 전개해왔는데, 마지막으로 이걸 함수의 합성 꼴로 나타내면 다음과 같습니다.

$$(\sigma_2 \circ f_L \circ \sigma_1 \circ f_{L_1})(x)$$

왜 함수형 프로그래밍을 하다가 갑자기 인공지능 이야기가 나오고, 딥러닝 이야기가 나오는지, 이제는 알 것도 같나요? 인공신경망이란 레이어와 활성화 함수의 합성 함수로 표현될 수 있고, 줄리아는 함수형 프로그래밍에 진심인 만큼 인공지능 연구/개발에서 대체하기 어려울 정도로 큰 장점이 있습니다.

함수 근사: 보편 근사 정리

보편 근사 정리$^{universal\ approximation\ theorem}$는 1989년 시벤코의 논문[18]에서 소개되어 시벤코 정리$^{Cybenko\ theorem}$라고도 불리는, 수학과 인공지능 분야 역사상 가장 중요한 결과로 꼽힙니다. 지금부터 시벤코 정리에 대해 알아볼 텐데, 어려운 내용은 과감하게 생략할 테니 너무 겁먹지는 않아도 됩니다. 시벤코 정리의 진술^{statement}은 다음과 같습니다.

시벤코 정리

$\sigma: \mathbb{R} \to \mathbb{R}$이 $\lim_{t \to -\infty}\sigma(t)=0$과 $\lim_{t \to +\infty}\sigma(t)=1$를 만족하면 시그모이달 함수$^{sigmoidal\ function}$라 합니다. $I_n=[0,1]^n$의 연속 함수를 모아놓은 집합을 $C(I_n)$이라 할 때, 시그모이달 함수 σ가 연속이면 다음의 집합 S는 $C(I_n)$에서 균등 조밀합니다.

$$S := \left\{ \sum_{k=1}^{N} \alpha_k\, \sigma(y_k^T x + \theta_k): \forall y_k, \alpha_k, \theta_k, N \right\}$$

여기서 y^T는 y의 전치^{transpose}고 $y^T x$는 y와 x의 내적입니다. $y_k \in \mathbb{R}^n$은 벡터고 $\alpha_k, \theta_k \in \mathbb{R}$은 스칼라, $N \in \mathbb{N}$은 유한한 자연수입니다.

당연히 수학 전공자가 아닌 이상 이런 정리를 쉽게 읽고 이해하기는 어려운데요, 엄밀하지는 않더라도 더 쉽게 풀어 적어보면 '주어진 연속 함수 f와 $\varepsilon > 0$에 대해 충분히 f와 비슷해서 $\|f - \hat{f}\| < \varepsilon$을 만족시키는 $\hat{f}$가 다음의 꼴로 존재한다'라고 표현할 수 있습니다.

$$\hat{f}(x) := \sum_{k=1}^{N} \alpha_k\, \sigma(y_k^T x + \theta_k)$$

인공지능에 관심 있는 대부분의 사람들에겐 시벤코 정리의 증명이 중요하지 않고, 다만 수식에서 $x \in I_n$이 입력 레이어에 들어가는 데이터, $y \in \mathbb{R}^n$이 웨이트, $\theta \in \mathbb{R}$이 바이어스의 역할을 한다는 것만 느낌으로 받아들이면 충분합니다. 시벤코 정리는 찾고 싶은 함수 f를 이렇게 활성화 함수 σ까지 취한 값들의 유한한 선형 결합$^{linear\ combination}$으로 근사할 수 있음을 말해주고 있습니다.

---

18 『Approximation by Superpositions of a Sigmoidal Function』, (G. Cybenko, 1989), 『Mathematics of Control, Signals, and Systems』

정확히 훗날 언급되는 모든 활성화 함수에 대해서, 레이어가 여러 개인 딥러닝에 대한 증명은 아니지만 인공신경망이라는 분야 전반에 대한 이론적 근거로는 차고 넘칠 정도로 강력한 정리입니다. 다만 주의해야 할 사항은 다음과 같습니다.

- 시벤코 정리는 $\hat{f}$의 존재성만을 보장하기 때문에 구체적인 바이어스와 웨이트를 알 수 없습니다. 따라서 최적화 알고리즘을 통해 이를 수치적으로 찾아야 합니다.
- N이 유한하다곤 하나 그것이 정확히 어느 시간 내에 찾을 수 있다는 의미는 아닙니다.
- 심지어 우리는 우리가 찾고 싶은 f의 형태도 모릅니다. 따라서 데이터가 필요합니다.

다시 말해 딥러닝을 연구한다는 것은, f를 잘 모르지만 손실 함수 $L = \|f - \hat{f}\|$의 값을 가장 작게 만드는 $\hat{f}$를 가능한 정확하고 빠르게 찾는 방법을 알아내려는 것입니다. 인공신경망의 입장에서 데이터를 학습한다는 것은 무수한 계산을 통해 온갖 시도를 반복하며 $\hat{f} \rightarrow f$와 같이 원하는 함수와 최대한 유사하게 근사하는 것 그 자체입니다.

이론적인 관점에서, 인공신경망은 이름에 망^{network}이 들어간 것이 무색하게도 함수 그 자체로 다루는 게 가장 자연스럽습니다. 인공신경망을 컴퓨터에서 어떻게 구현하느냐에 따라 장단점과 개성의 차이는 있겠지만, 개발자의 취향을 떠나 '가장 인공신경망의 본질에 가까운 방식'은 함수형 프로그래밍 스타일이라 확신합니다.

이제 머리 아픈 이론은 그만, 줄리아에서 딥러닝을 어떻게 하는지, 어떤 의미에서 편하고 좋다는 건지 알아보도록 합시다. Flux.jl은 파이썬의 케라스^{Keras}/텐서플로^{TensorFlow}와 파이토치^{PyTorch}처럼 인공신경망에 관한 함수들과 GPU 프로그래밍을 지원하는 줄리아 패키지로, 뛰어난 확장성과 특유의 단순명료한 인터페이스를 자랑합니다. Flux.jl을 통한 딥러닝 개발은 코딩이라기보단 수식을 옮겨 적는 것에 가깝다고 느껴질 정도로 쉽게 읽히고, 새로운 구조와 아이디어를 많이 시도하는 연구에서 그 장점이 특히 크게 두드러집니다.[19]

▌직관적 인터페이스

Flux.jl은 쉽고 단순해서 프로그래밍을 잘 몰라도 이론적인 개념만 잘 잡혀 있다면 쉽게 코드를 읽고 쓸 수 있습니다. 플럭스의 버전은 0.13.16으로, 예제 코드가 실행되지 않는다면 섹션 마지막에서 0.15 버전 이후의 인터페이스가 어떻게 변했는지를 참조하거나 패키지의 버전을 다운그레이드해야 합니다.

간단한 예제로 어떤 데이터가 $f(x, y, z) = x^2 - 2yz$라는 함수로 설명된다고 하고, 그 데이터가 다음과 같이 만 개의 데이터 포인트를 가진 X, Y 행렬로 나타난다고 해봅시다.

```
julia> f(v) = v[1]^2 - 2v[2]*v[3]
f (generic function with 1 method)

julia> X = rand(0:9, 3, 10_000)
3×10000 Matrix{Int64}:
 0  2  5  2  4  1  2  5  6  6  4  2  …  6  9  5  1  3  1  0  3  7  5  2
 9  1  0  6  9  4  2  0  4  7  7  3     6  8  5  2  2  1  6  4  8  1  4
 0  6  1  5  9  4  2  9  7  8  6  0     9  8  5  1  4  7  9  0  5  9  2

julia> Y = f.(eachcol(X))'
1×10000 adjoint(::Vector{Int64}) with eltype Int64:
 -8  25  -56  -146  -31  -4  25  …  -3  -7  -13  -108  9  -31  7  -12
```

---

19 저자 중 한 명은 공동 연구에서 Flux.jl을 통한 딥러닝 구현으로 논문에 기여한 바 있다. 파이썬만큼 대중적이진 않지만, 줄리아와 Flux.jl의 실전성은 우려되지는 않아도 되는 단계까지 왔다.

이 데이터를 토대로 신경망을 만들고 학습시키는 과정은 다음의 짧은 코드로도 충분합니다.

```
using Flux
fˆ = Chain(
    Dense(  3 => 100), relu,
    Dense(100 => 100), relu,
    Dense(100 => 1),
)
data = Flux.DataLoader((X, Y), batchsize = 1000);
Loss(x,y) = Flux.mse(fˆ(x), y)
ps = Flux.params(fˆ);
optimizer = Adam()
for epoch in 1:1000
    Flux.train!(Loss, ps, data, optimizer)
end
```

물론 이 예시에서 꼭 성능이 중요한 건 아니지만, $f(9,7,3) = 9^2 - 2 \cdot 7 \cdot 3 = 39$를 인공신경망 f로 예측해보면 38.91047로 꽤나 정확한 값을 반환하는 것을 확인할 수 있습니다.

```
julia> fˆ ([9, 7, 3])
1-element Vector{Float32}:
 38.91047

julia> f([9, 7, 3])
39
```

이제 예제 코드를 한 줄 한 줄 자세하게 살펴봅시다. $\hat{f}$ 는 $\hat{f}$ ([9, 7, 3])을 곧바로 계산한 것에서 알 수 있듯 인공신경망으로 정의되는 동시에 함수 $f: \mathbb{R}^3 \to \mathbb{R}^1$ 그 자체이기도 합니다. Chain 생성자는 다음과 같이 신경망을 이루는 함수들을 나열함으로서 순차적으로 sequentially 인공신경망을 구축하고, 즉시 함수로 사용할 수 있게끔 반환합니다.

Dense는 Dense(in => out) 꼴로 쓰여서 완전 연결된 fully connected 레이어를 구현하며 Chain 과 마찬가지로 생성자고, 그 결과 실제로 함수를 반환합니다.

```
julia> f̂
Chain(
  Dense(3 => 100),                    # 400 parameters
  NNlib.relu,
  Dense(100 => 100),                  # 10_100 parameters
  NNlib.relu,
  Dense(100 => 1),                    # 101 parameters
)                       # Total: 6 arrays, 10_601 parameters, 41.785 KiB.
```

한편 딕셔너리 없이 단독으로 사용된 페어 in => out은 모델이 복잡할수록 가독성에 큰 도움이 될 것임을 짐작할 수 있습니다.

```
julia> dense = Dense(2 => 4)
Dense(2 => 4)          # 12 parameters

julia> dense(rand(2))
4-element Vector{Float32}:
  0.21345481
  0.0945789
 -0.044546735
  0.17251298
```

완전 연결된 레이어는 프로퍼티로 weight, bias, σ를 가집니다. 순서대로 웨이트, 바이어스 그리고 레이어를 거친 후 적용될 활성화 함수입니다. 별도의 키워드가 주어지지 않는다면 웨이트는 표준정규분포에서 추출되고 바이어스는 영벡터, 활성화 함수는 항등 함수로 주어집니다.

```
julia> dense |> propertynames
(:weight, :bias, :σ)

julia> dense.weight
4×2 Matrix{Float32}:
 -0.407745   0.822073
 -0.902987   0.406163
 -0.792056  -0.120664
 -0.612345   0.680805

julia> dense.bias
4-element Vector{Float32}:
```

```
 0.0
 0.0
 0.0
 0.0

julia> dense.σ
identity (generic function with 1 method)
```

이 신경망은 노드가 100개인 히든 레이어 두 개를 가지고 활성화 함수가 ReLU인 순방향 신경
망feedforward neural network입니다.

Flux.DataLoader는 피처feature 데이터 X와 라벨label 데이터 Y를 묶는 역할을 하고, batchsize
키워드를 통해 간편하게 학습 데이터를 배치 단위로 쪼갤 수 있습니다.

```
julia> data = Flux.DataLoader((X, Y), batchsize = 1000)
10-element DataLoader(::Tuple{Matrix{Int64}, LinearAlgebra.Adjoint{Int64,
Vector{Int64}}}, batchsize=1000)
  with first element:
  (3×1000 Matrix{Int64}, 1×1000 adjoint(::Vector{Int64}) with eltype
Int64,)
```

딥러닝의 기본적인 세팅은 다음과 같이 이루어집니다. Flux.params는 인공신경망에서 최적
화될trainable 파라미터를 추려내는 역할을 합니다.

```
julia> Loss(x,y) = Flux.mse(f^(x), y)
Loss (generic function with 1 method)

julia> ps = Flux.params(f^);

julia> optimizer = Adam()
Adam(0.001, (0.9, 0.999), 1.0e-8, IdDict{Any, Any}())
```

파라미터는 구체적으로 배열처럼 접근해서 인공신경망 내의 실제 구성을 확인할 수 있습니다.

```
julia> ps[1]
100×3 Matrix{Float32}:
 0.196541    0.285109    0.111964
 0.295418   -0.213999    0.123291
   ⋮
 0.122909    0.281935   -0.209208

julia> ps[2]
100-element Vector{Float32}:
 -0.207504
 -0.21580155
   ⋮
  0.9724485

julia> ps[3]
100×100 Matrix{Float32}:
 -0.0829251    0.069262    0.0986319   …  -0.0489208    0.0458612
  0.0228156   -0.0838667  -0.336303       0.0412577    0.331601
   ⋮                                   ⋱
 -0.0608536   -0.03851    -0.127258       0.0676399   -0.0909545
```

마지막으로, 학습은 간단하게도 반복문을 통해 이루어집니다. 어렵고 복잡할 게 전혀 없고 콜백callback 함수가 뭔지, verbose 키워드가 뭔지 알 필요도 없습니다. 그냥 개념적으로 상상하는 딥러닝의 과정 그대로 코드가 쓰인 것이나 마찬가지입니다.

```
for epoch in 1:1000
    Flux.train!(Loss, ps, data, optimizer)
end
```

무엇보다도 가장 좋은 건, 다시 한번 강조하지만 이게 정말 끝이라는 점입니다. 우리의 인공 신경망은 그 자체로 함수입니다. 더 이상 아무것도 할 필요 없이 바로 써먹을 수 있습니다.

```
julia> f^([7, 1, 9])
1-element Vector{Float32}:
 31.136778
```

$f(7, 1, 9) = 7^2 - 2 \cdot 1 \cdot 9 = 49 - 18 = 31$이니 예측이 꽤 정확하다고 말할 수 있습니다.

▌객체지향 스타일과의 차이점

🤔 객체지향적으로 올바르게 인공신경망을 구현한다는 것은 쉽게 말해 인공신경망의 클래스가 신경망으로써 상식적인 기능들을 가지고 있다는 것입니다. 이를 줄리아에서 경험한 함수형 스타일의 구현과 비교해서 딱 한마디로 요약하면 다음과 같습니다.

> 객체지향은 인공신경망의 개념을 가져가고, 함수형은 인공신경망의 본질만 가져간다.

파이썬의 대표적인 딥러닝 패키지인 케라스^{Keras}에서 인공신경망은 Model이라는 클래스를 가지고 프로퍼티로 신경망의 구조와 파라미터를 저장합니다. 이 파라미터는 Model.compile 이라는 메서드에 의해 손실 함수, 최적화 알고리즘이 정해져서 Model.fit이라는 메서드에 의해 업데이트되며, Model.evaluate라는 메서드에 의해 성능이 평가되고, Model.predict 라는 메서드로 실사용합니다. 객체지향형 인공신경망은 인공신경망이라는 개념적인 객체 그 자체로 존재하며, 마치 개개인을 구분하듯 자기 자신의 메서드로 학습하고 평가받고 예측합니다. 다른 아키텍처를 가진 인공신경망이라도 Model 클래스를 가지는 한 이런 특징들을 공유할 것이고, 이렇게 구조적인 사고방식이 쉽게 코드로 옮겨진다는 점이 바로 객체지향 프로그래밍의 장점입니다.

반면 함수형 인공신경망은 그 스스로가 어떻게 만들어지고 학습되었는지, 어느 정도로 뛰어난지 일절 신경 쓰지 않습니다. 줄리아에서 신경망의 학습은 Flux.train!이라는 '스스로가 아닌 다른 함수'를 통해 이루어지는 것이고, 성능은 신경망이 출력한 결과를 가지고 데이터 과학자가 스스로 코딩을 해서 측정해야 합니다. 함수형 인공신경망은 스스로가 겪어온 모든 학습 과정과 앞으로 어떤 성능을 내야 하는지 전혀 관심 없습니다. 그냥 입력이 들어오면 출력을 내는, '함수로써의 본능'만 남은 것이 함수형 인공신경망이라 할 수 있고, 이런 단순함이 바로 함수형 프로그래밍의 장점입니다.

풍부한 기능

딥러닝 패키지라면 상식적으로 있어야 할 몇 가지 함수들만 짚고 넘어가보도록 하겠습니다. 표에 언급되지는 않았어도 실제로는 훨씬 많은 기능들이 준비되어 있으니, 연구 목적으로 Flux.jl을 사용하겠다면 공식 문서를 확인하는 게 좋습니다.

● 레이어와 활성화 함수

활성화 함수로는 relu, sigmoid, softmax, tanh 등의 상식적이고 대중적인 함수들뿐만 아니라 leakyrelu나 mish 같이 이름을 알리기 시작한 함수들도 다양하게 구현되어 있습니다.

인터페이스	설명
Dense(in => out)	입력 차원이 in이고 출력 차원이 out인 완전 연결 레이어입니다.
Conv(filter, in => out)	컨볼루션 레이어입니다.
MaxPool()	최대풀링 레이어입니다.
RNN(in => out)	순환신경망을 위한 레이어입니다.
LSTM(in => out)	LSTM^{Long Short Term Memory}을 위한 레이어입니다.
GRU(in => out)	GRU^{Gated Recurrent Unit}를 위한 레이어입니다.
MultiHeadAttention()	트랜스포머 아키텍처를 구현하기 위해 필요한 어텐션 블록입니다.
Embedding(in => out)	임베딩을 수행합니다.
SamePad()	패딩을 수행합니다.
Dropout()	드롭아웃을 수행합니다.
Upsample()	업샘플링을 수행합니다.
BatchNorm()	배치 정규화^{batch normalization}를 수행합니다.
normalise()	데이터 자체의 정규화를 수행합니다.
Chain()	레이어와 활성화 함수들을 가변 인자로 받아 인공신경망을 반환합니다.

● 손실 함수와 최적화기

인터페이스	설명
mse	주로 회귀 문제에서 사용되는 평균제곱오차입니다.
crossentropy	주로 분류 문제에서 사용되는 크로스엔트로피입니다.
focal_loss	클래스의 임밸런스가 심한 분류 문제에서 주로 사용되는 포컬 로스 함수입니다.
Descent()	고전적인 경사하강법입니다.
optimizer = Adam()	가장 대중적으로 사용되는 최적화기입니다.
ps = Flux.params(model)	model의 파라미터를 참조합니다.
data = Flux.DataLoader((X,Y))	피처feature 데이터 X와 라벨label 데이터 Y를 묶습니다.
Flux.train!(Loss, ps, data, optimizer)	주어진 data에 대해 Loss 함수를 기준으로 optimizer를 통해 ps를 최적화합니다.

인터페이스 개선

플럭스 0.13.9 버전부터는 Flux.params를 생략하고 손실 함수와 최적화기에 신경망이 직접 인수로 들어가는 등 더욱 직관적이고 명시적인explicit 인터페이스를 도입했습니다. 지금까지 소개한 암묵적 스타일implicit style은 과도기적으로 플럭스 0.14 버전까지만 지원되며 플럭스 0.15 버전부터 폐기될 예정이니 패키지의 변화에 미리 대응해야 합니다.

변경 전	변경 후

<pre>f^ = Chain(
    Dense(3 => 100), relu,
    Dense(100 => 100), relu,
    Dense(100 => 1),
)
data = Flux.DataLoader((X, Y), batchsize = 1000)
Loss(x,y) = Flux.mse(f^(x), y)
ps = Flux.params(f^)
optimizer = Adam()
for epoch in 1:100
    Flux.train!(Loss, ps, data, optimizer)
end</pre>
	<pre>g^ = Chain(
	    Dense(3 => 100), relu,
	    Dense(100 => 100), relu,
	    Dense(100 => 1),
	)
	data = Flux.DataLoader((X, Y), batchsize = 1000)
	Loss(g^,x,y) = Flux.mse(g^(x), y)
	
	optimizer = Flux.setup(Adam(), g^)
	for epoch in 1:100
	    Flux.train!(Loss, g^, data, optimizer)
	end</pre>

이러한 변화는 줄리아의 자동 미분 패키지인 Zygote.jl에서 영향을 받은 것으로 볼 수 있습니다. 기존의 손실 함수는 그 정의 자체만으로는 작동할 수 없고, 외부에 정의되어 있는 미지의 함수를 참조해야 했습니다. 하지만 이제는 어떤 함수를 최적화할지가 명시적으로 지정되었습니다. 딥러닝 모델을 개발하다 보면 여러 신경망의 구조를 바꿔가며 하이퍼파라미터 탐색을 해야 할 일이 생기게 마련인데, 이는 그러한 작업에 있어서 일어날 수 있는 실수를 원천봉쇄하며 성능적인 측면에서도 이득을 취했습니다. 최적화기(옵티마이저)의 정의 역시 최적화 알고리즘을 선택하는 것에서 더 나아가 최적화할 함수까지 한 묶음으로 묶이게 되었고, Flux.train!를 보면 data를 제외한 모든 요소에 뚜렷한 통일감이 있다는 것을 알 수 있습니다.

그러나 연구와 분석이 목적이라면 Flux.params와 같은 함수는 여전히 유용합니다. 특히 딥러닝에 있어서는 최신 버전이 능사도 아닌데, 줄리아와 플럭스를 떠나 하드웨어와 호환 문제로 코드가 작동하지 않을 이유가 너무 많습니다. 딥러닝을 사용하는 이상 언제든 과거의 안정적인 버전으로 돌아가 문제를 헤쳐갈 각오가 필요합니다.

Part 5

수리 계산

줄리아를 사용하는 이유에는 여러 가지가 있겠지만, 단언컨대 수치적 계산을 위한 목적이 가장 클 것입니다. 지금까지 줄리아의 문법과 철학, 그리고 수학적 기반에 대해서 상세히 설명했다면, 여기서부터는 실제로 줄리아에서 값을 다루는 방법, 그리고 그때의 주의점과 실전 팁, 수학적 함수에 대해서 알아봅니다.

처음에는 줄리아에서 수와 타입이 어떻게 정의되어 있는지를 살펴보고, 이를 통해 실제로 계산을 하는 방법, 관련된 여러 함수에 대해서 배웁니다. 마지막으로는 삼각 함수와 같은 초월 함수부터 감마 함수와 같은 특수 함수까지, 수학적으로 중요하고 유용한 함수들에 대해서 어떤 것이 있고, 어떻게 사용하는지에 대해서 설명하겠습니다.

상수^{constant, 常數}란 값이 바뀌지 않는 불변량으로 정의되고 이름에 수數라는 말이 들어가지만 반드시 수일 필요는 없습니다. 프로그래밍에서는 변수^{variable}와 대비되는 표현으로 자주 사용되며 변경할 수 없는 메모리 공간을 의미합니다.

5.1.1 리터럴 상수

리터럴 상수^{literal constant}란 아라비아 숫자로 표현되거나 문자열 등 값 자체로 존재하는 수를 말합니다. 코드 11에는 십진수 11이 할당되어 있으며 이 값과 이름은 절대 변하지 않습니다. 즉, 11은 줄리아 내에 기본적으로 정의되어 있고 그 자체로 불변의 숫자이며 여기에 다른 값을 할당할 수 없습니다. 쉽게 말해서 수 그 자체입니다. 이와 대비되는 개념이 심볼릭 상수^{symbolic constant}인데, 쉽게 말해서 숫자를 대입한 문자입니다. 예를 들어, x = 11에서의 x가 심볼릭 상수이고 그 값은 얼마든지 바뀔 수 있습니다.

줄리아에서는 리터럴 상수와 심볼릭 상수의 곱에서 곱셈 기호인 별표(*)를 생략하여 사용할 수 있습니다. 이런 표기법은 종이에 수식을 쓰는 것과 그 수식을 코드로 표현하는 것의 차이를 줄여주어 가독성을 크게 향상시키는데, 이는 다른 프로그래밍 언어에서 찾아보기 힘든 줄리아의 특징입니다.

```
julia>  11
11

julia> 11 = 12
ERROR: syntax: invalid assignment location "11" around REPL[6]:1

julia> x = 11
11

julia> x = 12
12
```

```
julia> 11x
132
```

리터럴 상수 중에서도 가장 중요한 것은 1과 0입니다. one과 zero는 입력된 수의 타입에 해당하는 1과 0을 반환합니다. 4.1.2에서 배웠지만 사실은 덧셈과 곱셈의 항등원을 반환합니다. 또한 isone, iszero는 각각 입력이 1, 0인지를 판별합니다.

```
julia> one(3), one(3//1), one(3.0), one(3 + 3im)
(1, 1//1, 1.0, 1 + 0im)

julia> zero(3), zero(3//1), zero(3.0), zero(3 + 3im)
(0, 0//1, 0.0, 0 + 0im)

julia> isone(1), isone(1//1), isone(1.0), isone(1 + 0im)
(true, true, true, true)

julia> iszero(0), iszero(0//1), iszero(0.0), iszero(0 + 0im)
(true, true, true, true)
```

isequal(x, y)는 두 수 x와 y가 같은 수인지를 판별합니다. 타입이 아니라 개념적으로 그 수가 같은지를 묻는 것이므로 정수 3과 실수 3.0을 입력하면 참을 반환합니다. isapprox(x, y; atol=e)는 x와 y가 비슷한지, 그러니까 충분히 같은지를 판별합니다. $|x - y| \le e$를 만족하면 참을 반환합니다. 수를 컴퓨터에서 다루는 만큼 계산 결과가 비트 단위로 정확하게 일치하지 않을 수도 있기 때문에 유용하게 쓰입니다. atol의 기본값은 약 4.47×10^{-8}입니다.

```
julia> isequal(3.0, 3.0 + 0im)
true

julia> isequal(3, 3.0)
true

julia> isapprox(3, 3.0000000447), isapprox(3, 3.0000000448)
(true, false)

julia> isapprox(3, 4, atol=1), isapprox(3, 4.1, atol=1)
(true, false)
```

정수 집합 ℤ

운영체제가 64비트인 컴퓨터에서 줄리아는 기본적으로 수를 64비트로 다룹니다. 기본 정수 타입의 이름은 Int64이고 Int라 써도 의미가 같습니다. 작은 단위로는 8비트, 큰 단위로는 128비트까지 구현되어 있습니다. 해당 타입의 정수를 다루려면 Int8(x)와 같이 입력하면 됩니다.

```julia
julia> typeof(3)
Int64

julia> Int == Int64
true

julia> x = Int8(3)
3

julia> typeof(x)
Int8

julia> y = Int128(3)
3

julia> typeof(y)
Int128
```

Int64 타입의 최댓값은 9,223,372,036,854,775,807입니다. 이 숫자의 절댓값 이하의 수는 기본적으로 Int64 타입입니다. 이보다 큰 수는 Int128 타입으로 정의됩니다. Int128의 최댓값은 170,141,183,460,469,231,731,687,303,715,884,105,727입니다. 그러면 이보다 큰 숫자는 어떻게 정의될까요? 줄리아가 잘 감당할 수 있을까요? 줄리아는 엄청나게 큰 수를 위한 타입으로 BigInt를 준비해뒀습니다. BigInt는 아주 큰 수를 다루기 위한 용도로, 대용량 컴퓨팅 또는 높은 정밀도가 요구되는 계산에 필수적으로 쓰이는 타입입니다.

```julia
julia> typeof(9223372036854775807)
Int64

julia> typeof(9223372036854775808)
Int128

julia> typemax(Int128)
```

```
170141183460469231731687303715884105727

julia> typeof(170141183460469231731687303715884105727)
Int128

julia> typeof(170141183460469231731687303715884105728)
BigInt

julia> typeof(99999999999999999999999999999999999999999999999999999999)
BigInt
```

Int()의 입력으로 무조건 정수를 써야하는 것은 아닙니다. 정수 외 타입의 수를 입력하면 같은 값의 정수를 반환합니다. 따라서 입력된 수는 어쨌든 개념적으로는 정수이어야 합니다. 3.0은 입력할 수 있지만, 3.1은 InexactError를 일으킵니다.

```
julia> Int(3//1), Int(3.0), Int(3 + 0im)
(3, 3, 3)

julia> Int(3//2)
ERROR: InexactError: Int64(3//2)

julia> Int(3.1)
ERROR: InexactError: Int64(3.1)

julia> Int(3 + 2im)
ERROR: InexactError: Int64(3 + 2im)
```

isinteger는 입력된 수가 정수인지 아닌지를 판별합니다. 타입이 정수인지를 판별하는 것이 아니라 입력된 수가 개념적으로 정수인지를 판별하기 때문에 3.0이 입력되어도 참을 반환합니다. 타입이 정수인지를 판별하려면 함수 isa()를 쓰면 됩니다. isa는 함수로도, 이항 연산으로도 사용할 수 있으므로 x isa type 혹은 isa(x, type)과 같이 쓸 수 있습니다. 전자의 경우 영어 문장 x is a integer와 거의 흡사하여 가독성이 좋습니다.

isa Int는 타입이 정확히 같은지를 확인하므로 Int64가 아닌 다른 정수에 대해서는 거짓을 반환합니다. 모든 정수 타입의 슈퍼 타입은 Integer이므로 무엇이든 간에 어쨌든 정수 타입인지 아닌지를 확인하고 싶다면 isa Integer를 쓰면 됩니다.

```
julia> isinteger(3), isinteger(3.0), isinteger(3//1), isinteger(3 + 0im)
(true, true, true, true)

julia> isa(3, Int)
true

julia> 3 isa Int
true

julia> 3.0 isa Int
false

julia> isinteger(Int8(3))
true

julia> Int8(3) isa Int
false

julia> Int8(3) isa Integer
true

julia> Int128(3) isa Integer
true
```

isodd와 iseven은 입력된 정수가 홀수인지 짝수인지 판별하는 함수입니다. 줄리아 버전 1.7 이후부터는 Integer 타입이 아닌 수도 입력으로 전달할 수 있습니다. 따라서 Integer, AbstractFloat, Complex 모두 값 자체가 정수이기만 하면 됩니다. 값이 정수가 아닌 수에 대해서는 항상 거짓을 반환합니다.

```
julia> isodd(3), isodd(3//1), isodd(3.0), isodd(3 + 0im)
(true, true, true, true)

julia> iseven(2), iseven(2//1), iseven(2.0), iseven(2 + 0im)
(true, true, true, true)

julia> isodd(3.1), isodd(2.2)
(false, false)
```

유리수 집합 ℚ

denominator는 한국어로 분모라는 뜻입니다. 줄리아에서 함수 denominator는 이름 그대로 입력된 수의 분모를 반환하며, 입력으로 가능한 타입은 정수와 유리수입니다. numerator는 한국어로 분자라는 뜻이며 numerator는 입력된 수의 분자를 반환합니다. 마찬가지로 정수와 유리수 타입만 입력할 수 있습니다. 함수 rationalize는 입력된 실수의 유리수 근삿값을 반환합니다.

```
julia> denominator(3//2), numerator(3//2)
(2, 3)

julia> rationalize(1.6), rationalize(3.5)
(8//5, 7//2)
```

실수 집합 ℝ

컴퓨터에서 실수real number를 표현할 때는 부동소수점floating point을 이용합니다. 그리고 이러한 방식으로 표현되는 실수를 부동소수점 수floating point number라고 합니다. 부동소수점 수는 AbstractFloat라는 슈퍼 타입을 가집니다. 정수와 마찬가지로 실수는 기본적으로 64비트로 다뤄지며 이 타입의 이름은 Float64입니다. Int 타입과 비슷하게 BigFloat가 구현되어 있습니다.

```
julia> subtypes(AbstractFloat)
5-element Vector{Any}:
 BigFloat
 Float16
 Float32
 Float64

julia> Float64(3), Float32(3), Float16(3)
(3.0, 3.0f0, Float16(3.0))
```

float()는 입력받은 수나 배열을 Float 타입으로 바꾸어 반환합니다. 다만 이를 복소수에 적용할 경우, Complex{Float} 타입으로 반환함을 주의해야 합니다.

```
julia> float(3), float(3//1)
(3.0, 3.0)

julia> float([1 2//1 3 4//1])
1×4 Matrix{Float64}:
 1.0  2.0  3.0  4.0

julia> typeof(3 + 0im)
Complex{Int64}

julia> typeof(float(3 + 0im))
ComplexF64 (alias for Complex{Float64})
```

isreal은 입력된 수가 실수라면 참, 실수가 아니라면 거짓을 반환합니다. isinteger와 마찬가지로 타입이 실수인지를 판별하는 것이 아니라 값이 실수인지를 판별하는 것이므로 허수부가 0인 복소수를 입력해도 참을 반환합니다.

타입이 실수 Real인지를 판별하려면 isa를 사용하면 됩니다. isa는 이항 연산이면서 함수이기 때문에, x isa Real 혹은 isa(x, Real)과 같이 작성할 수 있습니다. AbstractFloat 타입인지 아닌지를 판별하려면 x isa AbstractFloat와 같이 작성할 수 있습니다.

```
julia> isreal(1), isreal(2//1), isreal(3.5)
(true, true, true)

julia> isreal(√2), isreal(π), isreal(e)
(true, true, true)

julia> isreal(3 + 0im), isreal(3 + 2im)
(true, false)

julia> 3 isa Real
true

julia> isa(3 + 0im, Real)
false

julia> 3.0 isa AbstractFloat
true

julia> 3 isa AbstractFloat
false
```

'수를 세다'라는 표현이 있습니다. 대표적인 셀 수 있는 수는 자연수입니다. 1부터 순서대로 1, 2, 3, 4, ...라고 셀 수 있죠. 셀 수 있다는 것은 다른 말로 순서가 있다는 것이고, 특정한 수의 다음 수$^{\text{next number}}$가 존재한다는 것입니다. 1의 다음 수는 2이고, 2의 다음 수는 3입니다. 이런 식으로 모든 자연수에는 다음 수, 그리고 이전 수(1은 논외로 합시다)가 있습니다. 유리수도 줄을 잘 세우면 순서를 줄 수 있고 아래와 같은 방식으로 셀 수 있습니다.

$$\frac{1}{1}, \quad \frac{1}{2}, \quad \frac{2}{2}, \quad \frac{1}{3}, \quad \frac{2}{3}, \quad \frac{3}{3}, \quad \frac{1}{4} \quad \cdots$$

반면에 실수 집합은 조밀성을 갖기 때문에 어떤 수의 다음 수라는 것이 존재하지 않습니다. 조밀성이라는 말이 어렵게 들릴지 모르지만 쉽게 말해서 빈자리가 없다는 뜻입니다. 수직선에 자연수나 유리수를 표시해보면 빈 곳이 많이 있지만, 실수의 경우에는 단 한 점의 빈자리도 없습니다.

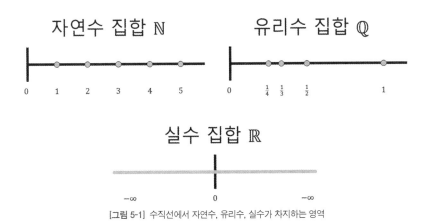

[그림 5-1] 수직선에서 자연수, 유리수, 실수가 차지하는 영역

즉, 실수 집합 내에서는 임의의 두 수를 가져오면 그 사이에 반드시 그 둘과 다른 수가 존재합니다. 하지만 이것은 실수의 추상적인 성질이고 컴퓨터 내에서는 얘기가 좀 다릅니다. 컴퓨터에서는 유한한 자원만 사용할 수 있으므로 존재하는 모든 실수를 표현할 수 없습니다. 자연수나 유리수에 비하면 수직선을 엄청날 정도로 촘촘하게 채우기는 하겠지만 어쨌든 두 수 사이에 짧은 간격이 존재하고, 다음 수라는 개념이 있다는 말입니다.

nextfloat와 prevfloat는 AbstractFloat로 표현된 실수의 다음 수와 이전 수를 반환합니다. 수학적인 개념에서의 순서가 아니므로 주의하여 이해할 필요가 있습니다. Float64는 Float32보다 정보를 저장할 수 있는 공간이 많기에 수 사이 간격이 더 짧습니다.

```
julia> prevfloat(1.0), nextfloat(1.0)
(0.9999999999999999, 1.0000000000000002)

julia> prevfloat(Float32(1.0)), nextfloat(Float32(1.0))
(0.99999994f0, 1.0000001f0)
```

▌복소수 집합 ℂ

복소수는 Complex{T<:Real} <: Number와 같이 정의되며, Number의 서브 타입입니다. T는
실수의 하위 타입이라면 무엇이든 가능하므로 Complex{AbstractFloat}, Complex{Rational}
등이 구현되어 있습니다. ComplexF64는 Complex{Float64}의 약어입니다.

```
julia> supertype(Complex)
Number

julia> Complex{AbstractFloat}
Complex{AbstractFloat}

julia> Complex{Integer}
Complex{Integer}

julia> Complex{Rational}
Complex{Rational}

julia> Complex{Bool}
Complex{Bool}

julia> ones(Complex{Float64}, 3)
3-element Vector{ComplexF64}:
 1.0 + 0.0im
 1.0 + 0.0im
 1.0 + 0.0im

julia> ones(ComplexF32, 3)
3-element Vector{ComplexF32}:
 1.0f0 + 0.0f0im
 1.0f0 + 0.0f0im
 1.0f0 + 0.0f0im
```

복소수는 실수에 앞서 배운 허수 im을 더하는 것으로 정의할 수 있습니다. 다만 0im을 더한다고 해도 실수로 정의되는 것은 아니고, 여전히 허수부가 0인 복소수입니다. complex()는 입력된 수를 복소수 타입으로 반환합니다. 복소수가 아닌 수는 실수부만 존재하므로 사실상 0im을 더하여 반환하는 것과 같습니다. real()과 imag()는 각각 복소수의 실수부와 허수부를 반환합니다. 구체적인 정의는 다음과 같습니다. 두 실수 x, y에 대해서 복소수 z가 $z = x + iy$와 같다고 할 때,

$$\mathrm{real}(z) := x, \qquad \mathrm{imag}(z) := y.$$

여기에서 주의할 점은 $\mathrm{imag}(z)$는 iy가 아니라 y를 반환한다는 점입니다. 즉, imag()의 반환값은 실수입니다. reim(z)는 z의 실수부와 허수부의 튜플을 반환합니다.

```
julia> 3 + 2im
3 + 2im

julia> 3 + 0im
3 + 0im

julia> complex(3), typeof(complex(3))
(3 + 0im, Complex{Int64})

julia> complex(3.0), typeof(complex(3.0))
(3.0 + 0.0im, ComplexF64)

julia> complex(3//1), typeof(complex(3//1))
(3//1 + 0//1*im, Complex{Rational{Int64}})

julia> z = 3 + 2im
3 + 2im

julia> real(z), imag(z)
(3, 2)

julia> reim(3 + 2im)
(3, 2)
```

복소수 $z = x + iy$의 켤레 복소수complex conjugate란 허수부의 부호를 반대로 취한 복소수를 의미하며 $\overline{z}$와 같이 문자나 숫자 위에 작대기를 그어서 표기합니다.

$$\overline{z} := x - iy$$

입력된 복소수의 켤레 복소수를 반환하는 함수는 conj입니다. 실수 타입인 숫자도 입력으로 보낼 수 있지만, 실수는 허수부가 0인 복소수와 같으므로 이럴 때 conj는 항등 함수와 같습니다.

```
julia> conj(im)
0 - 1im

julia> conj(3 + 2im)
3 - 2im

julia> conj(3), conj(3//2), conj(3.5), conj(π)
(3, 3//2, 3.5, π)
```

0이 아닌 복소수 $z = x + iy$에 대해서 다음과 같이 $r = \sqrt{x^2 + y^2}$, $\theta = \arctan(y/x)$를 포함한 꼴로 나타낸 것을 극 형식polar form이라 합니다.

$$z = re^{i\theta} = r(\cos\theta + i\sin\theta)$$

여기서 r을 z의 절댓값absolute value 혹은 크기modulus, 모듈러스라 하며 $r = |z|$와 같이 표기합니다. 그리고 θ는 z의 각도angle라고 합니다. z의 절댓값은 abs 혹은 hypot으로 구할 수 있고, 각도는 angle로 구할 수 있습니다. abs와 hypot은 입력의 타입에 따라 작동하는 방식이 다른데, 입력이 복소수인 경우에는 입력의 크기를 반환합니다.

$$\text{abs}(z) = \text{hypot}(z) = \sqrt{x^2 + y^2}$$

```
julia> abs(3 + 4im), hypot(3 + 4im)
(5.0, 5.0)

julia> angle(3 + 4im)
0.9272952180016122
```

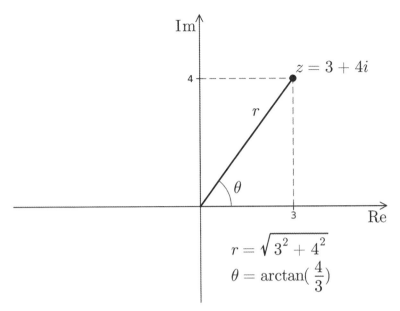

$$z = 3 + 4i$$

$$r = \sqrt{3^2 + 4^2}$$
$$\theta = \arctan\left(\frac{4}{3}\right)$$

[그림 5-2] 복소 평면과 복소수의 극좌표

5.1.2 빌트인 상수

이 섹션에서는 리터럴 상수 외에 줄리아에서 기본적으로 정의하고 있는 상수에 대해 설명하겠습니다. 이 상수들은 수학적으로도 프로그래밍적으로도 중요하며, 편의성을 제공합니다. 줄리아 내에 기본적으로 정의되어 있기는 하지만 어쨌거나 리터럴 상수가 아니므로 특정한 문자에 할당되어 있습니다.

▌원주율

원주율이란 원의 지름 대비 둘레의 비율로 모든 원에 대해서 일정한 상수를 말합니다. 대표적인 무리수이자 초월수이며, 초등학교에서 이를 처음 배울 때 3.14라는 숫자로 등장합니다. 자연과학, 공학 등의 이공학을 공부하는 사람이라면 자연 상수 e와 같이 지겹도록 만나는 수이기도 합니다. 원주율의 표기로는 π를 사용합니다. 주로 이렇게 쓴다 정도가 아니라 이 문자는 오로지 원주율을 위한 것입니다. 근삿값은 다음과 같습니다.

$$\pi = 3.14159265358979323846264383279 \dots$$

원주율은 수학, 과학 전반의 여러 공식에서 자연스럽게, 혹은 뜬금없이 등장합니다. 따라서 프로그래밍 언어로 수치적 계산을 할 때 원주율이 내장되어 있어야 편리하며, 사실 그래야만 합니다. 매트랩에서는 pi로 구현되어 있으며, 파이썬에서는 바로 사용할 수는 없고 기본 라이 브러리인 매쓰math나 넘파이Numpy에서 불러와야 합니다.

● 매트랩

```
% Matlab
>> pi
ans =
    3.1416
```

● 파이썬

```
# Python
>>> pi
NameError: name 'pi' is not defined

>>> from numpy import pi
>>> pi
3.141592653589793
```

줄리아에서는 이보다 편하게 원주율을 다룰 수 있습니다. pi라고 써도 되지만 종이에 손으로 쓰듯이, 책에서 읽듯이 그리스 문자 π('\pi' 입력 + ⟨tab⟩)를 사용할 수 있습니다.

```
julia> pi
π = 3.1415926535897...

julia> π
π = 3.1415926535897...
```

줄리아에서 상수와 문자의 곱셈에서는 마치 손으로 쓰듯 곱셈 기호(*)를 생략할 수 있다는 것을 배웠습니다. 따라서 줄리아에서는 2pi나 2π와 같이 자연스럽고 읽기 편한 표현을 사용할 수 있습니다. 이것이 가능한지 불가능한지에 따라 코드의 가독성이 크게 차이 납니다. pi를

π로 쓰는 것만 해도 가독성 측면에서 굉장한 이점이 있는데, 2*pi를 2π로 쓸 수 있는 것은 엄청난 장점입니다. 이렇게 수식을 수식 그대로 코드에 녹여내는 것은 줄리아만이 가진 장점이라고 할 수 있습니다(물론 π는 상수이기는 하나 어쨌든 문자이므로 πx와 같이 다른 문자와의 곱셈에서 곱셈 기호인 별표(*)를 생략하여 쓸 수는 없습니다).

●매트랩

```
% Matlab
X = [1 2 3]
y = sin(2*pi*x)
```

●파이썬

```
# Python
import numpy as np
x = np.array([1, 2, 3])
y = np.sin(2*np.pi*x)
```

●줄리아

```
# Julia
x = [1 2 3]
y = sin.(2π*x)
```

자연 상수

상수 $e = 2.718281828459045235360287\dots$는 지수 함수의 도함수가 자기 자신이 되도록 하는 밑base으로 유일한 수입니다. π와 마찬가지로 무리수이자 초월수입니다.

$$(a^x)' = a^x \implies a = e$$

한국에서는 이를 흔히 자연 상수라 부르지만 국제적으로 통용되는 명칭은 아닙니다. natural constant라는 단어는 없고 오일러 수Euler's number 혹은 자연로그의 밑base of natural logarithms이라고 합니다. 한국에서 오일러 상수라는 표현을 쓰곤 하나 영어로 Euler's constant는 오일러-

감마 상수를 의미합니다. 본 서적에서는 오일러-감마 상수와의 혼동을 피하기 위해 자연 상
수라 칭하겠습니다.

자연 상수는 π만큼이나 수학, 과학 전반의 여러 공식에서 자주 등장하는 상수입니다. 매트랩
이나 파이썬에서도 이 숫자 자체는 구현되어 있지만 어떤 문자에 할당되어 있지는 않습니다.
다시 말해 손으로 쓴 것처럼 코드를 작성하기 위해서는 다음과 같이 직접 정의해야 합니다.

● 매트랩

```matlab
% Matlab
e = exp(1)
```

● 파이썬

```python
# Python Numpy
import numpy as np
e = np.exp(1)
```

줄리아에서는 자연 상수가 π와 같이 문자에 직접 할당되어 있습니다. 직관적으로 알파벳 e가
자연 상수를 의미할 것 같지만 그렇지는 않습니다. 수식에서 만나는 e는 의심의 여지없이 자
연 상수를 의미하지만, 그렇다고 e를 자연 상수의 이름으로 줘버리면 프로그래밍에서 변수로
사용할 수 있는 알파벳 하나를 잃게 됩니다. 그래서 줄리아에서는 흘림체 e를 자연 상수로 지
정했습니다. 콘솔창에 e('\scre' 입력 + <tab> 혹은 '\euler' 입력 + <tab>)를 입력하면 자연
상수를 쓸 수 있습니다.

```
julia> Base.MathConstants.e
e = 2.7182818284590...

julia> e
e = 2.7182818284590...
```

허수

허수imaginary number $i = \sqrt{-1}$은 제곱하여 -1이 되는 수인데, 두 번 곱하여 음수가 된다는 것이 인간의 직관으로 받아들이기 힘듭니다. 따라서 '상상에만 존재하는', '가상적인'이라는 뜻의 imaginary를 활용하여 imaginary number라고 명명되었습니다. 그 표기인 알파벳 i도 imaginary의 첫 글자에서 따온 것이지요. Part 3 데이터 처리의 3.1 자료형에서 수 체계를 설명할 때 언급했듯이 -1의 제곱근은 im으로 사용합니다. i가 아니라 im인 것은 자연 상수에 e라는 알파벳을 주지 않은 것과 같습니다. 특히나 i는 j, k, m, n과 함께 인덱스로도 많이 사용하는 문자이기 때문에 더더욱 특정한 값을 지칭하는 문자로 쓰기엔 곤란한 부분이 있습니다.

im을 제곱하면 −1이지만 타입이 실수인 것은 아닙니다. 기본적으로 제곱이라는 함수는 입력받은 타입과 같은 타입을 반환하기 때문에 복소수 −1+0im을 반환합니다. 여기서도 볼 수 있듯이 im과 숫자 사이에는 곱셈 기호(*)를 생략할 수 있습니다. 수학을 전공했다면 2im보다 im2와 같이 표기하는 것을 더 자연스럽게 느낄 수 있지만 안타깝게도 그렇게 사용할 수는 없습니다. 또한 순허수pure imaginary number 타입은 따로 구현되어 있지 않습니다. 2im은 0+2im이고 2im+3im은 0+5im입니다.

```
julia> im^2
-1 + 0im

julia> 1 + 2im
1 + 2im

julia> 1 + im2
ERROR: UndefVarError: `im2` not defined

julia> 2im
0 + 2im

julia> 2im+3im
0 + 5im
```

무한대

Inf와 -Inf는 각각 양의 무한대와 음의 무한대를 뜻합니다. 물론 무한대라는 것은 숫자가 아니라 극한이 발산한다는 상태입니다. 하지만 이를 숫자로 취급하여 편하게 사용할 수도 있습니다. 실수 집합과 {∞, -∞}의 합집합을 확장된 실수 체계extended real number system라고 정의하고 다음과 같이 표기합니다.

$$\overline{\mathbb{R}} = \mathbb{R} \cup \{\infty, -\infty\}$$

확장된 실수 체계 내에서 대소 비교와 연산 규칙

모든 $x \in \mathbb{R}$에 대해서, 다음이 성립합니다.

$$-\infty < x < \infty$$

$$(\pm\infty) + (\pm\infty) = (\pm\infty)$$

$$x + (\pm\infty) = \pm\infty + x = \pm\infty$$

$$\frac{x}{+\infty} = 0 = \frac{x}{-\infty}$$

$$\frac{x}{0} = \text{sign}(x)\infty$$

$$(\pm\infty)(\pm\infty) = +\infty$$

$$(\pm\infty)(\mp\infty) = -\infty$$

$$x(\pm\infty) = (\pm\infty)x = \begin{cases} \pm\infty & x > 0 \\ 0 & x = 0 \\ \mp\infty & x < 0 \end{cases}$$

여기서 주의해야 할 점은 $(\pm\infty) + (\mp\infty)$는 정의하지 않는다는 것입니다. 줄리아에서 Inf와 -Inf는 정확히 확장된 실수 체계에서의 ∞, -∞와 같습니다.

```
julia> -Inf < rand(Float64) < Inf
true

julia> Inf + Inf, -Inf + -Inf
(Inf, -Inf)

julia> 3/Inf, -3/Inf
(0.0, -0.0)

julia> 3/0, -3/0
(Inf, -Inf)

julia> Inf*Inf, -Inf*Inf
(Inf, -Inf)
```

무한대 타입은 Float64, Float32, Float16으로 구현되어 있습니다. 무한대의 기본 타입은 Float64이고 Inf64는 Inf로 줄여 쓸 수 있습니다. Float32, Float16인 무한대는 각각 Inf32, Inf16입니다. Inf64는 위에서 설명한 확장된 실수 체계에 포함된 하나의 수로 Inf32, Inf16도 같은 값을 가지고 ==는 일관되게 true를 반환합니다. isinf는 입력이 Inf인지 아닌지를 판별합니다. 반대로 유한한 수인지를 판별하는 isfinite도 존재합니다.

```
julia> Inf == Inf, Inf == -Inf
(true, false)

julia> isinf(3), isinf(Inf), isinf(-Inf), isinf(Inf32)
(false, true, true, true)

julia> isfinite(3), isfinite(Inf), isfinite(NaN)
(true, false, false)

julia> Inf == Inf64
true

julia> typeof(Inf), typeof(Inf32), typeof(Inf16)
(Float64, Float32, Float16)
```

NaN

NaN은 **N**ot **a N**umber의 약어로, 수가 아니라는 뜻입니다. 정의되지 않는 연산을 실행했을 경우 반환됩니다. 바로 앞에서 무한대 사이의 연산 (±∞) + (∓∞)는 정의하지 않는다고 했습니다. 이를 코드로 실행하게 되면 에러가 발생하는 것이 아니라 NaN을 반환합니다. 0과 0의 나눗셈도 정의되지 않으므로 NaN을 반환합니다. 또한 NaN과 임의의 수의 사칙연산 결과는 모두 NaN입니다. NaN과 연산하여서 NaN 이외의 값을 반환하는 것은 오로지 false뿐입니다.

NaN은 수가 아니라는 뜻인데, 상수constant로 소개하는 것이 이상하게 느껴질 수도 있겠습니다. 하지만 사실 알고 보면 Inf도 수는 아닙니다. 상수로의 NaN은 또 다른 NaN과 다른 값입니다. 겉보기에는 둘 다 이름이 NaN이라 똑같아 보이지만, $\frac{0}{0}$ = NaN과 ∞ − ∞ = NaN이 진정으로 같냐는 질문에는 그렇다고 답하기 어려울 것입니다. 애초에 값이 정의되지 않았으므로 정의되지 않은 두 개의 무언가를 같은지를 비교할 수 없는 것입니다. 따라서 Inf와는 다르게 값이 같은지를 반환하는 ==에는 false를 반환합니다. 하지만 NaN과 NaN은 그 객체로는 서로 같기 때문에 isequal과 ===에는 true를 반환합니다. 사소하지만 중요한 사실입니다.

```
julia> Inf - Inf
NaN

julia> -Inf + Inf
NaN

julia> 3*NaN, 1+NaN, 5-NaN, NaN/6
(NaN, NaN, NaN, NaN)

julia> true*NaN, false*NaN
(NaN, 0.0)

julia> NaN == NaN, isequal(NaN, NaN), NaN === NaN
(false, true, true)
```

isnan은 NaN인지 아닌지를 판별합니다. 이를 이용하면 배열에 포함된 NaN을 0으로 바꾸는 코드를 간단히 작성할 수 있습니다. 또한 Inf와 마찬가지로 NaN도 Float64, Float32, Float16의 세 가지 타입으로 존재합니다.

```
julia> isnan(NaN), isnan(3), isnan(Inf)
(true, false, false)

julia> x = [1 NaN 4 NaN -3]
1×5 Matrix{Float64}:
 1.0  NaN  4.0  NaN  -3.0

julia> .~isnan.(x) .* x
1×5 Matrix{Float64}:
 1.0  0.0  4.0  0.0  -3.0

julia> .!isnan.(x) .* x
1×5 Matrix{Float64}:
 1.0  0.0  4.0  0.0  -3.0

julia> x[isnan.(x)] .= 0; ;print(x)
[1.0 0.0 4.0 0.0 -3.0]

julia> NaN === NaN64
true

julia> typeof(NaN), typeof(NaN32), typeof(NaN16)
(Float64, Float32, Float16)
```

▎오일러-마스케로니 상수

오일러-마스케로니 상수Euler-Mascheroni constant는 조화 급수와 자연로그의 극한의 차이에 해당하는 상수입니다. 간단하게는 오일러 상수라 부르고 감마 함수와 관련이 깊기 때문에, γ라 표기하고 오일러-감마 상수Euler-gamma constant라 부르기도 합니다. 값은 대략 다음과 같습니다.

$$\gamma = 0.5772156649015328606065120900082 \dots$$

앞서 소개한 상수들만큼이나 자주 쓰이는 것은 아니지만 몇몇 특수 함수에 관련된 공식에서 가끔씩 등장합니다. 감마 문자는 이곳저곳 많이 쓰이기 때문에 γ('\gamma' 입력 + $\langle$tab$\rangle$)에 이 숫자가 할당되어 있지는 않습니다. 계속 설명하지만 사실 하나의 문자에 특정한 값이 할당되어 있는 것은 오로지 π뿐입니다. 다음과 같은 코드로 사용할 수 있습니다.

```
julia> MathConstants.eulergamma
γ = 0.5772156649015...

julia> MathConstants.γ
γ = 0.5772156649015...
```

▌황금비

두 수 $A > B$에 대해서 $\frac{A+B}{A} = \frac{A}{B}$가 성립하면 이 비율을 황금비^{golden ratio}라고 합니다. 멋들어진 이름 덕분에 유사과학이나 수학 외의 분야에서도 자주 등장하는데, 사실 황금비는 그 어떤 미학적 가치나 조화로움을 내포하지 않습니다.

황금비의 표기로는 주로 φ('\varphi' 입력 + $\langle$tab$\rangle$)를 사용합니다. 그 값은 닫힌 형식^{closed form}으로 정확히 $\frac{1+\sqrt{5}}{2}$이며 근삿값은 다음과 같습니다.

$$\varphi = \frac{1 + \sqrt{5}}{2} = 1.61803398874989484820458684365\ldots$$

황금비는 다음과 같은 코드로 사용할 수 있습니다.

```
julia> MathConstants.golden
φ = 1.6180339887498...

julia> MathConstants.φ
φ = 1.6180339887498...
```

물리학에서는 특이하고 중요한 상수들이 있습니다. 이들은 보통 엄청 큰 값이거나 엄청 작은 값입니다. 손으로 계산할 때는 이들은 문자로 치환해 생각할 필요는 없지만, 컴퓨터로 계산할 때는 다릅니다. 실제로 값이 주어져야 계산할 수 있습니다. PhysicalConstants.jl 패키지는 물리학에서 쓰이는 상수들을 제공합니다.

양자역학에서 플랑크 상수는 단위 진동수당 에너지를 의미하고 h라고 표기합니다. 양자역학에서 아주 많이 등장하는 상수인데, h보다는 이를 2π로 나눈 값인 $\hbar$가 더 자주 사용됩니다.

$$\hbar = \frac{h}{2\pi}$$

$\hbar$는 h 위에 작대기bar를 그은 형태로 '에이치바'[20]라고 읽습니다. 값의 크기는 아주 작으며 대략 $1/10^{-34}$입니다. 문자 $\hbar$('\hbar' 입력 + \<tab\>) 자체는 줄리아 콘솔에서 바로 입력할 수 있지만 이것이 플랑크 상수로 정의된 것은 아닙니다. 패키지 PhysicalConstants.jl을 불러오면 사용할 수 있습니다.

다음은 2018년에 과학기술데이터위원회Committee on Data for Science and Technology, CODATA에서 발표한 물리 상수를 불러오는 코드입니다.

```
julia> ℏ
ERROR: UndefVarError: `ℏ` not defined

julia> using PhysicalConstants.CODATA2018

julia> ReducedPlanckConstant
Reduced Planck constant (ℏ)
Value                       = 1.0545718176461565e-34 J s
Standard uncertainty        = (exact)
Relative standard uncertainty = (exact)
Reference                   = CODATA 2018

julia> float(ReducedPlanckConstant)
1.0545718176461565e-34 J s
```

20 독일어로 h를 '하'라고 읽기 때문에 '하바'라고도 읽습니다.

하지만 패키지를 불러온다고 해서 ℏ가 플랑크 상수가 되는 것은 아닙니다. ℏ를 직접 불러오면 문자 그대로를 사용할 수 있습니다.

```julia
julia> using PhysicalConstants.CODATA2018

julia> ℏ
ERROR: UndefVarError: `ℏ` not defined

julia> import PhysicalConstants.CODATA2018: ℏ

julia> ℏ
Reduced Planck constant (ℏ)
Value                       = 1.0545718176461565e-34 J s
Standard uncertainty        = (exact)
Relative standard uncertainty = (exact)
Reference                   = CODATA 2018

julia> float(ℏ)
1.0545718176461565e-34 J s
```

전자의 질량, 아보가드로 수, 볼츠만 상수, 미세구조 상수 등 여러 가지 물리 상수가 구현되어 있으니 더 궁금한 사항이 있다면 공식 문서[21]에서 확인하길 바랍니다.

```julia
julia> import PhysicalConstants.CODATA2018: m_e, N_A, k_B, α

julia> m_e
Electron mass (m_e)
Value                       = 9.1093837015e-31 kg
Standard uncertainty        = 2.8e-40 kg
Relative standard uncertainty = 3.1e-10
Reference                   = CODATA 2018

julia> N_A
Avogadro constant (N_A)
Value                       = 6.02214076e23 mol^-1
Standard uncertainty        = (exact)
Relative standard uncertainty = (exact)
Reference                   = CODATA 2018
```

---

21 패키지 공식 문서 중 「상수 목록」, juliaphysics.github.io/PhysicalConstants.jl/stable/constants

```
julia> k_B
Boltzmann constant (k_B)
Value                         = 1.380649e-23 J K^-1
Standard uncertainty          = (exact)
Relative standard uncertainty = (exact)
Reference                     = CODATA 2018

julia> α
Fine-structure constant (α)
Value                         = 0.0072973525693
Standard uncertainty          = 1.1e-12
Relative standard uncertainty = 1.5e-10
Reference                     = CODATA 2018
```

5.1.4 기수법

줄리아에서 기본이 되는 기수법은 10진법decimal입니다. 10진법은 0부터 9까지 열 개의 숫자로 수를 표현하는 방법을 말합니다. 이는 일상적으로나 학술적으로나 가장 많이 쓰이는 기수법이지만 몇몇 쓰임에서는 다른 기수법이 훨씬 더 유리하기도 합니다. 특히나 컴퓨터에서 2진법binary이 얼마나 중요한지는 두말하면 잔소리입니다.

digits(n, base=10)은 입력된 수의 각 자릿수를 성분으로 가지는 배열을 반환합니다. 첫 번째 성분은 일의 자리의 수, 두 번째 성분은 십의 자리의 수, 세 번째 성분은 백의 자리의 수와 같은 식입니다. 다시 말해 $n = a_m \times 10^m + a_{m-1} \times 10^{m-1} + \cdots + a_1 \times 10^1 + a_0 \times 10^0$과 같을 때 x = digits(n)의 i번째 성분은 a_{i-1}입니다. base는 자릿수의 기준이 되는 수를 의미합니다. 10진법일 때는 10, 2진법일 때는 2, 16진법일 때는 16입니다. 10은 10진법으로 10이니 digits(10)은 벡터 [0, 1]을 반환합니다. 2진법으로는 $1010_{(2)}$이므로 digits(10, base=2)는 벡터 [0, 1, 0, 1]을 반환합니다.

```
julia> digits(10)
2-element Vector{Int64}:
 0
 1

julia> digits(10, base=2)
```

```
4-element Vector{Int64}:
 0
 1
 0
 1
```

pad는 반환할 벡터의 자릿수를 지정하는 키워드입니다. 가령 digits(1208)은 4차원 벡터를 반환하지만, digits(1208, pad=6)은 맨 앞에 두 개의 0을 채워 6차원 벡터를 반환합니다. digits는 벡터를 반환하므로 pad 키워드로 모든 반환값의 자릿수를 맞춰야 다루기 편리합니다.

```
julia> digits(1208)
4-element Vector{Int64}:
 8
 0
 2
 1

julia> digits(1208, pad=6)
6-element Vector{Int64}:
 8
 0
 2
 1
 0
 0
```

ndigits(n)은 n이 몇 자릿수인지를 반환합니다. 10은 2진법으로 $1010_{(2)}$이므로 ndigits(10, base=2)는 4를 반환하고, 33은 16진법으로 $21_{(16)}$이므로 ndigits(33, base=16)은 2를 반환합니다.

```
julia> ndigits(127)
3

julia> ndigits(10, base=2)
4

julia> ndigits(33, base=16)
2
```

count_ones(n)과 count_zeros(n)은 각각 n의 2진법 표현에서 1과 0의 개수를 반환합니다. 주의해야 할 점은 20이 2진법으로 $10100_{(2)}$이므로 count_ones(20)과 count_zeros(20)이 각각 2와 3을 반환하는 것이 아니라는 것입니다. 이 두 함수는 입력된 수가 실제로 저장된 비트의 형태에서 각각 1과 0이 얼마나 있는지를 반환합니다. Int64 타입의 숫자 20은 64개의 칸 중 뒤에서 다섯 개의 칸이 10110으로 채워진 형태로 저장되어 있습니다. 이를 확인하는 함수는 bitstring입니다. 그러므로 count_ones(20)은 2를 반환하고, count_zeros(20)은 62를 반환합니다.

leading_zeros는 숫자가 저장된 비트를 왼쪽에서부터 봤을 때 최초로 1이 등장하기 전까지 0이 몇 개 있는지를 반환합니다. 따라서 leading_zeros(20)은 64 − 5 = 59를 반환합니다. leading_ones도 같은 방식으로 작동합니다. trailing_ones와 trailing_zeros는 오른쪽 끝에서부터의 1과 0의 개수를 반환합니다.

```
julia> bitstring(20)
"0000000000000000000000000000000000000000000000000000000000010100"

julia> count_ones(20)
2

julia> count_zeros(20)
62

julia> leading_zeros(20)
59

julia> bitstring(Int8(-30)), leading_ones(Int8(-30))
("11100010", 3)

julia> bitstring(Int8(102)), trailing_ones(Int8(102))
("01100110", 0)

julia> bitstring(Int8(103)), trailing_ones(Int8(103))
("01100111", 3)
```

isdigit(c)는 문자 c가 10진법에서 쓰이는 수인지를 판별합니다. 즉 '0'부터 '9'까지에 대해서만 참을 반환합니다. isxdigit는 16진법에서 쓰이는 수가 입력됐을 때만 참을 반환합니다. 즉 '0'부터 '9' 그리고 대소문자에 무관하게 'A'부터 'F'까지만 참을 반환합니다.

```
julia> isdigit.(['0' '1' '5' '9'])
1×4 BitMatrix:
 1  1  1  1

julia> isdigit.(['a' 'Q' '가' '숲'])
1×4 BitMatrix:
 0  0  0  0

julia> isxdigit.(['0' '1' '8' '9' 'a' 'B' 'F' 'G' 'h'])
1×9 BitMatrix:
 1  1  1  1  1  1  1  0  0
```

이 챕터에서는 여러 가지 기본적인 수학 연산에 대해서 소개합니다. 이는 모두 줄리아에 내장된 기능으로 다른 패키지를 불러오지 않고 바로 사용할 수 있습니다.

가장 먼저, 두 숫자 사이의 덧셈과 뺄셈은 각각 +와 -로 정의됩니다. 이는 이항 연산으로 x ± y와 같이 사용해도 되고, 이변수 함수로 ±(x, y)와 같이 사용해도 됩니다. 당연히 세 숫자 이상으로의 일반화도 가능합니다. 다만 뺄셈의 경우 -(x, y, z...)처럼 삼변수 이상의 함수처럼은 사용할 수 없습니다.

```julia
julia> 2+3, 2-3
(5, -1)

julia> +(2,3), -(2,3)
(5, -1)

julia> 2+3+4, 2-3-4
(9, -5)

julia> +(2,3,4)
9

julia> -(2,3,4)
ERROR: MethodError: no method matching -(::Int64, ::Int64, ::Int64)
```

또한 뺄셈 기호 -는 -1을 곱하는 연산으로도 쓰입니다.

```julia
julia> -(3)
-3

julia> -[1 2 3 4]
1×4 Matrix{Int64}:
 -1  -2  -3  -4
```

앞선 예는 모두 같은 타입끼리의 연산이었습니다. 다른 타입 사이 연산의 경우 자연스럽게 더 큰 집합에 기준이 맞춰지며, 앞서 이를 타입 승급^{type promotion}이라 배운 바 있습니다. 가령 2 와 3.0을 더할 때, 2는 정수이고 3.0은 실수이므로 덧셈 +는 2.0과 3.0을 더한 결과를 반환합 니다. 물론 2의 타입은 Integer이고 3.0의 타입은 AbstractFloat인데, AbstractFloat가 Integer의 슈퍼 타입인 것은 아닙니다. 하지만 개념적으로 정수 집합은 실수 집합의 부분집 합이고, AbstractFloat 타입인 2.0이 2와 실질적으로 같습니다. 따라서 AbstractFloat 집 합에는 2와 동치인 값인 2.0이 있으므로 2.0과 3.0의 합인 5.0이 반환됩니다.

```julia
julia> typeof(2), typeof(3.0)
(Int64, Float64)

julia> typeof(2) <: typeof(3.0)
false

julia> 2 == 2.0
true

julia> 2 + 3.0
5.0
```

유리수와 정수의 합, 유리수와 정수와 실수의 합, 유리수와 실수와 복소수의 합 등의 계산을 해보면 가장 상위 개념의 수로 결과가 반환됨을 알 수 있습니다. 또한 이러한 타입 승급은 곱 셈, 나눗셈에서도 마찬가지로 이루어집니다.

```julia
julia> 2 == 4//2, 2 + 3//2
(true, 7//2)

julia> 3//2 == 1.5, 2 + 3//2 + 3.5
(true, 7.0)

julia> 3//2 == 1.5 + 0im, 3//2 + 3.5 + 2im
(true, 5.0 + 2.0im)
```

기본 곱셈과 거듭제곱, 팩토리얼 등 곱셈 관련 연산과 유용한 함수들에 대해 소개하겠습니다. 이후 자세히 배우겠지만, 줄리아에서의 곱셈 관련 문법은 굉장히 편리하고 가독성이 좋습니다.

곱셈

Part 3 데이터 처리의 3.1 자료형에서도 다루었듯이 두 숫자 사이의 곱셈 기호는 별표(*)로 정의됩니다. 기본적인 사용법은 덧셈이나 뺄셈과 같습니다. 줄리아 곱셈의 특징이자 장점은 리터럴 상수와 변수의 곱 사이에 곱셈 기호를 생략할 수 있다는 것입니다. '2 * x'를 단순히 '2x'라고 표현할 수 있습니다. 단, 이때 문자가 앞에 오는 것은 허용되지 않습니다. 벡터와 관련된 사항은 Part 2 문법의 2.2 배열과 벡터 공간에서 자세히 다루었습니다. inv는 입력에 대한 곱셈의 역원을 반환합니다.

```
julia> *(2,3)
6

julia> 2*3
6

julia> *(2,3,4,5)
120

julia> 2*3*4*5
120

julia> x = 10
10

julia> 2x
20

julia> x2
ERROR: UndefVarError: `x2` not defined
```

```
julia> inv(4), inv(0.3), inv(1/5), inv(1//5)
(0.25, 3.3333333333333335, 5.0, 5//1)

julia> 4*inv(4)
1.0
```

거듭제곱

거듭제곱을 의미하는 기호는 캐럿(^)이며, 이는 매트랩과 R에서의 표기와 같습니다. x^y와 ^(x, y)는 x의 y 거듭제곱을 의미합니다. 지수와 밑은 정수뿐 아니라 실수, 복소수까지 잘 정의되어 있습니다.

```
julia> 2^3, 2^3.4
(8, 10.556063286183154)

julia> 2^3im
-0.48699441796578125 + 0.8734050817748715im

julia> 2.5^3, 2im^3
(15.625, 0 - 2im)
```

ispow2(x)는 x가 2의 거듭제곱수인지 아닌지를 판별하는 함수입니다. 2의 거듭제곱인지에 대한 참, 거짓만 반환하므로 참일 경우에 몇 제곱수인지는 알 수 없습니다. 이를 알려면 log2()를 사용하면 됩니다. nextpow(a, x)는 x보다 큰 a의 제곱수 중에서 가장 작은 수를 반환합니다. prevpow(a, x)는 x보다 작은 a의 제곱수 중에서 가장 큰 수를 반환합니다. $2^6 = 64$이고 $2^7 = 128$이므로 nextpow(2, 100)은 128을 반환합니다. $3^3 = 27$이고 $3^4 = 81$이므로 prevpow(3, 50)은 27을 반환합니다.

```
julia> ispow2(7)
false

julia> ispow2(8)
true

julia> log2(8)
```

```
3.0

julia> nextpow(2, 100)
128

julia> prevpow(3, 50)
27
```

sqrt는 입력의 거듭제곱근을 반환합니다. 모든 실수 및 복소수에 대해서 정의되어 있습니다. 콘솔창에 \sqrt를 입력하고 〈tab〉 키를 누르면 제곱근 기호(√)를 쓸 수 있는데 함수 sqrt와 같습니다. 괄호가 없어도 바로 뒤의 수를 입력으로 간주합니다.

```
julia> sqrt(4), sqrt(4//1), sqrt(4.0)
(2.0, 2.0, 2.0)

julia> sqrt(π), sqrt(4 + 2im)
(1.7724538509055159, 2.0581710272714924 + 0.48586827175664565im)

julia> sqrt(2), √2
(1.4142135623730951, 1.4142135623730951)

julia> x = 2
2

julia> √x
1.4142135623730951

julia> √(2x)
2.0
```

isqrt는 integer square root의 약자로 isqrt(n)은 m^2 ≤ n을 만족시키는 가장 큰 m을 반환합니다. 정수만 입력 가능하며, n의 제곱근과 가장 가까운 정수를 반환하는 것이 아님에 주의해야 합니다. 가령 $\sqrt{48}$ = 6.928203인데 isqrt(48)은 6.928203과 가장 가까운 정수인 7을 반환하는 것이 아니라 정의에 따라 6을 반환합니다. 즉 제곱근의 내림과 같으며 isqrt(x) = Int(floor(isqrt(x)))입니다.

```
julia> sqrt(48)
6.928203230275509

julia> isqrt(48)
6

julia> Int(floor(sqrt(48)))
6
```

cbrt(x)는 x의 세제곱근을 반환합니다. 즉 cbrt(x) = x^(1/3)입니다. 제곱근과 마찬가지로 콘솔창에 \cbrt를 입력하고 <tab> 키를 누르면 세제곱근 기호($\sqrt[3]{}$)를 사용할 수 있습니다. 다만, 세제곱근 기호는 눈으로 쉽게 읽히지 않기에 오히려 가독성을 떨어뜨릴 수 있습니다.

```
julia> cbrt(8), cbrt(27)
(2.0, 3.0)

julia> ∛8, ∛27
(2.0, 3.0)
```

팩토리얼

팩토리얼factorial, 계승은 입력된 수 이하의 모든 자연수를 곱하여 반환하는 함수입니다. 수학에서는 느낌표(!)로 표기합니다.

$$n! = n(n-1)(n-2) \ldots 3 \times 2 \times 1$$

줄리아에서 팩토리얼의 이름은 factorial입니다. 정의에 따라 Integer 타입만 입력으로 가능합니다. 정수가 아닌 수에 대한 팩토리얼은 5.3.3 특수 함수의 감마 함수를 참고하세요.

```
julia> factorial(3)
6

julia> factorial(3.0)
ERROR: MethodError: no method matching factorial(::Float64)
```

팩토리얼은 정의에 따라 입력의 크기가 증가함에 따라 반환값의 크기가 매우 빠르게 증가합니다. 2의 제곱수만 생각해봐도 엄청 빠르게 증가하는데, 팩토리얼은 그보다 더 큰 수를 계속해서 곱하므로 말도 안 되게 커짐을 짐작할 수 있습니다. 지수 함수와의 그래프와 시각적으로 비교해보면 그 차이를 실감할 수 있습니다. 입력이 7~8정도일 때는 두 그래프의 차이가 꽤 있지만 아직은 같은 스케일이라 볼 수 있습니다. 하지만 입력이 9만 되어도 이미 같은 스케일이 아니라는 것이 확연히 드러납니다.

다음 그림의 왼쪽은 1부터 7까지의 팩토리얼과 1부터 8까지의 지수 함수의 그래프를 그린 것입니다. 5까지는 큰 차이가 나지 않는 것 같아 보이지만 6부터 확연한 차이를 보여줍니다. 오른쪽은 1부터 9까지의 팩토리얼과 지수 함수의 그래프를 그린 것입니다. 이미 두 그래프의 차이가 비교할 수 없을 정도로 커졌습니다. 팩토리얼의 입장에서 보면 지수 함수는 거의 상수 함수나 다름없습니다.

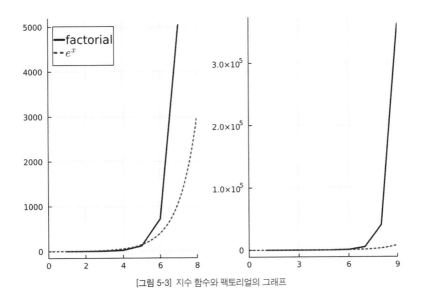

[그림 5-3] 지수 함수와 팩토리얼의 그래프

그래서 팩토리얼은 입력이 21만 되어도 숫자가 너무 커 OverflowError를 일으킵니다. 보다 큰 수에 대한 팩토리얼을 계산하고 싶다면 5.1.1 리터럴 상수의 정수 집합에서 다루었던 BigInt 타입을 이용하면 됩니다.

```
julia> factorial(21)
ERROR: OverflowError: 21 is too large to look up in the table; consider
using `factorial(big(21))` instead

julia> factorial(big(21))
51090942171709440000

julia> factorial(big(100))
9332621544394415268169923885626670049071596826438162146859296389521759999
3229915608941463976156518286253697920827223758251185210916864000000000000
0000000000
```

이항계수

두 자연수 n, k에 대해서 이항계수^{binomial coefficient} $\binom{n}{k}$란, 다항식 $(1 + x)^n$을 전개하였을 때 $k+1$번째 항의 계수를 말합니다. 이를 구하는 공식은 다음과 같이 알려져 있습니다.

$$\binom{n}{k} = \frac{n!}{k!\,(n-k)!}$$

$n!$은 n 팩토리얼을 의미하며, 이는 서로 다른 n개 중 순서에 상관없이 r개를 뽑는 경우의 수 입니다. 이항계수를 구하는 함수는 binomial(n, k)입니다. 정의에 의해 n은 k보다 크거나 같아야 합니다. k가 n보다 클 경우에는 0을 반환합니다.

```
julia> binomial(5, 3)
10

julia> binomial(3, 3)
1

julia> binomial(3, 4)
0

julia> binomial(3, 6)
0
```

한편 이항계수는 n이 음수인 경우에 대해서도 일반화되는데 이를 음이항계수^{negative binomial}

coeffient라 합니다. 음이항계수를 구하는 함수는 따로 구현되어 있는 것이 아니라 이항계수를 구하는 함수와 같습니다. n의 자리에 입력으로 음수를 받으면 음이항계수를 계산합니다. 두 자연수 n, k에 대해서 음이항계수는 다음과 같이 정의됩니다.

$$\binom{-n}{k} := \frac{-n(-n-1)\cdots(-n-k+1)}{k!}$$

```
julia> binomial(-2, 3)
-4

julia> binomial(-2, 6)
7
```

▌최소공배수

최소공배수란 이름 그대로 여러 숫자의 공통된 배수 중에서 가장 최소인 수를 말합니다. 최대 공배수라는 개념은 따로 정의되어 있지 않는데, 이는 아무리 큰 공배수를 가져와도 그보다 큰 공배수가 항상 존재하기 때문입니다. 최소공배수를 구하는 함수는 영어 표현 least common multiple에서 이름을 따와 lcm입니다. 입력으로 가능한 타입은 Integer와 Rational입니다 (Rational은 줄리아 1.4 버전부터 가능합니다). 입력된 수에 음수가 존재해도 항상 양수를 반환합니다. 또한 입력된 수에 0이 하나라도 존재하면 0을 반환합니다.

```
julia> lcm(2, 3)
6

julia> lcm(2,3), lcm(2//1, 3)
(6, 6//1)

julia> lcm(2.0, 3.0)
ERROR: MethodError: no method matching lcm(::Float64, ::Float64)

julia> lcm(2, 3, 4, 5)
60

julia> lcm(2, 3, -4, 5)
```

```
60

julia> lcm(2, 3, 0, 5)
0
```

5.2.2 나눗셈 관련 연산

이번에는 나눗셈과 관련된 연산과 함수들을 소개하겠습니다.

나눗셈

나눗셈 기호는 슬래시(/)로 정의되어 있습니다. 이 또한 이항 연산 혹은 다변수 함수처럼 사용할 수 있습니다. 다만, x/y/z/w는 (((x/y)/z)/w)와 같은 값으로 나눗셈을 앞에서부터 순서대로 적용한 것과 같지만 가독성이 심각하게 떨어지므로 사용하지 않는 편이 좋습니다.

```
julia> 3/2
1.5

julia> /(3,2)
1.5

julia> 3/4/5/6/7 == (((3/4)/5)/6)/7
true
```

몫과 나머지

나눗셈의 몫과 나머지를 각기 따로 구하는 연산은 div와 rem입니다. 따라서 x와 y*div(x, y) + rem(x, y)는 같습니다. 두 연산 모두 스칼라에 대한 이항 연산이므로 벡터에 대해서 적용하고 싶을 땐 앞에서 배운 브로드캐스트를 사용하면 됩니다. 퍼센트 기호(%)는 rem과 같습니다.

```
julia> div(17, 4), rem(17, 4)
(4, 1)

julia> 4div(17, 4) + rem(17, 4)
17

julia> 17 % 4, %(17, 4)
(1, 1)

julia> div.([5 6 7 8 9], 3)
1×5 Matrix{Int64}:
 1  2  2  2  3

julia> rem.([5 6 7 8 9], 3)
1×5 Matrix{Int64}:
 2  0  1  2  0

julia> .%([5 6 7 8 9], 3)
1×5 Matrix{Int64}:
 2  0  1  2  0
```

rem2pi(x, r)은 x를 2π로 나눈 나머지를 반환합니다. r은 반올림 방법에 대한 옵션 인수로 RoundNearest, RoundToZero, RoundDown, RoundUp의 네 가지가 있습니다.[22] 라디안은 사실상 2π의 주기를 가지므로 해당 값이 $[0, 2\pi)$내에서 얼마인지를 계산하는 데 쓰일 수 있습니다.

mod는 rem과 마찬가지로 나눗셈의 나머지를 반환하는데, 이 둘의 차이점은 반환값의 부호입니다. 나누는 수와 나누어지는 수가 모두 양수일 때는 두 함수는 실질적으로 같습니다. 하지만 한쪽이라도 음수가 포함된 경우 반환하는 값이 달라집니다. rem(x, y)의 반환은 x의 부호를 따릅니다. 반면 mod(x, y)의 반환값은 y의 부호를 따릅니다. rem과 마찬가지로 mod2pi가 구현되어 있습니다.

```
julia> rem(5, 3), %(5, 3), mod(5, 3)
(2, 2, 2)

julia> rem(-5, 3), %(-5, 3), mod(-5, 3)
```

22 줄리아 공식 문서 중 「수학」, docs.julialang.org/en/v1/base/math/#Base.Math.rem2pi

```
(-2, -2, 1)

julia> rem(5, -3), %(5, -3), mod(5, -3)
(2, 2, -1)
```

divrem은 몫과 나머지에 대한 튜플을 반환합니다. 다시 말해 divrem(x, y)는 (div(x, y), rem(x, y)) 그리고 (x ÷ y, x % y)와 같습니다.

```
julia> divrem(5,3), divrem(-5, 3)
((1, 2), (-1, -2))
```

▌최대공약수

최대공약수란 이름 그대로 여러 숫자들의 공통된 약수 중에서 가장 최소인 수를 말합니다. 최소공약수라는 건 쓰이지 않는 개념인데, 그 값이 항상 1이기 때문입니다. 최대공약수를 구하는 함수는 영어 표현 greatest common divisor의 이름을 따온 gcd입니다. 입력으로 가능한 타입은 Integer와 Rational입니다(Rational은 줄리아 1.4 버전부터 가능합니다). 입력된 수에 음수가 존재해도 항상 양수를 반환합니다. 또한 입력된 수에 0이 하나라도 존재하면 0을 반환합니다.

```
julia> gcd(12, 8)
4

julia> gcd(12//1, 16//2)
4//1

julia> gcd(12.0, 8.0)
ERROR: MethodError: no method matching gcd(::Float64, ::Float64)

julia> gcd(12, 9, 21, 51)
3

julia> gcd(12, 9, -21, 51)
3

julia> gcd(12, 9, 0, 51)
3
```

천장 함수ceiling function 혹은 올림round up이란 주어진 수보다 같거나 큰 정수들 중에서 가장 작은 수를 반환하는 함수를 말합니다. 줄리아에서는 ceil이라는 이름으로 구현되어 있습니다. 기본적으로 ceil(x)와 같이 사용하고 특정한 타입 T로 반환하고 싶다면 ceil(T, x)와 같이 사용할 수 있습니다. 숫자뿐만 아니라 날짜나 기간 등에 대해서도 사용할 수 있습니다. 17일은 2주보다는 길고 3주보다는 짧으므로, 17일을 올림하면 3주를 반환합니다. 더 자세한 내용은 공식 문서[23]를 참고하세요.

```
julia> ceil(3.3)
4.0

julia> ceil(Int, 3.3)
4

julia> using Dates
julia> ceil(Day(17), Week)
3 weeks
```

바닥 함수floor function 혹은 내림round down은 천장 함수와 반대되는 성격의 함수로, 주어진 수보다 같거나 작은 정수들 중에서 가장 큰 수를 반환하는 함수를 말합니다. 소수점 아래를 다 버리는 버림trunc과는 다름에 주의해야 합니다. 바닥 함수의 이름은 floor입니다. 사용하는 방법은 천장 함수와 같습니다.

```
julia> floor(3.7)
3.0

julia> floor(Int, 3.7)
3

julia> using Dates
julia> floor(Day(17), Week)
2 weeks
```

---

23 줄리아 공식 문서 중 「날짜」, docs.julialang.org/en/v1/stdlib/Dates/#Base.ceil-Tuple{TimeType,%20Period}

반올림^{round}이란 주어진 수와 가장 가까운 정수를 반환하는 함수입니다. 천장 함수가 반드시 큰 방향, 바닥 함수가 반드시 작은 방향의 정수로 근사하는 것이라면 반올림은 이 둘의 절충안입니다. 일상적으로 소수를 정수로 근사할 때 가장 많이 쓰는 방법이기도 합니다. 반올림 함수의 이름은 round입니다. 그런데 3.5와 같이 가장 가까운 정수가 두 개인 수도 있습니다. 이럴 땐 두 수 중에서 짝수를 반환합니다. 이것이 기본적으로 설정된 round 함수의 반올림 방법입니다. 반올림 방법을 설정하는 옵션 인수의 기본값은 RoundingMode입니다. 그 외에 입력으로 가능한 것들은 RoundNearest, RoundToZero, RoundUp 등이 있는데 이에 대한 내용은 공식 문서[24]에 자세히 설명되어 있습니다.

```julia
julia> round(3.3), round(3.5), round(3.7)
(3.0, 4.0, 4.0)

julia> round(3.3), round(Int, 3.3)
(3.0, 3)
```

주어진 수를 0과 가까운 정수로 근사하는 함수도 있습니다. 이는 소수점 뒤의 모든 숫자를 버리는 것(즉 모두 0으로 대체하는 것)과 같습니다. 이를 버림^{truncate}이라 하고 줄리아에서는 trunc라는 이름으로 구현되어 있습니다. 바닥 함수와는 다르다는 것에 주의가 필요합니다. 입력이 양수일 때는 두 함수가 같아 보이지만, 입력이 음수일 때는 확연한 차이를 보입니다. 버림은 소수점 뒤의 숫자를 버리므로 반환이 입력보다 더 크고, 바닥 함수의 반환은 입력보다 더 작습니다.

```julia
julia> trunc(3.3), trunc(Int, 3.3)
(3.0, 3)

julia> trunc(3.3), floor(3.3)
(3.0, 3.0)

julia> trunc(-3.3), floor(-3.3)
(-3.0, -4.0)
```

---

24 줄리아 공식 문서 중 「수학」, docs.julialang.org/en/v1/base/math/#Base.Rounding.RoundingMode

abs와 abs2는 각각 입력이 실수인 경우에 입력의 절댓값과 절댓값의 제곱을 반환하고, 입력
이 복소수인 경우에는 모듈러스라고 정의되는 크기를 반환합니다. 이는 5.1.1 리터럴 상수의
복소수 집합에서 설명하였습니다.

```
julia> abs(3), abs(-3)
(3, 3)

julia> abs2(3.0), abs2(-3.0)
(9.0, 9.0)

julia> abs(3 + 2im) == √(3^2 + 2^2)
true
```

어려울 것이 없는 함수이긴 하지만 딱 하나 주의해야 할 점이 있습니다. 그것은 각 타입의 최
솟값에서 발생하는 오버플로입니다. 정수 타입 Int8의 범위는 -128부터 127까지입니다.
-126과 -127은 절댓값이 여전히 Int8에 포함되므로 abs의 반환값에는 아무런 이상이 없
습니다. 하지만 -128의 절댓값인 128은 Int8에 포함되지 않아서 abs가 반환할 수 없습니
다. 실제로 대입해보면 입력된 -128이 그대로 출력되는 것을 볼 수 있습니다. 함수 Base.
checked_abs는 이러한 경우에 OverflowError를 일으킵니다.

```
julia> abs.(Int8.([-126 -127 -128]))
1×3 Matrix{Int8}:
 126   127  -128

julia> Base.checked_abs(Int8(-127))
127

julia> Base.checked_abs(Int8(-128))
ERROR: OverflowError: checked arithmetic: cannot compute |x| for x =
-128::Int8
```

함수 hypot(x, y)의 이름은 빗변을 뜻하는 영어 단어 hypotenuse에서 따왔습니다. 이 함수는
x와 y를 삼각형의 밑변과 높이라고 가정했을 때 빗변의 길이를 반환합니다. 다시 말해 hypot
(x, y) = sqrt(x^2 + y^2)입니다. 변수가 세 개 이상일 경우에도 같은 꼴로 일반화됩니다.

$$hypot(x_1, \ldots, x_n) \; = \; \sqrt{x_1^2 + \cdots + x_n^2}$$

```
julia> hypot(3, 4)
5.0

julia> hypot(5, 12)
13.0

julia> hypot(1, 2, 3), hypot(1, -2, 3)
(3.741657386773941, 3.741657386773941)
```

한편, 입력이 하나의 숫자라면 절댓값과 같습니다. 또한 입력이 복소수라면 복소수의 크기를 반환합니다. 복소수의 크기는 $z = x + iy$에 대해서 $|z| = \sqrt{x^2 + y^2}$으로 정의됩니다. 여러 복소수를 입력해도 실수일 때와 같은 방식으로 작동합니다.

$$hypot(z_1, \ldots, z_n) \; = \; \sqrt{|z_1|^2 + \cdots + |z_n|^2}$$

```
julia> hypot(3), hypot(-3)
(3.0, 3.0)

julia> hypot(3 + 4im), hypot(-5 + 12im)
(5.0, 13.0)

julia> z1, z2 = 1 + 2im, 3 + 2im
(1 + 2im, 3 + 2im)

julia> hypot(z1, z2) == √(abs2(z1) + abs2(z2))
true
```

5.2.5 부호

수학에서 부호 함수sign function란 음수는 −1, 0은 0, 양수는 +1로 매핑하는 함수입니다.

$$sign \; x \; = \; \frac{x}{|x|} \; = \; \begin{cases} -1 & x < 0 \\ 0 & x = 0 \\ 1 & x > 0 \end{cases}$$

정의를 통해 알 수 있듯이 경우의 수로 나눠야 할 복잡한 수식을 깔끔하게 만들어주며, 프로그래밍을 할 때도 유용하게 쓰입니다. 사용하는 데 별다른 어려운 점은 없습니다. 반환의 타입은 입력과 같습니다. 또한 +0을 입력하면 +0을 반환하고 −0을 입력하면 −0을 반환합니다. signbit는 결과를 Bool 타입으로 반환합니다. 입력의 부호가 음수이면 true, 그렇지 않으면 false를 반환합니다.

```julia
julia> sign(3), sign(-3.0)
(1, -1.0)

julia> sign(0), sign(-0.0)
(0, -0.0)

julia> signbit.([-3 0 3])
1×3 BitMatrix:
 1  0  0
```

copysign(x, y)는 y의 부호와 x의 크기를 곱한 결과를 반환합니다. 즉 sign(y)*abs(x)와 같습니다. 그래서 반환값의 부호는 y와 같습니다. x를 y의 부호로 반환한다고 생각하면 쉽습니다. flipsign(x, y)는 y가 음수이면 x의 부호를 바꿔 반환합니다. 즉 sign(y)*x와 결과가 같습니다.

```julia
julia> copysign(3, 2), copysign(-3, -2)
(3, -3)

julia> copysign(3, -2), copysign(-3, 2)
(-3, 3)

julia> flipsign(3, 2), flipsign(-3, -2)
(3, 3)

julia> flipsign(3, -2), flipsign(-3, 2)
(-3, -3)
```

한편 부호 함수는 복소수에 대해서도 정의되는데, 실수에 대해서 정의한 것과 같은 방식입니다. z를 임의의 복소수라고 할 때 복소수의 부호 함수는 다음과 같습니다.

$$\text{sign}(z) = \frac{z}{|z|}$$

정의에 따라 복소수의 부호도 일반적으로 복소수입니다. 복소수의 부호는 복소평면의 단위원unit circle 위에 있으므로 극좌표에서의 각도를 의미한다고 볼 수 있습니다.

```julia
julia> z = 3 + 2im
3 + 2im

julia> sign(z)
0.8320502943378437 + 0.5547001962252291im

julia> sign(z) == z/abs(z)
true
```

5.2.6 최댓값과 최솟값

min(x, y, ...)은 입력된 수 중에서 가장 작은 수를 반환합니다. max(x, y, ...)은 입력된 수 중에서 가장 큰 수를 반환합니다. Part 4 함수형 프로그래밍에서도 한 번 언급했지만, 주의해야 할 점은 이 두 함수가 반드시 각각 변수가 실수인 다변수 함수로만 작동한다는 것입니다. 즉 벡터와 같은 컬렉션은 입력으로 불가능합니다. 컬렉션의 원소 중에서 최솟값과 최댓값을 구하는 함수는 minimum과 maximum입니다. minimax는 최솟값과 최댓값의 튜플을 반환합니다. 다만 이변수 함수로만 정의되므로 주어진 두 수를 오름차순으로 정렬하는 것과 같습니다. 컬렉션의 원소 중에서 최솟값과 최댓값의 튜플을 반환하는 함수는 extrema입니다.

```julia
julia> min(1, 2, 3), max(1, 2, 3)
(1, 3)

julia> min([1, 2, 3])
ERROR: MethodError: no method matching min(::Vector{Int64})

julia> max([1, 2, 3])
ERROR: MethodError: no method matching max(::Vector{Int64})

julia> minimum([1, 2, 3]), maximum([1, 2, 3])
```

```
(1, 3)

julia> minmax(5,2)
(2, 5)

julia> extrema([1, 2, 3, 4, 5])
(1, 5)
```

이번에는 데이터 처리에 있어서 대단히 유용한 함수인 clamp를 살펴보겠습니다. clamp라는
단어는 한국어로 조임틀이라 번역됩니다. 물건이 움직이지 못하도록 꽉 조이는 공구를 의미
합니다. 함수 clamp(x, low, high)도 입력된 숫자가 지정된 범위 내에서 벗어나지 못하도
록 합니다. x가 low보다 작으면 low로 올림하고, x가 high보다 크면 high로 내림합니다.

```
julia> clamp(1, 2, 3)
2

julia> clamp(4, 2, 3)
3

julia> clamp(2.5, 2, 3)
2.5

julia> clamp.([1 2.5 4], 2, 3)
1×3 Matrix{Float64}:
 2.0  2.5  3.0
```

타입 T를 clamp(x, T)와 같이 입력하면 clamp(x, typemin(T), typemax(T))를 반환합니다.

```
julia> typemin(Int8), typemax(Int8)
(-128, 127)

julia> clamp.([-200 -100 0 100 200], Int8)
1×5 Matrix{Int8}:
 -128  -100  0  100  127
```

5.3 초월 함수

수치 계산을 할 때 삼각 함수나 지수 함수 같은 초월 함수는 거의 숨 쉬듯이 사용하게 됩니다. 이런 함수들은 모두 줄리아에서 기본적으로 지원합니다. 특히 삼각 함수의 경우 입력의 단위가 라디안radian인 기본 함수 sin과 단위가 도degree인 함수 sind를 지원하고, 더 빠르고 정확하게 작동하는 sinpi 같은 함수도 제공합니다. 대표적인 초월 함수인 삼각 함수, 지수 함수, 로그 함수와 더불어 특수 함수라 불리는 특별한 함수들을 사용하는 방법까지 알아보겠습니다.

5.3.1 삼각 함수

줄리아에는 수많은 종류의 삼각 함수가 구현되어 있습니다. 특징과 사용법은 대동소이하므로 기본적인 삼각 함수에 대해서만 알아보겠습니다. 삼각 함수 중에서 제일 기본이 되는 함수는 사인, 코사인 그리고 탄젠트입니다. 이들은 손으로 쓰듯이 sin(x), cos(x) 그리고 tan(x)와 같이 사용합니다. 여기서 입력인 x는 어떠한 타입의 수여도 상관없지만, 단위가 라디안radian이라는 것을 꼭 기억해야 합니다. 45도, 60도와 같은 특수각에 대한 함숫값을 암기하고 계산하던 기억이 남아있어 간과하기 쉬운 사실이지만, 삼각 함수의 정의역의 단위는 라디안입니다. 반지름이 r인 부채꼴의 호의 길이가 l일 때, 호의 길이와 반지름의 비를 라디안이라 정의합니다.

다음 왼쪽의 그림은 라디안의 정의를 시각적으로 나타낸 것입니다. 원주율은 모든 원에서 동일하므로 반지름에 대한 호의 길이의 비는 원의 크기에 무관하게 잘 정의됩니다. 오른쪽의 그림은 1rad을 나타낸 것입니다. 정의에 따라 호의 길이가 반지름과 같아지는 각도가 1rad입니다.

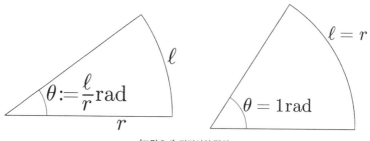

[그림 5-4] 라디안의 정의

지름과 원둘레의 비율인 원주율이 π이므로 한 바퀴를 도는 각은 2π이고 평각은 π, 직각은 $\frac{\pi}{2}$입니다. 따라서 sin은 180이 아니라 π를 입력받았을 때 0을 반환합니다. 편의를 위해 sin(x)와 cos(x)의 튜플을 반환하는 sincos(x)도 구현되어 있습니다.

```
julia> sin(π), cos(π), tan(π)
(0.0, -1.0, 0.0)

julia> sincos(π)
(0.0, -1.0)
```

하지만 모든 계산을 라디안으로만 하는 건 아닙니다. 라디안은 한 바퀴가 2π로 무리수인 데다가, 근삿값을 쓴다고 해도 2 × 3.14 = 6.28이라 딱 떨어지는 숫자도 아닙니다. 직관과는 거리가 있기에 도degree가 더 편할 때가 많습니다. 특수각을 다룰 때도 도가 훨씬 편하죠. 하지만 수치 계산 도중에 도와 라디안을 변환해가며 값을 다루게 되면 실수를 할 여지가 남기에 좋은 방법은 아닙니다. 이럴 때는 입력을 도로 받는 삼각 함수를 쓰면 됩니다. 이들은 직관적으로 기존의 함수 이름 뒤에 d(egree)가 붙은 형태입니다. 물론 도와 라디안을 변환하는 함수도 제공합니다. 도에서 라디안degree to radian으로 단위를 바꿔주는 함수는 deg2rad, 그 반대radian to degree는 rad2deg입니다.

```
julia> sind(30), cosd(45), tand(60), sincosd(90)
(0.5, 0.7071067811865476, 1.7320508075688772, (1.0, 0.0))

julia> √2/2, √3
(0.7071067811865476, 1.7320508075688772)

julia> deg2rad(90), rad2deg(π)
(1.5707963267948966, 180.0)
```

삼각 함수를 π만큼 스케일링한 함수들도 제공합니다. 함수명은 직관적으로 기존의 함수명 뒤에 pi가 붙는 식입니다. sinpi(x)는 sin(π*x)와 값은 같지만, 최적화된 알고리즘을 적용해 수치적으로 더욱 정확한 결과를 더 빠르게 반환합니다.

```
julia> sin(π), cos(π), sincos(π)
(0.0, -1.0, (0.0, -1.0))

julia> sinpi(1), cospi(1), sincospi(1)
(0.0, -1.0, (0.0, -1.0))
```

전통적으로 삼각 함수의 역함수는 접두사 arc-를 붙여 부릅니다. 가령 sin의 역함수는 arcsin 이라 쓰고 [아크사인]이라 부릅니다. 줄리아에서는 삼각 함수들의 이름 앞에 a를 붙인 형태로 명명되어 있습니다. 도degree를 입력으로 받는 함수들에 대해서도 구현되어 있습니다.

```
julia> sin(π), cos(π/2), tand(30)
(0.0, 6.123233995736766e-17, 0.5773502691896258)

julia> asin(0), acos(0), atand(0.5773502691896258)
(0.0, 1.5707963267948966, 30.000000000000004)
```

삼각 함수와 관련된 특수 함수로는 싱크 함수sinc function가 있습니다. 싱크 함수는 흔히 다음 의 두 경우와 같이 정의됩니다.

$$\text{sinc}(x) = \begin{cases} \dfrac{\sin x}{x}, & x \neq 0 \\ 1, & x = 0 \end{cases}, \quad \text{sinc}(x) = \begin{cases} \dfrac{\sin \pi x}{\pi x}, & x \neq 0 \\ 1, & x = 0 \end{cases}$$

이때 오른쪽의 함수를 정규화된 싱크 함수normalized sinc function라 부르기도 하나 엄밀하게 구 분하는 것은 아니고 보통은 둘 다 싱크 함수라 합니다. 줄리아에서는 오른쪽의 정의와 같이 싱크 함수를 제공합니다. 싱크 함수의 도함수는 cosc(x)입니다.

$$\text{cosc}(x) = \begin{cases} \dfrac{\cos \pi x}{x} - \dfrac{\sin \pi x}{\pi x^2}, & x \neq 0 \\ 0, & x = 0 \end{cases}$$

중요한 것은 싱크 함수의 정의의 본질은 변수와 그 변수에 대한 사인 함수의 함숫값의 비라는 것입니다.

```
julia> sinc(1) == sin(π)/π
true

julia> cosc(1) == cos(π) - sin(π)/π
true
```

쌍곡 함수와 삼각 함수의 역함수도 기본 삼각 함수와 같은 규칙으로 정의되어 있습니다.

함수	설명	함수	설명
sin	사인	asin	아크 사인
sind	입력의 단위가 도^{degree}인 사인	asind	입력의 단위가 도^{degree}인 아크 사인
cos	코사인	acos	아크 코사인
cosd	입력의 단위가 도^{degree}인 코사인	acosd	입력의 단위가 도^{degree}인 아크 코사인
tan	탄젠트	atan	아크 탄젠트
tand	입력의 단위가 도^{degree}인 탄젠트	atand	입력의 단위가 도^{degree}인 아크 코사인
sinh	하이퍼볼릭 사인	asinh	아크 하이퍼볼릭 사인
cosh	하이퍼볼릭 코사인	acosh	아크 하이퍼볼릭 코사인
tanh	하이퍼볼릭 탄젠트	atanh	아크 하이퍼볼릭 탄젠트
sec	시컨트	asec	아크 시컨트
csc	코시컨트	acsc	아크 코시컨트
cot	코탄젠트	acot	아크 코탄젠트
secd	입력의 단위가 도^{degree}인 시컨트	asecd	입력의 단위가 도^{degree}인 아크 시컨트
cscd	입력의 단위가 도^{degree}인 코시컨트	acscd	입력의 단위가 도^{degree}인 아크 코시컨트
cotd	입력의 단위가 도^{degree}인 코탄젠트	acotd	입력의 단위가 도^{degree}인 아크 코탄젠트
sech	하이퍼볼릭 시컨트	asech	아크 하이퍼볼릭 시컨트
csch	하이퍼볼릭 코시컨트	acsch	아크 하이퍼볼릭 코시컨트
coth	하이퍼볼릭 코탄젠트	acoth	아크 하이퍼볼릭 코탄젠트
sinc	싱크 함수	cosc	싱크 함수의 도함수

밑이 자연 상수 e인 지수 함수 e^x는 exp(x)로 사용합니다. 정수, 유리수, 실수, 복소수 지수에 대해서 잘 정의되어 있습니다. 특히 밑이 2, 10인 지수 함수는 기본적으로 구현되어 있습니다.

```julia
julia> exp(1), exp(1//1)
(2.718281828459045, 2.718281828459045)

julia> exp(1.0), exp(1+0im)
(2.718281828459045, 2.718281828459045 + 0.0im)

julia> exp2(2), exp10(2)
(4.0, 100.0)
```

지수 함수를 사용하는 데 있어서 주의를 요하는 특별한 점은 없지만, 자연 상수 e와 exp(1)이 같지 않다는 점은 알아두어야 합니다. 실제로 콘솔에서 두 값이 같은지를 확인해보면 거짓을 반환합니다. 버그인 걸까요? 뺄셈으로 두 값의 차이를 계산해보면 0을 얻을 수 있고, 근사 연산자를 사용해보아도 참을 반환하는 걸 보면 버그는 아닌 것 같긴 합니다. 따라서 두 값이 아주 비슷하긴 하지만 어쨌든 다르다고 짐작할 수 있습니다.

```julia
julia> e == exp(1)
false

julia> e - exp(1)
0.0

julia> e ≈ exp(1)
true
```

두 값의 타입을 확인해보면 두 값이 왜 다른지에 대해서 짐작할 수 있습니다. exp(1)의 타입은 Float64입니다. 반면에 e는 특수한 상수여서 그 자체로 Irrational{:e}라는 타입입니다. 이를 보면 함숫값 exp(1)과 자연 상수 e는 다른 방식으로 정의된다고 추측할 수 있습니다. e를 Float 타입으로 바꾸어 값을 비교해보면 참을 얻습니다. 자연 상수와 마찬가지로 특별히 정의된 무리수인 π에서도 같은 일이 일어납니다.

```
julia> typeof(exp(1))
Float64

julia> typeof(e)
Irrational{:e}

julia> exp(1) == float(e)
true

julia> acos(-1) == π
false

julia> acos(-1) == float(π)
true
```

오일러 공식Euler's formula에 의해 실수 x에 대해서 다음이 성립합니다.

$$e^{ix} = \cos x + i \sin x$$

위 공식과 같이 지수부가 순허수인 경우에 편하게 쓸 수 있는 함수인 cis가 있습니다. 이 함수는 오일러 공식 그 자체를 나타내며 cis(x)는 cos(x) + im*sin(x)와 같습니다. cispi(x)는 cis(π*x)와 같습니다.

```
julia> cis(2)
-0.4161468365471424 + 0.9092974268256817im

julia> cos(2) + im*sin(2)
-0.4161468365471424 + 0.9092974268256817im

julia> cis(π)
-1.0 + 0.0im

julia> cispi(1)
-1.0 + 0.0im
```

지수 함수와 관련된 함수들을 다음과 같이 정리합니다.

함수	설명
exp(x)	밑이 e인 지수 함수: $\exp(x) = e^x$
exp2(x)	밑이 2인 지수 함수: $\exp2(x) = 2^x$
exp10(x)	밑이 10인 지수 함수: $\exp10(x) = 10^x$
cis(x)	오일러 공식: $\text{cis}(x) = \cos x + i \sin x$
cispi(x)	π만큼 스케일 된 오일러 공식: $\text{cispi}(x) = \cos \pi x + i \sin \pi x$
ldexp(x, n)	2의 거듭제곱의 배수: $\text{ldexp}(x, n) = x \times 2^n$
expm1(x)	exponential minus 1에서 함수명을 따옴: $\text{expm1}(x) = e^x - 1$

로그는 기본적으로 자연로그로 정의되어 있습니다. 즉, $\log = \log_e = \ln$입니다. 정의역은 실수는 물론 복소수까지 잘 정의되어 있습니다. 지수 함수와 마찬가지로 밑이 2, 10인 로그 함수는 기본적으로 구현되어 있습니다. 밑이 b인 로그 함수는 log(b, x)와 같이 사용합니다.

```julia
julia> log(e)
1

julia> log(3.0), log(3 + 2im)
(1.0986122886681098, 1.2824746787307684 + 0.58800260354756751im)

julia> log2(2^3), log10(10^3)
(3.0, 3.0)

julia> log(3.5, 3.5^2), log(π, π^4)
(2.0, 4.0)
```

로그와 관련된 함수들을 다음과 같이 정리합니다.

함수	설명
log(x)	자연로그: $\log(x) = \log_e x$
log(b, x)	밑이 b인 로그: $\log(b, x) = \log_b x$
log2(x)	밑이 2인 로그 : $\log2(x) = \log_2 x$
log10(x)	밑이 10인 로그: $\log10(x) = \log_{10} x$
log1p(x)	log of 1 plus x에서 함수명을 따옴: $\log1p(x) = \log(1 + x)$

수학에서 특수 함수special function라 불리는 함수들이 있습니다. 엄밀하게 정의되어 있지는 않으나 보통은 특정한 미분 방정식의 해이거나, 기존에 존재하는 함수의 일반화거나, 수학적으로 흥미로운 성질을 지니거나, 적분으로 정의되거나, 초등 함수로 표현할 수 없거나 하는 식입니다. 중요하게 다뤄지기 때문에 대개 사람 이름이나 알파벳, 그리스 문자로 명명됩니다. 사실상 다항 함수, 삼각 함수, 지수 함수, 로그 함수를 제외하고 이름이 붙은 함수는 전부 특수 함수라고 생각해도 됩니다. 특수 함수들은 이름에 걸맞게 그 정의부터 복잡해서 직접 코드를 작성해서 정의하고 사용하는 것은 쉽지 않은 일입니다. 이럴 때야말로 이미 구현된 패키지를 잘 이용해야 합니다. 그중의 하나로 `SpecialFunctions.jl`이 있으며 이 패키지는 여러 특수 함수를 제공합니다. 패키지 내의 몇 가지 함수에 대해서 사용하는 방법을 소개하겠습니다.

감마 함수

감마 함수는 중요한 특수 함수 중 하나로 이공계 공부를 한다면 학부생 2~3학년쯤에는 접하게 되는 함수입니다. 흔히 감마 함수를 팩토리얼의 일반화라고 소개합니다. 팩토리얼은 자연수에 대해서 정의되며 순서대로 곱한다는 성질이 있어 다음과 같은 재귀 관계를 갖습니다.

$$n! = n \times (n-1)!$$

감마 함수는 이러한 성질이 자연수를 넘어 실수, 복소수에서까지 유지되도록 개념을 확장하여 정의한 함수로 다음과 같습니다.

$$\Gamma(x) = \int_0^\infty t^{x-1}e^{-t}\,dt$$

x가 자연수일 때 팩토리얼과는 $\Gamma(x) = (x-1)!$의 관계를 갖습니다. `SpecialFunctions.jl`에서 제공하는 감마 함수는 `gamma(x)`입니다. 감마 함수의 표기법으로 대문자 감마를 쓰는 것이 관습이지만 여기서는 함수 이름의 첫 글자가 소문자이므로 헷갈리지 않도록 합시다. `gamma`는 자연수를 입력으로 보내면 팩토리얼과 같은 값을 반환합니다. 실수나 복소수인 입

력에 대해서도 잘 정의되어 있습니다.

```
julia> using SpecialFunctions

julia> factorial.([0 1 2 3 4 5])
1×6 Matrix{Int64}:
 1  1  2  6  24  120

julia> gamma.([1 2 3 4 5 6])
1×6 Matrix{Float64}:
 1.0  1.0  2.0  6.0  24.0  120.0

julia> gamma(3.5), gamma(3 + 2im)
(3.3233509704478426, -0.42263728631120245 + 0.8718142556965077im)
```

SpecialFunctions.jl은 감마 함수와 관련된 다른 함수들도 제공합니다. 로그 감마 함수의 도함수인 디감마 함수 $\psi_0(x) = \frac{d}{dx}\ln\Gamma(x) = \frac{\Gamma'(x)}{\Gamma(x)}$를 포함하여 트리감마 함수, 폴리감마 함수 등이 있습니다.

```
julia> digamma(3)
0.9227843350984687

julia> trigamma(3.5)
0.33035775610023477

julia> polygamma(4, 2im)
-0.17264683423146007 + 0.3920760793034427im
```

▮베타 함수

감마 함수가 팩토리얼의 일반화라면 베타 함수beta function는 이항계수의 일반화로 볼 수 있습니다. 베타 함수는 다음과 같이 정의됩니다.

$$B(p, q) = \left[\frac{pq}{p+q}\binom{p+q}{q}\right]^{-1}$$

5.2 기본 연산에서 살펴보았듯이 이항계수는 팩토리얼로 정의될 수 있습니다. 베타 함수 역시 감마 함수로 다음과 같이 정의됩니다.

$$B(p, q) = \frac{\Gamma(p)\Gamma(q)}{\Gamma(p + q)}$$

beta(p, q)는 베타 함수의 함숫값 $B(p, q)$를 반환합니다.

```julia
julia> beta(1, 3) ≈ gamma(1)*gamma(3)/gamma(1+3)
true
```

베셀 함수

다음 미분 방정식을 v차 베셀 방정식Bessel's equations of order v이라 합니다.

$$x^2 y'' + xy' + (x^2 - v^2)y = 0$$

v차 베셀 방정식의 첫 번째 해를 제1종 베셀 함수Bessel function of the first kind of order v, 혹은 간단히 베셀 함수라 하고 J_v로 표기합니다. 함수 besselj(nu, x)는 $J_v(x)$를 반환합니다. 오더가 0 , 1인 베셀 함수는 각각 besselj0(x), besselj1(x)로 따로 구현되어 있습니다.

$$J_v(x) = \sum_{n=0}^{\infty} \frac{(-1)^n}{\Gamma(n + 1)\Gamma(n + v + 1)} \left(\frac{x}{2}\right)^{2n+v}$$

베셀 방정식의 두 번째 해인 노이만 함수는 bessely(nu, x)로 계산합니다. 베셀 함수와 마찬가지로 오더가 0 , 1 함수는 따로 구현되어 있습니다. 이 외에도 구면 베셀 함수, 한켈 함수, 변형 베셀 함수 등이 구현되어 있습니다. 몇 가지 함수만 다음과 같은 표로 정리합니다.

함수	설명
besselj(nu, x)	오더가 v인 베셀 함수: $J_v(x)$
besselj0(x)	오더가 0인 베셀 함수: $J_0(x)$
besselj1(x)	오더가 1인 베셀 함수: $J_1(x)$
sphericalbesselj(nu, x)	오더가 v인 구면 베셀 함수: $j_v(x)$
bessely(nu, x)	오더가 v인 노이만 함수: $Y_v(x)$
bessely0(x)	오더가 0인 노이만 함수: $Y_0(x)$
bessely1(x)	오더가 1인 노이만 함수: $Y_1(x)$
sphericalbessely(nu, x)	오더가 v인 구면 노이만 함수: $y_v(x)$
hankelh1(nu, z)	오더가 v인 제1종 한켈 함수: $H_v^{(1)}(x)$
hankelh2(nu, z)	오더가 v인 제2종 한켈 함수: $H_v^{(2)}(x)$

타원 적분

장반경이 a, 단반경이 b인 타원의 넓이는 $ab\pi$로 쉽게 구할 수 있습니다. 반면에 타원의 둘레는 복잡한 적분으로 주어지는데, 이를 제2종 타원 적분elliptic integral of the second kind이라 합니다. 타원의 둘레는 이 함수와 장반경의 네 배를 곱한 $4aE(k)$입니다. 타원 적분은 ellipe(k)로 계산할 수 있습니다. 적분식은 다음과 같으며 이는 초등 함수로 나타낼 수 없고 수치적으로만 계산할 수 있습니다.

$$E(k) = \int_0^{\frac{\pi}{2}} \sqrt{1 - k^2 \sin^2 \theta}\, d\theta, \qquad k^2 = \frac{a^2 - b^2}{a^2}$$

다음은 반지름이 1과 2인 두 원, 장반경과 단반경이 각각 2와 1인 타원, 이심률 k가 0일 때부터 1일 때까지의 타원 적분 $E(k)$ 그래프를 그리는 코드입니다. 이심률은 원이 얼마나 찌그러져 있는가를 나타내는 지표로 1일 때는 원이고, 1보다 작아질수록 더 많이 찌그러진 타원이 됩니다.

```
using SpecialFunctions
using Plots

θ = LinRange(0, 2π, 100)

using SpecialFunctions
using Plots

θ = LinRange(0, 2π, 100)
```

```
Circle1(θ) = [cos(θ), sin(θ)]    # 각도가 θ일 때 반지름이 1인 원의 좌표
c1 = stack(Circle1.(θ))

Circle2(θ) = [2cos(θ), 2sin(θ)]  # 각도가 θ일 때 반지름이 2인 원의 좌표
c2 = stack(Circle2.(θ))

Ellipse(θ) = [2cos(θ), sin(θ)]   # 각도가 θ일 때 장반경이 2, 단반경이 1인 원의 좌표
E = stack(Ellipse.(θ))

p₁ = plot(c1[1, :], c1[2, :])    # 세 원을 겹쳐 그리기
plot!(c2[1, :], c2[2, :])
plot!(E[1, :], E[2, :])

k = 0:0.01:1.0
Ek = ellipe.(k)        # 이심률이 0부터 1일 때까지 제2종 타원 적분 계산
p₂ = plot(k, Ek)       # 제2종 타원 적분의 그래프 그리기

plot(p₁, p₂)     # [그림 5-5]
```

다음 그림의 왼쪽을 보면, 타원의 둘레가 작은 원의 둘레보다는 길고 큰 원의 둘레보다는 짧다는 것을 알 수 있습니다. 제1사분면에서의 길이만 보면 작은 원의 둘레는 $\frac{\pi}{2}$ = 1.5707이고 타원의 둘레는 $aE(0.75)$ = 2.4221로, 작은 원의 둘레보다는 크지만 큰 원의 둘레인 π = 3.1415보다는 작습니다.

단반경을 고정한 채로 장반경을 늘리면 이심률은 점점 작아집니다. 그림의 오른쪽 그래프를 통해 이심률이 작아질수록 타원의 둘레는 점점 길어진다는 것을 알 수 있습니다.

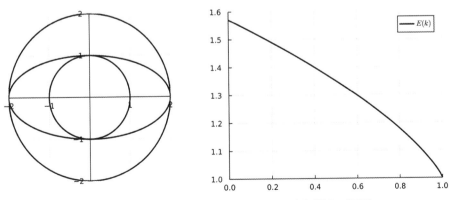

[그림 5-5] 두 원과 타원의 그림(좌)과 이심률에 따른 제2종 타원 적분의 그래프(우)

Part **6**

데이터 과학

이 파트에서는 본격적으로 줄리아를 이용하여 데이터를 분석하고 가공하고 계산하고, 또 학습하는 방법을 소개합니다. 즉 통계, 난수 추출, 데이터 세트, 군집화, 푸리에 해석, 딥러닝 등 전반적인 데이터 과학에 대해서 다룹니다. 관련된 여러 가지 패키지를 소개하고 패키지 내의 함수 사용법을 최대한 상세히 설명합니다. 분량이 방대하기에 모든 기능을 다루지는 못하였으니 필요한 부분은 공식 문서를 보면서 독학하기를 추천합니다.

딥러닝 챕터에서 이론적인 설명은 생략하였습니다. 딥러닝에 대해서는 기초 이상의 지식이 있다고 가정하고, 철저히 줄리아에서 딥러닝을 사용하는 방법에 대해서 설명합니다.

난수 추출 및 여러 통계량과 관련된 함수들을 어떻게 사용하는지 구체적으로 살펴보겠습니다. 특히 기본 라이브러리인 Random과 Statistics, 그리고 두 패키지 StatsBase.jl, Distributions.jl에 대해서 자세히 알아보겠습니다.

난수는 컴퓨터과학 및 통계 분야에서 중요한 개념이며, 난수 추출은 시뮬레이션 등 응용 분야에서 활용됩니다. 줄리아에서는 기본 라이브러리인 Random이 난수 추출과 관련된 여러 함수를 제공합니다.

▌난수 추출

함수 rand([rng=default_rng()], [S], [dims...])를 통해 무작위 추출(샘플링)을 시행할 수 있습니다.

- rng는 **r**andom **n**umber **g**enerator의 약어로, 난수를 추출하는 알고리즘을 지정하는 키워드입니다. 대부분의 경우 이 키워드는 따로 지정할 일이 없고, 기본값을 그대로 사용합니다.
- S는 **s**et의 약어로 무작위 추출을 시행할 집합을 지정하는 인수입니다. S의 입력으로 가능한 것들은 다음과 같습니다. 집합을 명시하지 않으면 기본값은 [0, 1)입니다.
  - 인덱스가 있는 객체
  - AbstractDict 혹은 AbstractSet
  - 문자열
  - 타입은 정수와 소수로만 지정할 수 있습니다. 유리수와 무리수는 지정할 수 없습니다.

S 내의 각 원소가 뽑힐 확률은 모두 같습니다. 따라서 rand는 0부터 1 사이의 균등분포 $U(0, 1)$로 추출합니다.

- dims는 무작위 추출로 만들 배열의 차원을 의미합니다. 뒤에서 한 번 더 설명하겠지만 튜플이 아니라 단순히 쉼표로 구분하여 입력해야 합니다. 하나의 튜플은 S에 대한 인수로 인식하기 때문입니다. 차원을 입력하지 않으면 단일 객체 하나를 반환합니다. 이는 1 × 1 행렬과는 다르며, 성분이 한 개인 벡터와도 구분됩니다. 아래의 코드에서 그 차이점을 명확히 볼 수 있습니다. x_1은 문자, x_2는 문자 하나를 원소로 갖는 벡터, x_3은 문자 하나를 원소로 갖는 1 × 1 행렬입니다.

```julia
julia> x_1 = rand("abcd")
'b': ASCII/Unicode U+0062 (category Ll: Letter, lowercase)

julia> x_2 = rand("abcd", 1)
1-element Vector{Char}:
 'b': ASCII/Unicode U+0062 (category Ll: Letter, lowercase)

julia> x_3 = rand("abcd", 1, 1)
1×1 Matrix{Char}:
 'b': ASCII/Unicode U+0062 (category Ll: Letter, lowercase)

julia> x_1 == x_2
false
```

0부터 1 사이의 실수를 동등한 확률로 뽑아 2 × 3 배열을 채우고 싶다면 rand(2, 3)이라고 입력하면 됩니다.

```julia
julia> rand(2, 3)
2×3 Matrix{Float64}:
 0.702004  0.02855   0.89699
 0.28951   0.538639  0.258478
```

이때 rand((2, 3))은 전혀 다른 결과를 반환합니다.

```julia
julia> rand((2, 3))
 2
```

위 두 코드의 결과가 다른 이유는 첫 번째 튜플이 반드시 S의 입력으로 간주되기 때문입니다. 튜플을 두 개 입력했다면 첫 번째 튜플은 추출 집합에 대한 인수 S의 입력으로, 두 번째 튜플은 차원에 대한 인수 dims의 입력으로 간주됩니다. 예를 들어 rand((2, 3), (4, 2))는 튜플 (2, 3)의 원소들을 균등한 확률로 무작위 추출하여 채운 4 × 2 배열을 반환합니다. 물론

rand(1:9, (2, 3))처럼 S에 대한 입력이 확실한 경우에는 첫 번째 튜플일지라도 dims의 입력으로 간주됩니다.

```julia
julia> rand((2, 3), (4, 2))
4×2 Matrix{Int64}:
 3  2
 2  2
 3  2
 3  2

julia> rand(1:9, (2, 3))
2×3 Matrix{Int64}:
 3  8  7
 5  2  6
```

타입의 인수로 입력 가능한 수^{number}는 정수와 부동소수점 소수뿐입니다. 유리수나 무리수는 입력할 수 없습니다. 정수 타입을 입력할 경우 typemin(S):typemax(S) 범위 내의 수가 추출됩니다.

```julia
julia> typemin(Int16), typemax(Int16)
(-32768, 32767)

julia> typemin(Int32), typemax(Int32)
(-2147483648, 2147483647)

julia> typemin(Int64), typemax(Int64)
(-9223372036854775808, 9223372036854775807)
```

정수 a부터 b 사이의 값을 추출하고 싶다면 rand(a:b)와 같이 사용합니다. 좀 더 복잡하게 a부터 b까지, 그리고 c부터 d까지의 범위에서 추출하고 싶다면 합집합을 사용할 수 있습니다. 합집합이 아니라 단순히 배열로 묶으려 하면 a:b와 c:d 자체가 하나의 원소로 취급되니 주의해야 합니다.

```julia
julia> rand(1:3)
1

julia> rand(∪(1:3, 6:9))
2

julia> rand([1:3, 6:9])
1:3
```

실수라면 [0, 1) 사이의 수가 추출됩니다. a 부터 b 사이의 실수에서 추출하고 싶다면 (b-a)
*rand(Float64) + a와 같이 작성하면 됩니다.

```julia
julia> rand(Float64) # [0,1) 내의 실수 추출
0.4949745522302659

julia> rand(ComplexF64) # [0,1)x[0,1) 내의 복소수 추출
0.8560168003603014 + 0.16478582700545064im

julia> 3*rand(Float64, 2,3) .+ 2 # [2,5) 내의 실수 추출
2×3 Matrix{Float64}:
 4.01435  2.98424  4.50626
 2.72428  4.22111  3.8678
```

뒤의 섹션에서 소개할 Distributions.jl 패키지와 rand를 함께 사용하면 주어진 분포로 난
수를 추출할 수도 있습니다. 자세한 내용은 해당 섹션에서 다루겠습니다.

▌랜덤 시드 고정

줄리아에서 난수 시드, 즉 랜덤 시드random seed를 설정하는 함수는 Random.seed!입니다. 새
로운 랜덤 시드를 만들어내는 것이 아닌, 기존의 시드에 할당된 숫자를 바꾸는 것이므로 seed
가 아닌 느낌표 표기법을 써서 seed!입니다. 랜덤 시드를 고정하지 않으면 rand를 실행할 때
마다 다른 값이 반환됩니다.

```julia
julia> rand(1:9)
5

julia> rand(1:9)
2

julia> rand(1:9)
9
```

랜덤 시드를 고정하면 추출된 난수가 항상 같습니다.

```
julia> using Random

julia> Random.seed!(1234)
TaskLocalRNG()

julia> rand(1:9)
3

julia> Random.seed!(1234)
TaskLocalRNG()

julia> rand(1:9)
3

julia> Random.seed!(1234)
TaskLocalRNG()

julia> rand(1:9)
3
```

표준정규분포 추출

randn은 많은 프로그래밍 언어에서 그렇듯 표준정규분포로 추출하는 함수입니다. 함수명은 **rand**om과 normal distribution의 합성어입니다. 입력으로 randn([rng=default_rng()], [T=Float64], [dims...])와 같이 출력의 자료형과 차원을 지정할 수 있습니다.

```
julia> randn(3,3)
3×3 Matrix{Float64}:
 0.422969   1.00765   1.24263
 0.672178  -1.30546   2.62251
 1.39066    1.3924    0.226602

julia> randn(ComplexF64, 3,3)
3×3 Matrix{ComplexF64}:
  -0.14763+0.441241im    0.527125+0.817845im  -0.00476146+0.713558im
 -0.161719-0.264874im     -2.1367-0.499474im    -0.336891+0.210467im
 -0.182992+0.370575im     0.81001-1.24003im      1.85631-0.0633174im
```

표준정규분포가 아닌 임의의 정규분포로 추출하고 싶을 경우에는 정규분포의 다음과 같은 성질을 이용하면 됩니다.

$$N(0, \sigma^2) = \sigma N(0,1)$$

$$N(\mu, 1) = N(0,1) + \mu$$

이 성질에 의해 평균이 μ이고, 표준편차가 σ인 정규분포는 $\sigma N(0,1) + \mu$와 같습니다. 따라서 평균이 4이고 표준편차가 3인 정규분포를 추출하고 싶다면 randn을 활용하여 다음과 같이 코드를 작성하면 됩니다.

```julia
julia> x = 3randn(100000) .+ 4

julia> using Statistics

julia> std(x)
3.0060979950423183

julia> mean(x)
3.9994277528272315
```

추출된 데이터의 히스토그램과 실제 확률 밀도 함수의 그래프를 비교하고, 6.1.2 Statistics에서 배울 mean과 std로 평균과 표준편차를 확인해보면 의도한 대로 추출됐음을 알 수 있습니다.

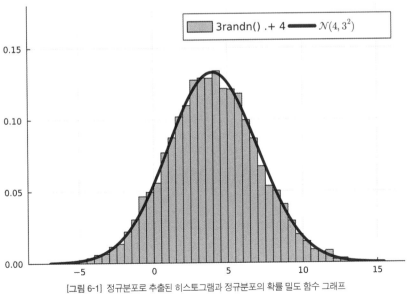

[그림 6-1] 정규분포로 추출된 히스토그램과 정규분포의 확률 밀도 함수 그래프

표준정규분포가 아닌, 임의의 평균과 분산을 갖는 정규분포로 추출하고 싶다면 Distributions. jl 패키지를 사용합니다. Distributions.jl은 정규분포를 포함하여 다양한 분포를 기본 기능으로 제공합니다. 물론 Distributions.jl의 기능은 주어진 분포로 추출하는 것에 그치지 않습니다만 이는 다른 섹션에서 다루겠습니다. 관련된 내용은 6.1.4 Distributions.jl을 참고하길 바랍니다. 함수 Normal(μ=0, σ=1)은 평균이 0이고 분산이 1인 정규분포 그 자체를 반환합니다. 이를 함수 rand의 인수로 입력하면 정규분포로 추출할 수 있습니다. 즉 randn() 과 rand(Normal())은 같은 기능을 하는 함수입니다. 앞에서 봤던 예시인 3randn() + 4는 rand(Normal(3, 4),)으로 사용하여도 같은 결과를 얻습니다.

```julia
julia> z = rand(Normal(3,4), 100000)

julia> mean(z), std(z)
(2.99901546799087, 4.008861389694227)
```

지수분포 추출

함수 randexp(T=Float64, dims...)는 스케일이 1인 지수분포로 무작위 추출을 시행합니다. 입력된 차원과 같은 크기의 행렬을 반환합니다.

```julia
julia> using Random

julia> randexp(1,4)
1×4 Matrix{Float64}:
 0.556832  0.849988  0.305283  0.811168

julia> randexp(Float32, 1,4)
1×4 Matrix{Float32}:
 0.556832  0.849988  0.305283  0.811168

julia> randexp(Float16, 1,4)
1×4 Matrix{Float16}:
 0.5566  0.85  0.3052  0.811

julia> x = 0:0.1:6
0.0:0.1:6.0
```

```
julia> histogram(randexp(10000), normalize=:true)

julia> plot!(x, exp.(-x))
```

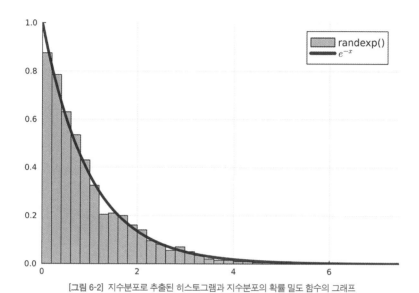

[그림 6-2] 지수분포로 추출된 히스토그램과 지수분포의 확률 밀도 함수의 그래프

타입의 기본값은 Float64이고 이 외에 Float32와 Float16을 사용할 수 있습니다. 임의의 스케일에 대한 지수분포는 Distributions.Exponential 생성자로 정의할 수 있으며, 이에 대한 내용은 6.1.4 Distributions.jl에서 확인하기 바랍니다.

문자열 추출

함수 rand의 반환값의 타입은 AbstractArray입니다. 앞선 설명에서 rand(dims...)는 차원이 dims인 배열을 반환한다고 했으니 당연한 말입니다. 다만 사용자가 원하는 것이 배열이 아니라면 rand를 사용하는 것이 불편합니다. 가령 주어진 문자열에서 무작위로 문자를 뽑아 새로운 문자열을 만들고 싶다면 rand만으로는 불가능합니다. convert를 사용하면 되지 않을까 싶겠지만, convert는 문자char의 벡터를 문자열string로 바꿔줄 수 없습니다. 이럴 때는 join을 써서 무작위 추출로 만든 문자열을 얻을 수 있습니다. 즉 rand와 join을 같이 써야만 무작위 추출된 문자열을 얻을 수 있습니다. 물론 줄리아가 제공하는 randstring을 사용하면 이와 같은 번거로움 없이 주어진 문자열에서 무작위로 추출된 문자들의 문자열을 반환할 수 있습니다. 이 함수와 같이 반환의 타입이 특별한 몇 가지 다른 추출 함수들도 소개하겠습니다.

```julia
julia> x = rand("asdfg", 4)
4-element Vector{Char}:
 'd': ASCII/Unicode U+0064 (category Ll: Letter, lowercase)
 'f': ASCII/Unicode U+0066 (category Ll: Letter, lowercase)
 'd': ASCII/Unicode U+0064 (category Ll: Letter, lowercase)
 'g': ASCII/Unicode U+0067 (category Ll: Letter, lowercase)

julia> convert(String, x)
ERROR: MethodError: Cannot `convert` an object of type Vector{Char} to an
object of type String

julia> join(x)
"dfdg"

julia> typeof(x)
Vector{Char} (alias for Array{Char, 1})

julia> typeof(join(x))
String
```

함수 randstring(string, len)은 주어진 string의 원소를 무작위 추출하여 길이가 len
인 문자열을 반환합니다. 주어진 문자열에서 문자를 무작위로 추출하는 것은 rand로도
가능하지만 둘 사이에는 큰 차이가 있습니다. 앞에서 설명했듯이 rand의 반환값의 타입
은 AbstractArray인 반면 randstring의 반환값은 문자열 타입이라는 것입니다. 따라서
randstring("asdfg", 2, 2)처럼 사용할 수 없습니다. 마찬가지로 randstring("asdfg",
4)와 rand("asdfg", 4)는 서로 다릅니다. randstring("asdfg", 4)는 길이가 4인 문자열
을 반환하는 반면에 rand("asdfg", 4)는 각 성분이 문자^{char}이고 길이가 4인 벡터를 반환합
니다.

```julia
julia> randstring("asdfg", 2,2)
ERROR: MethodError: no method matching randstring(::String, ::Int64,
::Int64)
Randstring

julia> Random.seed!(1234)
TaskLocalRNG()
```

```
julia> x = randstring("asdfg", 4)
"sdsg"

julia> Random.seed!(1234)
TaskLocalRNG()

julia> y = rand("asdfg", 4)
4-element Vector{Char}:
 's': ASCII/Unicode U+0073 (category Ll: Letter, lowercase)
 'd': ASCII/Unicode U+0064 (category Ll: Letter, lowercase)
 's': ASCII/Unicode U+0073 (category Ll: Letter, lowercase)
 'g': ASCII/Unicode U+0067 (category Ll: Letter, lowercase)

julia> x == y
false
```

비트 추출

bitrand(dims...)는 0과 1중에서 무작위 추출하여 입력된 차원과 같은 크기의 배열을 반환
합니다. 이름이 bit + rand인 만큼 0 혹은 1만을 원소로 가집니다. 반환된 배열의 타입은 그 차
원에 따라 각각 BitVector, BitMatrix, BitArray입니다. 하지만 일반적인 정수형, 실수형
배열과 비교 시에는 true가 반환됨을 주의해야 합니다. 문자열을 무작위 추출할 때 rand와
randstring의 반환값은 서로 같지 않았던 것과는 다른 결과입니다.

```
julia> x = bitrand(4)
4-element BitVector:
 0
 1
 0
 0

julia> z = bitrand(2,2,2)
2×2×2 BitArray{3}:
[:, :, 1] =
 0  0
 0  1

[:, :, 2] =
 0  0
```

```
 1  1

julia> y = bitrand(2,2)
2×2 BitMatrix:
 1  0
 0  1

julia> x == [0, 1, 0, 0]
true

julia> y == [1 0; 0 1]
true
```

순열 추출

두 함수 randcycle(n), randperm(n)은 정수를 입력으로 받으며, 길이가 n인 무작위 순열을 반환합니다. 줄리아 공식 문서의 설명에 따르면 randperm은 순열permutation을 반환하고, randcycle은 순환 순열cyclic permutation을 반환하는 함수입니다. 코드를 입력해보면 겉보기에는 두 함수가 서로 같은 기능을 하는 것처럼 보이지만 반환값의 특징에서 큰 차이점을 가집니다. randperm은 반환된 순열에서 부분적으로 순환하는 순열이 생길 수 있는 반면, randcycle의 반환값은 반드시 전체적으로 순환하는 순열입니다. 다음의 코드는 이해를 돕기 위한 예시입니다. randperm의 반환값인 a는 $1 \to 6 \to 4 \to 1, 2 \to 2, 3 \to 3, 5 \to 5$의 네 가지의 부분 순열로 구성되어 있습니다. b 역시 마찬가지로 $1 \to 7 \to 1, 2 \to 5 \to 4 \to 6 \to 3 \to 2$의 두 부분 순열을 포함합니다. 그러나 randcycle로 반환된 c는 전체적으로 $1 \to 3 \to 2 \to 6 \to 5 \to 4 \to 1$과 같이 순환하는 순열임을 확인할 수 있습니다. 느낌표 표기법으로 사용할 때는 정수 배열 Array{<:Integer}를 입력으로 사용해야 합니다. 이때는 입력된 배열과 같은 차원의 순열을 반환합니다. 입력된 배열의 원소가 무엇인지는 반환값에 영향을 끼치지 않습니다.

```
julia> a = randperm(6)
6-element Vector{Int64}:
 6
 2
 3
 1
 5
 4
```

```
julia> b = randperm(7)
7-element Vector{Int64}:
 7
 5
 2
 6
 4
 3
 1

julia> c = randcycle(6)
6-element Vector{Int64}:
 3
 6
 2
 1
 4
 5

julia> randperm!([1,2,3,3,3])
5-element Vector{Int64}:
 3
 2
 1
 5
 4

julia> randcycle!(ones(Int, 5))
5-element Vector{Int64}:
 3
 4
 5
 1
 2
```

순서 섞기

shuffle(v)는 주어진 임의의 배열 v의 원소를 무작위로 섞은 배열을 반환합니다. 반환된 배열의 차원은 입력 v의 차원과 같습니다. 임의의 배열을 입력으로 받으므로 그야말로 아무 배열이나 입력으로 사용할 수 있습니다.

다만 배열을 입력으로 받기 때문에 문자열을 섞고 싶은 경우에 문자열을 그대로 사용할 수는 없습니다.

```
julia> shuffle([0 1 2 3 4 5 6 7 8 9])
1×10 Matrix{Int64}:
 6  7  3  8  9  5  4  2  0  1

julia> shuffle(["abc" 1 'd' sin])
1×4 Matrix{Any}:
 "abc"  sin  'd'  1

julia> shuffle("freshrimpsushi")
ERROR: MethodError: no method matching shuffle(::String)
```

기존의 문자열을 섞어 새로운 문자열을 만들고 싶다면 다음과 같은 방법들을 사용할 수 있습니다. 이 외에도 다른 방법들이 있겠지만 이 정도가 짧고 깔끔한 방법입니다.

```
julia> join(shuffle(collect("freshrimpsushi")))
"hsfisehprmsuir"

julia> join(shuffle(split("freshrimpsushi", "")))
"hesifrpmsurihs"

julia> join(shuffle([i for i ∈ "freshrimpsushi"]))
"emrpuisshihsfr"
```

▌베르누이 시행

randsubseq(A, p)는 주어진 배열 A의 각 원소를 p의 확률로 추출합니다. 다시 말해 주어진 배열에 대해 베르누이 시행을 실시합니다. 첫 번째 원소부터 차례로 추출하기 때문에 순서가 섞이지 않습니다. 또한 반환될 함수의 크기는 고정되어 있지 않으며, 당연하게도 p*length (A) 정도의 크기를 가질 것으로 기대할 수 있습니다. 아무 원소도 추출되지 않으면 빈 배열을 반환합니다.

```
julia> randsubseq(1:100, 0.01)
Int64[]

julia> randsubseq(1:100, 0.01)
2-element Vector{Int64}:
  3
 39

julia> randsubseq(1:100, 0.05)
5-element Vector{Int64}:
 24
 58
 68
 79
 94

julia> randsubseq([1 2 3 4 'a' 'b' 'c' 'd'], 0.5)
3-element Vector{Any}:
 3
 4
  'a': ASCII/Unicode U+0061 (category Ll: Letter, lowercase)
```

6.1.2 Statistics

Statistics는 줄리아의 표준 라이브러리standard library 중 하나이며 평균, 분산, 중앙값 등을
계산할 수 있는 기초적인 통계와 관련된 함수들을 포함합니다.

▌표준편차

표준편차standard deviation를 구할 땐 함수 std(itr; corrected, mean)을 사용합니다. 임의
의 배열 A에 대해서 std(A)는 sqrt(sum((A .- mean(A)).^2) / (length(A) - 1))과 같이 계
산합니다. corrected 키워드를 false로 두면 length(A)-1이 아닌 length(A)로 나눕니다.

```
julia> using Statistics

julia> A = [1 2 3 4 5]
1×5 Matrix{Int64}:
2  3  4  5

julia> std(A)
1.5811388300841898

julia> std(A) == sqrt(sum((A .- mean(A)).^2) / (length(A) - 1))
true

julia> std(A; corrected=false) == sqrt(sum((A .- mean(A)).^2) / length(A))
true
```

계산에 사용되는 평균을 직접 지정하고 싶을 때는 stdm(itr, mean; corrected)를 사용합
니다. 이 경우에 stdm(A, m)은 sqrt(sum((A .- m).^2) / (length(A) - 1))과 같이 계
산됩니다. std 함수로도 mean을 지정하여 사용할 수는 있는데, stdm은 이미 계산된 값을 사
용하기 때문에 std보다 효율적이며 특정한 방법으로 계산된 평균을 지정하고 싶을 때 유용합
니다.

```
julia> x = randn(1000000)
1000000-element Vector{Float64}:
  1.5898608016307647
 -2.0104422523968464
  ⋮
 -0.255969417028888
 -0.02750758745035269

julia> std(x) == stdm(x, mean(x))
true

julia> m = mean(x)
0.001393092020834476

julia> std(x, mean=m) == stdm(x, m)
true

julia> @time for i ∈ 1:100
           stdm(x, m)
       end
```

```
0.012966 seconds (100 allocations: 1.562 KiB)

julia> @time for i ∈ 1:100
           std(x)
       end
0.043063 seconds (100 allocations: 1.562 KiB)
```

분산

데이터의 분산^{variance}을 구하는 함수는 var(itr; corrected, mean)입니다. 함수에 대한 설명은 표준편차를 계산하는 함수인 std와 대동소이합니다. 마찬가지로 계산에 사용되는 평균을 직접 입력할 수 있는 varm 함수가 구현되어 있습니다.

공분산

두 데이터 $x = [x_1 \dots x_n]$과 $y = [y_1 \dots y_n]$의 공분산^{covariance}은 함수 cov(x, y; corrected)로 얻을 수 있습니다. cov(x, y)는 다음과 같이 계산됩니다.

$$\text{Cov}(x, y) = \frac{1}{n-1} \sum_{i=1}^{n} (x_i - \overline{x})(y_i - \overline{y})^*$$

이때 $\overline{x}$는 x의 평균, x^*는 x의 켤레 복소수^{complex conjugate}입니다. 키워드 인수 corrected를 false로 두면 $n - 1$이 아닌 n으로 나눈 값을 반환합니다. 하나의 데이터만 입력할 경우 cov(x) = cov(x, x)를 반환하는데, 공분산의 성질 $\text{cov}(x, x) = \text{var}(x)$에 의해 이 값은 x의 분산과 같습니다. 각 데이터 $X_i \in \mathbb{R}^n$을 성분으로 갖는 벡터 $X = [X_1 \dots X_p]$(이는 곧 $n \times p$ 행렬입니다)를 입력으로 두면 cov(X; dims, corrected)와 같이 작동하여 $p \times p$ 공분산 행렬^{covariance matrix}인 $[\text{Cov}(X)]_{ij} := \text{Cov}(X_i, X_j)$를 반환합니다.

```
julia> x = randn(100)
100-element Vector{Float64}:
   1.106473513958349
   ⋮
   0.0899676227800763
```

```
julia> y = randn(100)
100-element Vector{Float64}:
 -0.3019321044436449
  ⋮
 -0.8862420112344436

julia> cov(x,y)
-0.054195600634267524

julia> var(x) == cov(x,x) == cov(x)
true

julia> cov(randn(100,100))
100×100 Matrix{Float64}:
  0.872433    0.0989103   …   0.0448808    0.0278663
  0.0989103   1.06867     …  -0.0217114   -0.106525
  ⋮                      ⋱
  0.0448808  -0.0217114   …   1.01416      0.200263
  0.0278663  -0.106525    …   0.200263     0.966378
```

상관계수

두 데이터 x와 y의 상관계수Pearson correlation coefficient는 $\rho = \frac{\text{Cov}(x,y)}{\sigma_x \sigma_y}$와 같이 정의됩니다. 이때 σ_x는 x의 표준편차입니다. 상관계수를 계산하는 함수는 cor(x, y)입니다. 벡터를 하나만 입력할 경우 그 값은 cor(x) = cor(x, x)와 같습니다. 공분산 함수 cov와 마찬가지로 행렬 $X = [X_1 \dots X_p]$를 입력으로 두면 상관계수들의 행렬인 $[\rho_{ij}] = \frac{\text{Cov}(X_i, X_j)}{\sigma_{X_i} \sigma_{X_j}}$를 반환합니다.

```
julia> x = randn(1000)

julia> cor(x) == cor(x,x)
true

julia> y = randn(1000)

julia> cor(x,y)
0.026168866161392492

julia> cor(randn(100,100))
100×100 Matrix{Float64}:
```

1.0	-0.0613921	...	-0.0680181	-0.066776
-0.0613921	1.0		0.0253139	0.0365206
⋮		⋱		
-0.0680181	0.0253139	...	1.0	-0.0442631
-0.066776	0.0365206	...	-0.0442631	1.0

▌평균

평균mean을 구하는 함수는 mean입니다. 입력으로는 반복자와 배열을 사용할 수 있습니다. 만약 입력의 원소에 missing이나 NaN이 포함되어 있다면 반환값도 그와 같습니다. 평균의 계산 결과가 정수여도 Float64 타입으로 반환값을 얻습니다. dims 키워드로 특정 차원에 대한 결과를 얻을 수 있습니다. skipmissing을 사용하면 missing을 제외하고 계산하여 제대로 된 반환값을 얻습니다.

```julia
julia> using Statistics

julia> mean([1 2 3 4 5])
3.0

julia> mean(1:10)
5.5

julia> mean([1 2 3; 4 5 6; 7 8 9], dims=1)
1×3 Matrix{Float64}:
 4.0  5.0  6.0

julia> mean([1 2 3; 4 5 6; 7 8 9], dims=2)
3×1 Matrix{Float64}:
 2.0
 5.0
 8.0

julia> mean([1 2 missing 4])
missing

julia> mean(skipmissing([1 2 missing 4]))
2.3333333333333335

julia> mean([1 2 NaN 4])
NaN
```

임의의 함수 f에 대해서 mean(f, A)는 배열 f.(A)에 대한 평균을 반환합니다. 물론 여기에서도 dims 키워드를 사용할 수 있습니다.

```julia
julia> mean(sqrt, [1 2 3 4 5])
1.6764664694883524

julia> mean(sqrt.([1 2 3 4 5]))
1.6764664694883524

julia> mean(cos, [1 2 3 4 5])
-0.24716369253596673

julia> mean(cos.([1 2 3 4 5]))
-0.24716369253596673

julia> function square(x) return x^2 end
square (generic function with 1 method)

julia> mean(square, [1 2 3; 4 5 6; 7 8 9], dims=1)
1×3 Matrix{Float64}:
 22.0  31.0  42.0
```

중앙값

데이터 $x = [x_1 \ldots x_n]$이 오름차순으로 정렬되어 있고 n이 홀수일 때, 이 데이터의 중앙값median 이란 $m := x_{(n+1)/2}$과 같이 정의되는 수입니다. 쉽게 말해 크기순으로 놓았을 때 가운데에 있는 값입니다.

입력된 데이터에 대해서 중앙값을 반환하는 함수는 median입니다. 함수 mean과 마찬가지로 입력된 배열에 NaN이나 missing이 포함되어 있으면 반환값도 그와 같습니다. 데이터의 크기 n이 짝수일 경우에는 중앙에서 가장 가까운 두 값 $x_{[(n+1)/2]}$과 $x_{[(n+1)/2]-1}$의 평균인 $m = (x_{[(n+1)/2]} + x_{[(n+1)/2]-1})2$를 반환합니다.

```julia
julia> using Statistics

julia> median([1,2,7,9,10])
7.0
```

```
julia> median([1,missing,7,9,10])
missing

julia> median(skipmissing([1,missing,7,9,10]))
8.0

julia> median([1,2,7,NaN,10])
NaN

julia> median([1,3,5,7])
 4.0
```

median과 비슷하지만 조금 다른 middle이라는 함수도 있습니다. 이 함수는 입력받은 배열의 원소 중에서 최솟값과 최댓값의 평균을 구합니다. 즉 middle(A)는 (maximum(A) + minimum(A))/2와 같습니다. middle(x, y)와 같이 이변수 함수로 쓸 땐 $(x + y)/2$를 반환합니다. 이 값을 mid-range라고 부르기도 하지만 사실 잘 쓰이지는 않는 통계량입니다.

```
julia> using Statistics

julia> middle([1 2 3 4 5])
3.0

julia> middle(1,5)
3.0
```

▌분위수

분위수quantile는 전체 데이터를 특정한 비율로 나누는 지점을 말합니다. 중앙값의 일반화된 개념으로, 중앙값은 전체 데이터를 반으로 나누는 지점입니다. 쉽게 말해서 일상에서 하위 몇 퍼센트, 상위 몇 퍼센트라고 말할 때 그 기준이 되는 지점을 가리킵니다. 분위수를 구하는 함수는 quantile입니다. 예를 들어 데이터 x에 대해서 a = quantile(x, 0.1)은 하위 10%를 나누는 기준점을 반환하며, a보다 작은 값들은 모두 하위 10%이내에 속한다는 뜻입니다. 반환값은 당연하게도 데이터의 범위에 영향을 받기 때문에 이에 주의해야 합니다. 가령 1:100의 분위수와 0:100의 분위수는 생각보다 차이가 남을 볼 수 있습니다.

```
julia> quantile(1:100, [0.1, 0.15, 0.6, 0.85])
4-element Vector{Float64}:
 10.9
 15.85
 60.4
 85.15

julia> quantile(0:100, [0.1, 0.15, 0.6, 0.85])
4-element Vector{Float64}:
 10.000000000000002
 14.999999999999998
 59.99999999999999
 85.0
```

StatsBase.jl

줄리아에서 제공하는 난수 추출과 통계 함수에 관한 표준 라이브러리는 Random과 Statistics 입니다. 이 두 라이브러리에서 기본적인 난수 및 통계 관련 기능을 지원하지만 그 이상의 함수가 필요할 때가 있습니다. 그럴 땐 StatsBase.jl 패키지가 도움이 될 수 있습니다. StatsBase. jl은 Random과 Statistics가 제공하는 함수들은 물론이고 가중치 벡터, 고차 모멘트 계산, 엔트로피, Z-스코어, 신호의 상관 분석correlation analysis 등과 같은 기능들을 제공합니다. 이번 섹션에서는 StatsBase.jl의 몇 가지 함수들에 대해서 살펴보겠습니다.

난수 추출

StatsBase.jl은 난수 추출을 위한 함수로 sample을 제공합니다. 난수 추출 자체는 Random 의 rand나 randn으로도 할 수 있지만, sample은 이 둘보다 더 많은 기능을 포함합니다. 기본 적으로 rand와 다른 점은 복원 추출sampling with replacement과 비복원 추출sampling without replacement의 구현입니다. replace 키워드로 복원 추출 혹은 비복원 추출을 시행할 수 있습 니다. replace 키워드의 기본값은 true이므로 복원 추출이 기본입니다. 0부터 9까지의 숫자 에서 비복원 추출로 다섯 개를 뽑으려면 다음과 같이 코드를 작성합니다. ordered는 1번 인 덱스부터 차례대로 추출할지를 결정하는 키워드이며, 기본값은 false입니다.

```
julia> using StatsBase

julia> rand(0:9, 5, replace=false)
ERROR: MethodError: no method matching rand(::UnitRange{Int64}, ::Int64;
replace::Bool)

julia> sample(0:9, 5)
5-element Vector{Int64}:
 3
 5
 2
 8
 3

julia> sample(0:9, 5, replace=false)
5-element Vector{Int64}:
 3
 5
 0
 9
 6

julia> sample(0:9, 5, replace=false, ordered=true)
5-element Vector{Int64}:
 1
 2
 5
 6
 8
```

비복원 추출을 하는 경우에는 당연하게도 추출할 횟수가 샘플 집합의 크기보다 크면 안 됩니다. 또한 다음 서브 섹션에서 다룰 가중치 벡터를 이용하여 가중치 추출weighted sampling을 시행할 수 있습니다. 0부터 9까지의 숫자가 뽑힐 빈도수를 각각 1부터 10까지라고 두고 추출을 10번 해보겠습니다.

```
julia> sample(0:9, 11, replace=false)
ERROR: Cannot draw more samples without replacement.

julia> sample(0:9, Weights(1:10), 10)
10-element Vector{Int64}:
 6
 9
 8
 6
 8
 7
 8
 0
 4
 6

julia> x = sample(0:9, Weights(1:10), 100000) # [그림 6-3]
100000-element Vector{Int64}
```

훨씬 더 많은 횟수로 추출해서 히스토그램을 그려보면 $y = x$ 그래프의 개형과 같아질 것입니다. 히스토그램을 그리는 방법은 Part 8 시각화(2)의 8.2 히스토그램에서 다룹니다.

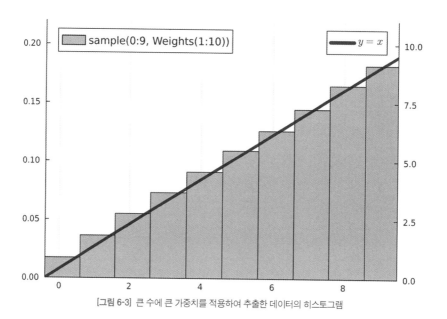

[그림 6-3] 큰 수에 큰 가중치를 적용하여 추출한 데이터의 히스토그램

가중치

통계 분석 시에 평균을 구하든 값을 추출하든, 어떠한 경우든 간에 데이터에 대한 가중치를 고려해야 될 때가 있습니다. 이를 위해 StatsBase.jl에는 AbstractWeights라는 데이터 타입이 구현되어 있습니다. AbstractWeights의 여러 가지 서브 타입에 대해서 알아보겠습니다.

ProbabilityWeights는 각 성분에 대한 상대적인 중요도를 확률로 반환합니다. 즉 크기가 3인 벡터를 추출할 때 ProbabilityWeights([0.2, 0.3, 0.5])의 가중치를 두면 첫 번째 성분이 뽑힐 확률은 20%, 두 번째 성분이 뽑힐 확률은 30%, 세 번째 성분이 뽑힐 확률은 50%가 됩니다. 간단히 pweights로도 사용할 수 있습니다.

```
using StatsBase

pw = pweights([0.2, 0.3, 0.5])
x = sample([1 2 3], pw, 10000) # [그림 6-4]
```

결과는 다음과 같습니다.

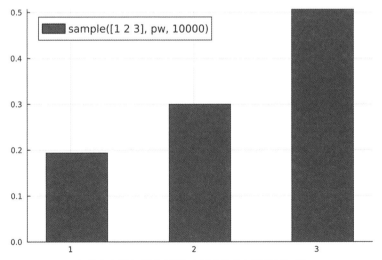

[그림 6-4] 확률 가중치가 적용되어 추출된 데이터의 히스토그램

FrequencyWeights는 각 성분이 빈도수를 의미하는 가중치 벡터를 반환합니다. 따라서 FrequencyWeights([2 1 3])이라는 가중치로 추출을 하면 두 번째 성분이 한 번 뽑힐 때 첫

번째, 세 번째 성분은 각각 두 번, 세 번 정도 뽑히게 됩니다. 약어는 fweights입니다.

```
fw = fweights([2 1 3])
x = sample([1 2 3], fw, 10000) # [그림 6-5]
```

결과는 다음과 같습니다.

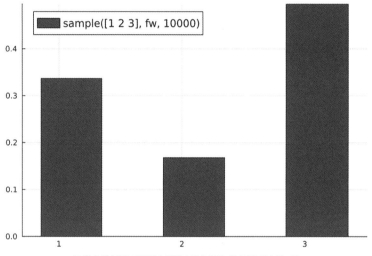

[그림 6-5] 빈도 가중치가 적용되어 추출된 데이터의 히스토그램

이 외에도 AnalyticWeights와 UnitWeights가 구현되어 있고, 같은 기능을 하는 약어는 각각 aweights, uweights입니다. UnitWeights는 모든 성분에 동일한 가중치를 주는 함수로, 가중치를 적용할 필요는 없지만 가중치를 반드시 입력해야만 하는 함수를 써야할 때 사용합니다.

앞에서 소개한 가중치 벡터들은 겉보기에 큰 차이가 없습니다. 왜냐하면 Probability Weights라고 해서 모든 성분의 합이 1인 벡터를 입력으로 써야하는 건 아니기 때문입니다. FrequencyWeights처럼 정수로 된 벡터를 입력할 수도 있습니다.

```
julia> pw = ProbabilityWeights([1, 2, 3])
julia> x = sample([1, 2, 3], pw, 10000)
10000-element Vector{Int64}:

julia> fw = FrequencyWeights([1, 2, 3])
julia> y = sample([1, 2, 3], fw, 10000)
```

```
10000-element Vector{Int64}:

julia> p₁ = histogram(x)
julia> p₂ = histogram(y)
julia> plot(p₁, p₂) # [그림 6-6]
```

다음과 같이 실제로 추출한 결과도 거의 같습니다.

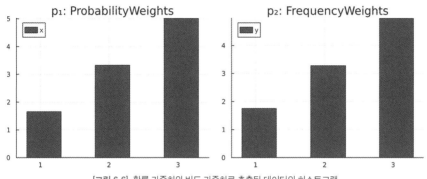

[그림 6-6] 확률 가중치와 빈도 가중치로 추출된 데이터의 히스토그램

이 가중치들의 차이는 분산, 표준 오차 등을 계산할 때 드러납니다. corrected 키워드가 기본
값(false)인 경우에 var(x, w, corrected=false)는 다음과 같이 계산됩니다.

$$\frac{1}{\sum_{i=1}^{n} w_i} \sum_{i=1}^{n} w_i(x_i - \mu_x)^2$$

$\mu_x = \frac{\sum_{i=1}^{n} w_i x_i}{\sum_{i=1}^{n} w_i}$ 는 x의 가중 평균, n은 x의 크기입니다. 이 경우에는 가중치 벡터의 타입에 따라
서 결과가 다르지 않습니다.

```
julia> x = rand(10)
julia> fw = fweights(1:10)
julia> pw = pweights(1:10)
julia> aw = aweights(1:10)

julia> var(x, fw)
0.04541473518655698

julia> var(x, pw)
0.04541473518655698
```

```
julia> var(x, aw)
 0.04541473518655698
```

하지만 corrected = true인 경우에는 앞에 곱해진 보정항 $\frac{1}{\sum_{i=1}^{n} w_i}$이 각각 다음과 같이 바뀝니다.

- FrequencyWeights: $\frac{1}{(\sum_{i=1}^{n} w_i)-1}$
- ProbabilityWeights: $\frac{n}{(n-1)\sum_{i=1}^{n} w_i}$
- AnalyticWeights: $\frac{1}{\sum_{i=1}^{n} w_i-(\sum_{i=1}^{n} w_i^2/\sum_{i=1}^{n} w_i)}$

그 결과 var(x, w)의 반환값은 다음과 같이 달라집니다.

```
julia> var(x, fw, corrected=true)
 0.04625574880112285

julia> var(x, pw, corrected=true)
 0.05046081687395221

julia>
 0.0520377174012632
```

6.1.4 > Distributions.jl

Distributions.jl은 확률분포probability distribution와 관련된 함수들을 제공하는 패키지입니다. 확률분포뿐만 아니라 주어진 분포로부터의 난수 추출, 모멘트(적률) 혹은 엔트로피의 계산, 확률 질량/밀도 함수 및 적률 생성 함수, 최대 우도 추정 등의 기능을 제공합니다.

▌일변량 분포

Distributions.jl에는 다양한 확률분포가 구현되어 있습니다. 수학, 과학을 포함한 많은 분야에서 널리 쓰이는 정규분포를 포함한 여러 종류의 일변량 분포univariate distribution와 다변량 분포^{multivariate distribution}를 제공합니다. 그 외에 파레토 분포, 로그-정규 분포, 베이불 분포, 레이블 분포 등의 특수한 확률분포 역시 포함되어 있습니다. 또한 한쪽 혹은 양쪽 꼬리가 절단된 꼴인 절단 분포와 관련된 기능도 사용할 수 있습니다.

정규분포를 예시로, 일변량 분포를 사용하는 방법을 알아봅시다. 평균이 μ이고 표준편차가 σ인 정규분포는 Normal(μ, σ)와 같이 정의할 수 있습니다. 기본값은 $\mu = 0$, $\sigma = 1$ 입니다. 정규분포는 Normal{Float64}라는 타입으로 구현되어 있으며, Distribution{Univariate, Continuous}의 서브 타입입니다. propertynames로 확인해보니 Normal{Float64}는 평균 μ와 표준편차 σ를 프로퍼티로 가집니다. params(d)는 확률분포 d의 파라미터를 반환합니다.

```julia
julia> using Distributions

julia> Normal()
Normal{Float64}(μ=0.0, σ=1.0)

julia> Normal(-1, 3)
Normal{Float64}(μ=-1.0, σ=3.0)

julia> N = Normal(2, 4)
Normal{Float64}(μ=2.0, σ=4.0)

julia> propertynames(N)
(:μ, :σ)

julia> N.μ
2.0

julia> N.σ
4.0

julia> fieldnames(typeof(N)), params(N)
((:μ, :σ), (2.0, 4.0))
```

maximum과 minimum은 확률분포를 입력으로 받으면 분포의 서포트^{support}의 최댓값과 최솟값을 반환합니다. 즉 d를 임의의 확률분포라고 할 때 다음과 같습니다.

$$\mathrm{maximum}(d) = \max(support\ of\ d), \quad \mathrm{minimum}(d) = \min(support\ of\ d)$$

서포트란 함수의 함숫값이 0이 아닌 점들의 집합이며, 주로 supp라 표기합니다.

$$\text{supp}(f) = \{x : f(x) \neq 0\}$$

여기서는 확률분포의 정의역이라 이해해도 무리는 없습니다. 함숫값의 최댓값과 최솟값을 반환하는 것이 아님에 주의해야 합니다. extrema는 이 둘의 튜플을 반환합니다.

```julia
julia> maximum(N), minimum(N)
(Inf, -Inf)

julia> extrema(N)
(-Inf, Inf)
```

Statistics의 std, var, mean, median은 각각 입력받은 확률분포의 표준편차, 분산, 평균, 중앙값을 반환합니다. Distributions.jl만 불러오면 사용할 수 있으니 굳이 Statistics를 따로 불러올 필요는 없습니다.

```julia
julia> std(N)
4.0

julia> var(N)
16.0

julia> mean(N)
2.0

julia> median(N)
2.0
```

확률분포의 확률 밀도/질량 함수probability density/mass function는 pdf(d, x)와 같이 사용합니다. pdf(d, x)는 분포 d의 확률 밀도 함수의 x에서의 값을 반환합니다. 정규분포의 확률 밀도 함수는 다음과 같으니 $f(3; 2, 4)$의 값을 직접 계산해서 비교해보면 같은 값이 반환됨을 확인할 수 있습니다.

$$f(x; \mu, \sigma) = \frac{1}{\sqrt{2\pi}\sigma} \exp\left(-\frac{(x-\mu)^2}{2\sigma^2}\right)$$

확률 밀도 함수의 로그는 함수 logpdf입니다.

```julia
julia> (1/sqrt(2π*16))exp(-(3-2)^2/(2*16))
0.09666702920071231

julia> pdf(Normal(2,4), 3)
0.09666702920071231
```

함수 cdf(d, x)는 확률분포의 누적 분포 함수cumulative distribution function로 분포 d의 x에서의 누적 확률을 반환합니다. N = Normal(2, 4)라고 하면, N은 평균이 2인 정규분포이므로 cdf(N, 2)의 값은 0.5입니다. ccdf(d, x)의 이름은 complementary cdf의 약어로, 1-cdf(d, x)와 같습니다. quantile(d, q)는 누적 분포 함수의 역함수로, 누적 확률이 q인 확률 변숫값을 반환합니다. 정의에 따라 $0 \le q \le 1$을 만족해야 합니다. 가령 quantile(N, 0.5)는 누적 확률이 절반이 되는 점인 2를 반환합니다. cquantile(d, q)의 이름은 complementary **quantile**의 약어로 quantile(d, 1-q)와 값이 같습니다.

```julia
julia> cdf(N, 2)
0.5

julia> cdf(N, 3)
0.5987063256829237

julia> ccdf(N, 3)
0.4012936743170763

julia> cdf(N, 3) + ccdf(N, 3)
1.0

julia> quantile(N, 0.5)
2.0
```

이번 챕터의 6.1.1 Random에서 추출을 위한 함수 rand를 배웠습니다. 이 함수에 대해 다시 설명하자면, rand(S, dims...)에서 S는 추출을 실시할 집합이고 dims는 반환될 배열의 차원입니다. 확률분포를 S의 입력으로 주면 해당 분포로 추출을 실시합니다. 그러므로 rand(Normal())은 randn()과 정확히 같은 기능을 하는 함수입니다. 임의의 정규분포를 추출하는 예시는 6.1.1 Random에서 다뤘으므로 다른 분포들에 대해 추출한 데이터의 그래프를 보겠습니다.

```
using Distributions
using Plots

B = Binomial(20, 0.3) # 이항분포로 추출한 데이터
Bin(x) = binomial(20, x) * 0.3^x * (1-0.3)^(20-x) # 이항분포의 확률 질량 함수(pmf)

histogram(rand(B, 10000), normalize=:probability) # [그림 6-7]
scatter!(1:20, Bin.(1:20))
```

이항분포로 추출된 데이터의 히스토그램은 다음과 같습니다.

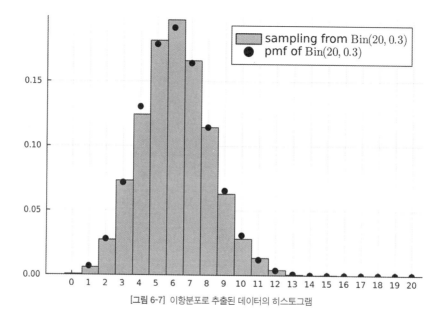

[그림 6-7] 이항분포로 추출된 데이터의 히스토그램

이번에는 감마분포로 데이터를 추출한 후 히스토그램을 그려보겠습니다.

```
using SpecialFunctions
using Distributions
using Plots

G = rand(Gamma(1, 4.0), 1000)     # 감마분포로 추출한 데이터
Γ(x) = exp(-x/4)/(gamma(1)*4)     # 감마분포의 확률 밀도 함수(pdf)

histogram(G, normalize=:pdf)      # [그림 6-8]
plot!(0:30, Γ.(0:30))
```

결과는 다음과 같습니다.

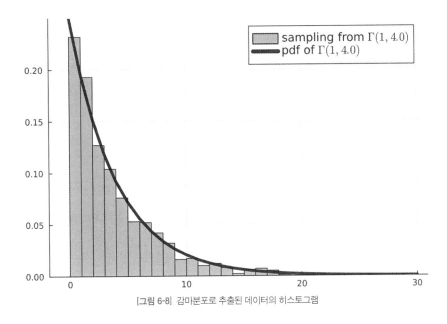

[그림 6-8] 감마분포로 추출된 데이터의 히스토그램

앞에서 설명한 것 외에도 여러 일변량 분포가 구현되어 있습니다. 자세한 것은 공식 문서[25]를 참고하세요. 주요한 몇 가지 분포들은 다음과 같습니다.

● 연속확률분포

다음의 분포들을 포함하여 50가지가 넘는 연속확률분포를 제공합니다.

함수	설명
Beta(α, β)	파라미터가 α, β인 베타분포를 반환합니다.
Cauchy(μ, σ)	중심이 μ, 스케일이 σ인 코시분포를 반환합니다.
Chisq(ν)	자유도가 ν인 카이제곱 분포를 반환합니다.
Exponential(θ)	스케일이 θ인 지수분포를 반환합니다.
FDist(v1, v2)	자유도가 ν_1, ν_2인 F-분포를 반환합니다.
Gamma(α, θ)	파라미터가 α, θ인 감마분포를 반환합니다.
Normal(μ, σ)	평균이 μ이고 표준편차가 σ인 정규분포를 반환합니다.
Pareto(α, θ)	파라미터가 α, θ인 파레토 분포를 반환합니다.
TDist(ν)	자유도가 ν인 T-분포를 반환합니다.
Uniform(a,b)	구간 $[a, b]$ 위에서의 균등분포를 반환합니다.

25 Distributions.jl 공식 문서 중 「일변량 분포」, juliastats.org/Distributions.jl/stable/univariate

● 이산확률분포

해당 분포들을 포함하여 십수 가지의 이산확률분포가 구현되어 있습니다.

함수	설명
Binomial(n, p)	시행 횟수가 n, 각 시행의 성공 확률이 p인 이항분포를 반환합니다.
Dirac(x)	오로지 x에서만 값을 가지는 디랙 분포를 반환합니다.
DiscreteUniform(a, b)	두 정수 a와 b 사이의 정수에 대한 이산균등분포를 반환합니다.
Geometric(p)	확률이 p인 기하분포를 반환합니다.
NegativeBinomial(n, p)	시행 횟수가 n, 각 시행의 성공 확률이 p인 음이항 분포를 반환합니다.
Poisson(λ)	평균 발생 확률이 λ인 푸아송 분포를 반환합니다.

● 다변량 분포

다변량 분포는 쉽게 말해서 일변량 분포의 다변수 함수 버전입니다. 다변량 분포를 반환하는 함수들을 사용하는 방법도 일변량 분포와 크게 다르지 않습니다.

다항분포multinomial distribution와 다변량 정규분포에 대해서 간단히 소개하겠습니다. Multinomial (n, p)는 시행 횟수가 n, 확률 벡터가 p인 다항분포를 반환합니다. p는 확률 벡터이므로 모든 성분의 합이 정확히 1이 되어야 합니다. 확률 벡터 p 대신 정수 k를 입력하면, 같은 실행 확률을 가지는 k개의 사건에 대한 분포가 반환됩니다.

```
julia> Multinomial(20, [0.1, 0.8])        # [0.1, 0.8] 성분 합이 1과 달라 에러를 일으킴
ERROR: DomainError with [0.1, 0.8]:
Multinomial: p is not a probability vector.

julia> Multinomial(20, [0.1, 0.8, 0.2]) # [0.1, 0.8, 0.2] 성분 합이 1과 달라 에러를 일으킴
ERROR: DomainError with [0.1, 0.8, 0.2]:
Multinomial: p is not a probability vector.

julia> Multinomial(20, 4)
Multinomial{Float64, Vector{Float64}}(n=20, p=[0.25, 0.25, 0.25, 0.25])
```

한 번 추출하면 각각의 사건이 몇 번 일어났는지가 반환됩니다. 일어날 확률이 각각 $\frac{1}{6}, \frac{2}{6}, \frac{3}{6}$인 세 사건에 대해서 6번 시행하면 각각의 사건이 한 번, 두 번, 세 번 일어나는 것이 이상적인 결과입니다. 반환값은 크기가 3인 벡터이고 각각의 성분은 각각의 사건이 일어난 횟수를 의미합니다. 추출 횟수에 J를 대입하면 $3 \times J$ 배열이 반환되고, j번째 열은 j번째 추출에서 6번의

시행 동안 각각의 사건이 일어난 횟수를 의미합니다. 충분히 많이 추출해보면 각각의 사건이 일어난 평균 횟수가 각각 1, 2, 3에 가깝다는 것을 확인할 수 있습니다.

```julia
julia> X = rand(Multinomial(6, [1/6, 2/6, 3/6]), 10000)
3×10000 Matrix{Int64}

julia> mean(X, dims=2)
3×1 Matrix{Float64}:
 0.977
 2.0149
 3.0081
```

MvNormal(μ, Σ)는 평균 벡터가 **μ**이고 공분산 행렬이 **Σ**인 다변량 정규분포를 반환합니다. 공분산 행렬은 대칭 행렬이므로 비대칭 행렬을 입력으로 두면 에러를 일으킵니다. 같은 이유로 정방 행렬이어야 하며 양의 정부호 행렬이어야 합니다. 또한 평균 벡터의 차원과도 일치해야 합니다.

```julia
julia> MvNormal([1,2,3], [1 2 1; 1 1 1; 2 3 3])     # 공분산 행렬이 대칭이 아님
ERROR: PosDefException: matrix is not Hermitian; Cholesky factorization
failed.

julia> MvNormal([1,2,3], [1 2 1; 2 1 1])            # 공분산 행렬이 정방이 아님
ERROR: DimensionMismatch: matrix is not square: dimensions are (2, 3)

julia> MvNormal([1,2,3], [1 1 1; 1 1 1; 1 1 1])     # 공분산 행렬이 양의 정부호가 아님
ERROR: PosDefException: matrix is not positive definite; Cholesky factorization
failed.

julia> MvNormal([1,2,3], [1 0.5; 0.5 1])            # 평균 벡터와 공분산 벡터 차원 불일치
ERROR: DimensionMismatch: The dimensions of mu and Sigma are inconsistent.
```

공분산 행렬의 조건에 맞게 입력하면 다변량 분포가 잘 정의됩니다. 특별히 간단한 모양의 공분산 행렬을 가진 분포의 경우 더 쉽게 정의할 수 있습니다. 예를 들어 대각 성분이 모두 σ^2인 대각행렬을 공분산 행렬로 갖는 분포는 간단히 스칼라 σ를 입력으로 두어 얻을 수 있습니다. 또한 대각 성분이 $\sigma_i{}^2$인 대각행렬을 공분산 행렬로 갖는 분포는 간단히 벡터 $[\sigma_1 \ldots \sigma_n]$을 입력하여 얻을 수 있습니다.

```
julia> MvNormal([1, 2, 3], [1 0.5 0.3; 0.5 1 0.2; 0.3 0.2 1])
FullNormal(
dim: 3
μ: [1.0, 2.0, 3.0]
Σ: [1.0 0.5 0.3; 0.5 1.0 0.2; 0.3 0.2 1.0])

julia> MvNormal([1, 2, 3], 4)            # 모든 대각 성분이 4²인 대각행렬을 공분산 행렬로 조정
MvNormal{Int64, PDMats.ScalMat{Int64}, Vector{Int64}}(
dim: 3
μ: [1, 2, 3]
Σ: [16 0 0; 0 16 0; 0 0 16])

julia> MvNormal([1, 2, 3], [2, 4, 6])   # 대각 성분이 2², 4², 6²인 대각행렬을 공분산 행렬로 조정
MvNormal{Int64, PDMats.PDiagMat{Int64, Vector{Int64}}, Vector{Int64}}(
dim: 3
μ: [1, 2, 3]
Σ: [4 0 0; 0 16 0; 0 0 36])
```

그리고 일변량 분포와 마찬가지로 평균, 분산, 엔트로피와 같은 통계 관련 함수를 사용할 수 있습니다.

```
julia> md1 = MvNormal([1, 2, 3], [2, 4, 6])     # 다변량 정규분포
MvNormal{Int64, PDMats.PDiagMat{Int64, Vector{Int64}}, Vector{Int64}}(
dim: 3
μ: [1, 2, 3]
Σ: [4 0 0; 0 16 0; 0 0 36])

julia> md2 = Multinomial(6, [1/6, 2/6, 3/6])     # 다항분포
Multinomial{Float64, Vector{Float64}}(n=6, p=[0.16666666666666666,
0.3333333333333333, 0.5])

julia> mean.((md1, md2))
([1, 2, 3], [1.0, 2.0, 3.0])

julia> var.((md1, md2))
([4, 16, 36], [0.8333333333333334, 1.3333333333333335, 1.5])
```

```
julia> cov.((md1, md2))
([4 0 0; 0 16 0; 0 0 36], [0.8333333333333334 -0.3333333333333333 -0.5;
-0.3333333333333333 1.3333333333333335 -1.0; -0.5 -1.0 1.5])

julia> entropy.((md1, md2))
(8.12801661052191, 2.742941885571709)
```

F-분포, T-분포, 베타분포, 정규분포 등에 대해서 행렬값 분포도 구현되어 있습니다. 필요하다면 공식 문서[26]를 참고하길 바랍니다.

```
julia> MatrixNormal([1 2; 3 4], [1 0; 0 1], [1 0; 0 1])
MatrixNormal{Float64, Matrix{Float64}, PDMats.PDMat{Float64,
Matrix{Float64}}, PDMats.PDMat{Float64, Matrix{Float64}}}(
M: [1.0 2.0; 3.0 4.0]
U: [1.0 0.0; 0.0 1.0]
V: [1.0 0.0; 0.0 1.0])
```

---

26 Distributions.jl 공식 문서 중 「행렬값 분포」, juliastats.org/Distributions.jl/latest/matrix

6.2 데이터 세트

두 패키지 RDatasets.jl과 MLDatasets.jl은 줄리아에서 R의 내장 데이터 세트와 머신러닝 데이터 세트를 쉽게 다룰 수 있도록 지원합니다. 각 패키지에서 데이터를 불러오고 사용하는 방법에 대해서 구체적으로 알아보겠습니다.

6.2.1 RDatasets.jl

R은 통계 분석과 데이터 처리에 특화된 프로그래밍 언어이고, 통계 분석 연습을 위한 데이터 세트가 기본적으로 내장되어 있습니다. R만큼 통계가 쉬운 언어가 줄리아의 콘셉트인 만큼 R의 내장 데이터 세트를 사용할 수 있는 패키지인 RDatasets.jl이 있습니다. 기본적으로 모든 데이터 세트는 데이터 프레임입니다. 그렇기 때문에 DataFrames.jl을 따로 불러올 필요 없이 RDatasets.jl만 불러오면 데이터 프레임을 사용할 수 있습니다.

```
julia> df = DataFrame(x = Int64[], y = String[])    # DataFrames.jl을 불러오지
않아 빈 데이터 프레임을 만들 수 없음
ERROR: UndefVarError: 'DataFrame' not defined

julia> using RDatasets

julia> df = DataFrame(x = Int64[], y = String[])    # RDatasets.jl만 불러와도
데이터 프레임을 사용할 수 있음
0×2 DataFrame
 Row │ x       y
     │ Int64   String
```

RDatasets.packages()를 입력하면 RDatasets.jl에서 사용 가능한 R의 데이터 패키지 목록을 데이터 프레임으로 반환합니다. @show 매크로와 함께 사용하면 요약 없이 볼 수 있습니다.

```
julia> @show RDatasets.packages()
RDatasets.packages() = 34×2 DataFrame
 Row │ Package       Title
     │ String15      String
─────┼─────────────────────────────────────────────
   1 │ COUNT         Functions, data and code for cou…
   2 │ Ecdat         Data sets for econometrics
   3 │ HSAUR         A Handbook of Statistical Analys…
   4 │ HistData      Data sets from the history of st…
   5 │ ISLR          Data for An Introduction to Stat…
   6 │ KMsurv        Data sets from Klein and Moeschb…
   7 │ MASS          Support Functions and Datasets f…
   8 │ SASmixed      Data sets from "SAS System for M…
   9 │ Zelig         Everyone's Statistical Software
  10 │ adehabitatLT  Analysis of Animal Movements
  11 │ boot          Bootstrap Functions (Originally …
  12 │ car           Companion to Applied Regression
  13 │ cluster       Cluster Analysis Extended Rousse…
  14 │ datasets      The R Datasets Package
  15 │ gamair        Datasets used in the book Genera…
  16 │ gap           Genetic analysis package
  17 │ ggplot2       An Implementation of the Grammar…
  18 │ lattice       Lattice Graphics
  19 │ lme4          Linear mixed-effects models usin…
  20 │ mgcv          Mixed GAM Computation Vehicle wi…
  21 │ mlmRev        Examples from Multilevel Modelli…
  22 │ nlreg         Higher Order Inference for Nonli…
  23 │ plm           Linear Models for Panel Data
  24 │ plyr          Tools for splitting, applying an…
  25 │ pscl          Political Science Computational …
  26 │ psych         Procedures for Psychological, Ps…
  27 │ quantreg      Quantile Regression
  28 │ reshape2      Flexibly Reshape Data: A Reboot …
  29 │ robustbase    Basic Robust Statistics
  30 │ rpart         Recursive Partitioning and Regre…
  31 │ sandwich      Robust Covariance Matrix Estimat…
  32 │ sem           Structural Equation Models
  33 │ survival      Survival Analysis
  34 │ vcd           Visualizing Categorical Data
```

RDatasets.datasets()를 입력하면 모든 패키지와 패키지 내의 모든 함수를 데이터 프레임 형태로 반환합니다. 패키지 이름을 문자열로 입력하면 해당 패키지 내의 모든 함수를 데이터 프레임으로 반환합니다.

```
# datasets 패키지 내의 데이터 세트 목록
julia> RDatasets.datasets("datasets")
50×5 DataFrame
```

Row	Package	Dataset	Title	Rows	Columns
	String15	String31	String	Int64	Int64
1	datasets	BOD	Biochemical Oxygen Demand	6	2
2	datasets	CO2	Carbon Dioxide Uptake in Grass P…	84	5
3	datasets	Formaldehyde	Determination of Formaldehyde	6	2
4	datasets	HairEyeColor	Hair and Eye Color of Statistics…	32	4
5	datasets	InsectSprays	Effectiveness of Insect Sprays	72	2
⋮	⋮	⋮	⋮	⋮	⋮
46	datasets	swiss	Swiss Fertility and Socioeconomi…	47	7
47	datasets	trees	Girth, Height and Volume for Bla…	31	3
48	datasets	volcano	Topographic Information on Auckl…	87	61
49	datasets	warpbreaks	The Number of Breaks in Yarn dur…	54	3
50	datasets	women	Average Heights and Weights for …	15	2

40 rows omitted

```
# ISLR 패키지 내의 데이터 세트 목록
julia> RDatasets.datasets("ISLR")
11×5 DataFrame
```

Row	Package	Dataset	Title	Rows	Columns
	String15	String31	String	Int64	Int64
1	ISLR	Auto	Auto Data Set	392	9
2	ISLR	Caravan	The Insurance Company (TIC) Benc…	5822	86
3	ISLR	Carseats	Sales of Child Car Seats	400	11
4	ISLR	College	U.S. News and World Report's Col…	777	19
5	ISLR	Default	Credit Card Default Data	10000	4
6	ISLR	Hitters	Baseball Data	322	20
7	ISLR	OJ	Orange Juice Data	1070	18
8	ISLR	Portfolio	Portfolio Data	100	2
9	ISLR	Smarket	S&P Stock Market Data	1250	9
10	ISLR	Wage	Mid-Atlantic Wage Data	3000	12
11	ISLR	Weekly	Weekly S&P Stock Market Data	1089	9

패키지 내의 데이터 세트를 불러오는 방법은 dataset("패키지 이름", "데이터 세트 이름")입니다. datasets 패키지의 아이리스 데이터 세트^{iris flower data set}를 불러와보겠습니다. 아이리스 데이터 세트는 머신러닝, 데이터 분석 등의 예제에서 가장 많이 사용되는 데이터 세트입니다.

```
julia> dataset("datasets", "iris")     # 아이리스 데이터 세트 불러오기
150×5 DataFrame
 Row │ SepalLength  SepalWidth  PetalLength  PetalWidth  Species
     │ Float64      Float64     Float64      Float64     Cat…
─────┼─────────────────────────────────────────────────────────────
   1 │         5.1         3.5          1.4         0.2  setosa
   2 │         4.9         3.0          1.4         0.2  setosa
   3 │         4.7         3.2          1.3         0.2  setosa
   4 │         4.6         3.1          1.5         0.2  setosa
   5 │         5.0         3.6          1.4         0.2  setosa
  ⋮  │      ⋮           ⋮            ⋮           ⋮          ⋮
 146 │         6.7         3.0          5.2         2.3  virginica
 147 │         6.3         2.5          5.0         1.9  virginica
 148 │         6.5         3.0          5.2         2.0  virginica
 149 │         6.2         3.4          5.4         2.3  virginica
 150 │         5.9         3.0          5.1         1.8  virginica
                                              140 rows omitted
```

다음은 아이리스 데이터를 각각의 두 차원에 대해서 점도표를 그린 결과입니다.

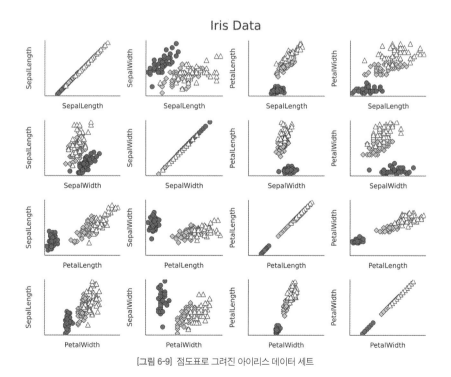

[그림 6-9] 점도표로 그려진 아이리스 데이터 세트

타이타닉 데이터 세트도 예제로 많이 쓰입니다. 다음과 같이 32 × 5 크기의 데이터 프레임입니다.

```
julia> dataset("datasets", "Titanic")      # 타이타닉 데이터 세트 불러오기
32×5 DataFrame
 Row │ Class   Sex     Age     Survived  Freq
     │ String7 String7 String7 String3   Int64
─────┼──────────────────────────────────────────
   1 │ 1st     Male    Child   No           0
   2 │ 2nd     Male    Child   No           0
   3 │ 3rd     Male    Child   No          35
   4 │ Crew    Male    Child   No           0
   5 │ 1st     Female  Child   No           0
  ⋮  │   ⋮        ⋮       ⋮        ⋮        ⋮
  28 │ Crew    Male    Adult   Yes        192
  29 │ 1st     Female  Adult   Yes        140
  30 │ 2nd     Female  Adult   Yes         80
  31 │ 3rd     Female  Adult   Yes         76
  32 │ Crew    Female  Adult   Yes         20
                                  22 rows omitted
```

ggplot2 내의 economics은 1967년 6월부터 2007년 3월까지 월별 미국 경제 지표에 대한 시계열 데이터입니다.

```
julia> dataset("ggplot2", "economics")
478×6 DataFrame
 Row │ Date        PCE      Pop     PSavert  UEmpMed  Unemploy
     │ Date        Float64  Int64   Float64  Float64  Int64
─────┼─────────────────────────────────────────────────────────
   1 │ 1967-06-30    507.8  198712      9.8      4.5      2944
   2 │ 1967-07-31    510.9  198911      9.8      4.7      2945
   3 │ 1967-08-31    516.7  199113      9.0      4.6      2958
   4 │ 1967-09-30    513.3  199311      9.8      4.9      3143
  ⋮  │     ⋮          ⋮        ⋮        ⋮        ⋮         ⋮
 476 │ 2007-01-31   9610.6  301481     -1.0      8.1      6865
 477 │ 2007-02-28   9653.0  301684     -0.7      8.5      6724
 478 │ 2007-03-31   9705.0  301913     -1.3      8.7      6801
                                        471 rows omitted
 # 세 번째 열은 총인구, 네 번째 열은 개인 저축률, 마지막 열은 실업자 수를 나타냄
```

이 데이터의 세 번째, 네 번째, 여섯 번째 열을 그래프로 그리면 다음과 같습니다.

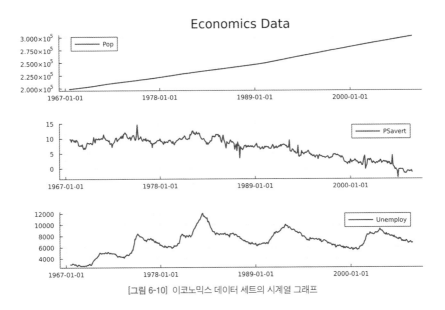

[그림 6-10] 이코노믹스 데이터 세트의 시계열 그래프

6.2.2 MLDatasets.jl

MLDatasets.jl은 머신러닝에서 많이 쓰는 데이터 세트를 모아놓은 패키지입니다. Cora, Boston Housing, Iris, CIFAR, MNIST, Fashion MNIST 등의 유명한 데이터 세트를 포함합니다.

Iris 함수로 아이리스 데이터 세트를 불러올 수 있습니다. 아이리스 데이터 세트의 구조는 기본적으로 데이터 프레임이지만 MLDatasets.jl을 불러올 때 DataFrames.jl을 같이 불러오지 않으므로 따로 불러와야 합니다. 이는 RDatasets.jl과는 다른 부분인데, R은 통계 분석을 위해 만들어진 언어이므로 내장 데이터 세트가 모두 데이터 프레임이라 RDataset.jl을 불러올 때 DataFrames.jl을 같이 불러옵니다. 반면 MLDatasets.jl에는 전반적인 머신러닝을 위한 데이터 세트가 포함되어 있습니다. 여기에는 텍스트, 이미지, 그래프 등 다양한 형태의 데이터 세트가 있으므로 MLDatasets.jl 패키지를 불러올 때 굳이 DataFrames.jl을 불러오지 않습니다. 필요하다면 사용자가 따로 불러와야 합니다.

데이터를 가지고 어떤 계산을 하거나, 분석을 위한 함수에 입력으로 사용하기 위해서는 데이터 프레임이 아닌 배열이어야 합니다. 이럴 때는 키워드로 as_df = false를 입력하면 바로 배열의 형태로 불러옵니다.

```julia
julia> using MLDatasets

# 데이터 프레임으로 불러온 아이리스 데이터
julia> Iris()
dataset Iris:
  metadata   =>    Dict{String, Any} with 4 entries
  features   =>    150×4 DataFrame
  targets    =>    150×1 DataFrame
  dataframe  =>    150×5 DataFrame

# 배열로 불러온 아이리스 데이터
julia> Iris(as_df = false)
dataset Iris:
  metadata   =>    Dict{String, Any} with 4 entries
  features   =>    4×150 Matrix{Float64}
  targets    =>    1×150 Matrix{InlineStrings.String15}
  dataframe  =>    nothing
```

MNIST()는 손으로 쓴 숫자 사진으로 이루어진 데이터인 MNIST를 불러옵니다. 이미지 데이터 세트이므로 데이터 프레임이 아니라 배열로 불러오는 것이 기본입니다.

```julia
# 기본적으로 학습용 데이터 세트를 불러옴
julia> MNIST()
dataset MNIST:
  metadata  =>    Dict{String, Any} with 3 entries
  split     =>    :train
  features  =>    28×28×60000 Array{Float32, 3}
  targets   =>    60000-element Vector{Int64}

julia> data = MNIST().features
28×28×60000 Array{Float32, 3}:

# 심볼 :test를 인수로 넣으면 테스트용 데이터 세트를 불러옴
julia> MNIST(:test)
dataset MNIST:
  metadata  =>    Dict{String, Any} with 3 entries
  split     =>    :test
  features  =>    28×28×10000 Array{Float32, 3}
  targets   =>    10000-element Vector{Int64}
```

데이터를 히트맵으로 그려보면 이상한 그림이 나타나는데, 이는 데이터의 배열이 뒤집히고 회전되어 있어서 그렇습니다. 다음은 MNIST 데이터의 처음 아홉 개의 배열을 시각화한 것입니다.

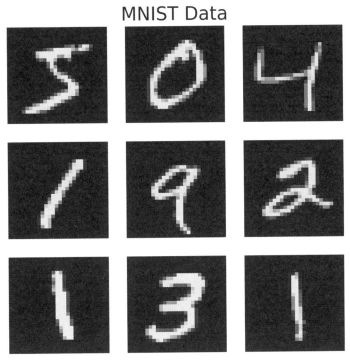

[그림 6-11] MNIST 데이터 세트에 포함된 손글씨 사진

줄리아에서 데이터 군집화clustering를 위한 패키지는 Clustering.jl입니다. 제공하는 주요한 클러스터링 알고리즘으로는 K-means, hierarchical clustering, DBSCAN 등이 있습니다. 이 알고리즘들을 구현한 함수의 특징과 사용법을 소개하고, 군집화 결과를 시각화하는 방법까지 알아보겠습니다.

6.3.1 K-평균 군집화

함수 kmeans(X, k; keywards...)는 d차원의 벡터가 n개인 $d \times n$ 행렬 X를 k개의 군집으로 분류합니다. 키워드 인수로는 다음의 것들이 있습니다.

- init: K-평균 군집화는 무작위로 K개의 평균을 정한 후 시작합니다. 이를 지정하는 키워드이지만 굳이 건드리지 않아도 됩니다.
- weights: 이 키워드는 각 군집의 중심을 계산할 때 가중치를 두도록 할 수 있습니다.
- maxiter: K-평균 군집화는 기본적으로 각 군집의 중심이 변하지 않을 때까지 반복하지만 이 키워드로 최대 반복 횟수를 지정할 수 있습니다.
- tol: 허용 오차라는 뜻의 영어 단어 **tol**erance의 약어로, 군집들의 중심이 변하는 반경이 이 설정값 안에 들어올 경우 알고리즘 반복을 멈춥니다. 알고리즘이 수렴했음을 판별하는 기준입니다.
- display: 알고리즘의 진행 경과를 보여줄 것인지를 정합니다. 기본값은 :none이고, :iter는 매 반복마다의 경과를 출력하며, :final은 마지막 결과만을 보여줍니다.

다음의 코드는 아이리스 데이터 세트를 불러와 $K = 3$으로 K-평균 군집화를 실시하는 예입니다. 키워드로 as_df = false를 입력하면 데이터 프레임이 아닌 배열을 바로 불러옵니다. 또한 .features로 메타데이터나 분류값이 아닌 특징값만을 불러옵니다. 실행 결과 네 번의 반복으로 알고리즘이 수렴하였습니다. kmeans의 반환은 아홉 개의 프로퍼티를 가집니다.

```
julia> using MLDatasets, DataFrames, Clustering

julia> dataset = Iris(as_df = false).features
4×150 Matrix{Float64}:
 5.1  4.9  4.7  …  6.5  6.2  5.9
 3.5  3.0  3.2     3.0  3.4  3.0
 1.4  1.4  1.3     5.2  5.4  5.1
 0.2  0.2  0.2     2.0  2.3  1.8

julia> results = kmeans(dataset, 3, display=:iter)
  Iters               objv        objv-change | affected
---------------------------------------------------------
      0        2.273900e+02
      1        1.453764e+02     -8.201358e+01 |        3
      2        1.435120e+02     -1.864389e+00 |        2
      3        1.434537e+02     -5.829254e-02 |        0
      4        1.434537e+02      0.000000e+00 |        0
K-means converged with 4 iterations (objv = 143.45373548406226)

julia> propertynames(results)
(:centers, :assignments, :costs, :counts, :wcounts, :totalcost,
:iterations, :converged, :cweights)
```

:centers는 각 군집의 중점의 좌표이며 (데이터의 차원)×(클러스터의 수)의 배열입니다. 아이리스 데이터에서 데이터는 4차원이고, 이 예시에서 클러스터를 세 개로 두었으므로 4×3 배열입니다. :assignments는 알고리즘의 결과로 각 데이터가 분류된 클래스를 의미합니다. 다음 결과를 보면 첫 번째 데이터는 두 번째 군집, 두 번째 데이터는 세 번째 군집, 그리고 마지막 데이터는 첫 번째 군집으로 분류되었습니다. :counts는 각 성분이 각 군집에 속한 데이터의 수인 벡터입니다.

```
julia> results.centers
4×3 Matrix{Float64}:
 6.30103   5.28333   4.77586
 2.8866    3.70833   3.07241
 4.95876   1.49167   1.62069
 1.69588   0.279167  0.296552

julia> reshape(results.assignments, (1,:))
1×150 Matrix{Int64}:
```

```
  2  3  3  3  2  …  1  1  1  1  1
```

```
julia> results.counts
3-element Vector{Int64}:
 97
 24
 29
```

이제 클러스터링의 결과를 시각화해보겠습니다. 시각화 코드에 대한 자세한 설명은 Part 8 시각화(2)의 8.3 점도표에서 확인하세요. 2차원에 그려야 하니 꽃받침 길이^{sepal length}와 꽃받침 폭^{sepal width}에 대해서만 보겠습니다.

```julia
using MLDatasets, DataFrames, Clustering, Plots

iris = Iris(as_df = false)
data = iris.features
name = iris.metadata["feature_names"]

results = kmeans(data, 3, display=:iter)     # 군집화
markers = [:circle, :utriangle, :xcross]     # 점도표에 쓰일 마커 지정

p = plot(dpi = 300, legend = :none)     # 빈 플롯 생성
for i ∈ 1:3
    i_cluster = findall(x -> x == i, results.assignments)     # i번째 클러스터에
포함된 데이터들의 인덱스
    scatter!(p, data[1, i_cluster], data[2, i_cluster],
    marker = markers[i],
    ms = 8,
    xlabel = name[1],
    ylabel = name[2]
    )     # i번째 마커로 그리는 i번째 클러스터에 포함된 데이터들의 점도표
end
display(p)     # [그림 6-12]
```

결과는 다음과 같습니다.

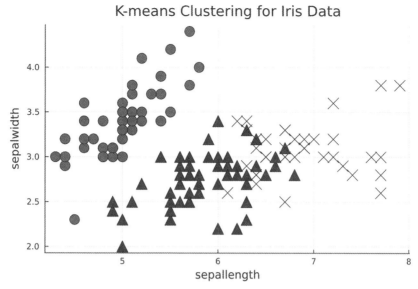

[그림 6-12] 아이리스 데이터 세트의 K-평균 군집화 점도표

계층적 군집화

계층적 군집화 hierarchical clustering는 처음에 가장 가까이에 있는 두 데이터를 하나의 군집으로 묶고, 최종적으로 모든 데이터가 하나의 군집이 될 때까지 이것을 반복하여 수행하는 알고리즘을 말합니다. K-평균 군집화와의 가장 큰 차이점은 군집화의 결과가 초깃값에 의존하지 않는다는 것과 군집의 수를 지정하지 않는다는 것입니다. 따라서 계층적 군집화는 항상 같은 결과를 반환합니다. 계층적 군집화를 수행하는 함수는 hclust(d, [linkage])입니다.

- **d**: 데이터의 거리 행렬입니다. 거리 행렬은 Distances.jl 패키지를 이용하면 쉽게 계산할 수 있습니다.
- **linkage**: 군집 간의 거리를 재는 방식을 지정합니다. 5개의 심볼 :single, :average, :complete, :ward, :ward_presquared를 사용할 수 있습니다.

K-평균 군집화와 마찬가지로 아이리스 데이터를 분류해보겠습니다. 거리 행렬을 입력해야 하므로 Distances.jl 패키지를 사용합니다.

```
using MLDatasets, DataFrames, Clustering
using Distances        # 거리 행렬을 계산하기 위한 패키지
using StatsPlots       # 통계 시각화 패키지

iris = Iris(as_df = false)
data = iris.features

d = pairwise(Euclidean(), data)      # 유클리드 거리로 데이터의 행렬 계산

h_results = hclust(d)                # 계층적 군집화
plot(h_results)                      # 덴드로그램 그리기  [그림 6-13]
```

덴드로그램을 그려보면 결과는 다음과 같습니다.

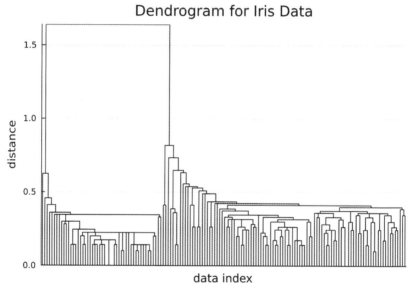

[그림 6-13] 아이리스 데이터 세트의 계층적 군집화 덴드로그램

함수 cutree(Hclust; k, h)는 계층적 군집화의 반환을 입력받아 군집을 분류합니다. 키워드 인수인 k 혹은 h 둘 중 하나를 입력해야 되는데 각각 클러스터의 수와 높이입니다. 계층적 군집화의 결과를 두 개의 군집으로 나누어 점도표를 그려보겠습니다.

```
clustered_label2 = cutree(h_results, k = 2)      # 두 개의 군집으로 분류
markers2 = [:circle, :utriangle]
```

```
p₁ = plot()
for i ∈ 1:2
    # i번째 군집에 포함된 데이터들의 인덱스 구하기
    i_cluster = findall(x -> x == i, clustered_label2)
    scatter!(p₁,                    # i번째 마커로 그리는 i번째 군집에 포함된 데이터들의 점도표
            data[1, i_cluster], data[2, i_cluster],
            marker = markers2[i], label="",
            legend_title = "k = 2")
end

clustered_label3 = cutree(h_results, k = 3)    # 세 개의 군집으로 분류
markers3 = [:circle, :utriangle, :x]

p₂ = plot()
for i ∈ 1:3
    # i번째 군집에 포함된 데이터들의 인덱스 구하기
    i_cluster = findall(x -> x == i, clustered_label3)
    scatter!(p₂,                    # i번째 마커로 그리는 i번째 군집에 포함된 데이터들의 점도표
            data[1, i_cluster], data[2, i_cluster],
            marker = markers3[i], label="",
            legend_title = "k = 3")
end

plot(p₁, p₂)    # [그림 6-14]
```

결과는 다음과 같습니다.

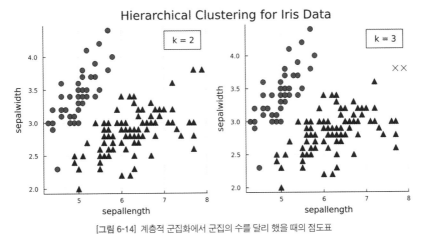

[그림 6-14] 계층적 군집화에서 군집의 수를 달리 했을 때의 점도표

밀도 기반 군집화Density-Based Spatial Clustering of Applications with Noise, DBSCAN는 1996년 마틴 에스터Martin Ester 외 3명에 의해 제안된 군집화 기법입니다. 이는 특정한 거리 내에 있는 데이터들끼리 같은 군집으로 묶는 방법이며 계층적 군집화와 마찬가지로 사전에 군집의 수를 지정하지 않아도 됩니다. 알고리즘이 수행된 후 모든 데이터가 적어도 하나의 군집에 포함되는 K-평균 군집화나 계층적 군집화와는 다르게 아무 군집에도 속하지 않는 데이터, 즉 노이즈가 생길 수 있습니다. DBSCAN을 수행하는 함수는 다음과 같습니다.

```
dbscan(points, radius;
       [metric=Euclidean()]) -> DbscanResult
```

- points: 데이터 포인트의 행렬입니다.
- radius: 데이터들이 서로 근방에 있는지를 판별하는 반지름입니다.
- metric: 거리를 재는 방식을 지정합니다.

dbscan의 반환은 네 개의 프로퍼티를 가지고 있습니다. :clusters는 알고리즘이 수행하여 찾아낸 군집들의 벡터입니다. 각 성분은 다시 DbscanCluster라는 타입을 갖습니다. 즉 찾아낸 군집의 개수가 K일 때 K-element Vector{DbscanCluster}입니다. 아이리스 데이터 세트를 dbscan으로 군집화할 때 반지름을 0.4로 두면 23개의 군집을, 0.5로 두면 12개의 군집을 찾아냅니다. 두 결과에 대해서, 군집의 크기가 5보다 크지 않으면 노이즈로 판단하고 해당 데이터를 :xcross 마커로 표시하여 군집화 결과를 그려보겠습니다.

```
julia> iris = Iris(as_df = false);
julia> data = iris.features;

julia> fieldnames(DbscanResult)
(:clusters, :seeds, :counts, :assignments)

julia> dbscan(data, 0.4).clusters
23-element Vector{DbscanCluster}:
 DbscanCluster(47, [1, 2, 3, 4, 5, 6, 7, 8, 9, 10  …  40, 41, 43, 44, 45,
46, 47, 48, 49, 50], Int64[])
 DbscanCluster(1, [15], Int64[])
 ⋮
```

```
DbscanCluster(1, [120], Int64[])
DbscanCluster(1, [132], Int64[])
DbscanCluster(1, [135], Int64[])
DbscanCluster(1, [136], Int64[])

julia> dbscan(data, 0.5).clusters
12-element Vector{DbscanCluster}:
 DbscanCluster(49, [1, 2, 3, 4, 5, 6, 7, 8, 9, 10  …  40, 41, 43, 44, 45,
46, 47, 48, 49, 50], Int64[])
 DbscanCluster(1, [42], Int64[])
 DbscanCluster(84, [51, 52, 53, 54, 55, 56, 57, 59, 60, 62  …  141, 142,
143, 144, 145, 146, 147, 148, 149, 150], Int64[])
 DbscanCluster(4, [58, 61, 94, 99], Int64[])
 DbscanCluster(2, [69, 88], Int64[])
 DbscanCluster(3, [106, 119, 123], Int64[])
 DbscanCluster(1, [107], Int64[])
 DbscanCluster(1, [109], Int64[])
 DbscanCluster(1, [110], Int64[])
 DbscanCluster(2, [118, 132], Int64[])
 DbscanCluster(1, [135], Int64[])
 DbscanCluster(1, [136], Int64[])
```

다음 그림을 보면 반지름이 0.4인 경우에서 반지름이 0.5인 경우보다 노이즈가 더 많다는 것을 알 수 있습니다. 왼쪽의 플롯은 반지름을 0.4로 뒀을 때의 DBSCAN 결과를 시각화한 것입니다. 오른쪽의 플롯은 반지름을 0.5로 뒀을 때의 DBSCAN 결과를 그린 것입니다. 왼쪽의 결과와 비교해보면 노이즈로 분류된 데이터가 줄었고, 두 개의 군집이 하나로 판별되었습니다.

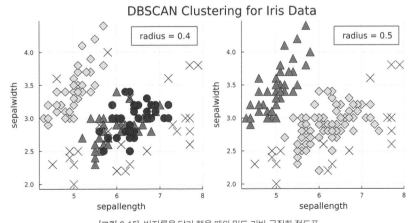

[그림 6-15] 반지름을 달리 했을 때의 밀도 기반 군집화 점도표

6.4 푸리에 해석

줄리아에서 푸리에 해석과 관련된 함수는 `FFTW.jl` 패키지를 통해서 사용할 수 있습니다. FFTW는 the Fastest Fourier Transform in the West의 약어로 MIT에서 개발된 고속 푸리에 변환fast Fourier transform과 관련된 함수를 제공하는 라이브러리입니다. 참고로 라이브러리의 이름은 서부 영화에서 자주 쓰이는 표현인 서부에서 가장 빠른 총잡이The Fastest gun in the West를 패러디한 것입니다(MIT는 미 동부에 있습니다).

이 라이브러리는 C/C++을 지원하며, 매트랩의 고속 푸리에 변환 함수 `fft`도 이 패키지를 기반으로 합니다. 즉 딱히 줄리아를 위해 개발된 패키지는 아닙니다(그도 그럴 것이 FFTW는 1997년 세상에 등장했습니다).

6.4.1 푸리에 변환

신호의 푸리에 변환을 계산하는 함수는 fast Fourier transform의 약어인 `fft`입니다. `fft`는 시간 도메인의 신호를 벡터로 입력받아 푸리에 변환을 수행한 뒤 주파수 도메인의 신호를 반환합니다. 다음의 코드는 임의의 신호의 푸리에 변환을 계산하여 신호가 어떤 주파수 성분을 가지는지를 분석하는 코드입니다.

```julia
using Plots
using FFTW

Fs = 100                     # 샘플링 주파수
T = 1/Fs                     # 샘플링 주기
L = 200                      # 신호 길이
x = [i for i ∈ 0:L-1].*T     # 신호의 도메인

f₁ = sin.(2π*10*x)          # 주파수가 10인 사인파
f₂ = 0.5sin.(2π*20*x)       # 주파수가 20인 사인파
f₃ = 2sin.(2π*35*x)         # 주파수가 35인 사인파

f = f₁ + f₂ + f₃    # 신호
p₁ = plot(x, f, label="")
```

```
Ff = fft(f)      # 신호의 푸리에 변환

ξ = Fs*[i for i in 0:L-1]/L      # 주파수 도메인

p₂ = plot(ξ, (2/L).*abs.(Ff))      # 푸리에 변환의 절댓값을 그림
xticks!(0:10:100)                  # x축의 눈금을 0부터 100까지 10 단위로 설정

p₃ = plot(ξ[1:Int(L/2)], (2/L).*abs.(Ff[1:Int(L/2)]))      # 절반의 주파수 도메인
xticks!([0, 10, 20, 30, 35, 40, 50])


plot(p₁, p₂, p₃, layout=(3,1))      # [그림 6-16]
```

첫 번째 그래프는 주파수 성분이 10, 20, 30인 신호들로 중첩된 신호를 나타냅니다. 신호가 정확히 하나의 주파수만을 갖는 것이 아니라면 시간 도메인의 그래프를 봐서는 어떤 주파수를 포함하는지 알기 어렵습니다. 푸리에 변환은 신호에 어떤 주파수가 포함되어 있는지를 찾아낼 수 있습니다. 두 번째는 신호의 푸리에 변환를 그린 그래프입니다. 신호에 포함된 주파수에서만 값이 있습니다. 주파수 10에서 1의 진폭, 주파수 20에서 0.5의 진폭, 주파수 35에서 2의 진폭을 확인할 수 있습니다. fft의 결과는 대칭이므로 변환의 함숫값 자체가 필요한 것이 아니라 주파수를 확인하는 용도라면 절반만 그려도 됩니다. 세 번째는 보기 쉽게 절반의 주파수 도메인에 대해서만 푸리에 변환을 나타냈습니다.

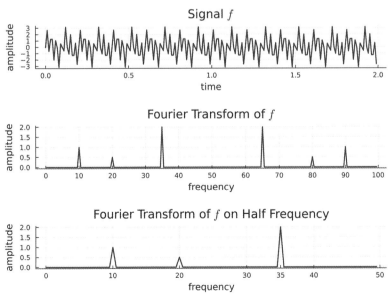

[그림 6-16] 신호와 신호의 푸리에 변환의 그래프

fft는 고차원 배열을 입력받으면 해당 차원에 대한 푸리에 변환을 알아서 계산합니다. 가령 2차원 배열(행렬)을 입력으로 받으면 2차원 푸리에 변환을 실시합니다.

매트랩의 경우 2차원 배열을 fft에 입력할 경우 각 열에 대해서 1차원 푸리에 변환을 취한 결과를 반환합니다. 파이썬의 넘파이의 경우 2차원 배열을 numpy.fft.fft에 입력할 경우 각 행에 대해서 1차원 푸리에 변환을 취한 결과를 반환합니다. 줄리아의 FFTW.jl에서는 입력된 배열의 전체 차원에 대해 푸리에 변환을 취한 결과를 반환합니다.

특정한 차원에 대해서만 푸리에 변환을 취하고 싶다면 fft(x, [n₁, n₂, ...])와 같이 입력하면 됩니다. 예를 들어 x가 2차원 배열일 때 fft(x, [2])는 각각의 x[i, :]에 대해서만 1차원 푸리에 변환을 취한 결과를 반환합니다. y가 3차원 배열일 때 fft(y, [1, 2])는 각각의 y[:, :, i]에 대해서 2차원 푸리에 변환을 취한 결과를 반환합니다.

```julia
julia> x = [1 2 3 4
            1 2 3 4
            1 2 3 4
            1 2 3 4]
4×4 Matrix{Int64}:
 1  2  3  4
 1  2  3  4
 1  2  3  4
 1  2  3  4

julia> fft([1 2 3 4])
1×4 Matrix{ComplexF64}:
 10.0+0.0im  -2.0+2.0im  -2.0+0.0im  -2.0-2.0im

julia> fft(x, [2])
4×4 Matrix{ComplexF64}:
 10.0+0.0im  -2.0+2.0im  -2.0+0.0im  -2.0-2.0im
 10.0+0.0im  -2.0+2.0im  -2.0+0.0im  -2.0-2.0im
 10.0+0.0im  -2.0+2.0im  -2.0+0.0im  -2.0-2.0im
 10.0+0.0im  -2.0+2.0im  -2.0+0.0im  -2.0-2.0im

julia> fft(x)
4×4 Matrix{ComplexF64}:
 40.0+0.0im  -8.0+8.0im  -8.0+0.0im  -8.0-8.0im
  0.0+0.0im   0.0+0.0im   0.0+0.0im   0.0+0.0im
  0.0+0.0im   0.0+0.0im   0.0+0.0im   0.0+0.0im
```

```
    0.0+0.0im    0.0+0.0im    0.0+0.0im    0.0+0.0im

julia> y = stack([x, x])
4×4×2 Array{Int64, 3}:
[:, :, 1] =
 1  2  3  4
 1  2  3  4
 1  2  3  4
 1  2  3  4

[:, :, 2] =
 1  2  3  4
 1  2  3  4
 1  2  3  4
 1  2  3  4

julia> fft(y, [1, 2])
4×4×2 Array{ComplexF64, 3}:
[:, :, 1] =
 40.0+0.0im  -8.0+8.0im  -8.0+0.0im  -8.0-8.0im
  0.0+0.0im   0.0+0.0im   0.0+0.0im   0.0+0.0im
  0.0+0.0im   0.0+0.0im   0.0+0.0im   0.0+0.0im
  0.0+0.0im   0.0+0.0im   0.0+0.0im   0.0+0.0im

[:, :, 2] =
 40.0+0.0im  -8.0+8.0im  -8.0+0.0im  -8.0-8.0im
  0.0+0.0im   0.0+0.0im   0.0+0.0im   0.0+0.0im
  0.0+0.0im   0.0+0.0im   0.0+0.0im   0.0+0.0im
  0.0+0.0im   0.0+0.0im   0.0+0.0im   0.0+0.0im
```

6.4.2 푸리에 역변환

주파수 도메인의 신호를 원래의 도메인으로 바꾸려면 푸리에 역변환inverse Fourier transform을 사용하면 됩니다. 푸리에 역변환을 수행하는 함수는 ifft입니다. 수학적으로 신호 f에 푸리에 변환과 푸리에 역변환을 취하면 f를 그대로 얻을 수 있으나 컴퓨터에서는 그렇지 않습니다.

우선 푸리에 변환과 역변환은 기본적으로 복소수 배열을 반환합니다. 그래서 실수 벡터인 신호에 푸리에 변환과 역변환을 차례로 취한다고 해서 처음 입력했던 신호와 같은 벡터를 얻을 수는 없습니다. 복소수에 실수부만 취하는 real 함수를 적용한다고 해도 그 값이 처음 입력했던 벡터와 완전히 같지는 않습니다. 물론 거의 비슷한 값으로 계산되므로 근사 연산자 ≈('\approx' 입력 + <tab>)로 비교해보면 참을 얻습니다.

```
julia> using FFTW

julia> f = rand(1000)
1000-element Vector{Float64}

julia> fft(f)
1000-element Vector{ComplexF64}

julia> ifft(fft(f))
1000-element Vector{ComplexF64}

julia> f == ifft(fft(f))
false

julia> f == real(ifft(fft(f)))
false

julia> f ≈ ifft(fft(f))
true
```

고차원 배열에 대해 푸리에 역변환을 적용하는 방법은 푸리에 변환과 같습니다. 2차원 배열인 x에 fft를 취하면 x의 2차원 푸리에 변환이 반환됩니다. 이에 다시 푸리에 역변환인 ifft를 취하고 실수부만 가져와서 값을 확인해보면 원래의 데이터 x와 값이 같습니다. 또한 fft(x)에 ifft(, [1])과 ifft(, [2])를 차례로 적용하면 ifft를 적용한 것과 같습니다.

```
julia> x
4×4 Matrix{Int64}:
 1  2  3  4
 1  2  3  4
 1  2  3  4
 1  2  3  4

julia> real(ifft(fft(x)))
4×4 Matrix{Float64}:
 1.0  2.0  3.0  4.0
 1.0  2.0  3.0  4.0
 1.0  2.0  3.0  4.0
 1.0  2.0  3.0  4.0
```

```
julia> real(ifft(ifft(fft(x), [1]), [2]))
4×4 Matrix{Float64}:
 1.0  2.0  3.0  4.0
 1.0  2.0  3.0  4.0
 1.0  2.0  3.0  4.0
 1.0  2.0  3.0  4.0
```

6.4.3 주파수 정렬

푸리에 변환의 반환은 기본적으로 0 주파수 성분이 첫 번째 성분입니다. 푸리에 변환을 다루다 보면 0 주파수 성분이 가운데 와야 할 때가 있습니다. 주파수 도메인을 이동시키는 함수는 fftshift()입니다. 이를 다시 되돌리는 함수는 ifftshift()입니다. ifft + shift가 아니라 fftshift()의 역변환인 i(nverse) + fftshift입니다. 어찌 됐든 두 벡터가 가운데 성분을 기준으로 대칭인 우함수임에는 변함이 없지만 그 의미에는 큰 차이가 있으니 주의해야 합니다. 가령 ω를 주파수라고 할 때 $|\omega|\mathcal{F}f(\omega)$라는 수식을 계산하는 경우에서 $\mathcal{F}f(\omega)$의 도메인 범위에 따라 ω를 어떻게 정의해야 할지가 달라집니다. 수식을 그대로 코드로 옮기려다 보면 주파수 ω를 자연스럽게 음수에서부터 양수까지로 정의하게 될 텐데 $\mathcal{F}f(\omega)$가 0 주파수를 중심으로 정렬되어있지 않다면 계산 결과가 원하는 대로 나오지 않을 것입니다.

```
Ff = fft(f)

ξ1 = Fs*[i for i in 0:L-1]/L          # 주파수 도메인
ξ2 = Fs*[i for i in -L/2:L/2-1]/L     # 이동된 주파수 도메인

p₁ = plot(ξ1, (2/L).*abs.(Ff), title="fft(f)")
p₂ = plot(ξ2, (2/L).*abs.(fftshift(Ff)), title="fftshift(fft(f))")
p₃ = plot(fftfreq(L, Fs), (2/L).*abs.(Ff), title="fft(f) on fftfreq(L,
Fs)")

plot(p₁, p₂, p₃, layout=(3,1))      # [그림 6-17]
```

6.4.1 푸리에 변환에서 예로 들었던 신호에 푸리에 변환을 취해 그래프를 그려보면 다음 그림의 첫 번째 그래프와 같습니다. 0 주파수에 대한 성분이 첫 번째 성분입니다. 두 번째 그래프를 보면 푸리에 변환에 fftshift를 취하면 0 주파수 성분이 가운데에 위치한다는 것을 알 수 있습니다. 세 번째 그래프는 푸리에 변환을 이동하지 않고도 0 주파수를 중심에 정렬하여 그림을 그리는 방법을 보여줍니다. 주파수 도메인을 생성하는 함수 fftfreq(L, Fs)를 x축에 입력하면 됩니다. fftfreq(L, Fs)는 신호의 길이가 L, 추출 주파수가 Fs인 주파수를 반환합니다.

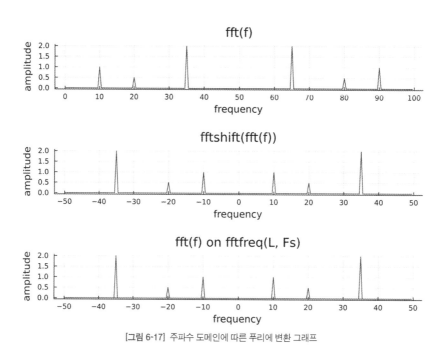

[그림 6-17] 주파수 도메인에 따른 푸리에 변환 그래프

6.5 딥러닝

앞서 Part 4 함수형 프로그래밍의 4.3 인공지능에서 딥러닝에 대해 가볍게 다룬 바 있습니다. 해당 챕터에서는 함수형 프로그래밍의 관점에서 바라본 줄리아에서 인공신경망을 구현하는 방법과 Flux.jl의 기본적인 인터페이스에 대해서 살펴보았습니다. 이번 챕터에서는 이전 내용을 짧게 복습하고 Flux.jl을 실제로 어떻게 사용하는지 유명한 예제와 함께 상세히 설명하겠습니다.

6.5.1 히든 레이어와 활성화 함수

Flux.jl에서 선형 레이어를 정의하는 함수는 Dense입니다. Dense(in, out)과 같이 사용해도 되고 좀 더 직관적으로 Dense(in => out)으로 사용해도 됩니다. 불리언으로 바이어스의 유무를 설정하고, 뒤에 합성될 활성화 함수까지 같이 정의할 수 있습니다. 그리스 문자 σ('\sigma' 입력 + <tab>)는 시그모이드를 의미합니다.

```
julia> using Flux

julia> Dense(3, 2)
Dense(3 => 2)        # 8 parameters

julia> Dense(3 => 2)
Dense(3 => 2)        # 8 parameters

julia> Dense(3, 2, tanh, bias = true)
Dense(3 => 2, tanh)  # 8 parameters

julia> Dense(3 => 2, σ, bias = false)
Dense(3 => 2, σ; bias=false)  # 6 parameters

julia> Dense(3 => 2, relu)
Dense(3 => 2, relu)  # 8 parameters
```

합성곱 레이어를 정의하는 함수는 Conv입니다. 커널의 크기, 입출력의 채널 수, 활성화 함수를 포지션 인수로 갖습니다. 그 외에 스트라이드, 패딩 등의 키워드 인수를 갖습니다. 스트라이드와 패딩의 기본값은 각각 1과 0입니다. 합성곱 레이어를 다룰 때 주의해야 할 점은 입력이 항상 4차원 텐서여야 한다는 것입니다. Conv((3,3), 1 => 4, relu)로 정의된 선형 레이어에 (10, 10, 1, 1) 크기의 배열을 입력하면 패딩을 하지 않아 가로 세로의 크기가 각각 2씩 줄고, 채널의 수가 1에서 4로 늘어난 (8, 8, 4, 1) 크기의 배열을 반환합니다.

```julia
julia> Conv((3,3), 1 => 4, relu)
Conv((3, 3), 1 => 4, relu)  # 40 parameters

julia> Conv((3,3), 1 => 4, relu, stride = (2, 2), pad = (1, 1))
Conv((3, 3), 1 => 4, relu, pad=1, stride=2)  # 40 parameters

julia> X = ones(10, 10, 1, 1)
10×10×1×1 Array{Float64, 4}:

julia> Conv((3,3), 1 => 4, relu)(X)
8×8×4×1 Array{Float32, 4}:
```

6.5.2 원-핫 인코딩

원-핫 인코딩one-hot encoding은 데이터를 분류에 따라 표준기저벡터standard basis vector로 매핑하는 것을 말합니다. 이름 그대로 레이블을 하나에만 불이 켜진one-hot 벡터로 만듭니다. 원-핫 인코딩과 관련된 함수는 기존에 Flux.jl에 포함되어 있었는데 0.13.0 버전 이후로는 OneHotArrays.jl이라는 패키지로 분리되었습니다.

특정한 레이블에 대한 원-핫 벡터는 onehot(레이블, [전체 레이블])로 만듭니다. 가령 전체 분류가 ["dog", "cat", "whale", "horse"]와 같다고 하면, onehot("whale", ["dog", "cat", "whale", "horse"])는 [0, 0, 1, 0]을 반환합니다. 즉, onehot(x, labels)는 x .== labels와 같습니다. 물론 타입은 OneHotVector와 BitArray로 서로 다르지만 각 성분은 같습니다.

```julia
julia> using OneHotArrays

julia> onehot("whale", ["dog", "cat", "whale", "horse"])
```

```
4-element OneHotVector(::UInt32) with eltype Bool:
 ⋅
 ⋅
 1
 ⋅

julia> "whale" .== ["dog", "cat", "whale", "horse"]
4-element BitVector:
 0
 0
 1
 0
```

onecold는 onehot의 역변환입니다. onecold([0, 0, 1, 0], ["dog", "cat", "whale", "horse"])는 "whale"을 반환합니다. 이때 꼭 OneHotVector를 입력으로 둬야하는 건 아닙니다.

```
julia> onecold([0, 0, 1, 0], ["dog", "cat", "whale", "horse"])
"whale"
```

데이터 세트 전체를 원-핫 인코딩하려면 onebatch를 사용합니다. 아이리스 데이터 세트의 레이블을 원-핫 인코딩해보겠습니다.

```
julia> using MLDatasets

julia> Iris_targets = reshape(Iris(as_df = false).targets, (150))
150-element Vector{InlineStrings.String15}:
 "Iris-setosa"
 "Iris-setosa"
 ⋮
 "Iris-virginica"
 "Iris-virginica"

julia> onehotbatch(Iris_targets, ["Iris-setosa", "Iris-versicolor", "Iris-
virginica"])
3×150 OneHotMatrix(::Vector{UInt32}) with eltype Bool:
 1  1  1  1  1  …  ⋅  ⋅  ⋅  ⋅  ⋅
 ⋅  ⋅  ⋅  ⋅  ⋅     ⋅  ⋅  ⋅  ⋅  ⋅
 ⋅  ⋅  ⋅  ⋅  ⋅     1  1  1  1  1
```

6.5.3 경사하강법과 MLP로 비선형 함수 근사하기

적당한 MLP^Multi Layer Perceptron를 하나 정의하여 비선형 함수를 근사하는 회귀 문제를 풀어보도록 하겠습니다. 함수 Chain은 여러 히든 레이어를 합성하여 하나의 신경망으로 만듭니다. 즉, 파이토치나 텐서플로의 Sequential과 같은 역할을 합니다. 싱크 함수 sinc(x)를 근사하기 위해 입력의 차원이 1, 최종 출력의 차원이 1인 인공신경망을 하나 정의하겠습니다.

```
julia> using Flux
julia> using ProgressMeter
Julia> using Plots

julia> MLP = Chain(
                Dense(1 => 100, relu),
                Dense(100 => 100, relu),
                Dense(100 => 1)
                )
Chain(
  Dense(1 => 100, relu),                 # 200 parameters
  Dense(100 => 100, relu),               # 10_100 parameters
  Dense(100 => 1),                       # 101 parameters
)                       # Total: 6 arrays, 10_401 parameters, 41.004 KiB.
```

손실 함수로는 평균제곱오차^mean square error, mse를 택하겠습니다.

```
loss(x, y) = Flux.mse(MLP(x), y)
```

Flux.DataLoader((입력, 출력), 배치 크기)로 학습 데이터를 만들 수 있습니다. 싱크 함수를 -1부터 2π까지 학습시킬 데이터를 만들어줍니다.

```
x = reshape(LinRange{Float32}(-1, 2π, 1000), (1, :))
y = sinc.(x)
train_data = Flux.DataLoader((x, y), batchsize = 100)
```

파라미터를 θ('\theta' 입력 + <tab>)라 두고 학습률을 η('\eta' 입력 + <tab>)라 두겠습니다. 그리고 Flux.train! 함수를 for 반복문으로 실행시키기만 하면 끝입니다. Flux.train!은 입력 인수로 손실 함수, 모델의 파라미터, 데이터 세트, 옵티마이저(최적화기)를 받습니다. 학습률이 η인 경사하강법을 사용할 것이므로 Descent(η)를 옵티마이저로 선택합니다. 반복문이 끝나면 그래프를 그려서 신경망이 싱크 함수를 잘 근사했는지 확인합니다.

```julia
θ = Flux.params(MLP)
η = 0.1

@showprogress for i ∈ 1:50_000
    Flux.train!(loss, θ, train_data, Descent(η))
end

plot(vec(x), vec(y), label = "sinc(x)")    # [그림 6-18]
plot!(vec(x), vec(MLP(x)), label = "MLP(x)")
```

결과는 다음과 같습니다.

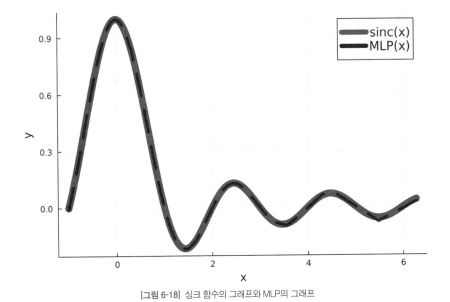

[그림 6-18] 싱크 함수의 그래프와 MLP의 그래프

합성곱 신경망Convolutional Neural Network, CNN을 정의하여 MNIST 데이터 세트를 학습해봅시
다. 우선 Conv와 MaxPool 그리고 Dense를 적절히 합성하여 CNN을 하나 정의합니다.

```
using Flux
using MLDatasets
using ProgressMeter
using OneHotArrays

CNN = Chain(
          Conv((5, 5), 1 => 16, relu),
          MaxPool((2, 2)),
          Conv((5, 5), 16 => 64, relu),
          MaxPool((2, 2)),
          x -> reshape(x, (:, size(x, 4))),
          Dense(1024 => 10),
          softmax
          )
```

이번에는 분류 문제를 풀 것이므로 손실 함수로 크로스 엔트로피를 선택하겠습니다.

```
Loss(x, y) = Flux.crossentropy(CNN(x), y)
```

MLDatasets.jl에서 MNIST 훈련 데이터 세트를 불러옵니다. 합성곱 레이어에 입력해야 하
므로 입력은 4차원 배열로 만들고, 레이블은 원-핫 인코딩해줍니다. 그리고 배치 크기가 128
인 훈련 데이터로 만듭니다.

```
X = reshape(MNIST(split = :train).features, (28, 28, 1, 60000))
Y = onehotbatch(MNIST(split = :train).targets, [0 1 2 3 4 5 6 7 8 9])

train_data = Flux.DataLoader((X, Y), batchsize = 128)
```

손실 함수, 신경망의 파라미터, 훈련 데이터, 옵티마이저를 Flux.train! 함수에 입력하고 반
복문으로 학습합니다. 이번에는 옵티마이저로 Adam을 선택하였습니다.

```
θ = Flux.params(CNN)

@showprogress for i ∈ 1:10
    Flux.train!(Loss, θ, train_data, Adam())
end
```

학습이 끝난 뒤 테스트 세트로 성능을 평가해보니 98.72%의 정확도를 달성하였습니다.

```
X_test = reshape(MNIST(split = :test).features, (28, 28, 1, :))
Y_test = onehotbatch(MNIST(split = :test).targets, [0 1 2 3 4 5 6 7 8 9])

using Statistics
mean(argmax(CNN(X_test), dims=1) .== argmax(Y_test, dims=1))
# 0.9872
```

6.5.5 저장하고 불러오기

▍파라미터

앞서 학습을 마친 CNN을 저장해보겠습니다. 줄리아의 데이터 구조를 저장하고 불러오는 패키지인 JLD2.jl을 사용합니다. 함수 Flux.state로 신경망의 파라미터 정보를 얻고 jldsave로 저장합니다. 간단히 단 두 줄이면 됩니다.

```
using JLD2

CNN_state = Flux.state(CNN)
jldsave("CNN_state.jld2"; CNN_state)
```

불러오는 것은 함수 JLD2.load로 가능합니다. JLD2.load("파일 이름")과 같이 입력하면 딕셔너리 형태로 저장된 데이터를 불러옵니다. 옵션 인수로 데이터의 키key를 입력하면 값value에 해당하는 데이터를 바로 불러올 수 있습니다.

```
JLD2.load("CNN_state.jld2")
# Dict{String, Any} with 1 entry:
#   "CNN_state" => (layers = ((σ = (), weight = [0.208354 0.236408 … 0.027112
-0.148588; 0.0097212 0.040016 … 0.145025 0.115126; … ; -0.00159304
0.00910949 … 0.0593822 0.134704…

trained_CNN_state = JLD2.load("CNN_state.jld2", "CNN_state")
```

같은 구조의 CNN을 다시 정의해서 성능 평가를 해봅니다. 이 신경망은 아직 MNIST에 대해서 학습되지 않았으므로 성능이 낮습니다. MNIST 테스트 세트에 대한 정확도는 7.79%입니다.

```
CNN_2 = Chain(
    Conv((5, 5), 1 => 16, relu),
    MaxPool((2, 2)),
    Conv((5, 5), 16 => 64, relu),
    MaxPool((2, 2)),
    x -> reshape(x, (:, size(x, 4))),
    Dense(1024 => 10),
    softmax
    )

mean(argmax(CNN_2(X_test), dims=1) .== argmax(Y_test, dims=1))
# 0.0779
```

불러온 학습된 CNN의 상태를 새로 정의한 신경망에 적용하고 성능을 평가해보겠습니다. Flux.loadmodel!(신경망, 파라미터)는 신경망에 파라미터를 적용합니다. 저장했던 파라미터를 적용하고 나서 성능을 다시 평가해보니 기존과 같은 98.72%의 정확도입니다.

```
Flux.loadmodel!(CNN_2, trained_CNN_state)
mean(argmax(CNN_2(X_test), dims=1) .== argmax(Y_test, dims=1))
# 0.9872
```

모델

파라미터가 아니라 모델을 통째로 저장하는 방법을 알아보겠습니다. 파라미터만 저장했을 때 모델 구조에 대한 정보를 가지고 있지 않다면 애써 저장한 파라미터를 사용할 수 없게 됩니다. 조금이라도 다르게 정의되었다면 Flux.loadmodel!은 새로운 신경망에 저장된 파라미터를 적용할 수 없습니다.

두 가지 방법을 소개할 텐데, 첫 번째는 JLD2.jl을 사용하는 것입니다. 파라미터를 저장했을 때처럼 그대로 하면 됩니다. 오히려 더 쉽습니다. 모델, 그러니까 함수 그 자체를 그냥 jldsave로 저장하고 load로 불러오기만 하면 됩니다.

```
jldsave("CNN.jld2"; CNN)

new_CNN = JLD2.load("CNN.jld2", "CNN")
mean(argmax(new_CNN(X_test), dims=1) .== argmax(Y_test, dims=1))
# 0.9872
```

그런데 JLD2.jl을 사용하여 모델을 저장할 때 신경망 내부에 히든 레이어나 활성화 함수를 제외한 익명 함수 등이 포함되어 있거나, 혹은 다른 여러 이유로 저장하고 불러오는 과정에서 문제가 생길 수 있습니다. 이러한 문제를 피하고 안정적으로 데이터를 저장하고 불러오는 두 번째 방법은 JSON 구조의 데이터를 다루기 위한 패키지인 BSON.jl을 사용하는 것입니다.

BSON.@save "파일 이름" 함수와 같이 입력하면 신경망을 bson 파일로 저장할 수 있습니다.

```
using BSON

BSON.@save "CNN.bson" CNN
```

새로운 세션을 열어서 BSON.@load "파일 이름" 함수와 같이 입력하면 신경망을 다시 불러올 수 있습니다. 정확도를 평가해보니 98.72%가 나와 함수 저장하기와 불러오기가 잘 된 것을 알 수 있습니다.

```
using Flux
using BSON
BSON.@load "CNN.bson" CNN

using MLDatasets
using OneHotArrays
X_test = reshape(MNIST(split = :test).features, (28, 28, 1, :))
Y_test = onehotbatch(MNIST(split = :test).targets, [0 1 2 3 4 5 6 7 8 9])

using Statistics
mean(argmax(CNN(X_test), dims=1) .== argmax(Y_test, dims=1))
# 0.9872
```

6.5.6 엔비디아 GPU 사용하기

엔비디아의 CUDA Toolkit과 cuDNN을 설치하는 과정은 생략하겠습니다. 텐서플로나 파이토치와는 다르게 Flux.jl은 아직까지 버전 호환성에 대해서 친절히 정리해놓지는 않아서 사용에 어려움을 겪을 수 있습니다. 드라이버 또는 패키지의 버전에 따라 에러를 일으킬 수 있는데, 이는 Flux.jl뿐만 아니라 딥러닝 프레임워크를 사용할 때 흔히 발생하는 일입니다. 여러 번 설치했다가 지우고, 컴퓨터를 포맷해보면서 세팅하는 수밖에 없습니다. 본 섹션에서 코드를 실행한 환경은 다음과 같습니다.

운영체제	Windows 11
GPU	Quadro P2000
GPU Driver	v536.67
CUDA Toolkit	v11.8
cuDNN	v8.9.4
Julia	v1.9.4
Flux.jl	v0.13.16
CUDA.jl	v.4.4.1
cuDNN.jl	v.1.1.1

Flux.jl에서 GPU를 사용하는 방법은 매우 간단합니다. 관련 패키지인 CUDA.jl, cuDNN.jl을 불러오고 신경망과 데이터에 함수 gpu만 취해주면 끝입니다. 파이프라인을 사용하면 |> gpu를 뒤에 붙여주는 것만으로 GPU를 사용할 수 있어 쉽고 가독성도 좋습니다.

CPU를 사용하는 코드와 GPU를 사용하는 코드는 단 세 군데에 |> gpu가 있는지 정도의 차이 밖에 없습니다.

```julia
1    using Flux, OneHotArrays
2    using MLDatasets
3    using ProgressMeter
4
5    CNN = Chain(
6            Conv((5, 5), 1 => 16, relu),
7            MaxPool((2, 2)),
8            Conv((5, 5), 16 => 64, relu),
9            MaxPool((2, 2)),
10           x -> reshape(x, (:, size(x, 4))),
11           Dense(1024 => 10),
12           softmax
13           )
14
15   loss(x, y) = Flux.crossentropy(CNN(x), y)
16
17   X = reshape(MNIST(split = :train).features, (28, 28, 1, 60000))
18   Y = onehotbatch(MNIST(split = :train).targets, [0 1 2 3 4 5 6 7 8 9])
19
20   train_data = Flux.DataLoader((X, Y), batchsize = 1024)
21
22   θ = Flux.params(CNN)
23
24   @showprogress for i ∈ 1:10
25       Flux.train!(loss, θ, train_data, Adam())
26   end
27
28   X_test = reshape(MNIST(split = :test).features, (28, 28, 1, :))
29   Y_test = onehotbatch(MNIST(split = :test).targets, [0 1 2 3 4 5 6 7 8 9])
30
31   using Statistics
32   mean(argmax(CNN(X_test), dims=1) .== argmax(Y_test, dims=1))
```

```julia
1    using Flux, OneHotArrays
2    using MLDatasets
3    using ProgressMeter
4
5    CNN = Chain(
6            Conv((5, 5), 1 => 16, relu),
7            MaxPool((2, 2)),
8            Conv((5, 5), 16 => 64, relu),
9            MaxPool((2, 2)),
10           x -> reshape(x, (:, size(x, 4))),
11           Dense(1024 => 10),
12           softmax
13           ) |> gpu
14
15   loss(x, y) = Flux.crossentropy(CNN(x), y)
16
17   X = reshape(MNIST(split = :train).features, (28, 28, 1, 60000)) |> gpu
18   Y = onehotbatch(MNIST(split = :train).targets, [0 1 2 3 4 5 6 7 8 9]) |> gpu
19
20   train_data = Flux.DataLoader((X, Y), batchsize = 1024)
21
22   θ = Flux.params(CNN)
23
24   @showprogress for i ∈ 1:10
25       Flux.train!(loss, θ, train_data, Adam())
26   end
27
28   X_test = reshape(MNIST(split = :test).features, (28, 28, 1, :))
29   Y_test = onehotbatch(MNIST(split = :test).targets, [0 1 2 3 4 5 6 7 8 9])
30
31   using Statistics
32   mean(argmax(CNN(X_test), dims=1) .== argmax(Y_test, dims=1))
```

[그림 6-19] CPU를 사용하는 코드와 GPU를 사용하는 코드의 차이

왼쪽은 앞서 배운 CNN으로 MNIST 데이터 세트를 학습하는 코드입니다. 이 코드를 실행하면 CPU를 사용합니다. 오른쪽은 왼쪽의 코드를 수정하여 GPU를 사용하도록 만든 코드입니다. 두 코드는 거의 같다고 할 수 있을 정도입니다.

다음 결과는 [그림 6-19]의 코드를 각각 실행하고 벤치마크를 측정한 결과입니다. GPU를 사용한 쪽의 결과가 더 좋게 나오는 것을 확인했습니다.

```
# [그림 6-19]의 왼쪽 코드의 벤치마크
# 44.207 s (33092 allocations: 16.79 GiB)

# [그림 6-19]의 오른쪽 코드의 벤치마크
# 28.669 s (163377 allocations: 15.87 MiB)
```

Part **7**

시각화(1) -
그래프와 레이아웃

이 파트에서는 데이터 시각화를 위한 패키지인 Plots.jl의 기본기에 대해 다룹니다. Plots.jl은 가장 기초적인 시각화 패키지이지만, 이것만 잘 활용해도 충분히 고품질의 그림을 그릴 수 있습니다.

그래프를 사용자가 원하는 대로 꾸미는 건 그래프는 그리는 것보다 중요합니다. 여백이나 눈금을 조절하는 방법, 그림을 원하는 대로 배치하는 방법 등 혼자서는 알기 어렵지만 실전에서 유용하게 쓸 수 있는 정보를 최대한 많이 담았습니다. 한 번만 훑어보지 말고, 곁에 두고 일종의 레시피북처럼 필요할 때마다 찾아보기 바랍니다.

시각화를 위한 가장 기본적인 함수는 plot입니다. plot은 새로운 그림을 그리고 이를 현재의 그림으로 지정합니다. plot을 포함하여 뒤에서 소개할 함수들은 기본적으로 데이터를 포지션 인수로 입력받고, 색깔이나 크기 등의 그림 속성을 키워드 인수로 입력받습니다. plot(x, y)는 x축의 값이 x이고 y축의 값이 y인 데이터의 그래프가 그려진 Plot 타입의 객체를 반환합니다.

다음은 함수 $y = f(x)$의 그래프를 그리는 코드입니다.

```
using Plots

x = LinRange(0, 2π, 100)
y = sin.(x)

p = plot(x, y)     # [그림 7-1]
```

x의 각 성분을 사인 함수에 대입시키려면, 앞에서 배운 브로드캐스트를 써야 합니다.

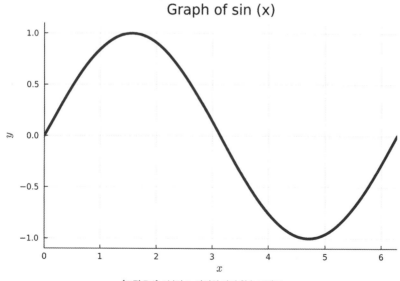

[그림 7-1] 0부터 2π까지의 사인 함수 그래프

그래프 위에 또 다른 그래프를 그리려면 plot!를 사용합니다. 앞서 그린 사인 함수의 그래프에 겹쳐서 코사인 함수의 그래프를 그려보겠습니다.

```
# [그림 7-2]
y2 = cos.(x)
plot!(x, y2)     # 현재 플롯이 p이므로 plot!(p, x, y2)도 같은 결과를 반환함
```

plot!는 현재의 그림 위에 겹쳐서 그림을 그립니다. 느낌표를 붙이지 않으면 이전의 그림은 지워지고 다시 새로운 그림을 그리게 됩니다. plot!(p, x, y)는 플롯 p 위에 데이터 x, y의 그래프를 그립니다.

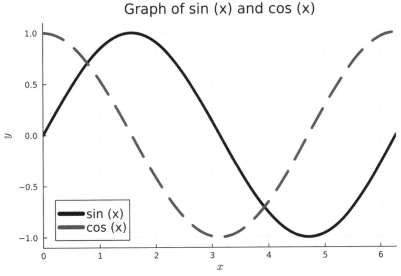

[그림 7-2] 사인 그래프 위에 겹쳐서 그려진 코사인 그래프

그런데 앞선 코드 p = plot(x, y)에서 알 수 있듯이 그림 또한 하나의 객체이며 변수에 할당할 수 있습니다. 플롯 p의 타입을 확인해보면 Plots.Plot이며 구체적으로 백엔드가 GR이라는 정보도 포함하고 있습니다. 백엔드는 plot이 그림을 그리는 스타일을 칭하는 말이라 이해하면 됩니다. 따로 지정하지 않으면 Plots.jl의 백엔드는 GR로 설정되어 있습니다. 여러 가지 백엔드가 있지만 본 책에서는 가장 기본적이고 대중적인 백엔드인 GR만 다루겠습니다.

```
julia> using Plots

julia> gr()
Plots.GRBackend()

julia> p = plot()

julia> typeof(p)
Plots.Plot{Plots.GRBackend}
```

앞에서 배운 대로 plot!를 반복 사용하면 여러 그래프를 하나의 그림에 겹쳐서 그릴 수 있습니다만, 여러 그래프를 한 번에 그리는 것도 가능합니다. 벡터를 쌓아 행렬로 만들어 변수로 입력하면, 각 벡터들의 그래프가 그려집니다. 물론 줄리아는 열 우선인 언어이므로 열벡터가 기준입니다.

가령 다음과 같은 두 행렬 X, Y가 있다고 가정해봅시다.

$$X = \begin{bmatrix} | & & | \\ x_1 & \cdots & x_n \\ | & & | \end{bmatrix}, \ Y = \begin{bmatrix} | & & | \\ f_1(x_1) & \cdots & f_n(x_n) \\ | & & | \end{bmatrix}$$

plot(X, Y)는 n개의 그래프 $f_i(x_i)$ $(i = 1, \ldots, n)$을 그리므로 사인, 코사인, 아크사인 함수의 그래프를 출력하는 코드는 다음과 같습니다.

```
x₁ = LinRange(-π/2, 2π, 100)
x₂ = LinRange(-0.99, 0.99, 100)

X = [x₁;; x₁;; x₂]
Y = [sin.(x₁);; cos.(x₁);; asin.(x₂)]

plot(X, Y, ls=[:dash :dot :solid])     # [그림 7-3]
```

plot의 인수로 키워드 linestyle을 추가하면 선 스타일을 지정할 수 있습니다. 이때, 입력 가능한 심볼은 :solid, :dash, :dot, :dashdot, :dashdotdot 이렇게 다섯 개입니다.

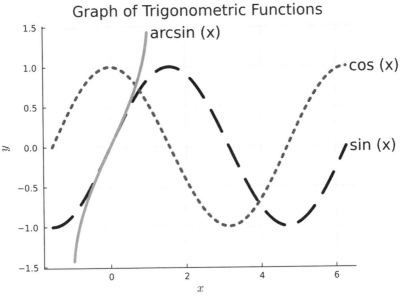

[그림 7-3] 하나의 플롯 위 사인, 코사인, 아크사인 그래프

선분을 그리는 방법은 선분의 양 끝점의 좌표를 plot의 인수로 입력하는 것입니다. plot([x_1, x_2], [y_1, y_2])는 두 점 [x_1, y_1], [x_2, y_2]를 잇는 선분이 그려진 플롯을 반환합니다. 화살표를 그리기 위해서는 선분을 그리는 코드에 arrow 키워드를 추가합니다.

```
plot([1, 2], [1, 4])
plot!([4, 6], [3, 1], arrow = :both)
plot!([5, 7], [3, 1], arrow = :head)
plot!([6, 8], [3, 1], arrow = :tail)      # [그림 7-4]
```

arrow에 입력 가능한 심볼은 :both, :head, :tail이며 심볼에 따라 화살표가 그려지는 방향이 정해집니다.

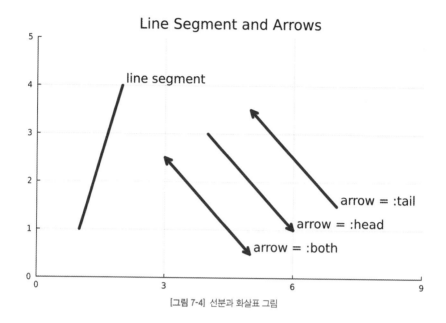

[그림 7-4] 선분과 화살표 그림

7.2 꾸미기

이 챕터에서는 범례, 제목, 축과 눈금, 채색, 배경 등의 요소로 플롯을 꾸미거나 커스텀하는 방법에 대해서 설명합니다. 최대한 여러 가지 기능을 자세하게 설명하고는 있으나 Plots.jl이 제공하는 것은 훨씬 더 많습니다. 여기에서 다루지 않았거나 더욱 심화적인 내용이 궁금하다면 공식 문서[27]의 Manual 탭의 Attributes, Series Attributes, Plot Attributes, Axis Attributes를 참고하는 것이 좋습니다. 특히 웬만한 키워드는 약어가 같이 제공되므로 확인해두면 도움이 됩니다.

7.2.1 범례

함수 plot으로 데이터의 그래프를 그릴 때 이름을 입력하지 않으면 y1부터 순서대로 지정됩니다. 그래프의 이름을 무명無名으로 두려면 label 키워드에 빈 문자열을 입력하면 됩니다. 이름을 지정하지 않는 것과 이름이 없다고 설정하는 것은 서로 다르니 주의해야 합니다. label 키워드를 따로 입력하지 않는 것은 그래프의 이름이 없다는 뜻이 아니라 이름을 알아서 지어달라는 주문과 같습니다. label 키워드에 빈 문자열을 입력하는 것은 이 그래프는 이름이 없다는 것을 알려주는 것입니다. 빈 문자열을 입력하면 그래프의 이름이 없기 때문에 범례 자체도 만들어지지 않습니다.

```
p₁ = plot(x, sin.(x))
plot!(x, cos.(x))

p₂ = plot(x, sin.(x), label = "")
plot!(x, cos.(x), label = "")

p₃ = plot(x, sin.(x), label = "sin x")
plot!(x, cos.(x), label = "cos x")

plot(p₁, p₂, p₃)      # [그림 7-5]
```

---

27 Plots.jl 공식 문서, docs.juliaplots.org/stable

첫 번째 플롯 p_1은 그래프의 이름을 지정하지 않았을 때의 결과입니다. 순서대로 기본값인 y1, y2가 지정되었습니다. 두 번째 플롯 p_2는 그래프의 이름을 빈 문자열로 지정했을 때의 결과입니다. 그래프의 이름이 없기 때문에 범례 자체가 출력되지 않았습니다. 세 번째 플롯 p_3은 그래프의 이름을 직접 지정했을 때의 결과입니다.

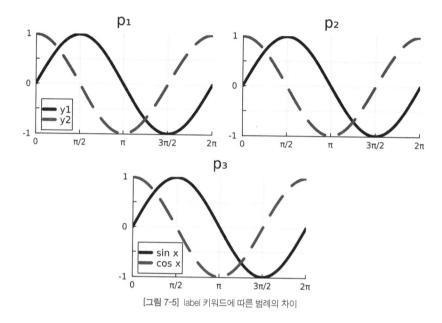

[그림 7-5] label 키워드에 따른 범례의 차이

범례의 위치는 기본적으로 우상단입니다. 하지만 범례가 우상단에 위치하기 곤란한 경우, 예를 들어 그 자리에 그래프가 그려져야 한다면 알아서 빈자리를 찾아 범례를 출력합니다.

다음 사인 그래프와 코사인 그래프를 그려보겠습니다.

```
x = 0.0 : 0.01 : 2π
plot( plot(x, sin.(x), label = "sin x"), plot(x, cos.(x), label = "cos x") )
# [그림 7-6]
```

사인 그래프의 경우 왼쪽 플롯과 같이 우상단에 범례가 출력되지만, 코사인의 경우 그래프가
우상단에도 그려지기 때문에 빈자리인 우하단에 범례가 위치합니다.

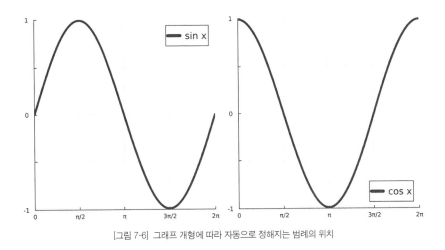

[그림 7-6] 그래프 개형에 따라 자동으로 정해지는 범례의 위치

범례의 위치를 직접 지정하는 방법은 legend 키워드를 입력하는 것입니다. 아홉 가지 심
볼 :topleft, :top, :topright, :left, :inside, :right, :bottomleft, :bottom, :bottom
right로 플롯 내부에서의 범례 위치를 지정할 수 있습니다. 범례를 그리지 않으려면 심볼
:none을 입력하면 되고, 범례의 제목을 지정하려면 legend_title 키워드에 문자열을 입력
하면 됩니다.

```
x = 0.0 : 0.01 : 2π
plot([sin.(x), cos.(x)], legend = :topleft, legend_title = "topleft")
# [그림 7-7]
```

한 플롯에 여러 범례를 동시에 그리는 것은 불가능하나 효율적인 시각화를 위해 아홉 개의 결
과를 모두 한 플롯에 모았습니다.

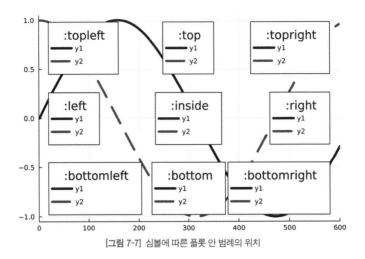

[그림 7-7] 심볼에 따른 플롯 안 범례의 위치

범례를 플롯 바깥에 위치시키는 심볼은 총 여덟 개로, 기본 심볼 아홉 개에서 :inside를 제외한 것들의 이름 앞에 outer만 붙여주면 됩니다.

```
x = 0.0 : 0.01 : 2π
plot([sin.(x), cos.(x)], legend = :outertopleft, leg_title = "outer-
topleft")    # [그림 7-8]
```

다음과 같이 미리 지정된 위치가 아니라 임의의 위치에 범례를 배치하고 싶다면 legend 키워드에 좌표의 튜플을 입력하면 됩니다.

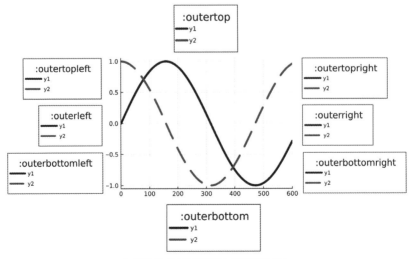

[그림 7-8] 심볼에 따른 플롯 바깥 범례의 위치

가령 legend = (0.3, 0.7)과 같이 입력하면 왼쪽에서부터 가로 전체 길이 비율의 30%, 아래쪽에서부터 세로 전체 길이 비율의 70%가 되는 곳에 범례가 위치합니다. 또한 심볼 :inline을 입력하면 각 그래프의 선 끝에 이름이 배치됩니다.

```
x = 0.0 : 0.01 : 2π
p₁ = plot([sin.(x), cos.(x)], legend = (0.3, 0.7))
p₂ = plot([sin.(x), cos.(x)], legend = :inline)

plot(p₁, p₂)    # [그림 7-9]
```

왼쪽의 플롯은 키워드를 legend = (0.3, 0.7)로 입력하여 플롯의 가로, 세로 길이를 1이라고 뒀을 때 왼쪽에서부터 0.3, 아래쪽에서부터 0.7인 곳에 범례가 위치합니다. 오른쪽의 플롯은 심볼 :inline을 입력하여 각 그래프의 선 끝에 그래프의 이름이 위치합니다. 선이 많아서 색으로 구분하기 어렵거나, 그래프의 마지막 값이 중요할 때 특히 유용합니다.

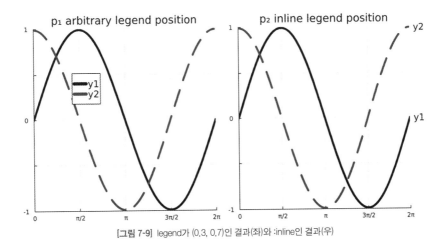

[그림 7-9] legend가 (0.3, 0.7)인 결과(좌)와 :inline인 결과(우)

범례의 그래프 이름 목록은 기본적으로 세로로 정렬됩니다. 키워드를 legend_column = -1 로 입력하면 그래프 이름을 가로로 정렬시킬 수 있습니다.

```
p₁ = plot(rand(20, 4), title = "default: vertical alignment")
p₂ = plot(rand(20, 4), legend_column = -1, title = "horizonral alignment")

plot(p₁, p₂)    # [그림 7-10]
```

다음은 왼쪽의 플롯은 기본 설정대로 범례의 내용이 세로로 정렬된 모습입니다. 오른쪽의 플롯은 키워드를 legend_columns = -1로 입력하여 범례의 내용이 가로로 정렬된 모습입니다.

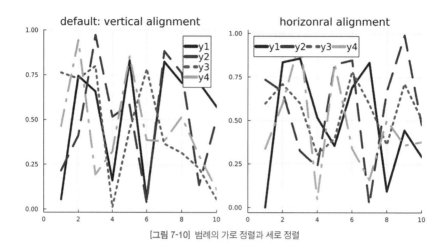

[그림 7-10] 범례의 가로 정렬과 세로 정렬

소개한 것 외에도 폰트, 색깔, 제목의 색깔 등을 지정하는 많은 키워드가 있으니 더 자세한 것은 공식 문서[28]의 Manual-Subplot Attributes 항목에서 확인하세요.

범례에 수식을 쓰고 싶다면 LaTeXString.jl 패키지를 사용하면 됩니다. 이 패키지는 이름 그대로 문자열에 LaTeX을 적용할 수 있게 해줍니다. 단순히 문자열 가장 앞에 LaTeX의 앞 글자인 L을 붙여주기만 하면 됩니다. 만약 문자열의 특정 부분만 수식으로 렌더링하고 싶다면 LaTeX을 사용하는 것처럼 해당 부분을 달러 기호($)로 둘러싸면 됩니다.

```julia
using Plots
using LaTeXStrings

x = 0.0 : 0.01 : 2π
X = repeat(x, 1, 4)

LaTeX_label = [L"\sin \ x" L"\cos \ x" L"\operatorname{sinc}\ x" L"e^{-x}"]
string_label = ["sin x" "cos x" "sinc x" "e^{-x}"]

p₁ = plot(X, [sin.(x), cos.(x), sinc.(x), exp.(-x)], label = string_label,
title = "string label", legend_font_pointsize =14)
```

---

28 Plots.jl 공식 문서 중「서브 플롯 속성」, docs.juliaplots.org/stable/generated/attributes_subplot

```
p₂ = plot(X, [sin.(x), cos.(x), sinc.(x), exp.(-x)], label = LaTeX_label,
title = "LaTeX label", legend_font_pointsize =14)

plot(p₁, p₂)     # [그림 7-11]
```

왼쪽의 플롯 p₁은 그래프 이름을 단순히 문자열로 입력했고, 오른쪽의 플롯 p₂에서는 그래프
의 이름을 LaTeX 수식으로 입력하였습니다.

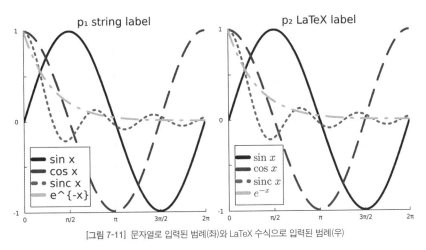

[그림 7-11] 문자열로 입력된 범례(좌)와 LaTeX 수식으로 입력된 범례(우)

7.2.2 제목

플롯의 제목은 title 키워드를 통해 지정할 수 있습니다. 문자열을 입력하면 해당 문자열이
플롯의 상단 중앙에 출력됩니다. 키워드 titlefontcolor로 색깔, titlefontsize로는 크기
를 지정할 수 있습니다.

```
x = 0.0 : 0.01 : 2π

p₁ = plot([sin.(x), cos.(x), exp.(-x)], label = ["sin x" "cos x" "ex-
p(-x)"], title = "Trigonometric Functions")
p₂ = plot(p₁, titlefontcolor = :gray)     #default: black
p₃ = plot(p₁, titlefontsize = 28)         #default: 14

plot(p₁, p₂, p₃, layout = @layout [p₁ p₂; _ p₃{0.5w} _])     # [그림 7-12]
```

다음 첫 번째 플롯에는 제목이 기본 설정으로 출력되었습니다. 두 번째 플롯에는 titlefont color 키워드로 제목의 색깔을 바꿨습니다. 세 번째 플롯에서는 titlefontsize 키워드로 제목의 크기를 바꿨습니다.

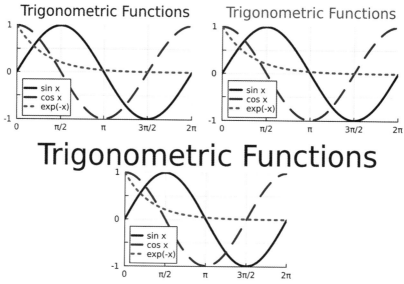

[그림 7-12] 기본 설정 제목(좌상단), 회색으로 바뀐 제목(우상단), 크기를 키운 제목(하단)

플롯의 제목은 기본적으로 상단의 중앙에 위치합니다. titlelocation 키워드로 좌상단 혹은 우상단으로 제목을 정렬시킬 수 있습니다.

```
x = 0.0 : 0.01 : 2π

p₁ = plot([sin.(x), cos.(x), sinc.(-x)],          # 기본값 :center
          label = ["sin x" "cos x" "sinc(x)"],
          title = "Trigonometric Functions")
p₂ = plot(p₁, titlelocation = :left)              # 왼쪽 정렬 :left
p₃ = plot(p₁, titlelocation = :right)             # 오른쪽 정렬 :right

plot(p₁, p₂, p₃, layout = (3,1))     # [그림 7-13]
```

심볼 :left를 입력할 시 제목이 좌상단, 심볼 :right를 입력할 시 제목이 우상단에 위치합니다.

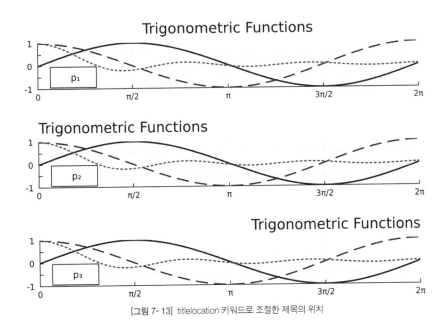

[그림 7- 13] titlelocation 키워드로 조절한 제목의 위치

축 범위

기본적으로 plot은 입력받은 데이터의 x축 좌표와 y축 좌표의 최댓값과 최솟값에 맞춰서 그
래프를 그립니다. x축과 y축의 범위를 직접 지정할 때는 키워드 xlims와 ylims를 사용합니
다. plot은 입력된 데이터의 범위에 관계없이 키워드로 지정한 범위 내의 결과만을 보여줍니
다. 3차원 플롯을 그린다면 zlims 키워드로 z축의 범위를 제한할 수 있습니다.

x를 $-\pi/2$에서부터 2π까지의 레인지로 정의합니다. 이때 $\tan\left(-\frac{\pi}{2}\right)$에서 값이 발산하므로 적당
히 작은 값 0.01을 더합니다.

```
x = -π/2+0.01 : 0.01 : 2π

p₁ = plot(x, sin.(x), label = "sin x")
p₂ = plot(p₁, x, cos.(x), label = "cos x")
p₃ = plot(p₂, x, tan.(x), label = "tan x", xlims = (-π/2, π/2), ylims = (-1, 1))

plot(p₁, p₂, p₃, layout = @layout [[p₁; p₂] p₃])     # [그림 7-14]
```

다음 그림에서 왼쪽의 두 플롯을 보면 $\sin x$와 $\cos x$는 기본 설정대로 $\left[-\frac{\pi}{2}, 2\pi\right] \times [-1, 1]$의 범위 내에서 그려집니다. 오른쪽 플롯에서는 $\tan x$의 그래프를 같이 그리기 위해서 x축의 범위를 $\left[-\frac{\pi}{2}, \frac{\pi}{2}\right]$로 제한하였습니다. 또한 이 범위 내에서 $\tan x$의 함숫값은 다른 두 함수에 비해 너무 크므로 ylims 키워드로 이를 제한했습니다.

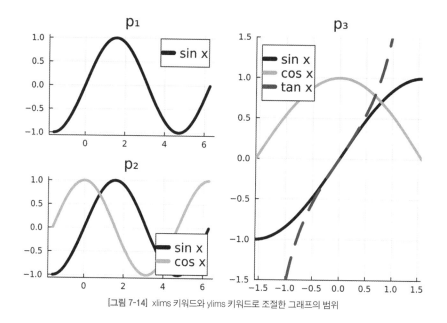

[그림 7-14] xlims 키워드와 ylims 키워드로 조절한 그래프의 범위

7.2.4 수평선과 수직선

그림을 그릴 때 시각적 보조를 위해 수직선과 수평선을 그려야 할 일이 있습니다. 함수 vline!와 hline!는 각각 현재 플롯에 수직선, 수평선을 추가합니다. 주의해야 할 점은 입력이 벡터여야 한다는 것입니다. 가령 x좌표가 1인 곳에 수직선을 그리고 싶다면 vline!(1)이 아니라 vline!([1])과 같이 입력해야 합니다. 좌표를 하나만 입력하더라도 반드시 벡터여야 합니다. 또한 이렇게 추가된 수직선과 수평선도 하나의 그래프로 여겨지기 때문에 범례에 이름이 추가됩니다. 이것을 원하지 않는다면 키워드 인수에 label = ""를 추가하여 이름이 없음을 명시해주어야 합니다.

```
x = 0.0 : 0.01 : 2π
```

```
p₁ = plot(x, sin.(x))
vline!([π/2, π, 3π/2])

p₂ = plot(x, cos.(x))
vline!([π/2, π, 3π/2], label = "")

plot(p₁, p₂, size = (800, 300))      # [그림 7-15]
```

다음 그림에서 왼쪽의 플롯 p₁에서는 수직선의 이름을 정해주지 않아서 기본값인 y2로 지정되었습니다. 오른쪽의 플롯 p₂에서는 수직선의 이름을 빈 문자열로 지정해주어 범례에 표시되지 않았습니다.

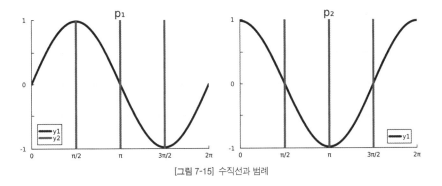

[그림 7-15] 수직선과 범례

수직선, 수평선의 속성을 지정하는 키워드는 선 그래프와 공유됩니다.

```
# [그림 7-16]
p₁ = plot(xlims = (0, 6))
for i ∈ 1:5
    vline!([i], linewidth = 2*i)
end
display(p₁)

# [그림 7-17]
p₂ = plot(ylims = (0, 6))
linestyle = [:solid :dash :dot :dashdot :dashdotdot]
for i ∈ 1:5
    hline!([6-i], linestyle = linestyle[i])
end
display(p₂)
```

선의 두께를 결정할 때는 linewidth(=lw)를 사용할 수 있습니다.

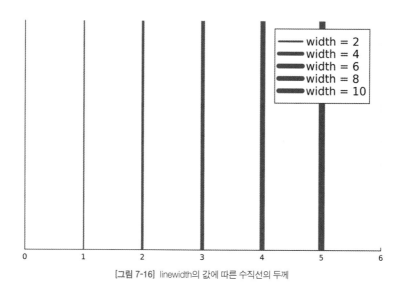

[그림 7-16] linewidth의 값에 따른 수직선의 두께

선의 스타일은 linestyle(=ls)로 지정할 수 있습니다.

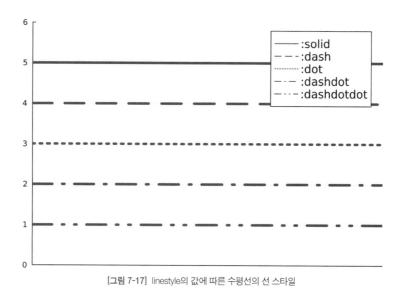

[그림 7-17] linestyle의 값에 따른 수평선의 선 스타일

7.2.5 면적 채색하기

플롯 내의 특정 영역을 색칠하는 것과 관련된 키워드는 fill로 시작합니다. 범위, 투명도, 색깔, 스타일을 지정할 수 있습니다.

키워드 인수	기능	키워드 인수	기능
fillrange	채색 범위 지정	fillcolor	색깔 지정
fillalpha	투명도 지정	fillstyle	채색 스타일 지정

plot의 키워드 인수로 fillrange = a를 입력하면 플롯된 그래프에서부터 값 a까지가 채색됩니다.

```
p₁ = plot(rand(10), fillrange = 0.5, fillalpha = 0.3, fillcolor = :lime)
# 위 코드는 p₁ = plot(rand(10), fill = (0.5, 0.3, :lime))과 동일함

p₂ = plot(rand(10), fillrange = 1.5, fillalpha = 0.3)

plot(p₁, p₂)     # [그림 7-18]
```

키워드 인수로 fill = (fillrange, fillalpha, fillcolor)와 같이 입력해도 됩니다. 다만 주의해야 할 점은 fill에서 첫 번째, 두 번째 인수의 값에 따라 채색이 제대로 되지 않는 버그가 있다는 것입니다.

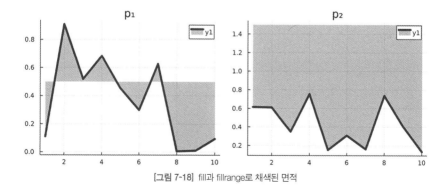

[그림 7-18] fill과 fillrange로 채색된 면적

채색 스타일은 여섯 가지가 있으며 각각을 나타내는 심볼은 :/, :\, :|, :-, :+, :x입니다. fillstyle 키워드에 입력하면 심볼과 같은 패턴으로 면적이 칠해집니다.

```
# [그림 7-19]
plot(legend_column = -1)
plot!(0:1, ones(2), fillrange=0, fillstyle=:/, label=":/")
plot!(1:2, ones(2), fillrange=0, fillstyle=:\, label=":\\")
plot!(2:3, ones(2), fillrange=0, fillstyle=:|, label=":|")
plot!(3:4, ones(2), fillrange=0, fillstyle=:-, label=":-")
plot!(4:5, ones(2), fillrange=0, fillstyle=:+, label=":+")
plot!(5:6, ones(2), fillrange=0, fillstyle=:x, label=":x")
```

문자열 내의 백슬래시가 범례에 출력되지 않는 이슈가 있습니다. 다음 그림에서의 범례는 임의로 그려넣은 것입니다.

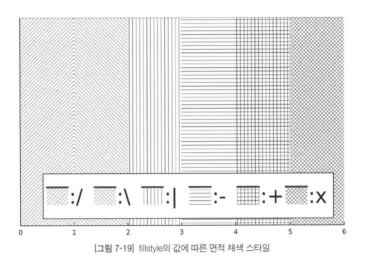

[그림 7-19] fillstyle의 값에 따른 면적 채색 스타일

두 직선 사이 채색하기

`fillrange` 키워드에는 벡터를 인수로 입력할 수도 있습니다.

```
random_walk = cumsum(rand(-1:1, 100))
p₁ = plot(random_walk, fill=(random_walk .- 5, 0.99, :black), fillstyle = :\)
plot!(random_walk .- 5)

x = 0.0 : 0.01 : 1
p₂ = plot(x, x, fillrange = x.^2, fillcolor = :black, fillstyle = :+)
```

```
plot!(x, x.^2)
plot(p₁, p₂)      # [그림 7-20]
```

그러면 플롯한 그래프에서부터 fillrange에 입력된 벡터 사이의 영역이 채색됩니다. 이렇게 보면 fillrange에 숫자를 하나 입력한 것은 상수 함수의 그래프를 입력한 것과 같다는 것을 알 수 있습니다.

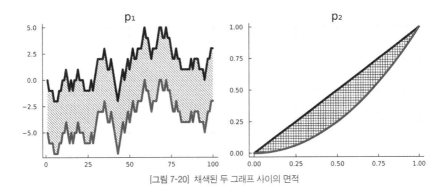

[그림 7-20] 채색된 두 그래프 사이의 면적

폐곡선 내부 채색하기

폐곡선을 그리고 fillrange 키워드를 입력하면 내부가 채색됩니다. 이때 값은 무엇이라도 관계없습니다. 예시 몇 가지를 소개합니다.

```
θ₁ = LinRange(0, 2π, 100)
p₁ = plot(cos.(θ₁), sin.(θ₁), fillrange = 0, fillcolor = :black, fillstyle = :\)

θ₂ = LinRange(0, 1.5π, 100)
p₂ = plot(cos.(θ₂), sin.(θ₂), fillrange = -1, fillcolor = :black, fillstyle = :\)

θ₃ = LinRange(0, 1.5π, 100)
p₃ = plot(cos.(θ₃), sin.(θ₃), fillrange = 0, fillcolor = :black, fillstyle = :\)

θ₄ = LinRange(0, 2.5π, 100)
p₄ = plot(cos.(θ₄), sin.(θ₄), fillrange = -2, fillcolor = :black, fillstyle = :\)

θ₅ = LinRange(0, π, 100)
```

```
p₅ = plot(cos.(θ₅), sin.(θ₅), fillrange = -2, fillcolor = :black, fillstyle = :\)

θ₆ = LinRange(0, π, 100)
p₆ = plot(cos.(θ₆), sin.(θ₆), fillrange = 2, fillcolor = :black, fillstyle = :\)

plot(p₁, p₂, p₃, p₄, p₅, p₆)     # [그림 7-21]
```

만약 시작점과 끝점이 같지 않다면(폐곡선이 아니라면) `fillrange`의 값에 따라서 결과가 확연히 달라집니다. 이를 응용하여 다양한 그림을 그릴 수 있습니다.

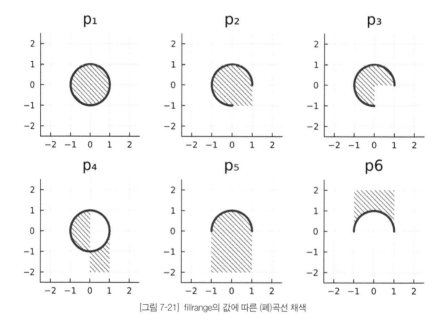

[그림 7-21] fillrange의 값에 따른 (폐)곡선 채색

7.2.6 축과 눈금

이제 그래프의 축과 눈금을 조절하는 법에 대해서 알아보겠습니다. 위치, 값, 색깔 등 기본적인 속성을 제어하는 방법과 두 개의 축을 동시에 그리는 법까지 다룹니다.

┃축과 눈금 그리기

x축의 눈금을 원하는 대로 지정하고 싶으면 xticks 키워드를 사용하면 됩니다. 가령 사인 함수를 그릴 때 x축의 눈금이 정수인 것보다는 π의 배수인 것이 보기 좋겠죠? 이럴 땐 키워드를 xticks = [0, π/2, π, 3π/2, 2π]라고 입력하면 됩니다.

```
x = 0.0 : 0.01 : 2π

p₁ = plot(x, sin.(x))
p₂ = plot(x, sin.(x), xticks = [0, π/2, π, 3π/2, 2π])
p₃ = plot(x, sin.(x), xticks = ([0, π/2, π, 3π/2, 2π], ["0", "π/2", "π",
"3π/2", "2π"]), title = "p₃: with xtick locations and labels")

plot(p₁, p₂, p₃, layout = (3, 1))    # [그림 7-22]
```

하지만 막상 이렇게 그림을 그려보면 π가 아니라 3.1415927이 표시되는 대참사가 일어납니다. 이럴 땐 xticks = ([눈금 위치], [눈금 이름])과 같이 두 벡터의 튜플로 눈금의 이름도 같이 입력하면 됩니다.

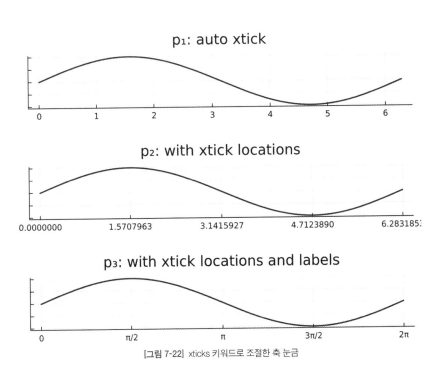

[그림 7-22] xticks 키워드로 조절한 축 눈금

축과 관련된 다른 키워드들도 한 번에 소개하겠습니다. 축의 이름을 지정하는 키워드는 xlabel과 ylabel입니다. 키워드 인수로 minor = true를 입력하면 보조 눈금이 그려집니다. 축 이름의 위치는 guide_position으로 지정할 수 있습니다.

```
x = randn(20)

p₁ = plot(x)
p₂ = plot(x, xlabel = "x-axis", ylabel = "y-axis")              # 축 이름 추가
p₃ = plot(p₂, x_guide_position = :top, y_guide_position = :right)   # 축 이름 위치 지정
p₄ = plot(x, minorticks = true)                                  # 보조 눈금 추가

plot(p₁, p₂, p₃, p₄)
```

결과는 다음과 같습니다.

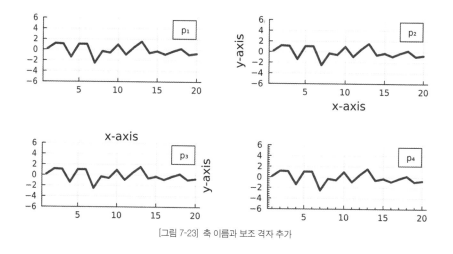

[그림 7-23] 축 이름과 보조 격자 추가

눈금 표시도 다양하게 지정해줄 수 있습니다. 키워드 tick_direction은 눈금의 방향을 결정하며 심볼 :in, :out, :none이 입력 가능합니다. tickfonthalign은 눈금에 표시된 글씨의 수평 방향 정렬 방법을 지정합니다.

```
x = rand(20)

p₁ = plot(x)
p₂ = plot(x, tick_direction = :out)              # 눈금 방향 바깥쪽
p₃ = plot(p₂, xtickfonthalign = :right)          # x축 눈금 글씨 오른쪽 정렬
p₄ = plot(p₂, ytickfontvalign = :bottom)         # y축 눈금 글씨 아래 정렬

plot(p₁, p₂, p₃, p₄)                             # [그림 7-24]
```

결과는 다음과 같습니다.

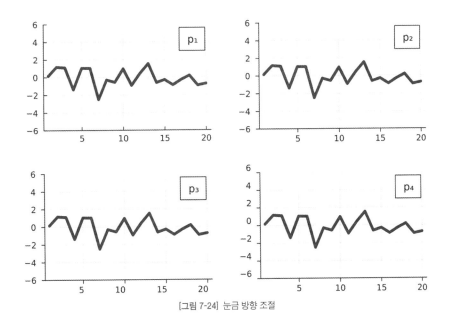

[그림 7-24] 눈금 방향 조절

축 위치를 바꾸는 키워드는 `mirror = true`입니다. 이 키워드를 입력하면 축이 반대편에 그려집니다.

```
x = randn(20)

p₁ = plot(x, xlabel = "x label", ylabel = "y label")
p₂ = plot(p₁, ymirror = true)      # y축 반대로
p₃ = plot(p₁, xmirror = true)      # x축 반대로
p₄ = plot(p₁, mirror = true)       # x축, y축 모두 반대로

plot(p₁, p₂, p₃, p₄)               # [그림 7-25]
```

결과는 다음과 같습니다.

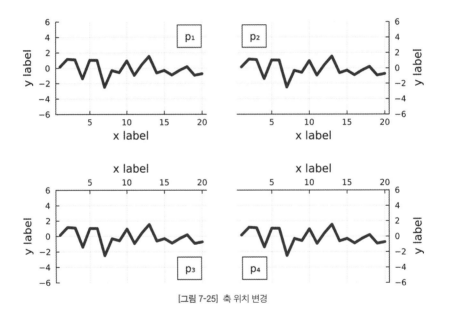

[그림 7-25] 축 위치 변경

x축이 날짜와 같은 형식이라면 눈금 이름이 너무 길어 표시하기 곤란합니다. 이럴 땐 눈금 이름을 회전시키면 알아보기 편합니다. x축 눈금 이름을 회전시키는 키워드는 xrotation이고, 입력의 단위는 도^{degree}입니다.

```
using RDatasets
data = dataset("ggplot2", "economics")

# [그림 7-26]
plot(data.Date, data.Unemploy,
    xticks = (data.Date[1:20:end], data.Date[1:20:end]),
    xrotation = 45)
```

xrotation = 45를 키워드 인수로 사용하였기에 x축 눈금이 45도만큼 기울어 있습니다.

[그림 7-26] 축 눈금의 각도 조절

축과 눈금 색깔

foreground_color로 시작하는 키워드들은 축과 눈금의 색깔을 세부적으로 지정할 수 있게 해줍니다. 앞에 축의 이름과 밑줄 문자를 붙이면 특정한 축에 대해서만 적용됩니다.

키워드 인수	기능	키워드 인수	기능
guidefontcolor	축 이름 색깔 지정	foreground_color_axis	축 눈금 색깔 지정
foreground_color_text	눈금 이름 색깔 지정	foreground_color_border	축 색깔 지정

가령 키워드 인수로 x_foreground_color_axis = :red를 같이 입력하면 x축의 눈금에 대해서만 빨간색이 적용됩니다. foreground는 fg라 줄여 쓸 수 있습니다.

```
x = randn(10)

p = plot(x, xlabel = "x-axis", ylabel = "y-axis")
p₁ = plot(p, x_guidefontcolor = :red, y_guidefontcolor = :green) # 축 이름 색깔
p₂ = plot(p, foreground_color_axis = :red, y_foreground_color_axis = :green)     # 눈금 색깔
p₃ = plot(p, x_foreground_color_text = :red, y_foreground_color_text = :green) # 눈금 이름 색깔
p₄ = plot(p, x_foreground_color_border = :red, y_foreground_color_border = :green)  # 축 색깔

plot(p₁, p₂, p₃, p₄)    # [그림 7-27]
```

QR 코드를 스캔하면 그림 내 각 부분의 색깔이 어떻게 바뀌는지 확인할 수 있습니다.

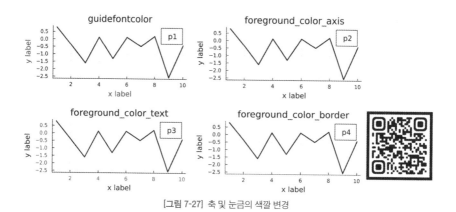

[그림 7-27] 축 및 눈금의 색깔 변경

축 스타일

Plots.jl에서 제공하는 축 스타일은 일곱 가지가 있습니다. 심볼 :axes이 기본값입니다.

```
x = rand(10)
y = rand(10)

# [그림 7-28]
scatter(fill(x, 6), fill(y, 6),
        framestyle=[:box :semi :origin :zerolines :grid :none],
        layout = 6)
```

:axes, :box, :semi, :origin, :zerolines, :grid, :none으로 스타일을 설정할 수 있고 각 결과는 다음과 같습니다.

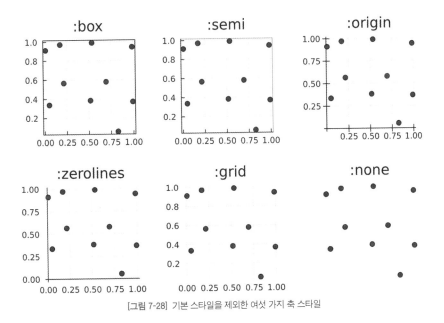

[그림 7-28] 기본 스타일을 제외한 여섯 가지 축 스타일

▌축과 눈금 지우기

어떤 때에는 축이나 눈금을 지우는 것이 필요합니다. 키워드 showaxis를 이용하면 눈금을 표시할 축을 지정할 수 있습니다. :x를 입력하면 x축에 대한 정보만 표시되고, :y를 입력하면 y축에 대한 정보만 표시됩니다. 3차원 플롯에서는 :xy, :yz, :zx와 같은 심볼을 사용할 수 있습니다. false를 입력하면 모든 축에 대한 정보가 표시되지 않습니다.

```
x = rand(20)

p₁ = plot(x, showaxis = :x)        # x축 감추기
p₂ = plot(x, showaxis = :y)        # y축 감추기
p₃ = plot(x, showaxis = false)     # x축과 y축 감추기

plot(p₁, p₂, p₃)      # [그림 7-29]
```

결과는 다음과 같습니다.

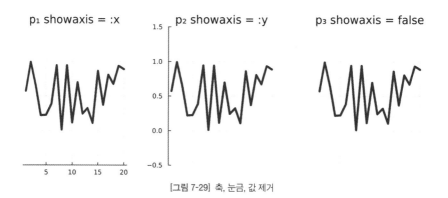

[그림 7-29] 축, 눈금, 값 제거

축은 그대로 둔 채 눈금과 값만 지우고 싶다면 ticks 키워드를 이용합니다. ticks = false 는 눈금과 눈금의 값을 모두 표시하지 않도록 합니다. 물론 xticks = false, yticks = false와 같이 따로 사용하는 것도 가능합니다.

```
# [그림 7-30]
plot(plot(rand(15)),
     plot(rand(15), xticks = false),      # x축 눈금 지우기
     plot(rand(15), yticks = false),      # y축 눈금 지우기
     plot(rand(15), ticks = false))       # x축과 y축 눈금 지우기
```

결과는 다음과 같습니다.

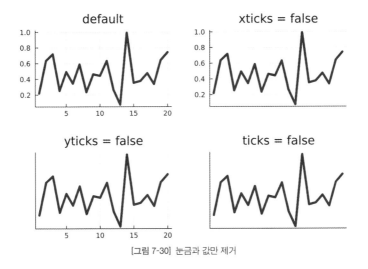

[그림 7-30] 눈금과 값만 제거

좀 더 세부적인 기능을 다음과 같이 정리합니다.

- 눈금만 지우고 싶다면 앞에서 설명했던 키워드 인수로 framestyle = :zerolines를 입력하거나, foreground_color_axis = false를 입력합니다.
- 축만 지우려면 키워드로 foreground_color_border = false를 입력합니다.
- 축과 눈금을 같이 지우려면 키워드 인수로 framestyle = :grid를 입력합니다.
- 눈금의 값(이름)만을 지우려면 키워드 인수로 formatter = (_...) -> " "를 입력하거나, foreground_color_text = false를 입력합니다. (_...) -> " "는 아무것도 받지 않고 아무것 도 반환하지 않는 익명 함수입니다.

축 공유하기

스케일이 다른 두 데이터를 하나의 플롯에 같이 그려야 하는 경우가 있습니다. 이럴 때는 twiny()와 twinx()를 첫 번째 인수로 입력하면 됩니다. 두 데이터가 x축을 공유하고 y축의 스케일이 다를 땐 twinx(), 반대의 경우는 twiny()를 입력하면 됩니다.

```
x = 0:0.01:10
y1 = exp.(-x) + 0.015randn(length(x))
y2 = 15 .- x + 0.3randn(length(x))

# [그림 7-31]
plot(x, y1, legend = :bottomleft)
plot!(twinx(), x, y2)
```

결과는 다음과 같습니다.

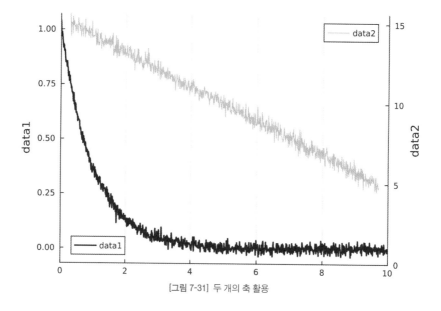

[그림 7-31] 두 개의 축 활용

축 스케일 바꾸기

축 스케일을 바꾸는 키워드는 scale입니다. 여섯 가지 심볼 :identity, :ln, :log2, :log10, :asinh, :sqrt를 입력할 수 있습니다.

```
x = 1:0.01:10
y = exp.(x)

p₁ = plot(x, y)
p₂ = plot(x, y, yscale = :log10)      # 로그 스케일

plot(p₁, p₂)      # [그림 7-32]
```

결과는 다음과 같습니다.

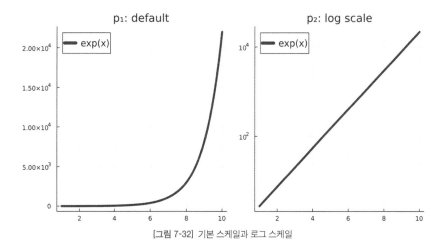

[그림 7-32] 기본 스케일과 로그 스케일

격자

플롯의 뒷배경에는 기본적으로 아주 연한 회색의 격자grid가 그려집니다. 격자와 관련된 키워드는 grid로 시작하며, 공식 문서의 Manual-Axis Attributes[29]에서 찾아볼 수 있습니다. 키워드 grid는 축 이름을 심볼로 입력받으면 해당 축에 대해서만 격자를 그립니다. 가령 grid = :x와 같이 입력하면 축 눈금을 보조하는 격자만 표시됩니다. x축 방향과 같은 격자를 표시하는 게 아님에 주의해야 합니다.

```julia
x = rand(20)

# [그림 7-33]
plot(plot(x),
    plot(x, grid = :x),       # x축을 보조하는 격자만 표시
    plot(x, grid = :y),       # y축을 보조하는 격자만 표시
    plot(x, grid = false))    # 모든 격자를 지움
```

다음은 gridalpha의 값을 1로 입력한 그래프입니다. 실제로 격자는 매우 연하게 그려지지만 명확한 비교를 위해 조정했습니다.

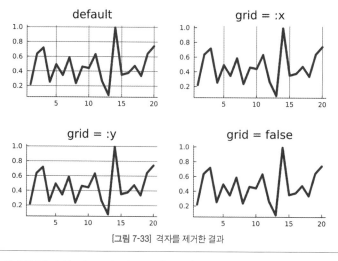

[그림 7-33] 격자를 제거한 결과

---

29 Plots.jl 공식 문서 중 「축 속성」, docs.juliaplots.org/stable/generated/attributes_axis

minorgrid로 시작하는 키워드들은 보조 격자에 관련된 인수입니다. minorgrid 키워드의 기본값은 false이며, true를 입력하면 보조 격자가 그려집니다.

```
x = rand(20)

p₁ = plot(x)
p₂ = plot(x, minorgrid = true, minorgridstyle = :dash)    # 보조 격자 추가

plot(p₁, p₂)    # [그림 7-34]
```

다음 그림의 왼쪽의 플롯은 gridlinewidth 키워드를 4로 입력하여 격자를 굵게 표시한 결과입니다. 기본 투명도는 0.1로 낮게 설정되어 있으나 격자가 눈에 잘 띄게 하기 위해 1로 표시하였습니다. 오른쪽의 플롯은 왼쪽의 플롯에서 minorgrid = true 키워드를 입력하여 보조 격자를 추가한 것입니다.

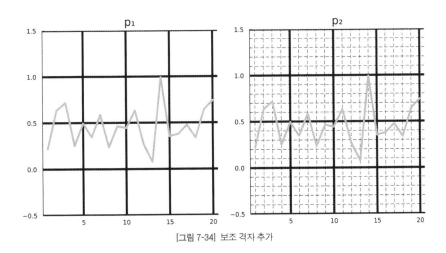

[그림 7-34] 보조 격자 추가

격자에 관한 키워드를 다음의 표와 같이 정리합니다.

키워드 인수	기능
grid	표시할 격자를 지정함. 기본값은 true
minorgrid	표시할 보조 격자를 지정함. 기본값은 false
gridalpha	격자의 투명도를 조절함. 기본값은 0.1
minorgridalpha	보조 격자의 투명도를 조절함. 기본값은 0.05
gridlinewidth	격자의 두께를 조절함. 기본값은 0.5
minorgridlinewidth	보조 격자의 두께를 조절함. 기본값은 0.5
gridstyle	격자의 스타일을 지정함. 기본값은 :solid이며, 가능한 값들은 :auto, :dash, :dot, :dashdot, :dashdotdot
minorgridstyle	보조 격자의 스타일을 지정함. 기본값은 :solid이며, 가능한 값들은 :auto, :dash, :dot, :dashdot, :dashdotdot

배경

배경의 색깔과 관련된 키워드는 background_color로 시작합니다. 키워드 이름이 길기 때문에 약어를 사용하면 편리합니다. background_color의 약어는 bg입니다.

키워드	약어
background_color	bg
background_color_inside	bg_inside
background_color_outside	bg_outside
background_color_subplot	bg_subplot

bg는 플롯 전체 배경의 색깔을 지정합니다. bg_inside는 그래프가 그려지는 영역에 해당하는 색깔을 지정합니다. 정확히 그래프가 그려지는 곳만이 해당하므로 범례의 바탕색에는 영향을 끼치지 않습니다. bg_subplot이 영향을 끼치는 영역은 bg_inside에 해당하는 영역과 범례의 바탕까지 포함합니다. bg_outside가 칠하는 영역은 전체 플롯의 배경에서 bg_subplot에 해당하는 영역을 제외한 곳입니다.

```julia
p₁ = plot(rand(10))                      # [그림 7-35]
p₂ = plot(rand(10), bg = :gray)          # [그림 7-36]
plot(p₁, p₂)                             # [그림 7-37]
plot(p₂, p₁)                             # [그림 7-38]

# [그림 7-39]
p₃ = plot(p₁, bg_subplot = :gray)
plot(p₁, p₃)
```

결과는 다음과 같습니다.

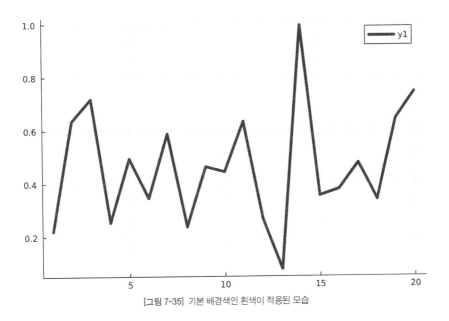

[그림 7-35] 기본 배경색인 흰색이 적용된 모습

여러 개의 서브 플롯을 그리는 경우에는 첫 번째 플롯의 bg와 bg_outside의 입력이 전체에 적용된다는 것을 주의해야 합니다. 따라서 특정한 몇 개의 서브 플롯 배경색을 바꾸고 싶다면 bg_inside나 bg_subplot으로 지정해야 합니다.

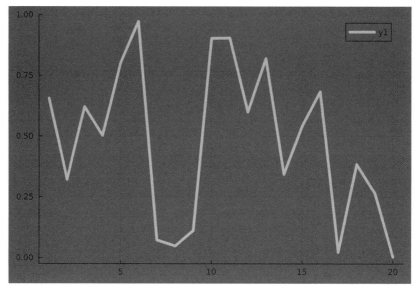

[그림 7-36] 키워드 인수 bg = :gray로 배경에 회색을 적용한 모습

다음 그림은 [그림 7-35]와 [그림 7-36]을 함께 그린 그림입니다. 첫 번째 플롯인 [그림 7-35]의 배경색이 흰색이라 모든 서브 플롯의 배경이 흰색으로 적용되었습니다.

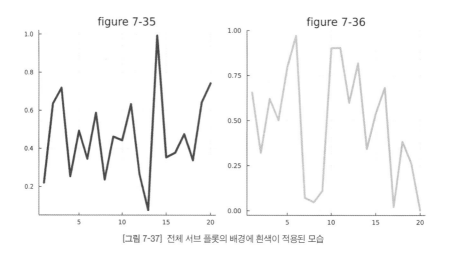

[그림 7-37] 전체 서브 플롯의 배경에 흰색이 적용된 모습

다음은 [그림 7-36]과 [그림 7-35]를 함께 그린 그림입니다. 첫 번째 플롯인 [그림 7-36]의 배경색이 회색이라 모든 서브 플롯의 배경이 회색으로 적용되었습니다.

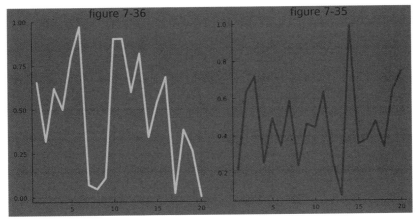

[그림 7-38] 전체 서브 플롯의 배경에 회색을 적용한 모습

다음은 [그림 7-35]와 키워드로 bg_subplot = :gray를 입력한 플롯을 함께 그린 것입니다. [그림 7-37]과 [그림 7-38]의 경우와 다르게 두 서브 플롯의 배경색이 각각 지정되었습니다.

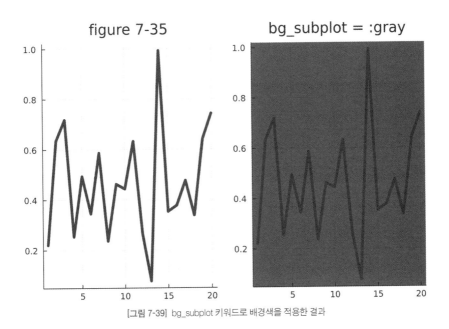

[그림 7-39] bg_subplot 키워드로 배경색을 적용한 결과

▌여백

margin 키워드로 플롯의 여백을 조절할 수 있습니다. 단위는 mm^{밀리미터}와 px^{픽셀}이 사용됩니다. 각각 Plots.mm과 Plots.px로 사용할 수 있습니다. 1px은 0.254mm와 같습니다.

```
julia> Plots.px
0.254mm
```

키워드에 입력하는 방법은 숫자Plots.mm과 같이 숫자와 곱하거나 (숫자, :px)와 같이 튜플로 만드는 것입니다. 키워드를 Margin = 10Plots.mm과 같이 입력하면 상하좌우에 10mm만큼의 여백이 생깁니다. 다만 플롯의 크기를 조절하는 키워드인 size가 px 단위의 값을 입력으로 받기 때문에 px를 사용하는 것이 편합니다.

```
x = rand(20)

px = Plots.px

plot(x)                   # [그림 7-40]
plot(x, margin = 50px)    # [그림 7-41]
```

다음은 기본 설정대로 여백을 적용한 결과입니다.

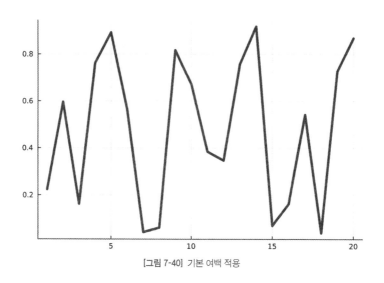

[그림 7-40] 기본 여백 적용

다음은 키워드 인수로 margin = 50px을 입력하여 상하좌우에 50px씩 여백이 생긴 그래프입니다.

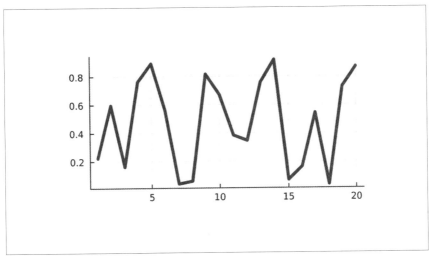

[그림 7-41] 50 픽셀의 여백 적용

상하좌우에 각각 여백을 지정하고 싶다면 키워드 top_margin, bottom_margin, left_margin, right_margin을 사용합니다.

```
px = Plots.px

# [그림 7-42]
plot(rand(10),
     top_margin    = 50px,
     bottom_margin = 100px,
     right_margin  = 150px,
     left_margin   = 200px)
```

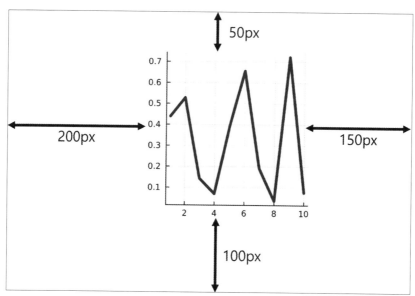

[그림 7-42] 각기 다른 수치로 상하좌우 여백 적용

여러 개의 서브 플롯을 그릴 때는 margin의 입력을 행벡터로 둘 수 있습니다. 가령 레이아웃이 (1, 3)과 같을 때 left_margin = [50Plots.px 100Plots.px 150Plots.px]와 같이 두면 첫 번째 열의 그림들은 50px의 왼쪽 마진을, 두 번째 열의 그림들은 100px의 왼쪽 마진을, 세 번째 열의 그림들은 150px의 왼쪽 마진을 갖습니다. 레이아웃의 행이 2인 경우에 top_margin 또는 bottom_margin을 벡터로 입력했을 때는 각 성분의 마지막 수치만 일괄적으로 적용되는 버그가 있습니다.

```
x = rand(20)
p = plot(x)

p₁ = plot(p, p, p, layout = (1, 3))
p₂ = plot(p, p, p, layout = (1, 3), left_margin = [25px 100px 25px])
plot(p₁, p₂, layout = (2, 1))    # [그림 7-43]
```

그림의 첫 번째 행에서는 여백에 대한 아무런 설정도 지정하지 않았습니다. 두 번째 행에서는 첫 번째, 두 번째, 세 번째 플롯에 각각 왼쪽 여백으로 25px, 100px, 25px을 지정했습니다.

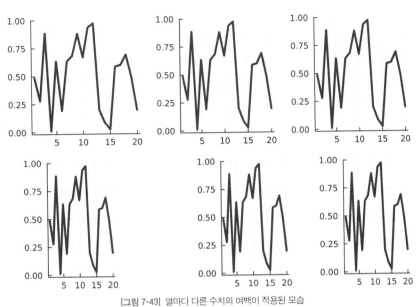

[그림 7-43] 열마다 다른 수치의 여백이 적용된 모습

설명에 앞서, 한글을 입력하는 방법에 대해서는 다루지 않을 것임을 알립니다. 한글 폰트를 사용하는 것이 불가능한 것은 아니지만 기본적인 기능으로는 자연스럽지 않고, 줄리아에서 한글에 대한 지원이 미비하기 때문입니다. 줄리아를 사용하면서 결과 이미지에 한글을 삽입해야 하는 경우는 많지 않으므로 크게 문제되는 점은 아닙니다.

플롯에 텍스트를 삽입할 때는 함수 annotate!를 사용합니다. 마지막에 느낌표를 꼭 붙여야 함을 유념해야 합니다. 기본적인 사용 방법은 annotate!(x축 좌표, y축 좌표, 문자열)입니다. 해당 위치에 입력된 문자열을 출력합니다. 키워드 인수로 annotate!([x1, x2, ...], [y1, y2, ...], [string1, string2, ...])를 입력하면 좌표 (x1, y1)에 string1이 출력되고, 좌표 (x2, y2)에 string2가 출력됩니다.

```
x = 0:0.01:2π

# [그림 7-44]
plot(x, sin.(x))
annotate!(π/2, 1, "max")              # 사인 함수의 최댓값 표시
annotate!(3π/2, -1, "min")            # 사인 함수의 최솟값 표시
annotate!(π/2, 2, "2*min")            # 플롯의 범위를 벗어나 결과에 보이지 않음
annotate!(π/2, 2, "(π/2, 2)")         # 플롯의 범위를 벗어나 결과에 보이지 않음
```

그래프가 그려진 영역 바깥에 텍스트를 삽입한다고 해서 플롯의 범위가 텍스트가 있는 영역
까지 확장되지는 않습니다.

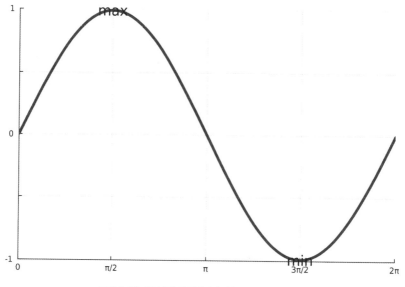

[그림 7-44] 사인 함수의 최댓값과 최솟값 텍스트로 삽입

문자열 대신에 annotate!(x축 좌표, y축 좌표, (문자열, 키워드 인수))와 같이 문자열과 키
워드 인수들의 튜플을 입력하면 키워드 인수의 입력을 속성으로 가지는 문자열이 출력됩니
다. 문자열의 정렬, 크기, 색깔 등을 지정할 수 있습니다. 숫자를 입력하면 해당 크기로 텍스
트가 출력됩니다. 기본값은 14입니다.

```
# [그림 7-45]
plot(xlims = (1, 7), ylims = (0, 2.5))
annotate!(2, 0.5, (":left", :left))
annotate!(4, 0.5, (":center", :center))
annotate!(6, 0.5, (":right", :right))

annotate!(2, 1, (":red", :red))
annotate!(4, 1, (":green", :green))
annotate!(6, 1, (":blue", :blue))

annotate!(2, 1.5, ("size14", 14))
annotate!(4, 1.5, ("size18", 18))
annotate!(6, 1.5, ("size22", 22))

annotate!(3, 2, (":top_:right", :top, :right))
annotate!(3, 2, (":bottom_:left", :bottom, :left))
```

키워드 :center, :right, :left, :top, :bottom은 문자열이 정렬되는 방법을 지정합니다. 예를 들어 annotate!(x, y, (string, :left))는 좌표 (x, y)에 string의 왼쪽 끝이 맞춰지도록 텍스트를 출력합니다. 기본값은 :center입니다.

:red, :blue와 같은 색깔에 대한 심볼, RGB 코드, 헥스 코드 등을 입력하면 해당 색깔대로 텍스트가 출력됩니다. 기본 글자색은 검은색입니다. QR 코드를 스캔해서 결과를 확인해보세요.

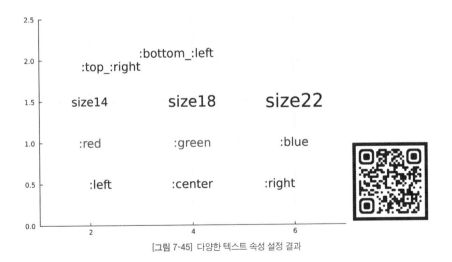

[그림 7-45] 다양한 텍스트 속성 설정 결과

시각화를 완성했다면 저장도 잘 해야겠죠? 그림의 해상도를 조절하고 다양한 파일 형식으로 저장하는 방법에 대해 알아보겠습니다.

크기와 해상도

플롯의 크기를 지정하는 키워드는 size입니다. size에는 두 정수의 튜플을 입력해야 하며 각각 (가로 픽셀, 세로 픽셀)을 의미합니다. 기본값은 (600, 400)입니다. 단위는 mm밀리미터가 아닌 px픽셀임에 주의가 필요합니다.

키워드 dpi는 해상도를 지정합니다. dots per inch의 약어로 말 그대로 1인치 내의 점 개수를 의미합니다. 따라서 값이 클수록 해상도가 높습니다. 기본값은 100이며, 인터넷에 게시하거나 발표 자료, 출력물로 사용하려면 300정도로는 두어야 합니다. 해상도를 높게 입력하면 그림의 크기가 자동으로 커지기도 합니다.

다음 그림은 해상도에 따른 출력의 결과를 보여줍니다. 상단의 플롯부터 dpi가 각각 300, 100, 50일 때의 결과물입니다.

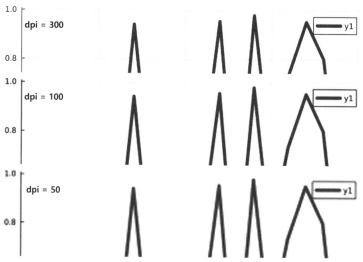

[그림 7-46] 해상도에 따른 결과 품질 차이

해상도가 낮으면 그래프는 물론 축과 눈금, 범례 등 플롯의 모든 요소가 흐릿하게 나타납니다. dpi값은 건드리지 않은 채 그림의 크기만 늘리면 예쁘게 출력되지 않으니 이 점을 유념해야 합니다.

x축과 y축의 비율을 조절하기 위해서는 ratio 키워드를 사용하면 됩니다. 입력하지 않으면 자동으로 비율이 맞춰지고, :equal 심볼을 입력하면 가로와 세로의 비율이 같아집니다. 숫자를 입력하면 가로 길이/세로 길이 비율로 조절됩니다.

```
# [그림 7-47]
x = rand(20)
plot(plot(x),
     plot(x, ratio = :equal),     # 가로와 세로의 비율 같게
     plot(x, ratio = 0.5),        # 가로가 세로의 절반인 비율
     plot(x, ratio = 5))          # 가로가 세로의 다섯 배인 비율
```

결과는 다음과 같습니다.

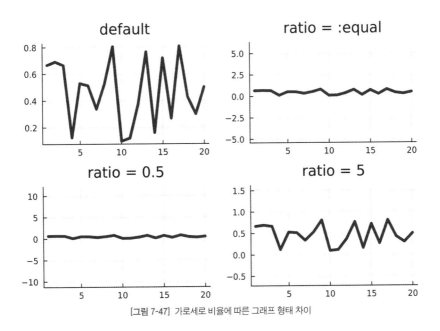

[그림 7-47] 가로세로 비율에 따른 그래프 형태 차이

█ 저장하기

플롯을 저장하는 함수는 savefig입니다. 코드 savefig("경로/파일 이름.png")는 현재 플롯을 입력된 경로에 png 파일로 저장합니다. savefig(p, "경로/파일 이름.png")와 같이 입력하면 특정한 플롯 p가 저장됩니다. 확장자를 지정하지 않으면 png 파일로 저장되는 것이 기본입니다. 백엔드에 따라 지원하는 확장자가 다르며, 기본 백엔드인 gr은 png, pdf, svg, ps를 지원합니다.

savefig 대신 확장자명을 함수로 써도 됩니다. 가령 png(p, "경로/파일 이름")으로 사용하면 플롯 p를 png 파일로 저장하는 식입니다. 다만 png는 png 그대로 써도 되지만 나머지의 경우 Plots.pdf, Plots.svg와 같이 Plots.을 붙여서 써야 합니다.

확장자	지원하는 백엔드
eps	inspectdr, plotlyjs, pythonplot
html	plotly, plotlyjs
json	plotly, plotlyjs
pdf	gr, plotlyjs, pythonplot, pgfplotsx, inspectdr, gaston
png	gr, plotlyjs, pythonplot, pgfplotsx, inspectdr, gaston, unicodeplots
ps	gr, pythonplot
svg	gr, inspectdr, pgfplotsx, plotlyjs, pythonplot, gaston
tex	pgfplotsx, pythonplot
text	hdf5, unicodeplots

7.2.10 ⟩ 색

색에 관한 내용은 온라인으로 제공합니다. 다음 QR 코드를 통해 링크에 접속하여 관련 내용을 확인하기 바랍니다.

7.3 서브 플롯과 레이아웃

줄리아에서는 그림으로 출력되는 결과도 하나의 객체이기 때문에 서브 플롯을 그리기가 매우 수월합니다. 이번 챕터에서는 간단한 격자 모양 서브 플롯부터 복잡한 모양의 서브 플롯까지 다룰 수 있는 고급 팁을 살펴봅니다.

7.3.1 정형 그리드

줄리아에서 여러 플롯을 하나의 플롯에 그리는 것은 매우 간단합니다. plot을 여러 플롯에 대한 다변수 함수처럼 쓰기만 하면 됩니다. 예를 들어 plot(p_1, p_2, p_3)이라고 입력하면 세 그림을 하나의 플롯에 그려 반환합니다.

```
x = 0.0 : 0.01 : 2π

p₁ = plot(x, sin.(x), label = "sin x")
p₂ = plot(x, cos.(x), label = "cos x")
p₃ = plot(x, sinc.(x), label = "sinc x")

plot(p₁, p₂, p₃)     # [그림 7-48]
```

이때 서브 플롯들은 2 × 2의 격자로 배치됩니다.

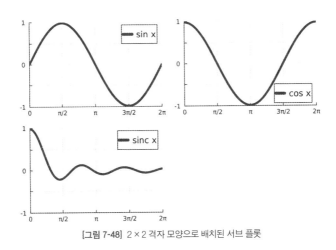

[그림 7-48] 2 × 2 격자 모양으로 배치된 서브 플롯

많은 수의 서브 플롯을 입력하고 싶다면 서브 플롯들의 벡터를 만들고 for 반복문을 사용하면 됩니다. 다음 두 코드 박스는 같은 결과를 반환합니다.

```
# [그림 7-49]
subplots = [plot(rand(20)) for i ∈ 1:8]
plot( (subplots[i] for i ∈ 1:8)... )
```

```
# [그림 7-49]
plot( (plot(rand(20)) for i ∈ 1:8)... )
```

반환된 플롯은 다음과 같습니다.

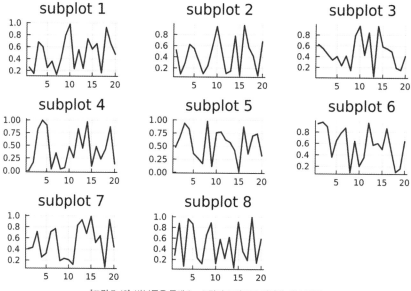

[그림 7-49] 반복문을 통해 3 × 3 격자 모양으로 배치된 서브 플롯

혹은 $d \times n$ 크기의 배열을 입력하면 각각의 열을 d차원 데이터로 보고 n개 데이터에 대한 플롯을 그립니다. 이때 주의해야 할 점은 키워드 layout을 반드시 입력해야 한다는 것입니다. layout 키워드를 입력하지 않으면 앞의 7.1 선 그래프에서 배웠듯이 하나의 플롯에 n개의 그래프가 겹쳐져 그려지게 됩니다.

```
A = rand(20, 4)

p₁ = plot(A)
p₂ = plot(A, layout = 4)

plot(p₁, p₂)    # [그림 7-50]
```

서브 플롯의 수보다 작은 수를 layout 키워드에 입력하면 정해진 위치를 순환하며 서브 플롯이 그려집니다.

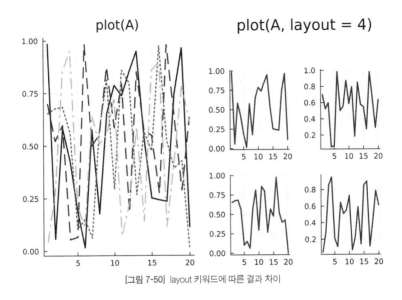

[그림 7-50] layout 키워드에 따른 결과 차이

가령 여덟 개의 서브 플롯을 그리는데 키워드 인수로 layout = 4를 입력하면 다섯 번째 플롯은 다시 첫 번째 위치에, 여섯 번째 플롯은 두 번째 위치에 그려집니다.

```
plot(rand(20, 8), layout = 4)    # [그림 7-51]
```

다음은 그려야 할 서브 플롯은 여덟 개인데 키워드로 layout = 4를 입력했을 때의 그림입니다. 이런 경우에 서브 플롯들은 자리를 순환하며 그려집니다.

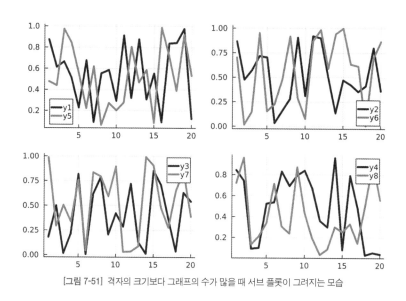

[그림 7-51] 격자의 크기보다 그래프의 수가 많을 때 서브 플롯이 그려지는 모습

plot에 layout 키워드를 입력하지 않으면 서브 플롯들은 알아서 배치됩니다. 그리드의 크기는 열이 먼저 커집니다. 예를 들어 입력된 서브 플롯이 한 개이면 1 × 1로 배치됩니다. 두 개이면 1 × 2로, 3~4개라면 2 × 2로, 5~6개라면 2 × 3으로 배치됩니다. 서브 플롯의 수에 따른 그리드의 크기는 다음 표에 정리된 바와 같습니다. layout 키워드에 정수를 입력하면 입력된 서브 플롯의 수와 관계없이 표에서 보이는 바와 같은 그리드로 그림이 반환됩니다. layout 키워드를 튜플로 입력하면 그와 같은 크기의 그리드로 서브 플롯을 배치합니다.

서브 플롯의 수	그리드의 크기
1	1 × 1
2	1 × 2
3~4	2 × 2
5~6	2 × 3
7~9	3 × 3
10~12	3 × 4
13~16	4 × 4

다섯 개의 서브 플롯을 plot에 입력하면 기본적으로 2 × 3 크기의 그리드로 배치합니다.

```
plot( (plot(rand(20)) for i ∈ 1:5)..., layout = 10)     # [그림 7-52]

plot( (plot(rand(20)) for i ∈ 1:5)..., layout = (3,2))  # [그림 7-53]
```

layout = 10을 입력하면 3 × 4로 배치됩니다.

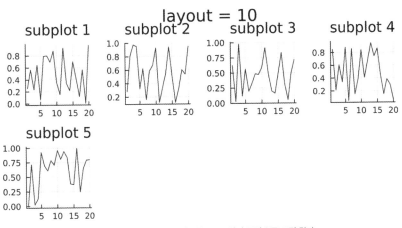

[그림 7-52] 다섯 개의 그래프를 3 × 4 격자 모양으로 그린 결과

그리고 layout = (3, 2)이면 다음과 같이 3 × 2로 배치됩니다.

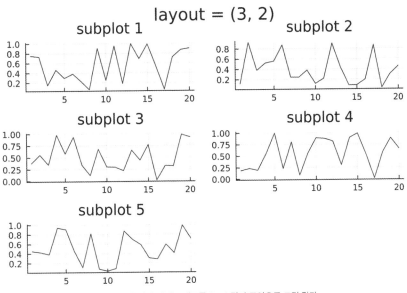

[그림 7-53] 다섯 개의 그래프를 3 × 2 격자 모양으로 그린 결과

서브 플롯들을 비정형 그리드로 배치하는 방법에 대해 소개하겠습니다. 기본적으로 배열은 각각의 행과 열의 성분 개수가 모두 같아서 복잡한 형태로 그림을 배치할 수 없습니다. 사실 그리 복잡하지 않은 배치라고 해도 정형 그리드로 표현하는 것은 무리가 있습니다. 가령 첫 번째 행에는 하나의 그림을, 두 번째 행에는 두 개의 그림을 배치하고 싶다면 그 어떤 튜플을 layout 키워드에 입력해도 불가능합니다. 이럴 때는 @layout 매크로를 사용해야 합니다. 이 매크로로는 비정형 레이아웃을 정의할 수 있게 해줍니다. 설명한 것과 같은 배치대로 그림을 그리는 코드는 다음과 같습니다.

```
x = 0.0+0.01 : 0.01 : 2π
f = [sin.(x);; cos.(x);; log.(x)]

l1 = @layout [p₁; p₂ p₃]
l2 = @layout [p₁ [p₂; p₃]]

plot(x, f, layout = l1)    # [그림 7-54]
plot(x, f, layout = l2)    # [그림 7-55]
```

@layout 매크로로 첫 번째 행이 한 개의 성분, 두 번째 행이 두 개의 성분을 갖는 레이아웃 l1을 정의했습니다. 이를 plot의 layout 키워드의 값으로 입력하면 첫 줄에 첫 번째 그래프가, 두 번째 줄에 두 번째, 세 번째 그래프가 배치됩니다. l2는 첫 번째 열에 하나의 플롯을, 두 번째 열에 두 개의 플롯을 배치하는 레이아웃입니다.

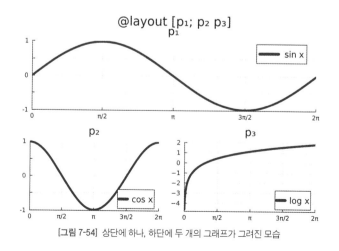

[그림 7-54] 상단에 하나, 하단에 두 개의 그래프가 그려진 모습

다음은 레이아웃 l2로 그린 플롯입니다.

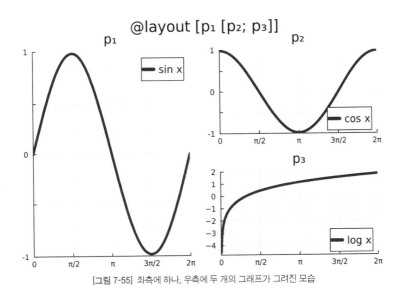

[그림 7-55] 좌측에 하나, 우측에 두 개의 그래프가 그려진 모습

이번에는 각 플롯의 크기 비율을 조절해보겠습니다. 레이아웃을 @layout [p₁; p₂{0.3w} p₃]으로, 다른 하나는 같은 방식으로 @layout [p₁ [p₂{0.3h}; p₃]로 정의합니다.

```
x = 0.0+0.01 : 0.01 : 2π
f = [sin.(x);; cos.(x);; log.(x)]

l3 = @layout [p₁; p₂{0.3w} p₃]
l4 = @layout [p₁ [p₂{0.3h}; p₃]]

plot(x, f, layout = l3)    # [그림 7-56]
plot(x, f, layout = l4)    # [그림 7-57]
```

레이아웃을 @layout [p₁; p₂{0.3w} p₃]으로 지정하면, p₂ 자리에 배치되는 플롯이 두 번째 행에서 전체 가로 길이의 30%에 해당하는 가로 길이를 갖습니다.

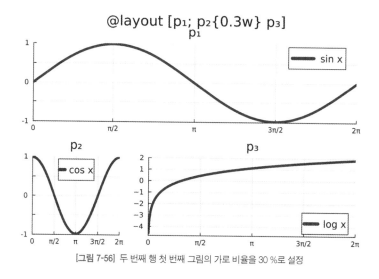

[그림 7-56] 두 번째 행 첫 번째 그림의 가로 비율을 30 %로 설정

레이아웃을 @layout [p₁ [p₂{0.3h}; p₃]로 지정한 경우에는 p₂ 자리에 배치되는 플롯이 두 번째 열에서 전체 세로 길이의 30%에 해당하는 세로 길이를 갖습니다.

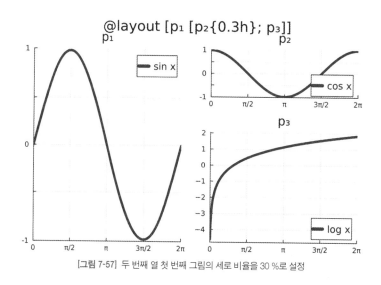

[그림 7-57] 두 번째 열 첫 번째 그림의 세로 비율을 30 %로 설정

[그림 7-54]와 같은 배치로 그림을 그리는데 첫 번째 행의 그림도 두 번째 행의 그림들과 같은 크기로 그리고 싶다면 어떻게 할까요? 가로 길이를 절반으로 줄이면 되니까 레이아웃을 @layout [p₁{0.5w}; p₂ p₃]과 같이 정의하면 될까요? 아쉽게도 그렇지 않습니다.

레이아웃 [p₁; p₂ p₃]의 p₁과 같이 한 행에 하나의 플롯만 있는 경우에는 그 밑 행의 p₂ , p₃ 이 p₁과 같은 열에 있는 것과 같이 조작됩니다. 또한 명령어 p₁{0.5w}와 같은 경우도 사실 p₁

자리의 가로 크기를 절반 비율로 두는 것이 아니라 p_1이 속한 열의 가로 크기를 전체의 절반으로 두는 것입니다.

예를 들어 @layout [[p_1{0.3w} p_2]; [p_3{0.5w} p4]]와 같이 레이아웃을 정의하면 뒤에 나오는 명령어인 p_3{0.5w}에 기준이 맞춰져서 p_1 자리의 플롯의 가로 크기도 전체의 절반으로 그려지게 됩니다. 원하는 플롯을 얻으려면 첫 번째 행의 플롯을 따로 그리고 두 번째 행의 플롯을 따로 그린 뒤 이 둘을 다시 같이 배치되도록 플롯해야 합니다.

```
# [그림 7-58]
p¹ = plot(rand(20, 2), layout = @layout [p₁{0.3w} p₂])
p² = plot(rand(20, 2), layout = @layout [p₃ p₄{0.3w}])
plot(p¹, p², layout = (2, 1))
```

결과는 다음과 같습니다.

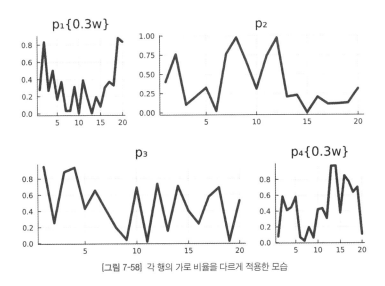

[그림 7-58] 각 행의 가로 비율을 다르게 적용한 모습

다시 앞서 얘기했던 첫 번째 행에는 하나의 플롯을 전체 가로 길이의 절반만큼, 두 번째 행에는 두 개의 플롯을 그리는 예시로 돌아가봅시다. 이를 구현하는 방법은 빈자리를 만드는 것입니다. 레이아웃에 빈자리를 두는 방법은 밑줄 문자(_)를 입력하는 것입니다.

```
# [그림 7-59]
l = @layout [ [_ p₁{0.5w} _]; [p₂ p₃]]
plot(rand(20, 3), layout = l)
```

다음과 같은 플롯을 얻을 수 있습니다.

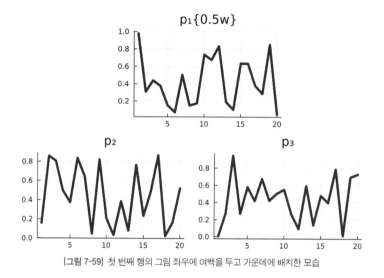

[그림 7-59] 첫 번째 행의 그림 좌우에 여백을 두고 가운데에 배치한 모습

7.3.3 제목

여러 개의 서브 플롯을 그린 뒤 전체 플롯에 제목을 지정하려고 title 키워드를 입력하면 모든 서브 플롯에 제목이 적용되는 대참사를 맞이하게 됩니다. 이는 plot의 키워드 인수들이 입력된 서브 플롯에 일괄적으로 적용되기 때문입니다. 따라서 이는 title뿐만 아니라 x축이나 y축의 범위를 제한하는 xlims, ylims와 같은 키워드에도 해당되는 설명입니다. 각각의 서브 플롯에 서로 다른 범위로 x축을 제한하고 싶다면 각각의 서브 플롯을 그릴 때 xlims 키워드를 각각 입력해야 합니다. 전체 플롯의 제목을 지정하는 키워드는 title이 아니라 plot_title입니다.

```
# [그림 7-60]
plot( (plot(rand(20), title = "subplot $i") for i ∈ 1:4)..., title = "Plot")

# [그림 7-61]
plot( (plot(rand(20), title = "subplot $i") for i ∈ 1:4)..., plot_title = "Whole Plot")
```

다음은 가장 바깥의 plot 함수에 입력된 title 키워드가 내부의 plot 함수로 만들어진 플롯들에 모두 일괄적으로 적용된 모습입니다.

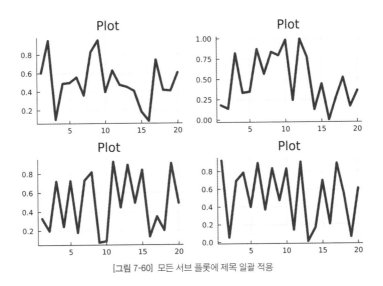

[그림 7-60] 모든 서브 플롯에 제목 일괄 적용

다음은 [그림 7-60]의 경우와 달리 title 키워드 대신 plot_title 키워드를 입력한 결과입니다. 각 서브 플롯의 제목은 변하지 않고, 전체 플롯의 제목이 정상적으로 출력되었습니다.

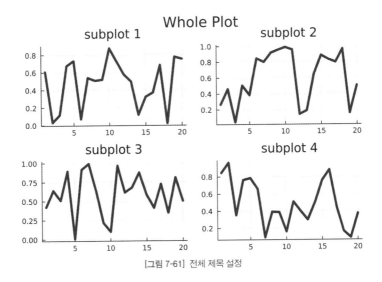

[그림 7-61] 전체 제목 설정

Part 8

시각화(2) - 각종 그래프 및 시각화 양식

현대 데이터 과학에서 기술 통계학 descriptive statistics 은 선택이 아니라 필수입니다. 따라서 일반적으로 자주 사용하는 그래프는 스스로 제작하고 해석할 줄 알아야 합니다. 선 그래프만으로는 표현할 수 없거나, 할 수 있더라도 효과적이지 않은 데이터는 대부분 히스토그램, 점도표, 히트맵으로 설명할 수 있습니다. 이 파트에서는 특히, Plots.jl의 기능을 보충해주는 StatsPlots.jl에 대해서 다룹니다.

애니메이션이나 동영상 기법으로 대중에게 복잡한 정보를 빠르게 전달할 수도 있습니다. 꼭 논문에 활용하지 않더라도, 효과적인 결과 해석과 올바른 판단을 위해 시각화 전략에 탁월한 줄리아를 사용해보세요. 여기서 학습한 내용을 잘 갈고닦아서 시각화의 새로운 지평을 열어보도록 합시다.

막대그래프를 그리는 방법은 두 가지가 있습니다. 하나는 bar 함수를 쓰는 것이고, 다른 하나는 Plots.jl의 기본 함수인 plot 함수를 쓰는 것입니다. 막대그래프만 그리거나, 여러 종류의 그래 프를 그리더라도 개수가 많지 않을 땐 bar 함수를 쓰는 것이 직관적이고 편합니다. plot과 마찬 가지로 느낌표 표기법으로 bar!를 쓰면 이미 그려진 그림 위에 막대그래프를 그릴 수 있습니다.

```
using Plots

bar([1,2,3,4], [1,2,3,4])
bar!([5,6,7,8], [1,2,3,4], fillstyle=:/)     # [그림 8-1]
```

결과는 다음과 같습니다.

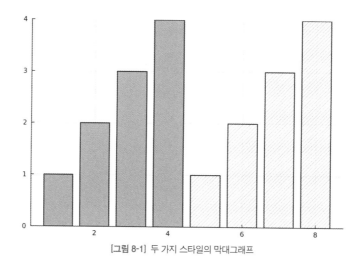

[그림 8-1] 두 가지 스타일의 막대그래프

plot 함수로 막대그래프를 그리려면 키워드에 seriestype = :bar를 추가하면 됩니다. 즉 plot(x, y, seriestype = :bar)와 bar(x, y)는 완전히 같은 그림을 그려줍니다. 이 방법 은 막대그래프뿐 아니라 히스토그램, 점도표, 히트맵 등 모든 종류의 그림을 그릴 때 사용할 수 있습니다. 이 방법은 여러 종류의 많은 그림을 그려야 할 때 for 반복문과 함께 쓰면 편리 합니다. 막대그래프에서 지정할 수 있는 키워드 인수로는 다음과 같은 것들이 있습니다.

- bar_width: 막대의 폭을 정합니다.

- fill_range: 막대가 시작하는 기준점을 정합니다. 똑같은 데이터라도 이에 따라 그림이 완전히 달라집니다. 글로는 무슨 말인지 이해하기 어려울 텐데, [그림 8-2]을 보면 도움이 될 것입니다.

- fill_style: 막대의 패턴을 정합니다. 가능한 입력으로는 nothing, :/, :\, :|, :-, :+, :x가 있습니다. 기본값은 nothing이며 막대의 속을 빈틈없이 채웁니다. 나머지는 해당 기호에 맞는 패턴으로 막대를 채웁니다.

- orientation: 막대의 방향을 정합니다. 기본값은 :vertical이며, :horizontal로 수평 방향의 그래프를 그릴 수 있습니다. 심볼은 간단히 :v, :h로도 사용할 수 있습니다.

```
# [그림 8-2]
p₁ = bar([1, 2, 3], [1, 2, -2], fillrange = 0)
bar!(p₁, [4, 5, 6], [1, 2, -2], fillrange = -1, fillstyle = :/)
bar!(p₁, [7, 8, 9], [1, 2, -2], fillrange = -3, fillstyle = :+)

# [그림 8-3]
fillstyles = [nothing, :/, :\, :|, :-, :+, :x]

p₂ = plot()
for i ∈ 1:7
    bar!(p₂, [i], [i], fillstyle=fillstyles[i])
end

# [그림 8-4]
p₃ = bar([1,2,3,4], [1,2,3,4], orientation=:v, title="p₃: vertical bar graph")
p₄ = bar([1,2,3,4], [1,2,3,4], orientation=:h, title="p₄: horizontal bar graph")
plot(p₃, p₄)
```

fill_range로 그래프가 시작하는 기준점을 다르게 정하면 똑같은 데이터를 사용해도 완전히 다른 결과가 출력됩니다.

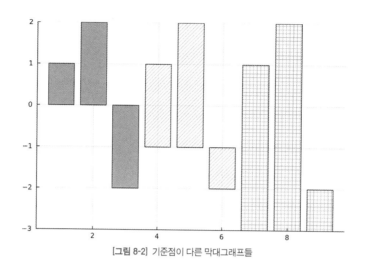

[그림 8-2] 기준점이 다른 막대그래프들

fill_style은 막대그래프의 속을 패턴으로 빈틈없이 채웁니다.

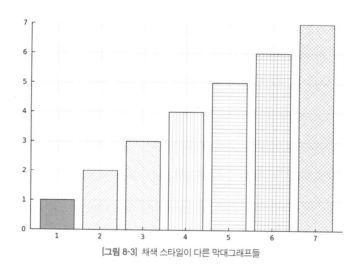

[그림 8-3] 채색 스타일이 다른 막대그래프들

orientation은 다음과 같이 막대그래프의 방향을 정합니다.

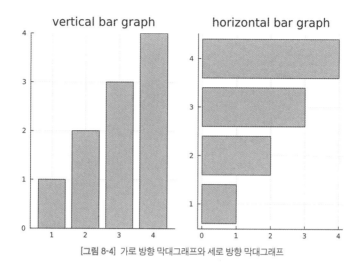

[그림 8-4] 가로 방향 막대그래프와 세로 방향 막대그래프

히스토그램은 histogram(data) 혹은 plot(data, seriestype=:histogram)으로 그릴 수 있습니다. 막대그래프는 기본적으로 막대 사이에 공간이 있도록 그려지지만, 히스토그램은 막대끼리 붙은 채로 그려지는 것이 기본입니다. histogram!로 기존의 그림 위에 그릴 수 있습니다. 중요한 키워드 인수로는 다음의 것들이 있습니다.

- bins: 히스토그램의 빈을 지정합니다. 간단히 정수를 입력하여 빈의 개수를 정할 수 있습니다. 다만 이 값은 근사치일 뿐이며, 실제 빈의 개수는 입력된 정수와 다를 수 있습니다. 빈을 정확히 지정하고 싶다면 레인지 혹은 벡터를 입력으로 사용하면 됩니다.
- weights: 막대의 가중치를 설정합니다. 균등분포로 추출하고, 가중치를 지수 함수로 두면 [그림 8-5]의 세 번째와 같이 나타납니다.
- normalize: 아무것도 지정하지 않으면(정규화하지 않으면) 각각의 빈의 높이는 데이터의 수와 같습니다. :density는 막대의 넓이가 데이터의 수와 같도록 만듭니다. :pdf 혹은 :true는 막대의 총면적이 1이 되도록 그립니다. :probability는 막대의 높이의 합이 1이 되도록 합니다. 따라서 :density에서 y축의 높이를 100으로 나눈 그림이 :pdf와 같고, 정규화하지 않은 그림에서 y축의 높이를 데이터의 개수로 나눈 그림이 :probability와 같습니다.

또한 막대그래프에서 사용했던 것처럼 bar_width와 fill_range를 사용할 수 있습니다.

```
# [그림 8-5]
x = randn(100)

p₁ = histogram(x)                # 혹은 plot(x, seriestype = :histogram)
p₂ = histogram(x, bins=20)

y = rand(10^3)
p₃ = histogram(y, bins=20, weights=exp.(y))

plot(p₁, p₂, p₃)
```

다음 그림에서 좌상단의 그래프는 기본 설정으로 그려진 히스토그램입니다. 바로 옆은 빈의 수를 늘려 그린 히스토그램입니다. 그리고 그 아래는 가중치를 지수 함수로 두어 지수분포로 추출한 히스토그램입니다.

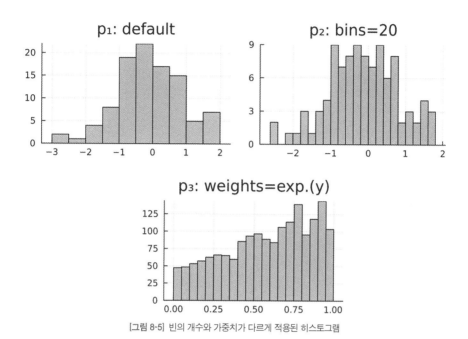

[그림 8-5] 빈의 개수와 가중치가 다르게 적용된 히스토그램

normalize 키워드는 다음과 같이 지정할 수 있습니다.

```
# [그림 8-6]
x = randn(1000)

p₁ = histogram(x)
p₂ = histogram(x, normalize=:density)
p₃ = histogram(x, normalize=:probability)
p₄ = histogram(x, normalize=:pdf)

plot(p₁, p₂, p₃, p₄)
```

히스토그램의 개형은 변하지 않지만 y축의 값이 바뀝니다.

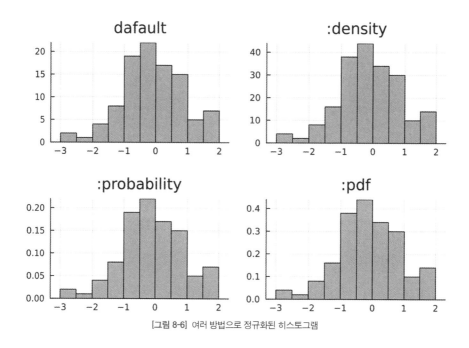

[그림 8-6] 여러 방법으로 정규화된 히스토그램

Plots.jl에서는 막대그래프가 아닌 다른 종류의 히스토그램을 그리는 함수도 지원합니다. 점으로 그리는 scatterhist와 선 그래프로 그리는 stephist입니다. 다른 그림 함수들과 마찬가지로 scatterhist!, stephist!, plot(series = :scatterhist), plot(series = :stephist)로 사용할 수 있습니다.

```
# [그림 8-7]
p₁ = histogram(x)
p₂ = scatterhist(x)
p₃ = stephist(x)

plot(p₁, p₂, p₃, layout=(1, 3))
```

결과는 다음과 같습니다.

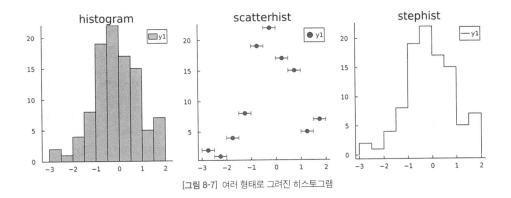

[그림 8-7] 여러 형태로 그려진 히스토그램

2차원 데이터에 대한 히스토그램은 histogram2d로 그릴 수 있습니다. 기본적인 작동 방식은 앞선 내용과 같으니 자세한 설명은 생략하겠습니다.

scatter(x, y) 혹은 plot(x, y, seriestype = :scatter)는 데이터 x, y에 대한 점도표를 반환합니다. 3차원 점도표를 그리고 싶다면 scatter(x, y, z)와 같이 z축에 대한 데이터를 추가하면 됩니다. 아이리스 데이터에서 꽃받침 길이sepal length를 x좌표, 꽃잎 폭petal width을 y좌표로 두고 점도표를 그려보겠습니다.

```
# [그림 8-8]
using Plots
using MLDatasets
using DataFrames

df = Iris().dataframe

scatter(df[1:50, 1], df[1:50, 4], label = df[1, 5])
scatter!(df[51:100, 1], df[51:100, 4], label = df[51, 5])
scatter!(df[101:150, 1], df[101:150, 4], label = df[101, 5])
```

결과는 다음과 같습니다.

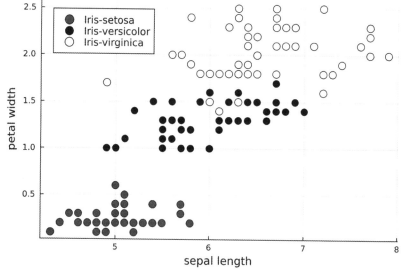

[그림 8-8] 점도표로 나타낸 아이리스 데이터

2차원 배열을 plot의 인수로 사용할 경우, 각 열에 대한 그림을 그릴 수 있음을 앞에서 확인하였습니다. 따라서 다음 한 줄짜리 코드는 [그림 8-8]과 같은 결과를 반환합니다.

```
scatter(reshape(df[:, 1], (:, 3)), reshape(df[:, 4], (:, 3)), label=[df[1, 5] df[51, 5] df[101, 5]])
```

마커를 어떻게 꾸미는지에 따라서 점도표가 가지는 시각적 효과는 천차만별입니다. 마커가 가지는 주요한 속성으로는 모양과 크기, 색깔이 있습니다. 범주형 데이터를 점도표로 나타낼 때, 범주에 따라 마커의 모양을 구분하면 알아보기 더 좋습니다. 마커의 모양을 지정하는 키워드는 markershape(=shape)이고, Plots.jl에서 사용 가능한 마커는 총 24가지로 그 모양과 심볼의 목록은 [그림 8-9]에 나타난 것과 같습니다.

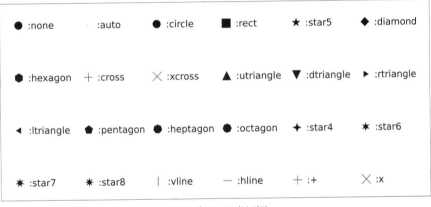

[그림 8-9] Plots.jl 기본 마커

범주마다 마커의 모양을 달리해보겠습니다.

```
# [그림 8-10]
scatter(reshape(df[:, 1], (:, 3)),
        reshape(df[:, 4], (:, 3)),
        label = [df[1, 5] df[51, 5] df[101, 5]],
        markershape = [:circle :rect :utriangle])
```

다음과 같은 결과를 얻을 수 있습니다.

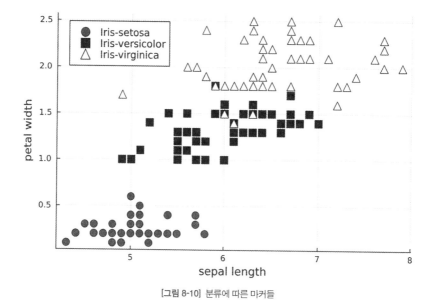

[그림 8-10] 분류에 따른 마커들

마커의 크기를 조절하는 키워드는 markersize(=ms)입니다. 입력으로 임의의 양수가 가능하며며, 그 값은 반지름의 픽셀을 의미합니다. 마커의 색깔을 지정하는 키워드는 markercolor(=mc)입니다.

```
# [그림 8-11]
scatter(reshape(df[:, 1], (:, 3)),
        reshape(df[:, 4], (:, 3)),
        label = ["markersize = 5" "markersize = 10" "markersize = 15"],
        markershape = [:circle :rect :utriangle],
        ms = [5 10 15])
```

다만, markersize(=ms) 값은 마커의 절대적인 크기를 의미하지 않기 때문에 플롯의 크기에 따라 같은 값을 입력해도 크기가 다르게 그려질 수 있습니다.

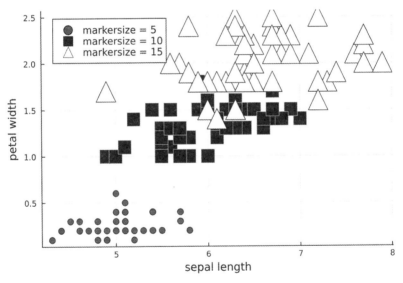

[그림 8-11] 각기 다른 크기의 마커들

키워드 인수로 smooth = true를 입력하면 데이터에 대한 회귀 직선을 표시합니다.

```
# [그림 8-12]
using Distributions
N = Normal(0, 10)

x = 0:0.1:10
y = 3x .+ 2 .+ rand(N, length(x))

scatter(x, y, smooth = true)
```

결과는 다음과 같습니다.

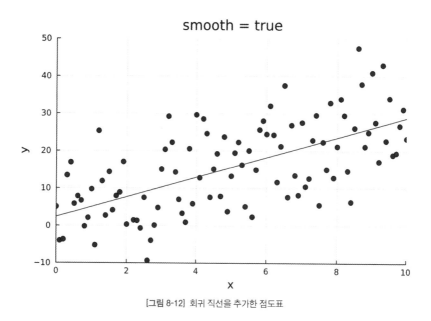

[그림 8-12] 회귀 직선을 추가한 점도표

히트맵heat map이란 함수 $f: \mathbb{R}^2 \to \mathbb{R}$의 그래프를 xy −평면으로 사영시켜, 함숫값을 색으로 나타낸 그림을 말합니다. 정의역이 2차원인 함수의 그래프는 어찌 됐든 3차원 공간 안에서 표현할 수 있기 때문에 굳이 평면에 사영시켜야 하나 싶을 수 있겠지만 사영시켰을 때의 장점 이 훨씬 많습니다. 우선 3차원 공간에 그래프를 그리는 것은 생각보다 만능이 아닙니다. 가장 큰 문제는 그래프가 드러나는 부분이 각도에 의존한다는 것입니다. 다음 그림만 보아도 언덕 뒤와 구멍 안의 그래프는 어떻게 생겼을지 전혀 알 수 없습니다.

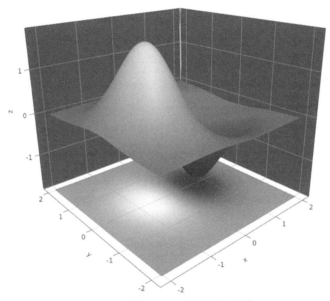

[그림 8-13] 함수 $z = -4xe^{-(x^2+y^2)}$에 대한 히트맵

또한, 3차원에 그려진 그래프보다 히트맵이 차지하는 면적이 훨씬 작으며, 당연히 그리는 속 도도 빠르기에 시간적으로나 공간적으로 경제적입니다. 그래서 특별한 이유가 없으면 3차원 그래프는 히트맵으로 보는 것이 일반적입니다. 물론 당연히 3차원 그래프는 직접 보는 것보 다 덜 직관적이므로 필요할 때는 히트맵을 고집하지 말고 3차원 그래프를 그려야 합니다. [그 림 8-13]은 $z = -4xe^{-(x2+y2)}$의 그래프(위)와 그의 히트맵(아래)을 한 장의 그림에 그린 것입 니다.

한편 이러한 그림을 히트맵이라 부르는 이유는 열화상 카메라의 화면을 생각해보면 이해가 쉽습니다. 열화상 카메라는 촬영하는 지점의 온도의 값을 숫자나 3차원 그래프로 보여주는 것이 아닌 색으로 보여줍니다. 온도가 높은 곳일수록 빨갛게, 온도가 낮을 곳일수록 파랗게 표시되므로 온도 분포를 한눈에 알아보기가 쉽고 매우 직관적입니다.

[그림 8-14] 일반 카메라 사진과 열화상 카메라 사진[30]

---

30 KBS 뉴스 「열화상으로 보니 '도심은 불바다'…양산 쓰세요」, youtu.be/U-y39CVuHrw?si=kN32WhgFl9I9-QJ_ &t=44

heatmap(A)는 2차원 배열 A의 히트맵을 반환합니다.

```
A = reshape(1:25, 5,5)
# 5×5 reshape(::UnitRange{Int64}, 5, 5) with eltype Int64:
# 1   6  11  16  21
# 2   7  12  17  22
# 3   8  13  18  23
# 4   9  14  19  24
# 5  10  15  20  25

p₁ = heatmap(A)
p₂ = plot(p₁, yflip=true)

plot(p₁, p₂)
```

각 성분이 차례대로 1부터 25까지인 5 × 5 배열을 히트맵으로 그리면 [그림 8-15]의 왼쪽 이미지와 같이 제일 낮은 값인 1은 어두운색, 제일 높은 값인 25는 밝은색으로 표현됩니다.

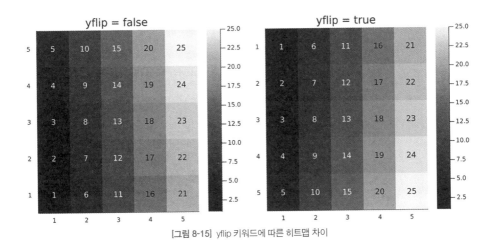

[그림 8-15] yflip 키워드에 따른 히트맵 차이

배열 A가 출력되는 꼴과 heatmap(A)가 반환하는 그림이 다르다는 것을 눈치채셨나요? heatmap(A)는 배열 A를 위아래로 뒤집은 배열의 히트맵을 반환합니다. 배열이 뒤집혀서 그려지는 이유는 heatmap이 배열의 각 성분의 위치를 행과 열이 아닌 직교좌표계의 좌표로 보기 때문입니다. 가령 17은 A의 2행, 3열의 성분이지만 heatmap은 17을 직교좌표 (2, 3) 위의

값이라고 봅니다. 실제로 그려진 그림의 y축을 보면 아래에서부터 위로 커지는 방향이고, 이는 배열 A가 2차원 좌표평면 위에 그려진다는 것을 의미합니다. 배열이 생긴 그대로 히트맵을 그리고 싶다면 yfilp 키워드를 true로 설정하면 됩니다.

heatmap이 배열을 뒤집어서 그리는 이유는 각 성분의 위치를 직교좌표로 보기 때문이라고 받아들였다고 쳐도, 왜 행과 열이 아니라 직교좌표로 보는지에 대한 의문은 아직 풀리지 않았습니다. 이는 어렵거나 복잡한 이유 때문이 아니라 구간을 벡터로 정의할 때 가장 작은 값이 가장 첫 번째 성분이 되기 때문입니다. 가령 2차원 공간 [−1, 1] × [−1, 1] 위에서 정의된 함수의 히트맵을 그리는 상황을 가정해봅시다. x축 방향으로의 구간을 x = Vector(-1:0.1:1)'로 정의하고 y축 방향으로의 구간을 y = Vector(-1:0.1:1)로 정의했다고 합시다.

```julia
julia> x = Vector(-1:0.1:1)'
1×21 adjoint(::Vector{Float64}) with eltype Float64:
 -1.0  -0.9  -0.8  -0.7  -0.6  -0.5  -0.4  -0.3  -0.2  -0.1  0.0  0.1  0.2
0.3  0.4  0.5  0.6  0.7  0.8  0.9  1.0

julia> y = Vector(-1:0.1:1)
21-element Vector{Float64}:
 -1.0
 -0.9
   ⋮
  1.0
```

x는 왼쪽에서부터 오른쪽으로 갈수록 값이 커지며 이는 좌표평면에서의 x축의 방향과 일치합니다. 하지만 y의 경우 위에서부터 아래로 갈수록 값이 커지는데 이는 좌표평면에서 y축의 방향과 반대입니다. 따라서 이 두 벡터로 격자grid를 만들어 그 위에 정의된 함수의 함숫값을 히트맵으로 그리려면, heatmap이 배열의 위아래를 뒤집어서 그려줘야 y축의 값이 위로 커지는 상식적인 그림이 그려집니다.

```julia
X, Y = kron(x, ones(size(y))), kron(ones(size(x)), y)    # 격자 생성

f(x, y) = x + 2exp(y)

F = f.(X, Y)

heatmap(x', y, F)    # [그림 8-16]
```

다음 그림에서 축의 값을 살펴보세요.

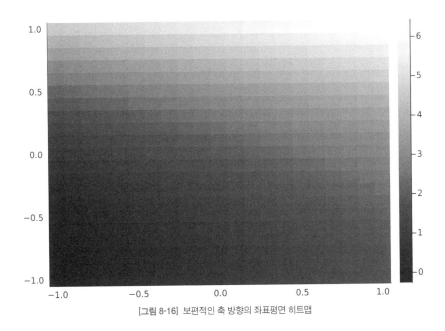

[그림 8-16] 보편적인 축 방향의 좌표평면 히트맵

8.4.2 컬러바 범위 제한하기

기본적으로 heatmap은 입력받은 배열의 성분 중 최댓값과 최솟값에 색 스펙트럼의 양 끝을 매칭시킵니다. 그래서 가장 큰 값에서만 가장 밝은색이, 가장 작은 값에서만 가장 어두운색이 칠해집니다. 키워드 인수 clim = (a, b)를 입력하면 heatmap이 반환하는 그림이 표현하는 함숫값의 범위가 구간 [a, b]로 제한됩니다. 따라서 b보다 크거나 같은 값은 모두 가장 밝은 색으로, a보다 작거나 같은 값은 모두 가장 어두운색으로 표현됩니다.

[그림 8-17]의 오른쪽의 그림을 그리는 코드는 왼쪽의 그림을 그리는 코드와 똑같지만 단 하나의 키워드 인수 clim = (8, 18)이 입력되었다는 점이 다릅니다. 그래서 8 이하의 값은 모두 가장 어두운색, 18 이상의 값은 가장 밝은색으로 표현됩니다.

```
# [그림 8-17]
A = reshape(1:25, 5,5)

p₁ = plot(A)
p₂ = plot(A, clim = (8, 18))

plot(p₁, p₂)
```

색이 표현하는 값의 최댓값과 최솟값이 달라졌으니 그 사이에 있는 값들의 색깔에도 변화가
있음을 볼 수 있습니다.

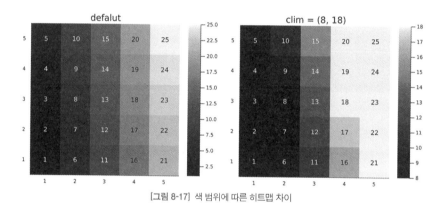

[그림 8-17] 색 범위에 따른 히트맵 차이

도메인 지정하기

함수 heatmap은 기본적으로 2차원 배열만을 입력해도 그 배열의 히트맵을 반환해줍니다. 더
추가적인 인수를 입력해주지 않아도 히트맵을 그리는 데에는 딱히 문제가 없습니다. 하지만
여기서 히트맵 위에 다른 그림을 겹쳐 그리고 싶다면 문제가 됩니다.

앞서 heatmap은 입력된 배열의 성분을 행과 열이 아니라 직교좌표로 인식한다고 설명했습
니다. 이 말은 5 × 5 배열을 입력하면 히트맵의 도메인이 [1, 5] × [1, 5]라는 것이고, 100 ×
100 배열을 입력하면 히트맵의 도메인이 [1, 100] × [1, 100]이라는 것입니다. 그래서 [0,
2π] 위에서 정의된 함수의 그래프를 히트맵과 딱 맞게 겹쳐서 그리고 싶다면 마음대로 되지
않을 겁니다. 이때는 히트맵의 도메인을 지정해줘야 합니다. x축에 도메인을 나타내는 벡터

X와 y축 도메인을 나타내는 벡터 Y에 대해서, heatmap(X, Y, A)는 $X \times Y$ 위에 그린 A의 히트맵을 반환합니다. 인수 X, Y로 가능한 것은 열벡터나 레인지입니다. 행벡터는 입력으로 불가능합니다. 또한 X와 Y는 포지션 인수로 반드시 지정된 자리에 입력해야 하며 size(A) == (length(Y), length(X)) 혹은 size(A) == (length(Y) + 1, length(X) + 1)이 성립해야 합니다.

```
# [그림 8-18]
A = reshape(1:25, 5,5)
x = 0:0.01:2π

p₁ = heatmap(A)

plot!(x, sin.(x))

p₂ = heatmap(LinRange(0, 2π, 6), LinRange(-1, 1, 6), A)
plot!(x, sin.(x))

plot(p₁, p₂)
```

왼쪽의 그림을 그릴 땐 히트맵의 도메인을 입력하지 않아서 $[1, 5] \times [1, 5]$ 위에 그려졌습니다. 뒤에 그린 사인 함수의 도메인은 $[0, \pi]$이므로 두 그림은 서로 다른 곳에 그려집니다. 오른쪽은 히트맵의 도메인을 $[0, 2\pi] \times [-1, 1]$로 입력했습니다. 사인 함수가 그려지는 범위와 일치하기 때문에 알맞게 겹쳐져서 그려졌습니다.

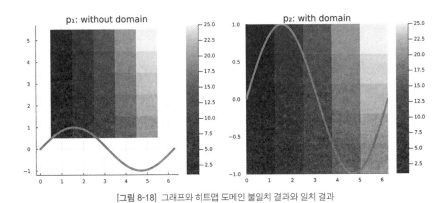

[그림 8-18] 그래프와 히트맵 도메인 불일치 결과와 일치 결과

8.5 박스 플롯

박스 플롯box plot은 데이터의 중앙값, 분위수, 최댓값과 최솟값 등을 표시한 그림입니다. 박스 플롯을 그리려면 통계 시각화 패키지인 StatsPlots.jl이 필요합니다.

8.5.1 박스 플롯 그리기

열벡터 x에 대해서 boxplot(x)는 데이터 x에 대한 박스 플롯을 반환합니다. 임의의 세 벡터로 박스 플롯을 그려보겠습니다. 세 가지 데이터에 대해서 차례로 그리려면 앞에서 배운 느낌표 표기법으로 boxplot!를 사용하면 됩니다.

```
# [그림 8-19]
using StatsPlots

x = rand(0:100, 100)
y = rand(50:100, 100)
z = cat(x, y, dims = 1)

boxplot(x, label = "x")
boxplot!(y, label = "y")
boxplot!(z, label = "z")
```

혹은 배열 [x, y, z]를 입력해도 같은 그림을 그릴 수 있습니다. 따라서 다음 코드 또한 같은 그림을 반환합니다.

```
boxplot([x, y, z], label = ["x" "y" "z"])
```

이때, label 키워드에 입력되는 벡터는 행벡터여야 합니다. 즉 원소 사이에 쉼표가 없어야 합니다.

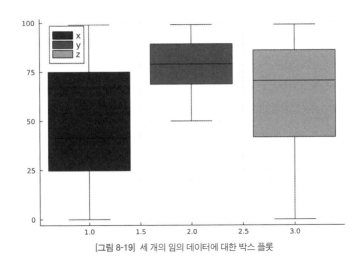

[그림 8-19] 세 개의 임의 데이터에 대한 박스 플롯

박스 플롯을 그린다면 x축의 눈금을 숫자가 아닌 문자로 표시해야 할 일도 많을 것입니다. 각 박스 플롯이 위치한 곳의 눈금을 각 데이터의 이름으로 표시하고 싶다면 xticks 키워드를 이용합니다. xticks 키워드에서는 쉼표가 있어야 하고, label 키워드에서는 쉼표가 없어야 한다는 것에 주의하세요. 이 방법은 boxplot이 박스를 x축 좌표가 1, 2, 3…인 곳에 순서대로 그리는 규칙을 이용한 것입니다. 물론 임의의 위치에 박스를 그릴 수도 있습니다. boxplot(x축 좌표, 데이터)를 사용하면 되는데, 이는 점도표를 그리는 scatter와 사용법이 같습니다. scatter와 다른 점은 축의 좌표가 같은 점들을 모아 박스로 그리는 것이라고 생각하면 이해가 쉽습니다.

```
# [그림 8-20]
p₁ = boxplot([x, y, z], xticks = (1:3, ["x", "y", "z"]), label = ["x" "y" "z"])

p₂ = boxplot(ones(size(x)), x, label = "x")
boxplot!(4ones(size(y)), y, label = "y")
boxplot!(5ones(size(z)), z, label = "z")

p₃ = plot(p₂, xticks = ([1, 4, 5], ["x", "y", "z"]))

l = @layout [a [b; c]]
plot(p₁, p₂, p₃, layout = l)
```

p₁에서는 데이터의 x축 좌표를 입력하지 않으면 순서대로 좌표가 1, 2, 3…인 곳에 그려집니다. 입력한 키워드 xticks = (1:3, ["x", "y", "z"])는 1, 2, 3의 눈금을 각각 "x", "y", "z"로 바꿔줍니다. p₂에선 x축의 좌표를 입력하면 해당 좌표 위에 데이터의 박스 플롯이 그려집니

다. 데이터 x, y, z의 박스 플롯을 각각 x축 좌표가 1, 4, 5인 곳에 그렸습니다. p_3의 경우엔 키워드 인수로 ticks = ([1, 4, 5], ["x", "y", "z"])를 입력하여 눈금의 값을 바꿨습니다.

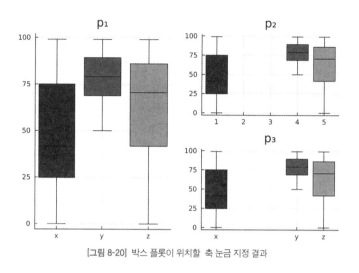

[그림 8-20] 박스 플롯이 위치할 축 눈금 지정 결과

8.5.2 배열로 그리기

boxplot은 배열을 입력으로 받을 수도 있습니다. 각각의 열을 데이터로 보고 각각의 박스 플롯을 그립니다. 즉 $n \times k$ 배열을 입력하면 n차원 데이터의 박스 플롯을 k개 그립니다. x축 좌표를 입력하지 않으면 각 데이터의 박스 플롯을 x 좌표가 1, 2, ..., k인 곳 위에 그립니다. 좌표를 직접 지정하고 싶으면 boxplot(x, A)와 같이 입력합니다. x는 배열 A의 열의 길이와 같은 크기의 행벡터이어야 합니다.

```
# [그림 8-21]
A = [1  1  3
     2  2  5
     3  5  5
     4  6  7
     5  7  9]

p₁ = boxplot(A)
p₂ = boxplot([1 5 7], A)

plot(p₁, p₂)
```

다음 그림에서 p_1은 배열 A의 각 열 A[:, 1], A[:, 2], A[:, 3]의 박스 플롯입니다. x축의 좌표를 지정해주지 않아 순서대로 1, 2, 3 위에 그려졌습니다. p_2는 각 박스의 x축 좌표를 1, 5, 7로 지정하여 그린 것입니다.

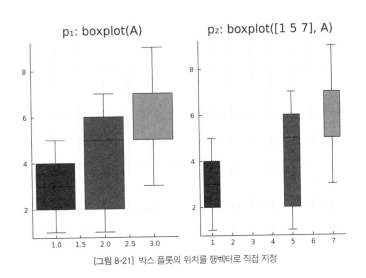

[그림 8-21] 박스 플롯의 위치를 행벡터로 직접 지정

8.5.3 데이터 프레임으로 그리기

데이터 프레임을 바로 boxplot의 입력으로 쓸 수는 없고 배열로 바꾼 뒤 입력해야 합니다. Matrix(df) 혹은 Array(df)는 데이터 프레임 df를 배열로 바꾸어 반환합니다. 다음은 아이리스 데이터 프레임의 각 항목을 깔끔하게 박스 플롯으로 그리는 코드입니다.

아이리스 데이터 세트를 사용하기 위해 MLDatasets.jl을 불러옵니다. 데이터의 타입이 데이터 프레임이므로 DataFrames.jl을 같이 불러와야 합니다. 데이터의 클래스를 제외한 값만을 사용하므로 Iris().features로 데이터를 불러옵니다. names(df)로 데이터 프레임의 열 이름을 가져와 눈금값과 범례로 표시합니다. label 키워드의 값은 행벡터로 입력해야 하므로 reshape를 사용했습니다.

```
# [그림 8-22]
using StatsPlots
using MLDatasets, DataFrames

df = Iris().features
    boxplot(Array(df),
    xticks = (1:4, names(df)),
    label = reshape(names(df), (1,4)))
```

사실 MLDatasets.jl의 데이터는 데이터 프레임이 아니라 배열로 바로 불러올 수 있기 때문에 굳이 변환하는 과정을 거칠 필요는 없긴 합니다. 하지만 [그림 8-22]을 그리는 예시처럼 데이터의 레이블을 사용해야 하는 경우 names(df)로 얻는 것이 편하기 때문에 그냥 데이터 프레임으로 불러오는 것이 낫습니다. 이런 경우에는 RDatasets.jl을 사용하면 DataFrames.jl을 따로 불러올 필요가 없습니다.

```
# [그림 8-22]
using StatsPlots
using RDatasets

df = dataset("datasets", "iris")[:, 1:4]
boxplot(Array(df), xticks=(1:4, names(df)), label=reshape(names(df),
(1,4)))
```

RDataset.jl에서 아이리스 데이터를 불러오면 5번째 열은 꽃의 종에 대한 정보를 담고 있습니다. 꽃받침과 꽃잎의 길이, 너비 값만 이용할 것이므로 1열부터 4열까지의 정보만 가져옵니다.

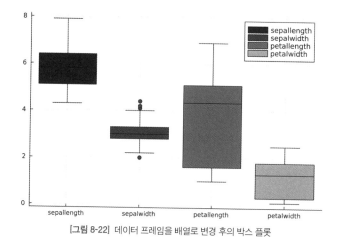

[그림 8-22] 데이터 프레임을 배열로 변경 후의 박스 플롯

boxplot은 평균을 표시해주는 키워드 인수를 가지고 있지 않습니다.

```
# [그림 8-23]
using Statistics

boxplot([x, y, z], xticks=(1:3, ["x", "y", "z"]))
scatter!([1, 2, 3], [mean(x), mean(y), mean(z)])
```

표준 라이브러리 Statistics의 함수 mean으로 계산한 각 데이터의 평균을 scatter로 직접
찍어줍니다.

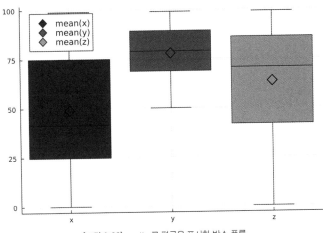

[그림 8-23] scatter로 평균을 표시한 박스 플롯

8.6 다양한 그림 양식

앞에서 소개한 그림 외에도 다양한 그림을 그릴 수 있습니다. 몇 가지 예를 간단히 소개하겠습니다.

8.6.1 벡터 필드

$(x, y) \mapsto (v_x, v_y)$로 정의되는 벡터 필드를 그리는 함수는 quiver(x, y, quiver = (v_x, v_y))입니다. 다음은 단위원 위에서 원 운동하는 물체의 위치와 각 점에서의 속도를 그리는 예시입니다.

```
# [그림 8-24]
θ = range(0, 2π, length=20)

# 위치
x = cos.(θ)
y = sin.(θ)

# 속도
v_x = -sin.(θ)
v_y = cos.(θ)

plot(x, y)
quiver!(x, y, quiver=(v_x, v_y))
```

이때, z 좌표와 v_z값을 추가하면 3차원 벡터 필드를 그려줍니다.

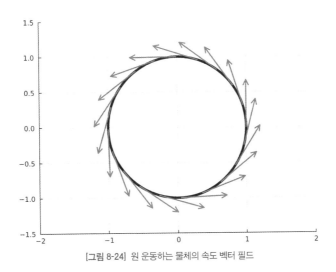

[그림 8-24] 원 운동하는 물체의 속도 벡터 필드

파이 차트

파이 차트를 그리는 함수는 pie입니다.

```
# [그림 8-25]
x = ["data1", "data2", "data3"]
y = [10, 20, 30]

pie(x, y)
```

다음과 같은 결과를 확인할 수 있습니다.

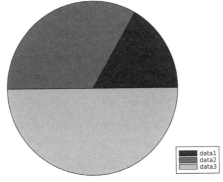

[그림 8-25] 임의의 데이터에 대한 파이 차트

극좌표 위에서의 그래프를 그리려면 plot이나 heatmap에 키워드 인수로 proj = :polar를 입력합니다.

```
# [그림 8-26]
θ = range(0, 2π, length = 200)
r = sin.(2θ)
p₁ = plot(θ, r, proj = :polar)

φ = range(0, 2π, length = 200)
ρ = range(0, 1, length = 200)
z = sin.(π*ρ/2) .* φ'
p₂ = heatmap(φ, ρ, z, proj = :polar)

plot(p₁, p₂)
```

다음과 같은 결과를 확인할 수 있습니다.

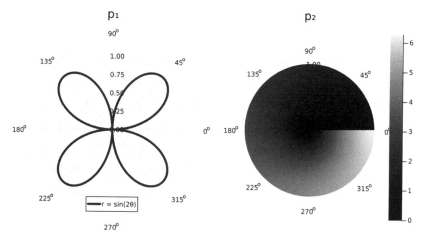

[그림 8-26] 극좌표계로 그린 그래프와 히트맵

3차원 그림은 단순히 plot의 인수로 z좌표를 추가하기만 하면 됩니다. 다음은 방정식이 $t \mapsto (\cos t, \sin t, t)$와 같이 주어지는 나선helix을 그리는 예시입니다.

```
# [그림 8-27]
t = 0:0.01:20
plot(cos.(t), sin.(t), t)
```

결과는 다음과 같습니다.

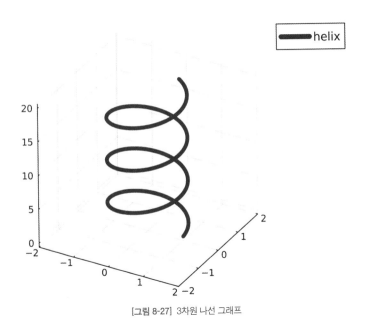

[그림 8-27] 3차원 나선 그래프

줄리아에서 애니메이션을 만드는 방법은 너무나도 쉽습니다. 그저 그림을 그리는 코드 앞에 매크로 @animate만 붙이면 됩니다. 함수 gif는 만들어진 애니메이션을 저장하는 함수이고, 키워드 fps로 재생 속도(1초당 프레임 수)를 조절할 수 있습니다.

0부터 2π까지 사인 함수를 그리는 GIF 파일을 얻는 코드는 다음과 같습니다.

```
# [그림 8-28]
t = range(0, 2π, 100)

anim = @animate for i ∈ 1:100
    plot(t[1:i], sin.(t[1:i]), xlims = (0, 2π))
end

gif(anim, "sin.gif", fps = 50)          # gif 움직이는 그림 파일 생성
Plots.mp4(anim, "sin.mp4", fps = 50)    # mp4 동영상 파일 생성
```

만약 동영상 파일을 얻고 싶으면 그저 확장자를 mp4라고 두기만 하면 됩니다. 줄리아에서는 gif 파일과 mp4 파일을 얻는 것이 충격적일 정도로 간단합니다. 결과는 QR 코드를 통해 영상으로 확인하세요.

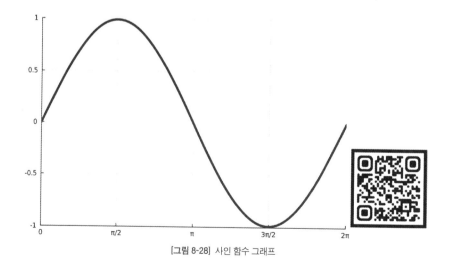

[그림 8-28] 사인 함수 그래프

혹은 빈 애니메이션 Animation()을 정의한 뒤 frame 함수로 애니메이션에 프레임을 추가하는 방식으로 만들 수도 있습니다. 다음의 코드는 [그림 8-28]과 같은 애니메이션을 그리는 코드입니다.

```
anim = Animation()

for i ∈ 1:100
    frame(anim, plot(t[1:i], sin.(t[1:i]), xlims = (0, 2π)))
end

gif(anim, "sin.mp4", fps = 50)
Plots.mp4(anim, "sin.mp4", fps = 50)
```

다음은 컴퓨터 단층 촬영CT에서 측정된 데이터인 라돈 변환 Rf로부터 이미지 f를 복원하는 과정을 계산하고 동영상으로 만드는 코드입니다. 계산 과정 자체를 이해할 필요는 없습니다. 중요한 것은 (512, 512) 배열인 f를 얻기 위해서 누적하여 계산한 결과를 BPs라는 크기가 (512, 512, 180)인 배열에 저장했다는 것입니다. 그리고 이를 동영상으로 만드는 코드는 마지막의 고작 6줄짜리 코드라는 것입니다.

```
# [그림 8-29]
using Tomography
using FFTW
using Plots

f = phantom(512, 2)
heatmap(f, color = :viridis, yflip = true, ratio = 1, xlims = (0, 512), ylims
= (0, 512))

Rf = radon(f)
heatmap(Rf, color = :viridis, yflip = true, xlims = (0, 180), ylims = (0, 512))

FRf = fft(Rf, [1])

N = size(Rf)[1]
fourier_filter = abs.(fftfreq(N))
filterd_FRf = FRf .* fourier_filter
```

```
F⁻¹_filterd_FRf = real.(ifft(filterd_FRf, [1]))

BPs = zeros(512, 512, 180)

for i ∈ 1:180
    BPs[:,:,i] = (π/360)*backprojection(F⁻¹_filterd_FRf, 0:π/180:i*π/180)
end

# 애니메이션 생성
anim = Animation()

for i ∈ 1:180
    frame(anim, heatmap(BPs[:,:,i]))
end

gif(anim, "InverseRadonTransform.mp4", fps = 50)
Plots.mp4(anim, "InverseRadonTransform.mp4", fps = 50)
```

결과는 다음과 같습니다.

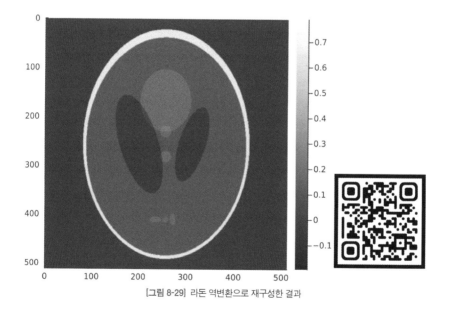

[그림 8-29] 라돈 역변환으로 재구성한 결과

하나의 예시만 더 보겠습니다. 다음은 4차 룽게-쿠타 메서드로 로렌츠 어트랙터를 계산하는 코드입니다.

```
# [그림 8-30]
function RK4(ODE::Function,v::Array{Float64,1},h=10^(-2))
    V1 = ODE(v)
    V2 = ODE(v .+ (h/2)*V1)
    V3 = ODE(v .+ (h/2)*V2)
    V4 = ODE(v .+ h*V3)
    return @. v + (h/6)*(V1 + 2*V2 + 2*V3 + V4)
end

function lorenz(v::Array{Float64,1}; ρ=28.,σ=10.,β=8/3)
  dvdt = deepcopy(v)
  dvdt[1] = σ*(v[2]-v[1])
  dvdt[2] = v[1]*(ρ-v[3])-v[2]
  dvdt[3] = v[1]*v[2] - β*v[3]
  return dvdt
end

function  lorenz_attracter(v::Array{Float64,1}, endtime = 5000)
  x,y,z = [v[1]], [v[2]], [v[3]]
  for t in 1:endtime
    newx,newy,newz = RK4(lorenz,[x[end], y[end], z[end]])
    push!(x, newx)
    push!(y, newy)
    push!(z, newz)
  end
  return x,y,z
end

result = lorenz_attracter([1.,1.,1.])

plot(result)

# 애니메이션과 동영상 생성
anim =  @animate for i ∈ 1:5001
    plot(result[1][1:i], result[2][1:i], result[3][1:i])
end

gif(anim, fps = 500, "lorenz.gif")
Plots.mp4(anim, fps = 500, "lorenz.mp4")
```

밑에서 7번째 줄의 plot(result)는 계산한 결과를 그리는 코드입니다. 이를 애니메이션으로 만들어 gif 파일과 mp4 파일로 저장하려면 다섯 줄의 코드만 추가하면 됩니다. QR 코드를 스캔해서 동영상을 확인해보세요!

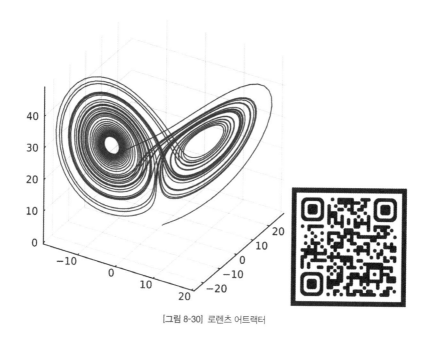

[그림 8-30] 로렌츠 어트랙터

찾아보기

기 타

수리 계산, 통계 분석, 딥러닝, 데이터 시각화를 위한

줄리아 프로그래밍

출간일	2024년 4월 30일
지은이	류대식, 전기현
펴낸이	김범준
기획 · 책임편집	최규리
교정교열	윤나라
편집디자인	김옥자
표지디자인	김준희

발행처	(주)비제이퍼블릭
출판신고	2009년 05월 01일 제300-2009-38호
주 소	서울시 중구 청계천로 100 시그니처타워 서관 9층 949호
주문 · 문의	02-739-0739 팩스 02-6442-0739
홈페이지	http://bjpublic.co.kr 이메일 bjpublic@bjpublic.co.kr

가 격	34,000원
ISBN	979-11-6592-275-7

한국어판 © 2024 (주)비제이퍼블릭